贵州形象的建构与传播
——影视剧视角

THE CONSTRUCTION AND COMMUNICATION OF
GUIZHOU IMAGE

From the Perspective of Movies and TV Dramas

张权生 ◎著

社会科学文献出版社
SOCIAL SCIENCES ACADEMIC PRESS (CHINA)

贵州省区域内一流学科——社会学学科建设经费资助成果

目　录

001　绪　论

025　第一章｜贵州题材影视剧的发展概况
　　第一节　贵州题材影视剧的定义　…　025
　　第二节　贵州题材影视剧的发展概况　…　029
　　第三节　"他塑"与"自塑"：塑造贵州形象的文化立场分野　…　051

061　第二章｜三种文化形象
　　　　——贵州题材影视剧建构的贵州形象之一
　　第一节　多彩的民族民间文化形象　…　061
　　第二节　瑰奇的生态文化形象　…　100
　　第三节　厚重的历史文化形象　…　109

129　第三章｜五个形象系列
　　　　——贵州题材影视剧建构的贵州形象之二
　　第一节　贵州风景品牌形象系列　…　129
　　第二节　贵州英模形象系列　…　140
　　第三节　贵州新时代追梦者形象系列　…　158
　　第四节　贵州社会主义新农村形象系列　…　166
　　第五节　贵州现代城市形象系列　…　175

189 第四章 ｜ 反贫困与剿匪
　　——贵州题材影视剧建构的贵州形象之三
　　第一节　自力更生反贫困　⋯　189
　　第二节　义释当代女"孟获"　⋯　209

221 第五章 ｜ 贵州题材影视剧建构贵州形象的体制机制环境
　　第一节　贵州题材影视剧建构贵州形象的体制环境　⋯　222
　　第二节　建设多彩贵州民族特色文化强省　⋯　263
　　第三节　贵州题材影视剧建构贵州形象的运行机制　⋯　273

290 第六章 ｜ 贵州题材影视剧建构贵州形象的思想内核
　　第一节　国族认同：建构贵州形象影视剧的核心思想　⋯　290
　　第二节　建构贵州形象影视剧的现代性思想　⋯　319

347 第七章 ｜ 贵州题材影视剧建构与传播贵州形象的问题及策略
　　第一节　贵州题材影视剧建构与传播贵州形象的主要问题　⋯　347
　　第二节　建构贵州形象的影视剧提升传播力的策略　⋯　377

396 结　语

399 参考文献

406 附录一　贵州题材电视剧参考剧目（1987～2017）

410 附录二　贵州题材电影参考影片（1960～2017）

416 后　记

绪　论

一　贵州形象的定义

贵州形象是一个综合体，是贵州整体实力的表现，是贵州的外部公众、内部公众对贵州的政治、经济、文化、社会、生态等各方面的状况、行为及其成果所形成的总体评价。

从不同的角度来看，贵州形象呈现为不同的系列。例如，从时间角度来看，贵州形象可分为历史的形象、现实的形象；从人与自然的关系角度来看，贵州形象可分为自然形象、人文形象；从塑造主体来看，贵州形象可分为他塑的形象、自塑的形象。贵州形象对内关乎贵州的凝聚力，对外关乎贵州的影响力。

为了完整地阐释贵州形象的概念，笔者需要强调以下六点。

（1）贵州形象，不等于贵州的外部形象。忽视贵州内部形象的建构，必将建构单面的贵州形象，很可能走向虚幻。历史上的贵州形象，主要表现为外部公众对贵州的总体评价。这样的贵州形象，主要呈现为"他者"形象：贵州对于外部公众而言，是难登大雅之堂的"异端"。为了避免重蹈贵州形象遭歪曲的覆辙，贵州的内部形象建构必须受到高度重视。贵州的内部形象是贵州的内部公众对贵州的总体评价。贵州的内部形象建构，主要是贵州人民的使命，是一个值得慎重考虑的问题。这样的贵州形象，主要表现为贵州的"自我"形象，体现了贵州人民塑造贵州形象的主体性，寄托了贵州人民对贵州经济社会发展的美好梦想，将更多地展现贵州阳光的形象。

（2）贵州形象不等于贵州少数民族形象。贵州少数民族是贵州人民的重要组成部分，贵州少数民族文化成为塑造贵州形象的重要文化资源。但是，如果把贵州形象简单归结为贵州少数民族形象，那就是以偏概全。塑造贵州形象，要突出贵州少数民族的特征和贵州少数民族文化的特征，也要考虑汉族地区的形象建构，要展现各民族平等、团结、进步、共同繁荣的整体风貌。

（3）塑造贵州新形象，要颠覆历史上的贵州"他者"形象，要把重点放在当下的现实，展现发展的、和谐的、生态的多彩贵州形象。

不破除历史积淀形成的贵州旧形象，贵州新形象就无法建构起来。建构贵州新形象的最大障碍，来源于历史上外来文化对贵州的歪曲。贵州新形象的建构，必须以贵州旧形象的解构为先决条件，解构之后方能重构，重构之后的贵州形象才能获得新生。建构贵州形象，难以先破后立，但可以边破边立、破立结合。贵州形象是由历史积淀而成。然而，贵州形象是一个动态的概念，随着时代的进步而变化发展。历史的范畴与现实的范畴存在互文性关联，共同成为建构当下贵州形象的有效资源。现实的资源尤其重要，直接作用于当下的贵州新形象建构。

（4）贵州形象的变迁，体现了区域形象可塑性与功利性的统一。贵州形象，是媒介塑造的"拟像"，不等于贵州的现实。贵州的现实成为贵州形象建构的重要基础，无论贵州形象如何变迁，始终难以脱离贵州的现实状况；否则，贵州形象建构将走向虚妄。然而，贵州形象与贵州的现实状况毕竟不能画等号。美国传播学家李普曼认为：舆论产生于想象。"世界太大，我们面对的情况太复杂，我们得到的信息又太少，因此，舆论的绝大部分就必定会产生于想象。"[①] 进而，他认为舆论的本质就是人们基于某些观念形成的关于某些人、事、物的主观"图像"。"他人脑海中的图像——关于自身、关于别人、关于他们的需求、意图和人际关系的图像，就是他们的舆论。这些对人类群体或以群体名义行事的个人产生影响的图像就是大写的舆论。"[②] 贵州形象是国内外、省内外的人们关于贵州的舆论形式之一，是人们基于某些观念形成的关于贵州的主观图像。这些图像的

---

① 〔美〕沃尔特·李普曼：《公众舆论》，阎克文、江红译，上海人民出版社，2006，第51页。
② 〔美〕沃尔特·李普曼：《公众舆论》，阎克文、江红译，上海人民出版社，2006，第21页。

形成来源于人们对于贵州的想象。因此，贵州形象就是人们对于贵州的想象，绝非贵州的现实状况。贵州形象是人们基于既定观念对于贵州现实状况加以选择性利用所形成的"主观图像"。贵州形象是一个主观性很强的概念。人们可以依据既定观念来主观地塑造贵州形象。研究贵州形象，必定要挖掘贵州形象塑造者的思想观念。塑造贵州形象的过程与方法，体现了塑造者的理念，服从于塑造者的功利目的。贵州形象的变迁，体现了区域形象可塑性与功利性的统一。历史上形成的关于贵州的负面形象，主要是汉族知识分子基于大汉族主义和中原文化、江南文化中心主义塑造出来的关于贵州的歪曲形象。这种歪曲形象的塑造，体现了塑造者维护汉族的统治地位和中原文化、江南文化中心地位的功利目的，进而导致了人们形成了关于贵州的刻板印象。刻板印象的改变，不是不可能的，只是难度很大。但是，即便难度大也要改变刻板印象，因为刻板印象的消极影响巨大而顽固。今天，在西部大开发的语境中，在实现中华民族伟大复兴的中国梦的时代潮流中，贵州人民以新发展理念（创新、协调、绿色、开放、共享）为指导，努力推进全面建设小康社会的伟大实践，势必要解构关于贵州的歪曲的负面形象，建构关于贵州发展进步的、和谐的、生态的多彩贵州形象。重塑贵州形象，体现了贵州人民反抗边缘化，要求平等发展、共同繁荣、民族团结、实现中国梦的功利目的。因而，贵州形象的重塑，是时代进步之必然，是更新发展理念之必然，有利于贵州的发展繁荣，有利于中国梦的实现。

（5）贵州形象的构成要素包括物质要素、精神要素和制度要素三个方面。贵州形象呈现为与此相对应的以人、事、物、景为外在表现形态的一系列具象符号，这些符号融汇了贵州的区域特征。第一，贵州形象的成功塑造最终依托于贵州的全面进步，重塑贵州形象必须从物质、精神、制度三个方面入手：继续推进经济增长，创造财富以改善人民生活，卓有成效地开展精准扶贫；加强精神文明建设，实施多彩贵州民族特色文化强省战略；把体制机制改革引向深水区，破除阻碍贵州发展和新形象建构的体制机制障碍。第二，物质要素、精神要素和制度要素三个方面的具体情况在不断发展变化，所以，贵州形象也必将发生变化，从而促使贵州形象处于一个不断发展变化的动态过程之中。马克思主义的辩证法为我们考察贵州形象提供了科学的方法论。我们必须用普遍联系的观点、发展的观点、全面的观点来审视贵州形象，而不能用孤立、静止、片面的观点来看待贵州形象，以免陷入形而上学。第三，把物质、精神、制度联为一体的决定性因素是人，人的进步才能推动物质、精神、制度的进步。物质要素、精神要素、制度要素囊括贵州的每一个层面，涉及贵州的每一个人。因此，重塑贵州形象，人人有责，责无旁贷。建构贵州形象，离不开全体贵州人富裕程度、幸福指数、文化素质、精神面貌的提升。每个贵州人的一言一行，都关乎贵州形象。每一个贵州人都将成为塑造贵州形象的主体。建构贵州新形象的漫长过程中，每一个贵州人都应发扬担当精神，为建构贵州形象贡献智慧与力量。

（6）省外国外的大众，对贵州形象的认识经历了一个漫长的变化过程，对贵州形象的认同程度不断提高，越来越认同贵州的正面形象。其原因主要来自生态思潮、文化多样性和反思发展主义三个方面。

第一，贵州优越的生态资源强烈吸引了省外国外大众的眼球，在全球性生态思潮中贵州成为熠熠生光的一颗高原明珠而引人瞩目。近年来，中国经常爆发环境事件，引起了公众的恐慌。2007年五六月，江苏太湖爆发严重的蓝藻污染事件，造成无锡严重的水污染。太湖水氮磷浓度比较高是造成蓝藻疯长的重要原因之一。2007年六七月，湖南洞庭湖爆发鼠灾，湖区展开了大规模"人鼠大战"。[1] 尤其是2013年1月以来，雾霾成为中国人的显著痛点。然而，贵州的生态环境首屈一指。2015年，贵州的森林覆盖率达到50%。[2] 贵州成为天然氧吧，空气含氧量高，清新宜人；贵州碧水清流，水质优良，天然无污染。"截至去年10月底，城市环境空气综合污染指数由2010年的1.795下降至2015年的1.127，劣于二级标准的城市由5个下降为0个。去年前11个月，全省88个县（市、区、特区）环境空气质量达标率为99.55%，贵阳市在31个省会城市中排名前茅。2015

---

[1] 1985~2007年，洞庭湖区爆发了6次大规模鼠灾，分别是1985年、1993年、1995年、1998年、2005年、2007年。鼠灾频发的原因主要在于生态平衡被打破。湘江水位下降、围湖造田、捕蛇数量大增、大量使用农药等致使洞庭湖区生态严重失衡。"鼠闹洞庭"向人们敲响了生态警钟。

[2] 朱邪：《2015年我省森林覆盖率达到50%》，《贵州日报》2016年1月10日，第1版。

年,全省9个市(州)中心城市环境空气污染综合指数平均优良天数达到95.8%。2015年,河流水质达标率为83.5%,比2010年提高11.7个百分点,八大水系中5大水系水质达标率均为100%,水质总体保持稳定并不断改善。全省9个市(州)中心城市集中式饮用水源水质达标率为100%,县级集中式饮用水源地水质个数达标率为98.4%,水量达标率为98.3%。"[1] 贵州守护着青山绿水,所以,贵州获批生态文明先行示范区[2],在生态文明建设方面发挥了先锋模范作用。2009年以来,生态文明国际论坛落户贵阳,每年举办一次年会。生态文明贵阳国际论坛是中国唯一以生态文明为主题的国际峰会,是政府与民间、学界与商界的高端论坛,旨在传播生态文明,护航生态安全,倡导知行合一,促进绿色发展,引领整个世界走向生态文明新时代。绿水青山就是金山银山,绿水青山就是生产力。国内外游客向往贵州的青山绿水,于是纷至沓来,从而让贵州的旅游收入直线飙升。"十二五"期间,贵州旅游总收入年均增长27%,持续高于全国旅游总收入增长率。2010~2015年,贵州旅游收入5年增长三倍,2010年贵州旅游收入为1061.23亿元,2015年贵州旅游收入为3512.82亿元。2015年,贵州旅游收入占贵州生产总值的比例为9.2%,旅游业成为贵州省名副其实的支柱产业。[3] 由此可见,贵州的青山绿水令人心驰神往。省外国外大都市的人们梦想到贵州来躲避雾霾,呼吸新鲜空气,感受大自然的美景,以至于乐而忘返。

第二,贵州比较完好地保留了民族民间文化的精华,以文化多样性焕发出独特的魅力,成为省内外大众的心仪之所。改革开放以来,中国经济迅猛发展,工业化、信息化、城市化步伐越来越快。中国成为现代化大国之一。现代文化、后现代文化被引入中国,并被迅速传播。现代化进程逐步加快,全球化越来越深入发展,致使麦克卢汉所谓的"地球村"成为活生生的现实。现代化、全球化进程不断加快,致使文化同质化趋势异常严

---

[1] 梁隽、林泓泉、黄通明、岳植行:《全力守护碧水蓝天 多彩贵州美美与共——全省环保工作"十二五"观察及"十三五"展望》,《贵州日报》2016年1月6日,第6版。
[2] 王尔德:《贵州获批生态文明先行示范区 全域水、大气环境将实时监测》,《21世纪经济报道》2014年8月6日,第7版。
[3] 汤婷婷:《贵州旅游总收入5年增三倍》,《经济信息时报》2016年5月18日,第3版。

重。好莱坞电影征服全球，肯德基、麦当劳成为时尚，广告为这些时尚推波助澜。文化同质化潮流的极致之一便是文化帝国主义的产生。欧美发达国家，尤其是美国，凭借强大的传媒机构，牢牢把持着文化话语权。强势文化对弱势文化形成规训力量。弱势文化、边缘文化以强势文化、欧美文化为楷模，亚非国家以欧美国家的文化价值观为导向，从而导致亚非国家产生文化安全问题并逐步恶化。为了捍卫文化安全以及争夺文化领导权，弱势文化、亚非国家，都被迫抗拒文化帝国主义，抗拒文化同质化，强烈呼吁文化多样性。于是，提倡文化多样性成为一股波及全世界的文化思潮，其影响力越来越大。文化多样性是人类文明进步的重要动力。人类文明不应该也不可能是由强势文化所左右的单一文明。各民族文化，无论强势还是弱势，一律平等。要促进世界文化的繁荣，就必须求同存异，保持文化主体性，促进各民族文化的平等对话、交流与竞争。每个国家和民族都有其独特的文化。民族文化是民族身份的独特表征。2001年11月2日，联合国教科文组织第31届会议通过了《世界文化多样性宣言》，提出"文化多样性是交流、革新和创作的源泉，对人类来讲就像生物多样性对维持生物平衡那样必不可少。从这个意义上讲，文化多样性是人类的共同遗产，应当从当代人和子孙后代的利益考虑予以承认和肯定。"宣言提倡文化多元化，认为"文化多元化与民主制度密不可分"。文化权利是人权的重要部分，捍卫文化多样性就是捍卫人权。单靠市场的力量很难保护文化多样性，所以，政府的政策保护非常重要；此外，还应加强国际团结和国际合作。随后，联合国大会通过57/249号决议，把5月21日定为"世界文化多样性促进对话和发展日"。2005年10月20日，联合国教科文组织第33届会议通过了《保护和促进文化表现形式多样性公约》。这个公约写道：文化多样性指"各群体和社会借以表现其文化的多种不同形式"，是"人类的一项基本特性"。2006年12月29日，第十届全国人大常委会第二十五次会议通过决议：中国加入该公约。《世界文化多样性宣言》《保护和促进文化表现形式多样性公约》为多样性文化争取了平等发展的权利，将促进弱势文化的传承与发展。贵州在文化多样性方面具有很大的优势，是名副其实的"文化千岛"。贵州有世居少数民族17个，是一个多民族聚居区。"原始而质朴的民族民间文化结合当地的自然生态环境，形成了独一无二的文化内涵与特色,如生态文化、建筑文化、饮食文化、婚俗文化、服饰文化、节日文化、戏剧文化、歌舞文化、体育文化、桥文化、石文化等民族传统文化。在历史的发展进程中,贵州受到外来文化的冲击,形成了阳明文化、屯堡文化、长征文化、抗战文化等影响力较大的特色文化。本土文化与外来文化相互交融,形成了多彩贵州文化。"①"多民族的贵州,每年拥有各种传统民族节日集会1000多次(处),节日数量之多,集会规模之大,涵盖面积之广,文化内涵之丰富,令人叹为观止。"② 贵州地域文化多姿多彩,特色鲜明,能够强烈吸引省外国外人们的眼球。尤其是贵州民族民间文化,以"原生态"为显著特征,基本没有受到现代、后现代文化的改造,以其古朴的状貌、超脱的灵韵,给人们一剂心灵鸡汤,让人们远离尘世的喧嚣,接受返璞归真的陶醉。省外国外的游客,不再把贵州文化定性为落后、欠发达、前现代,而是以文化多样性来评价贵州地域文化,从而做出了实事求是的评论。由此可知,文化观念的更新,对于重新认识多样性文化的独特价值,具有决定性作用。

第三,反思发展主义引导人们以新理念重新认识贵州形象。

发展主义的反思与批判成为一种新思维,促使人们更新发展理念,重新定位发展的价值取向。发展主义是一种认为经济增长等于社会进步的理念,始于20世纪60年代,成为一些国家所信奉的现代性话语和意识形态。发展主义片面强调GDP、GNP对国家和社会的贡献。发展主义以掠夺式的手段刺激经济增长,最终对人类产生莫大的危害。"发展主义是跟当代全球社会相关的基本问题。全球现代性就是发展主义的最新范式,全球范围内不同社会肆无忌惮地追求发展带来了空前的社会不平等、政治的边缘化、环境的恶化、意识形态和制度领域的冲突等诸多矛盾。"③ "发展主义已经成为一个全球性的信仰,从东亚社会的例子中吸引新的力量,包括中

---

① 谢廷秋:《文化孤岛与文化千岛——贵州民族民间文化与社会发展研究》,齐鲁书社,2011,第383页。
② 吴正光:《沃野耕耘:贵州民族文化遗产研究》,学苑出版社,2009,第233页。
③ 〔美〕阿里夫·德里克:《发展主义:一种批判》,赵雷译,《马克思主义与现实》2014年第2期。

国,大都市处于压倒城镇和乡村的进程中,威胁着农业社会的未来,殖民主义似乎再次成为这个时代的秩序,争夺资源的竞争让人联想起第一次世界大战前几十年帝国主义之间为争夺领土进行的竞争,消费文化的地位至高无上,教育已经走向全球,模仿商业机构,人权因资本的需要和民族国家的利益而做出日常牺牲。"[1] 我国从20世纪90年代以来,一些地区不同程度地陷入了发展主义的泥沼。发展主义使得中国经济直线飙升,目前中国已经成为世界第二大经济实体,为富国强兵奠定了坚实的基础。但是,发展主义也带来了严重的内伤:地区差异扩大,贫富过于悬殊;拜金主义盛行,诚信缺失,道德沦丧,价值观严重扭曲;贪污腐败白热化;食品药品安全问题层出不穷;环境污染日益恶化,在2013年初爆发了大面积的雾霾。"如今我们已清楚地看出,并非人均收入高了,物质财富增长了,科技进步了,人们的生活就得到全面改善了。如果人与人之间的关系日趋紧张,连食品都不安全,连清洁空气和清洁水都没有,那么即便腰包鼓胀,有汽车、别墅,也不可能生活幸福。社会的全面改善必须包括人的基本素质的提高、人际关系的改善、公共道德水平的提高、民主法制的健全和自然生态状况的改善,仅有物质财富增长绝不意味着社会的改善。"[2] 发展主义坚信:所有问题,只有依靠进一步的发展才能得到根本解决。事实证明,这种观念是错误的。经济增长并不能解决所有问题,尤其是难以解决人们的理想、情操、精神生活方面的问题。要纠正发展主义的偏差,首先要认清发展的价值所在。古莱指出:"发展乃是彻底的解放。这种解放的目的是要将人类从自然的枷锁中、从经济落后和压迫性的技术体制中解放出来,从不公正的阶级结构和政治剥削者、从文化和心理异化中解放出来——总之,从一切非人性的生活中解放出来。"[3] 因此,发展的价值在于为人们摆脱种种枷锁,促进人的全面发展,使人从自在走向自为。1998年诺贝尔经济学奖获得者阿马蒂亚·森认为:"扩展自由是发展的首要目的

---

[1] 〔美〕阿里夫·德里克:《发展主义:一种批判》,赵雷译,《马克思主义与现实》2014年第2期。
[2] 卢风:《发展主义与片面发展的代价》,《南京林业大学学报》(人文社会科学版)2014年第1期。
[3] 〔美〕德尼·古莱:《残酷的选择:发展理念与伦理价值》,高铦,高戈译,社会科学文献出版社,2008,第9页。

和主要手段。"① 他还说，经济发展对自由不怀敌意，就其本性而言是自由的增长。因此，发展经济要有助于人的自由发展。如果对人的自由构成妨碍，这样的经济发展本身是有问题的。

我国积极借鉴欧美、拉美等国家的发展经验及教训，对发展主义进行反思与批判，对发展主义带来的破坏性后果保持高度警惕，对发展主义进行有效的抵制。改革开放以来，以邓小平同志为核心的第二代领导集体，提出"一个中心，两个基本点"的基本路线和"两手抓，两手都要硬"的方针：一手抓物质文明建设，一手抓精神文明建设；一手抓改革开放，一手抓坚持四项基本原则；一手抓发展经济，一手抓法制建设。以江泽民同志为核心的第三代领导集体，提出可持续发展战略和科教兴国战略，走新型工业化道路，以信息化推进工业化，以集约型经济增长方式纠正粗放型经济增长方式，提高效率，节约资源，降低能耗。以胡锦涛同志为总书记的党中央，提出了科学发展观，促进全面、协调、可持续发展；坚持以人为本，坚持统筹兼顾；构建了经济、政治、文化、社会、生态"五位一体"的发展框架，以建设和谐社会、小康社会。以习近平同志为核心的党中央，提出了创新、协调、绿色、开放、共享的新发展理念，以破解发展难题，厚植发展优势；协调推进"四个全面"战略布局；促进经济持续健康发展；开展精准扶贫；大力推进生态文明建设；严厉打击腐败。关于如何发展、如何更新发展理念，党中央在理论上已经做出了科学的回答，也做出了政策安排。这是马克思主义发展观在中国发展的新阶段、新成果，具有伟大的理论意义和现实意义。

然而，某些地方政府在具体的施政过程中，并没有排除发展主义的偏差。发展主义成为某些地方官员事实上的指导思想，在发展过程中表现出急功近利的短期行为，缺乏全局观念和长远思考，片面追求政绩以求升迁，甚至举办一些劳民伤财、贻害子孙的"面子工程""形象工程""政绩工程"。这些都是经不起人民和时间考验的恶德败行。德国学者舒耕德经过实地调查，从地方政府与私营经济、民营企业的关系角度进行考察，

---

① 〔印度〕阿马蒂亚·森：《以自由看待发展》，任赜、于真译，中国人民大学出版社，2013，第30页。

揭示了一种事实：中国地方政府的发展主义仍在持续，在不同时期有不同的表现形式。某些地方发展主义产生的原因之一在于与中央政府的博弈关系不当。他认为，"当代中国的地方政府大体来说属于发展主义性质"。"地方发展主义的概念仍是分析县级和县级以下政企关系的有用工具"。[①]客观地说，舒耕德的评价是实事求是的，是建立在深刻调查的基础之上的，是针砭时弊的。地方政府应当贯彻科学发展观，更新发展理念，落实"四个全面"战略布局，规避发展主义的偏差。

为了避免发展主义的消极影响，经济学界、社会学界等热烈讨论幸福指数，以寻找 GDP 以外的幸福密码。人们的关注目光从 GDP（Gross Domestic Product）转移到 GNH（Gross National Happiness）。2015 年 10 月 12 日，诺贝尔经济学奖授予普林斯顿大学教授安格斯·迪顿，以表彰他在消费、贫穷和福利方面的研究。迪顿认为：人们的生活幸福感，与人均 GDP 呈正相关关系。生活富裕就感到幸福，生活贫穷就不幸福。但是，幸福并不能用金钱来购买，钱多不一定带来更多的幸福感。收入低于某个限度，收入越低幸福指数就越低。但是，经济收入一旦超过一定的限度，迈过收入的及格线以上，收入与幸福感之间的线性关系就不存在了。此时，其他因素比如公平、健康、安全、犯罪率、收入差距、人均寿命、环境质量、人文素养等对幸福指数的影响很大，与他人的横向比较也能强烈影响幸福指数。因此，人们要建立新的财富观和幸福观。休谟说："一切人类努力的伟大目标在于获得幸福。"发展经济只是手段，增进人民福祉才是根本目的。发展要以人为本，发展成果要由人民共享。中国经济规模已经位居世界第二，中国的发展步入新阶段，应当更加注重增进人民福祉，促进社会公平正义，纠正某些地方政府事实上的发展主义偏差。

反思和批判发展主义，以新理念来审视贵州形象，省外国外的人们可以观察到贵州的闪光点，从而提升贵州形象的影响力。首先，贵州的经济呈现后发赶超势头。近年来，贵州 GDP 保持两位数增长，增长速度位居全

---

① 〔德〕舒耕德、托马斯·海贝勒：《中国"地方政府发展主义"的持续与变迁》，马颖君、赵友斌译，《国外理论动态》2015 年第 11 期。

国前列。① 这就树立了贵州发展、进步的良好形象。其次,贵州守住了青山绿水,以绿色发展惠民富省,体现了绿色发展理念。贵州率先建设生态文明示范区,以务实精神全面开展行动:"全面落实主体功能区规划。全面实施生态建设工程。全面加强环境治理和保护。全面推行循环低碳发展模式。全面节约和高效利用资源。"② 这就树立了贵州的绿色形象。再次,贵州积极推进"四在农家·美丽乡村"③ 的建设进程,加强社会主义新农村建设,树立了协调发展的形象。这项活动是贵州首创,特色鲜明,吸引了全国人民的注意。最后,贵州积极推进大数据产业发展,以大数据引领第三产业发展,以创新驱动发展;筑巢引凤,吸引省外国外有志之士前来贵州创业,体现了开放发展思想。"贵阳,中国西南的山城因为'大数据'而吸引世界的目光……原本由贵阳市一级举办的'数博会',今年升格为国家级……大数据,是21世纪的'钻石矿'……如今,曾经留不住人才的贵州已经成为全国大学生流入地。"④ 由此可见,贵州正处于蓬勃发展之中。贵州的发展以人为本、务求实效,贯彻了新的发展理念,有利于增进人民福祉,提高了贵州人民的幸福指数。而且,在不久的将来,贵州能够做强大数据、大旅游、大生态"三块长板",也能够补齐脱贫攻坚、基础设施、教育医疗事业"三块短板",那么,贵州的发展将会呈现新面貌。

综上所述,时代不同贵州形象的特质也不同。贵州形象随时代的进步而不断发展,是一个值得研究的课题。

---

① 2011年,贵州GDP增长15%;2012年,贵州GDP增长19.3%,增长率位居全国第一名;2013年,贵州GDP增长12.7%;2014年,贵州GDP增长10.8%;2015年,贵州GDP首次突破万亿元大关,达到1.05万亿元,增长率为12.5%;2016年,贵州GDP达到11734.43亿元,增长率为10.5%,增长率位居全国第二名;2017年,贵州GDP达到13540.83亿元,增长率为10.2%,增长率位居全国第一名。
② 陈朝伦、程联涛、李文龙:《加快建设生态文明先行示范区》,《贵州日报》2015年12月10日,第10版。
③ 2001年,遵义市余庆县在"三个代表"重要思想学习活动中,创造性地开展了"四在农家"精神文明创建活动。"四在农家"就是"富在农家,学在农家,乐在农家,美在农家",以引导农民增收,改善人居环境,刷新精神面貌,实现物质文明、精神文明相互促进,共同提升农民的生活质量。目前,"四在农家"活动被推广至遵义地区、贵州乃至全国其他地区。
④ 张翼、吕慎:《从"数博会"升级看"钻石矿"效应》,《光明日报》2016年5月26日,第8版。

二 贵州形象建构的研究现状述评

近年来,贵州人民十分重视贵州形象建构,从政府到媒体,从研究机构到产业界,都强烈要求一边破除贵州的旧形象,一边建构贵州新形象。关于贵州形象建构的研究,主要集中于贵州的媒介形象建构研究,即研究新闻传播媒介塑造出来的贵州形象。很少有人研究影视剧建构的贵州形象,于是形成了研究的薄弱环节。

1. 贵州媒介形象建构的研究现状

贵州人民关注的贵州形象建构,主要关注两个方面:一是如何设计贵州形象,二是如何利用大众传播媒介有效传播贵州形象。

关于如何设计贵州形象,贵州形象的研究者可谓煞费苦心,也经历了很长的时间。贵州形象设计,大体经历了文化千岛、国家公园省和多彩贵州三个形象设计阶段。贵州形象设计,是集体智慧的结晶,是贵州省党政机关、高等院校、研究机构、大众传媒集体研究的成果。贵州形象最终定格为"多彩贵州"。关于"多彩贵州"的研究,最具代表性的文献是多彩贵州品牌价值研究与品牌"十二五"发展规划课题组完成的《"多彩贵州"品牌价值研究与品牌"十二五"发展规划报告》[①]。报告分为三章。第一章是多彩贵州品牌价值体系梳理,挖掘了多彩贵州品牌核心价值,分析了品牌的运营模式。第二章是多彩贵州品牌的发展规划,包括指导思想、发展目标、保障体系、研发基地规划以及传播策略。第三章是多彩贵州品牌产业化项目策划,涉及黔味馆、客栈、养生瑶浴和生态农场四个方面的项目策划。这个报告主打品牌研究,让"多彩贵州"成为一个响亮的品牌,发挥品牌效应,以取得经济效益和社会效益。喻健教授的《"多彩贵州"文化品牌的构建与传播研究》[②]也是研究多彩贵州的重要文献。他把多彩贵州品牌的构建与品牌的传播结合起来,运用文化地理学、产业经济学理论进行研究,抓住了"多彩贵州"文化的特征在于"多元、和谐、原生态",认为"多彩贵州"文化品牌的载体有四种类型:艺术综合体、

[①] 多彩贵州品牌价值研究与品牌"十二五"发展规划课题组:《"多彩贵州"品牌价值研究与品牌"十二五"发展规划报告》,2011。

[②] 喻健:《"多彩贵州"文化品牌的构建与传播研究》,华中师范大学硕士学位论文,2014。

公益服务体、产业集成体、协同创新体。因而，贵州构建了大外宣格局，充分运用现代传媒技术，有效地传播了"多彩贵州"文化品牌的核心价值：原生态。喻健教授是贵州民族大学"多彩贵州文化协同创新中心"的主任。他掌握了一些第一手资料，对"多彩贵州"文化品牌的研究，富有见地，经常有一些创造性贡献。

笔者认为：以"多彩贵州"来定位贵州形象是否合理、贴切，这似乎还值得探讨。首先，"多彩贵州"在文字表述上有点类似于"七彩云南"。多彩通常可被理解为七彩，多彩可被视为七彩的同义反复，只是文字表述有差异而已。其次，"多彩贵州"并没有很好地概括贵州形象的主要特征，因而创意指数不高。换句话说，贵州形象的主要特征在某些研究者心中，至今仍然是一团漆黑。山东形象定格为"好客山东"，源自孔孟之道影响下的淳朴民风。浙江省抓住"蓝色文化"特征，凸显海洋文化魅力。北京倾力打造"黄色文化"品牌，因为北京是皇城，黄色象征权力、富贵。四川全力打造"天府"文化形象，在全国独一无二，因为四川在古代就号称"天府之国"。总之，把贵州形象定位为"多彩"，是需要继续商榷的。如何体现贵州的地域特征，如何凸显贵州的文化主色调，选用什么词语来精当地概括贵州形象的主要特征，都还需要花费脑力去认真思考。不过，贵州的传媒机构对"多彩贵州"大加赞赏并进行轰炸式宣传之后，"多彩贵州"的形象设计似乎已经深入人心，也可能变成不容怀疑的专有名词，若要加以改变可能已经非常困难。因此，笔者在对"多彩贵州"提出质疑之后，也只好沿用这个名词，以求论述上的方便。毕竟，这个命名的问题不是本书的重要问题。

关于如何利用大众传播媒介有效传播贵州形象，研究者的思考大致可分为五个方面。

第一，解构贵州旧形象，破除人们对贵州的刻板印象，刷新人们对于贵州的认识。代表性文献有杨经华的《贵州民族形象的百年误读》。[①] 作者以柳宗元的《黔之驴》为例，分析了贵州形象被误读及其危害。作者通过

---

① 杨经华：《贵州民族形象的百年误读——从"黔之驴"文化现象的传播异化谈起》，《原生态民族文化学刊》2014年第3期。

阅读大量历史文献，考证"黔之驴"的"黔"，指的是唐朝的"黔州"，即现在的重庆彭水、黔江一带。唐朝在此地设立黔州，州治设在彭水。《黔之驴》的"黔"，并不是指贵州。唐宋时期，贵州尚未成为直属中央政府的一级行政单位，自然也没有被简称为"黔"。公元1413年，即明朝永乐十一年，贵州才独立为一个行政省。因此，《黔之驴》是一个与贵州风马牛不相及的故事。可是，后人却把"黔之驴""黔驴技穷"的"黔"翻译为"贵州"。世代沿袭而来，贵州长期承受了污名化的不公正待遇。无独有偶，杨经华在论文《书写与歧视——"夜郎自大"现象与少数民族历史的异化》①中，对成语"夜郎自大"的来源进行了考证，认为汉民族文化中心主义对少数民族的歧视，导致了少数民族历史的异化。"夜郎自大"的故事最早见于司马迁的《史记·西南夷列传》："滇王与汉使言：'汉孰与我大？'及夜郎侯亦然。以道不通故，各自以为一州主，不知汉广大。"班固的《汉书》也有相同的记载。由此可见，从最初来源说，"夜郎自大"实为"滇王"自大。古滇王的一句询问，却由夜郎王来承担骂名，进而严重损害了贵州形象。这个成语的产生，根源在于华夏族的民族中心主义。"一个人类集团将自己放在周围世界的中心，持此态度的集团肯定自己的成就和价值，相信自己的优越性而歧视和否定异己文化的价值。"②孔子提出"夷""夏"的森严界限。《孟子·滕文公章句·上》说："吾闻用夏变夷者，未闻变于夷者也。"受孔孟之道规训的儒家正统思想的影响，中原文化把历史上的少数民族称为东夷、西戎、南蛮、北狄，形同犬豕，迹近虫豸，贱如草木。对于这种大民族沙文主义的卑劣行径，有识之士多有批判。钱钟书先生曾经批判道："汉人妄自尊大，视异域之民有若畜兽虫豸，则异域之言亦如禽虫之鸣叫，人聆而莫解。"③华夏族的民族中心主义是一种顽固的意识形态，导致少数民族的历史被曲意书写，并且不断被改写。因此，此论文的作者得出结论：贵州必须拒绝历史误解，清算历史旧账，

---

① 杨经华：《书写与歧视——"夜郎自大"现象与少数民族历史的异化》，《贵州民族研究》2007年第4期。
② 〔厄瓜多尔〕J. C. 耶拉米罗：《民族中心主义与文化冲突：同化人类学》，《世界民族》1981年第3期。
③ 钱钟书：《管锥编》（第四册），中华书局，1979，第1326页。

以便有尊严地重塑自我，促进贵州崛起。显然，此作者运用的研究方法主要是文献研究法，阅读了大量历史文献，钩沉史料，还历史以本来面目，体现了作者实事求是的研究精神和深厚的文化功底。此外，较多的其他文献对贵州形象的污名化也表示了强烈反抗，诸如"天无三日晴，地无三尺平，人无三文银"；"化外之地"；"蛮夷之乡"等。研究者希望重塑贵州形象，抗拒强势文化对贵州由来已久的污名化；希望贵州以独立、平等的文化身份融入主流话语中去，改变贵州"被描写""被塑造"的状态。可见，解构贵州旧形象，清洗贵州形象的污名，是塑造贵州新形象的逻辑起点。

第二，研究省外媒体塑造的贵州形象和省外人民对贵州的印象。代表性的文献有《贵州地区形象的选取与确认：来自省内外的调查与实验的报告》。[①] 作者运用采访调查的方法，发放调查问卷，研究贵州省内人民与省外人民对贵州形象的认知差异。文章指出，省内外人民对贵州形象的认识存在较大差异；省外人民对贵州缺乏深刻了解，因而对贵州形象认同度较低；省外人民对贵州的了解程度随着大众传媒的广泛深入发展而日益加深，因而目前是建构和传播贵州新形象的机遇期。此外，石迪在2012年申报的贵州省社科课题青年项目"《人民日报》话语中贵州形象传播研究"，也是这方面研究的重要代表。

第三，为贵州形象塑造献计献策，谈论具体的策略。这一类研究数量多，谈论得很细致。代表性的文献有李缨写的一系列文章：《利用好影视媒介，传播贵州新形象》[②]、《省内知，即天下知》[③]、《塑造有深度的贵州形象》[④]，李缨指出：贵州需要利用影视媒介，传播贵州发展的形象、绿色生态形象、原生态文化形象、红色文化形象，因此，贵州影视界需要认真

---

① 何苗、胥宇虹：《贵州地区形象的选取与确认：来自省内外的调查与实验的报告》，《贵州民族大学学报》（哲学社会科学版）2012年第5期。
② 李缨：《利用好影视媒介，传播贵州新形象——贵州形象外宣媒介策略丛论之一》，《新闻窗》2014年第6期。
③ 李缨：《省内知，即天下知——贵州形象外宣媒介策略丛论之二》，《新闻窗》2015年第1期。
④ 李缨：《塑造有深度的贵州形象——贵州形象外宣媒介策略丛论之三》，《新闻窗》2015年第2期。

选题，做好发展规划，培育好人才，搭建好发展平台；扩大贵州形象的对外传播非常重要，要利用新媒体积极传播贵州形象，内宣与外宣同样重要，要以内宣促外宣；塑造贵州新形象，要注意深度，要揭示贵州的精神气韵，要体现贵州形象的灵魂。段卫东的《形象生成与贵州文化旅游产业的关系研究》[①] 也是一篇有代表性的论文。作者指出：贵州新形象传播可以走产业化道路，积极发展贵州的文化旅游产业，既可以获得经济收入，又可以促进贵州形象传播；贵州形象传播与文化旅游产业发展二者需要形成良性互动。为促进二者的良性互动，作者设计了贵州形象传播与贵州文化旅游产业良性互动的发展模型。

第四，研究"多彩贵州"品牌，促进贵州形象品牌化。代表性文献有李波的《〈多彩贵州风〉与"多彩贵州"文化品牌塑造》。[②] 文章为"多彩贵州风"作了深刻的个案分析，为"多彩贵州"文化品牌的建构与运营总结出富有指导性的普遍经验：要深度挖掘品牌潜能，加大"多彩贵州"的宣传、推广力度，注重人才培养，注重活动的可持续性，用新时代的贵州精神浇灌贵州形象。笔者认为："多彩贵州"品牌战略的制定和实施，有利于以产业化推动贵州形象的有效传播；加强"多彩贵州"品牌研究，具有非常重大的理论意义和现实意义。

第五，比较客观地描述贵州的文化个案、文化现象，展现现代传媒塑造的贵州形象。代表性文献有段丽娜的《当代传播下的贵州文化》。[③] 这本书分为黔苑墨风、多彩歌海、梨园春秋、影视贵州、高原景象、历史文化六个部分，是20世纪八九十年代以来贵州文化个案的零星记录，是作者在报社供职时写下的关于贵州文化的一些采访报道。严格说来，这些文章算不上学术研究。但是，这些文章涉及贵州文化方方面面的具体事例，可供学术研究的借鉴。

总之，关于贵州形象的研究，研究者的注意力主要集中于考察大众传

---

① 段卫东：《形象生成与贵州文化旅游产业的关系研究》，《广西经济管理干部学院学报》2015年第2期。
② 李波：《〈多彩贵州风〉与"多彩贵州"文化品牌塑造》，《原生态民族文化学刊》2011年第2期。
③ 段丽娜：《当代传播下的贵州文化》，中国社会科学出版社，2012。

媒塑造的贵州形象，很少考虑文艺作品塑造的贵州形象，尤其很少考察贵州题材影视剧塑造的贵州形象。因此，研究的薄弱环节很明显。

2. 贵州题材影视剧建构贵州形象的研究现状述评

关于这个话题的研究，笔者想分为两个层次来考察：一是关于贵州题材影视剧的研究，二是关于贵州题材影视剧建构贵州形象的研究。

关于贵州题材影视剧的研究，研究者大致从三个方面着手。一是进行作品评析，分析影视个案。这一类研究数量最多，成为贵州题材影视剧研究的主体部分。代表性论文有汪太伟的《电视剧〈绝地逢生〉的"盘江精神"与贵州开发》①。作者抓住了电视剧《绝地逢生》的最大亮点——"盘江精神"进行分析，分析了这种精神的具体表现和现实意义。这种分析是比较深入的，抓住了这部电视剧的最成功的要素。个案分析型的研究，涌现出很多较成功的论文，有些论述十分精彩。总体看来，这种个案分析型研究有点就作品谈作品的局限性，研究视野不够宽广，很难把个案分析上升为对普遍规律的认识。不过，作品评析是学理分析的基础，对创作实践也有一定的反馈作用和指导作用。二是文化研究。这类研究的主要特征是从某个视角切入贵州题材影视剧，分析其中的文化内涵。代表性的论文有安燕的《贵州少数民族的仪式象征与影视创意》②。论文从人类仪式角度切入贵州影视，分析了贵州少数民族影视中人类仪式的社会功能：人类仪式的成功运用对于非物质文化遗产的保护和传承有重要意义。论文也指出贵州题材影视剧中的仪式运用要与影视叙事形成良性互动，要大量创作兼具艺术性和观赏性的故事片以吸引观众，促进仪式向符号经济的转变。王明贵的《影视剧作与彝汉史志中奢香夫人形象的比较研究》③也是一篇重要论文。作者批判了后世的文艺作品对奢香的人物形象进行拔高，戏曲、电影、电视剧中奢香的形象往"高、大、全"方向发展。作者通过大量的史料考证，为人们还原了历史上奢香真实、复杂的形象。论文涉及

---

① 汪太伟：《电视剧〈绝地逢生〉的"盘江精神"与贵州开发》，《遵义师范学院学报》2011年第5期。
② 安燕：《贵州少数民族的仪式象征与影视创意》，《中共贵州省委党校学报》2010年第3期。
③ 王明贵：《影视剧作与彝汉史志中奢香夫人形象的比较研究》，《贵州社会主义学院学报》2012年第1期。

当今文艺创作的一个具有普遍性的问题：拔高、改写历史人物的形象，虚美隐恶，使得历史人物形象在文艺作品中变形、夸张，失去了历史真实。这个问题在当下文艺创作中是极为严重的。三是产业研究。研究者为发展贵州影视产业献计献策。代表性论文有余永霞的《贵州影视旅游开发现状与发展思路》①。文章采用 SWOT 分析法，分析了贵州影视旅游的发展现状及其问题；提出贵州影视要体现民族特色和地域特色，要与旅游业形成产业融合，才能实现贵州影视旅游产业的发展。总体看来，贵州题材影视剧的研究，显得比较冷清，学理性强的论文比较少见，有分量的成果比较少见。但是，贵州题材影视剧的研究还有很大的发展空间。只要提高学理性，切实加强研究，这方面的研究水平必定会上升。

关于贵州题材影视剧建构贵州形象的研究，目前的研究成果比较少见。李缨在《利用好影视媒介，传播贵州新形象》中，接触了这个话题，要求贵州影视塑造贵州发展的形象、绿色生态形象、红色文化形象、原生态形象。但是，他主要是把影视看成媒介工具，从而弱化了影视的艺术特性。李效文的《西部开发背景下贵州红色题材影视创作的现实思考》② 一文，考察了贵州红色题材影视创作现象，提出一个有价值的问题：在红色题材影视创作中，贵州被加工成为"梦幻奇观、英雄神话的空间"，而失去了"自治性、多样性的可能"。其原因在于红色题材被市场消费，导致贵州形象产生了新的畸变的可能性。作者认为，在红色题材影视创作中，贵州不应该变成一个抽象的红色符号；影视文本应该建立在历史与现实的基础上，创造性地进行意义生产，以塑造接地气的贵州形象。应该说，这个问题的提出是独具慧眼的，体现出作者强烈的求是精神。总之，关于贵州题材影视剧建构贵州形象的研究，目前还不够深入，因此有待于继续开展研究。

三 贵州题材影视剧建构贵州形象的研究意义

研究贵州题材影视剧塑造的贵州形象，是研究贵州形象的一个新视

---

① 余永霞：《贵州影视旅游开发现状与发展思路》，《贵州民族研究》2014 年第 6 期。
② 李效文：《西部开发背景下贵州红色题材影视创作的现实思考》，《贵州师范大学学报》（社会科学版）2011 年第 5 期。

角，也是一个新话题。以往的贵州形象研究，主要是从新闻传播媒介视角切入。依靠新闻传播媒介打造贵州新形象，容易促成新闻媒体大规模的有计划、有组织的行动，因而风生水起见效快。新闻媒体在建构贵州新形象方面，已经做出了重要贡献，引起了学术界的高度注意。学术界就此开展了卓有成效的研究活动，取得了许多研究成果。利用电影、电视剧等文艺形式来建构贵州新形象，方兴未艾，渐成规模，非常值得关注。继新闻传媒之后，包括影视剧在内的文艺作品也成为建构贵州新形象的一支重要力量。因此，在持续关注新闻媒体建构贵州新形象之后，研究者把注意力转移到影视剧等文艺作品建构贵州新形象这个话题，不失为创新之举。这就实现了研究视角的创新。同样是建构贵州新形象，影视剧与新闻媒体所使用的方法、所遵循的规律有很大差别。影视剧不仅是传播媒介之一，而且是艺术形式之一，要遵循艺术规律，依靠艺术形象的塑造来达到建构贵州新形象的目的。因此，研究影视剧建构贵州新形象与研究新闻传播媒介建构贵州新形象，二者所采用的范畴、理论与方法都会有许多差别。相对于研究新闻传播媒介建构贵州新形象而言，研究影视剧建构贵州新形象是一个全新的活动。

近年来兴起的"贵州影视现象"，成为笔者选择这个研究课题的现实依据。近年来，贵州影视界有计划、有目的地组织力量，拍摄贵州题材的电影、电视剧，产生了很大的社会影响力，尤其是贵州题材电视剧所产生的影响力更大。贵州题材影视剧的生产与传播，收到了良好的经济效益和社会效益，在重塑贵州形象方面做出了重要贡献。这些表现被称为"贵州影视现象"是名副其实的。与贵州经济发展相似，贵州题材影视剧也呈现为后发赶超的态势。贵州题材影视剧建构贵州形象，是值得研究的——既具有理论意义，也具有现实意义。

贵州题材影视剧建构贵州形象研究的理论意义，表现在三个方面。

第一，有利于研究"贵州影视现象"，推进学理阐释。贵州题材影视剧的生产与传播，渐成气候，在国内外的影响力正逐步上升。贵州题材影视剧有望发展成为富有地域特色的影视"黔军"。面对这种喜人的发展状况，推进学理阐释就成为很重要的任务了。在建构贵州形象方面，贵州题材的电影与电视剧具有较多的相同点。影视合流的趋势越来越明显。有些题材先被拍成电影再被拍成电视剧的情况时常可见；有些公司既拍电影又拍电视剧。还有，如果把贵州题材电影与电视剧相分离，那么，其研究价值就会大为逊色。考虑到贵州题材影视剧目前的实力以及影视合流的发展趋势，笔者在研究对象的选择上，采用影视兼收的办法，以推进学理阐释。推进贵州题材影视剧建构贵州形象研究的学理阐释，必须形成贵州题材影视剧的整体观，进行史学建构；必须进行理论考究，把作品分析、创作现象等上升为理论评判，才能提升学术含量。

第二，有利于推动贵州文化"走出去"，拓宽贵州文化对外传播渠道，争夺贵州文化的话语权，以构筑贵州精神高地。中国历史上，贵州文化被视为蛮夷文化，被汉民族文化视为"他者"。在全球化的当下，中国文化被欧美强势文化视为"他者"。由此推演而来，当今的贵州文化被强势文化、居于霸权地位的文化视为"双重的他者"而处于边缘状态。贵州文化受歧视、遭冷遇的境况是不言而喻的。但是，当今世界维护文化多样性的呼声一浪高过一浪。"人类社会存在的全部合法性基础就在于它的文化多样性存在……只有多样性才能显示出差异性，有差异才会有比较，有比较才会有竞争，有竞争人类社会的发展才会有动力。"[①] 因此，从文化多样性的观点来观察文化现象，笔者认为：弱势文化与强势文化之间并不存在高低贵贱之分，其地位都是平等的；每一种地域文化都拥有平等发展权——平等发展权是文化多样性理念的要义。如果我们以文化多样性理念来看待贵州地域文化，那么就可以理直气壮地推动贵州文化"走出去"，争夺文化话语权，彻底改写贵州文化处于"他者"地位的历史。贵州题材影视剧，以生动的故事叙述来阐释贵州地域文化，塑造贵州形象，传递贵州声音。研究贵州题材影视剧建构的贵州形象，必定要思考提高贵州题材影视剧传播能力的具体策略，必定会促进贵州题材影视剧传播力的提高，从而能够助推贵州文化"走出去"，提升贵州的文化自信，增进贵州的文化自觉，提振贵州的文化精神。

第三，有利于优化区域形象设计，以提升贵州的区域文化软实力和区域竞争力。区域形象与区域竞争力呈正比例关系。"区域形象与区域的发

[①] 胡惠林：《中国国家文化安全论》（第二版），上海人民出版社，2011，第150页。

展存在着一种正比关系。这种正比关系表现在：区域形象较好的地区其区域的发展也较好，区域形象较差的地区也往往较落后。这不是一种无意识的巧合，而恰恰是一个规律。这种正比关系告诉人们，区域发展和塑造区域形象是密切相关的。在发展区域经济、进行区域规划、开发区域内的产品时，必须要同时考虑到区域形象的塑造问题。"[1] 因此，优化区域形象设计，就有利于增强区域凝聚力，吸引外来投资，吸引高层次人才，增强区域经济的发展动力。"区域竞争力的高低体现为区域综合实力的较量，而区域综合实力又包括硬实力与软实力两个方面。在资源、经济、科技等硬实力因受到各区域的充分重视而获得发展后，文化、管理、人口、形象等软实力将成为各区域竞争力提升的着眼点与出发点。在新一轮的区域综合实力竞争中，软实力将成为决定区域竞争力乃至区域综合实力排名的关键所在。"[2] 这是约瑟夫·奈关于软实力的理论在区域竞争力方面的灵活运用。区域形象是区域软实力的重要组成部分，区域形象优化对增强区域竞争力有直接的功效。建构贵州形象，是贵州题材影视剧重要的文化使命。研究贵州题材影视剧建构的贵州形象，对于贵州形象的设计与优化，必定会提出相应的思考，从而有助于增强贵州区域形象的吸引力，以提升贵州的文化软实力和区域竞争力。

贵州题材影视剧建构贵州形象研究的现实意义，表现为两个方面。

首先，有利于提高文化遗产的保护意识，促进贵州文化遗产的影像化保护与传承。贵州题材影视剧，把镜头对准民间社会，真实记录了贵州的山川风物、民风民俗，也真实记录了仪式过程、图腾与禁忌。这种记录功能源于镜头的物理性质。巴赞、克拉考尔从理论上阐释了镜头与生俱来的记录功能。纪录片把记录功能发挥到了极致。但是，故事片也具有较强的记录功能。贵州文化遗产的保护与传承，任重而道远；方法多种多样，开发与保护并举是基本方略。文化遗产的影像化保护与传承，是常用的办法。拍摄纪录片、专题片，较好地保护与传承了贵州的物质文化遗产和非物质文化遗产。贵州题材的影视剧是故事片，也能真实记录拍摄时的情

---

[1] 马志强：《论区域形象与区域发展》，《南昌航空工业学院学报》（社会科学版）2005年第3期。
[2] 初庆东、刘金源：《提升区域竞争软实力的路径新论》，《区域经济评论》2013年第5期。

景，能够在故事叙述的同时保护和传承贵州的文化遗产，与纪录片、专题片殊途同归。因此，研究贵州题材影视剧建构的贵州形象，能够强化贵州文化遗产的保护意识，能够促进贵州文化遗产的影像化保护与传承。

其次，有利于促进贵州影视产业的发展，促进多彩贵州文化产业的可持续发展。贵州题材影视剧建构贵州形象，要想提高贵州形象的传播力，笔者认为必须走产业化道路。影视剧只有在产业成功的前提下才可望提高传播力，只有尽力扩大受众面才能实现有效传播。当然，影视剧传播力的提高，要注意经济效益与社会效益的一致性。影视剧要打造精品力作，提高文化内涵，力避媚俗、庸俗、低俗，不能忽视社会效益，不能片面追求经济效益。贵州题材影视剧的传播面越广，贵州形象就越能得到有效传播，以感染越来越多的受众。研究贵州题材影视剧建构的贵州形象，就必须研究贵州题材影视剧的产业化发展问题。研究贵州题材影视剧的产业化发展问题，就能够为多彩贵州文化产业的可持续发展出谋划策，以促进多彩贵州文化产业大发展、大繁荣。

四 研究思路与方法

关于贵州题材影视剧建构贵州形象研究，笔者拟分为三个部分进行阐述。

从第一章到第四章为第一部分，研究贵州题材影视剧建构的贵州形象。这一部分主要围绕一个问题进行阐述：贵州题材影视剧建构了一个什么模样的贵州形象？论述之前，笔者拟粗笔勾勒贵州题材影视剧的发展概况，进而揭示贵州形象"他塑"与"自塑"的差别。贵州题材影视剧塑造贵州形象，主要表现为三种文化形象、五个形象系列，以及反贫困与剿匪的形象。把贵州题材影视剧塑造的贵州形象的主要状貌、主要特征详细而具体地描绘出来，是这一部分的主要任务。

从第五章到第六章为第二部分，研究贵州题材影视剧建构贵州形象的体制机制环境与思想内核。这一部分主要围绕一个问题进行阐述：贵州题材影视剧建构了如此模样的贵州形象，其背后的体制、机制原因有哪些，思想内核是什么？贵州题材影视剧所处的体制机制环境和思想内核，决定了贵州题材影视剧只能建构这种式样的贵州形象，而不是其他式样的贵州形象。国家的西部大开发战略、文化体制改革与文化产业发展战略；贵州重点发展文化旅游产业、"多彩贵州"形象设计以及贵州题材影视剧"借船出海"的生产机制、主旋律化的宣教理念等，这些因素成为贵州题材影视剧的体制、机制环境。这种体制、机制环境对贵州的影视企业和影视生产者时常发挥着规训作用。国族认同是建构贵州形象的贵州题材影视剧的核心思想。这些影视剧还包含了现代性思想。贵州题材影视剧体现了贵州文化的主体性，彰显了文化价值。

第七章为第三部分，研究贵州题材影视剧建构贵州形象的传播效果、问题及策略。这一部分主要围绕一个问题进行阐述：如何提升贵州题材影视剧的传播效果？贵州题材影视剧建构了贵州形象，其旨归在于扩大传播贵州形象，尽量优化传播效果。但是，故事问题、类型化问题、传播主体问题、传播渠道问题、适应观众问题等妨碍了贵州题材影视剧的传播效果。笔者思考了这些问题，并提出了一些策略来解决贵州题材影视剧创作与传播的相关问题。

这三个部分包含了严密的逻辑关系。第一部分是详细描述贵州题材影视剧建构的贵州形象。第二部分是挖掘成因，即挖掘贵州题材影视剧如此建构贵州形象的深层原因。第三部分是解决问题并展望未来，即提出一些策略来破解面临的问题，展望贵州题材影视剧的未来发展方向。贵州题材影视剧拥有广阔的发展空间，必将成为建构贵州形象的"利器"。

采用的研究方法主要有以下几点。

（1）文本细读法：反复观看贵州题材的电影、电视剧，细细品味其文化内涵、叙事方法、影视语言、拍摄技巧等，思考这些影视剧建构贵州形象的思想倾向。因此，认真观看这些影视剧是研究工作的起点。

（2）史料研究法：查找贵州题材影视剧建构贵州形象的有关史料，包括音像资料和文字资料等，细致观看或阅读史料，以图有所发现。

（3）跨学科研究法：为了积极寻找理论资源，多学科的理论成果可以用于研究，积极借鉴电影学、电视学、文艺学、传播学、社会学、心理学、产业经济学等学科的理论与方法，对课题所涉及的问题进行理论阐释与实证分析。

（4）采访调查法：通过实地采访以调查研究贵州影视剧的发展状况，以便掌握第一手资料。

（5）比较研究法：找准有可比性的对象，进行比较分析，找出相同点和不同点，同中求异，异中求同，并且找出异同的原因，进行深层次的阐释，以便发现内部规律。

第一章 贵州题材影视剧的发展概况

研究贵州题材影视剧如何建构贵州形象,首先需要理清贵州题材影视剧的发展过程,摸索贵州题材影视剧发展的内在规律,领会贵州题材影视剧建构贵州形象的基本理念。从"他塑"到"自塑",是贵州题材影视剧塑造贵州形象的发展过程。由于文化立场不同,塑造出来的贵州形象也就大相径庭。

第一节 贵州题材影视剧的定义

研究贵州题材影视剧,必须要理清概念,这样才能明确研究对象,才有助于论述的清晰和严谨。

贵州题材影视剧,指取材于贵州本土,关注贵州人民的生活状态及精神气韵,具有贵州地域特色和民族民间文化内涵、讲述贵州故事、传递贵州声音的影视剧。贵州题材影视剧,可以简称为贵州影视剧。

贵州题材影视剧,是一个凸显地域特征的概念。是否表现了贵州的地域特色,是否抓住了贵州的文化符码,是否体现了贵州的精神气韵,是贵州题材影视剧的主要判断标准。为了全面理解贵州题材影视剧,笔者还需要从以下三个层面深入分析。

从影视语言层面来说,贵州题材影视剧必须在画面、声音等方面再现贵州的自然风物、社会生活。艺术语言是艺术形式分门别类重要的根据之一。影视语言是影视剧最直接的表征,是影视剧区别于文学、绘画、音乐、建筑、雕塑等艺术形式的重要特征。电影、电视剧依靠连续的画面来讲述故事。因此,贵州题材影视剧的画面必须再现贵州的自然景象、人文活动、社会生活；贵州题材影视剧的声音必须再现贵州人的方言、贵州人的语言风格、贵州民族民间文化的声音元素。

从影视叙事层面来说，贵州题材影视剧必须讲述与贵州有关的故事。故事是电影、电视剧最具有吸引力的部分。观众对电影、电视剧的第一要求便是故事必须具有吸引力。故事是否具有吸引力，能否通过观众的考验，这是影视剧创作者必须考虑的问题，尤其是在文化产业的语境中故事对于提高影视剧产业绩效具有显著的功效。贵州题材影视剧所讲述的故事，必须与贵州的历史与现实紧密相关，以贵州人为中心，体现贵州地域对于观众的吸引力。人与事紧密相连，写人与叙事辩证统一。电影、电视剧在叙述与贵州相关的事件中刻画贵州人的性格、展现贵州人的个性特征与精神面貌，从而建构贵州形象。因此，讲述贵州故事、塑造贵州人的性格成为电影、电视剧建构贵州形象的重要手段。这也是影视剧与新闻媒介塑造贵州形象的显著区别。

从文化精神层面来说，贵州题材影视剧必须蕴含贵州文化特色，体现贵州人民的文化气韵。这是贵州题材影视剧的本质特征。多彩贵州文化成为文化多样性理念的生动诠释。丰富多彩的民族民间文化，是贵州文化与其他区域文化相区别的重要标志。民间工艺、民族服饰、民族语言、民族节日、民族建筑、民族音乐舞蹈、民族婚丧文化、民族风俗习惯、民族英雄史诗、民族神话传说、图腾与禁忌等，成为贵州文化的重要内容。这些文化因素在贵州土生土长，虽然经历了现代性的改造，但是仍然保持着贵州文化的精神气韵，历久不衰。屯堡文化、三线文化是独具魅力的。此外，长征文化、生态文化也是人们津津乐道的，阳明文化是很有影响力的。尤其是贵州人民勤劳俭朴、智慧勇敢、敬业诚信、与人为善、战天斗地大胆开拓、坚韧隐忍向往光明等内在的精神气质，历经几千年而大放光彩。这些关于文化精神方面的要素成为贵州题材影视剧的重要内容。

判断一部电影或电视剧是不是贵州题材影视剧，主要看三点：主要角色是贵州人；故事发生在贵州；在贵州拍摄。同时具备这三个条件的影视剧毫无疑问是贵州题材影视剧；否则，就要根据具体情况进行区别对待。影视编导是否为贵州人、影视剧是否由贵州投资并不是问题的关键。贵州题材影视剧不一定要由贵州人拍摄，也不一定要由贵州影视机构投资，省外国外创作团队也可以拍摄贵州题材影视剧。以贵州为拍摄地点,但主要角色、主要故事均与贵州无关的影视剧,不是贵州题材影视剧。贵州题材影视剧,要求主要角色、主要故事等内容要素与贵州紧密相关。判断一部电影或电视剧是不是贵州题材影视剧,争议主要集中在以下五个方面。

(1) 主要角色是贵州人,故事发生在贵州,但不在贵州拍摄,如电视剧《红娘子》。《红娘子》主要在四川取景拍摄,剧中的玉屏县取景于昭化古城。昭化古城有着上千年的历史,素有"巴蜀第一县,蜀国第二都"的美誉,故而成为峨眉电影集团的拍摄基地之一。梅家大药房、梅家宗祠取景于成都市温江区寿安镇天鹅村的"陈家楗杆"。剧中的"孔雀山庄"取景于眉山洪雅瓦屋山景区。《红娘子》也在北京昌平小汤山摄影棚拍摄过。

(2) 主要角色是贵州人,但故事发生地点有一些不在贵州,因而有一些场景不在贵州拍摄,如电影《人山人海》。这部影片的后半部分几乎与贵州无关,故事发生地点转移到重庆、山西;主要角色一以贯之,都是贵州人。

(3) 故事发生在贵州,在贵州拍摄,但主要角色不是贵州人,如电视剧《遵义会议》《周恩来在贵阳》《杨虎城的最后岁月》《和平村》;电影《飞歌的夏天》《勃沙特的长征》。

(4) 主要角色是贵州人,但主要拍摄地不在贵州,甚至全部镜头都不在贵州拍摄,故事发生地点也不在贵州,如电影《旷继勋蓬遂起义》《杨至成火线供给》。影片《旷继勋蓬遂起义》在贵州思南拍摄了一些场景,但主要在四川拍摄;故事主要在四川发生。旷继勋是贵州籍军事家、革命家。因为杨志成是贵州籍唯一的开国上将,所以,贵州省委宣传部等党政部门郑重推出影片《杨至成火线供给》,作为缅怀贵州名人的重要作品予以大力支持。

(5) 主要角色不是贵州人,只有一部分故事情节与贵州有关,只有一部分场景在贵州拍摄,编剧是贵州籍的作家,但是,贵州省委宣传部予以重点支持,如电视剧《雄关漫道》。

这一类影视剧可谓是贵州题材影视剧的"擦边球"。对于这些争议,笔者主张采用"宜宽不宜窄"的原则来处理:宽则有利于贵州题材领域的开拓,有利于贵州新形象传播。但是,宽也不是无原则的,不能是与贵州稍有联系便纳入研究范围。要从建构贵州形象的需要出发，抓住贵州的形象符码，只要影视剧表现了贵州的文化特质，主要角色是贵州人，主要的故事情节发生在贵州，拍摄地点在贵州，这样的影视剧都可以归属于贵州题材影视剧。

近年来，贵州影视现象令人瞩目，新闻媒体予以较多关注。问题在于：新闻媒体对于贵州题材影视剧的归属失之于宽。只要某部影视剧与贵州人、贵州事、贵州景、贵州创作团队等有一丝一缕的关联，就把它归属于贵州题材影视剧，进而把它作为贵州题材影视剧创作的重大成果来大吹大擂。例如，影片《近距离击杀》。笔者认为，《近距离击杀》不是贵州题材电影。因为，主要角色马德瑞不是贵州人，原型人物名叫李忠，原名郑树筠，是河北人。故事发生地点在河北省南部地区。众所周知，1944年，贵州省没有八路军驻扎，只在贵阳有一个八路军办事处。因此，这部影片的故事不可能在贵州发生。而且，在创作团队中，贵州方面并没有实质性的工作。仅仅因为这部影片在贵州省独山县取景拍摄，得到了贵州省军区、独山县政府等党政军机关的支持；所以，贵州的媒体就把《近距离击杀》当作贵州题材电影，把《近距离击杀》在2014年获得的中宣部第十三届精神文明建设"五个一工程"奖算作贵州获得的一个奖项。① 贵州媒体的这些文章，不乏自吹自擂之意。这是张冠李戴的行为，流露出不负责任的态度。类似的情况还有些许，像这样的谬误今后还可能出现。须知：贵州题材影视剧，是学术上的一个概念，要采用科学的方法来定义。对于一些影视剧，我们必须仔细甄别，要追问它们究竟是不是贵州题材影视剧，其归属不能宽得不讲原则；否则，就会做出似是而非的判断。

贵州题材影视剧与贵州"制造"的影视剧是交叉关系。贵州的影视机构，既可以创作贵州题材影视剧，也可以生产非贵州题材影视剧。贵州影视机构生产的影视剧是否属于贵州题材影视剧，要具体情况具体分析。

---

① 蒋叶俊：《打造贵州文艺主力军》，《当代贵州》2014年第33期；李坤：《文化强省的"贵州底气"》，《当代贵州》2016年第18期。

第二节 贵州题材影视剧的发展概况

梳理贵州题材影视剧的发展概况，可以从多个角度进行。笔者拟从塑造贵州形象的角度对贵州题材影视剧进行梳理，以理清贵州题材影视剧塑造贵州形象的发展、变化过程，以及贵州题材影视剧塑造贵州形象的理念与方法。

一 贵州题材电影的发展概况

（一）塑造贵州人民推翻三座大山的英勇斗争形象（1960～1978）

贵州人民追求自由、独立，进行了艰苦卓绝的斗争，为推翻三座大山不惜流血流汗，从不畏惧反动势力，从不妥协，最终找到了中国共产党作为指路明灯。在中国共产党的英明领导下，贵州人民才彻底解放。贵州题材电影记录了贵州人民英勇反抗三座大山的光辉历程，塑造了贵州人民敢于斗争、善于斗争的智勇兼备形象。《秦娘美》（1960）、《蔓萝花》（1961）根据贵州民间传说改编而成，利用黔剧和舞剧的艺术形式，塑造了英勇反抗地主压迫的女性娘美和蔓萝的形象。《突破乌江》（1961）、《山寨火种》（1978）表现长征时期贵州人民与红军并肩作战的深情厚谊。《苗岭风雷》（1977）、《火娃》（1978）讲述我军解放大西南剿灭国民党残匪时期贵州人民英勇斗争最终迎来光明的故事。故事发生的时间是从封建社会到红军时代一直到解放战争，这些影片深情讴歌了贵州人民英勇的斗争精神。贵州人民在艰苦的岁月中，为民族独立、人民解放抛头颅、洒热血，开展了惊天地、泣鬼神的斗争，最终在中国共产党的领导下迎来了解放，翻身做了主人。贵州人民为中国革命的成功做出了巨大贡献。这些影片记录了贵州人民的革命功勋，令后人敬仰。塑造贵州人民的英勇斗争形象是这一时期贵州题材电影的主要倾向。

（二）塑造改革开放以来贵州人民追求现代性的进步形象（1979～2001）

1979年，中国电影进入了新时期。新时期的中国电影，在思想内容上与中国社会主义新时期的文化思潮保持高度一致，致力于表现人们在现代性面前的彷徨与启迪、困惑与追求。人性、人情、人道主义成为新时期中国电影的主导思想，用以摧毁禁锢人们头脑的锐利思想武器。新时期电影引导人们反思中国传统文化，以摆脱因袭的精神重负，告别愚昧、黑暗的旧时代；指引人们向前看，树立信心以开拓新生活。新时期中国电影在历史转折时期发挥了思想启蒙作用。例如：《小花》（1979）、《苦恼人的笑》（1979）、《巴山夜雨》（1980）、《庐山恋》（1980）、《小街》（1981）、《天云山传奇》（1981）、《人到中年》（1982）、《黄土地》（1984）、《野山》（1986）、《人·鬼·情》（1987）、《红高粱》（1987）、《香魂女》（1993）等。这些影片成为新时期电影的重要代表作，成为那个时代电影文化的风向标，至今为人们津津乐道。新时期电影主要是第四代、第五代导演拍摄而成。与新时期电影思想新颖相伴相随的是电影语言的革新。第四代导演奉行巴赞、克拉考尔的纪实美学理念，在电影语言上凸显纪录风格，追求真实的效果。第五代导演奉行影像美学，掀起视觉革命，追求构图、色彩所营造的视觉冲击力和文化隐喻效果，增强了画面的吸引力。

　　新时期中国电影的特征在贵州题材电影中也得到了生动的体现。贵州作家李宽定编剧的两部电影《良家妇女》（1985）、《山雀儿》（1987）塑造了贵州人民追求现代性的进步形象。这两部电影均取材于黔北山区。《良家妇女》的主人公余杏仙大胆追求自由，追求个性解放，摆脱包办婚姻，与自己相爱的人开炳结合。余杏仙敢于抛弃幼稚的易少伟，敢于挑战以三嫂为代表的封建卫道士，也得到婆婆五娘的支持。这是一个"休夫"的故事，在具有"休妻"传统的中国，产生了颠覆性的意义。故事发生的时间是1948年，但是叙述故事的时间却是20世纪80年代初。福柯说："重要的不是故事讲述的年代，而是讲述故事的年代。"这部影片体现的是20世纪80年代的社会思想，而不是新中国成立前的社会思想。80年代的文化启蒙思潮，催生了影片《良家妇女》。《良家妇女》的成功之处，主要在于塑造了新型女性形象。追求现代性的新女性余杏仙是新时代的产物，新时代文化思潮的本质是启蒙现代性。《山雀儿》塑造了追求现代性的新女性山雀的形象。山雀勇敢地反对包办婚姻，提出向刁强二退婚。为了赔偿彩礼钱，山雀来到省城贵阳当教授家的保姆。山雀来到现代化都市，接受了现代文明的洗礼,提高了文化素质,以致对未婚夫铁头的不文明行为表示强烈反感,对刁强二学习现代农业知识坚持科学种田表示由衷赞叹。在接受现代文明之后,山雀对铁头与强二的选择又一次陷入了困惑。山雀对未婚夫做出了艰难的选择,选择的对象虽然完全不同,但原因是相同的,那就是现代性的追求。山雀最终坐上了铁头的花轿,但那是违心之举。这说明在20世纪80年代初的农村社会中现代性的追求是举步维艰的。

李宽定编剧的这两部电影《良家妇女》和《山雀儿》,都是第四代导演拍摄而成。第四代导演追求电影语言的现代性。张暖忻、李陀在《电影艺术》上发表《谈电影语言的现代化》[1],是第四代导演倡导学习西方电影、推动电影语言现代化的庄严宣言。他们在电影语言上追求现代性,拍了很多长镜头,使影片带有纪实风格。《良家妇女》的片头和片尾,对甲骨文"女""妇"进行详细考究,采用石刻的浮雕形象地展示妇女在各个朝代的不幸遭遇,并配以警钟长鸣式的音响,从而增强了文化反思意味。

(三) 呈现贵州贫穷落后的边缘形象 (2002~2005)

在新生代导演的电影里,贵州主要呈现为贫穷落后的边缘形象。这与新生代电影导演的艺术旨趣紧密相关。"在新生代的影片中,镜头和镜像话语主要是针对着现代都市的写生、自传书写、自我放逐、摇滚青年、先锋艺术等等,顾及的既不是主流意识形态,也不是绝大多数的芸芸众生,而是极度边缘的那一部分。叙事主题涉及青春期的焦虑、成长、精神分裂及无奈的人生,这又必然使他们的艺术观与生俱来地带有某种'后现代'的色彩和氛围。"[2] 新生代导演在纪实精神的指引下,经常从"审丑"视角出发,去发掘现代化进程中边缘人生的真实状态。这与主流意识形态形成了差异。

在新生代电影里,贵州被塑造成为一个阴暗潮湿的、人人都想逃离的处所。贫穷落后不仅促使外来者千方百计逃离贵州,而且催逼贵州本地人

---

[1] 张暖忻、李陀:《谈电影语言的现代化》,《电影艺术》1979年第3期。
[2] 金丹元:《新中国电影美学史 (1949~2009)》,上海三联书店,2013,第390页。

也想方设法离开贵州。在新生代电影里，贵州不是人们生存的乐土，也不是放飞理想的地方。相反，贵州成为人们的怨恨之所、埋葬理想之地。有些观众也许有理由认为新生代的一些影片对贵州形象已经构成了伤害。

王小帅的《青红》，全部在贵阳取景，采用自然光效进行实景拍摄。拍摄《青红》遇上了阴雨连绵的天气，所以画面大多是阴晦的。这隐喻了影片中的贵州是主人公的伤心之地。在影片中，贵州的天是阴暗的天，预示着主人公命运的不祥。在影片中，贵州是制约年轻人发展的地方，是外来者想逃离的地方，因而成为惨遭痛恨的地方。青红的爸爸被"工资加三级"等政治谎言所鼓动，从大上海来到贵州支援大三线建设。二十多年过去了，工资并没有加三级。青红的爸爸终于发现来贵州是一个美丽的错误，不仅自己这一代人被耽搁了，而且下一代也可能被耽搁。因此，青红的爸爸与几个同事商议：抛弃户口、工作，不顾一切回上海，以便让下一代拥有良好的发展环境。不料，在即将离开贵州时，青红遭到小根的强暴。影片结尾时，青红一家人离开了贵州。他们不仅痛恨贵州这一片土地，更痛恨贵州人。在这一家人心目中，贵州形象便是永恒的创伤记忆。

《与你同在的夏天》中的贵州，也呈现为一个阻碍年轻人发展的形象。主人公也梦想逃离贵州。影片讲述1984年夏天在贵州都匀发生的故事。李明馨的妈妈不顾世人的非议，不顾一切逃离了贵州。这一举动在李明馨看来是非常合理的。李明馨是贵州土生土长的高中毕业生，她在思想上高度认同她妈妈逃离贵州。她认为只有逃离贵州才能实现自身发展，因而，她努力学习考上了中国人民大学。可是，她的大学录取通知书被一个邮差扣留了。这个邮差便是她的同班同学孙宏伟。孙宏伟被学校开除了，接他爸爸的班在都匀县邮电局当邮递员。为了让心仪的李明馨留下来，孙宏伟便扣留了她的大学录取通知书。即便如此，李明馨仍然努力学习，想通过舞蹈比赛实现走出山区的梦想。李明馨的伙伴们也一心想冲出贵州：有的考上了北京师范大学，有的去当兵……影片中的贵州，成为束缚年轻人大展宏图的精神牢笼，成为年轻人的伤心之地。只要逃离贵州，这些年轻人就将产生龙入大海鸟入林的畅快心情；一旦逃离不成，则感到命运不祥。因此，影片展示的贵州形象，是负面的形象、阴晦的形象。

新生代导演奉行巴赞、克拉考尔的纪实美学，进行实景拍摄，采用自然光效，使用同期声，多用非职业演员，不用化妆，有时演员讲方言。采用这些艺术手段的目的是增强真实性，以反叛虚构的艺术形式。新生代导演依靠拍摄纪录片起家，拍摄故事片也带有浓厚的纪录风格。那么，是否可以说新生代拍摄的故事片达到了非常真实的状态呢？笔者认为：不是。

笔者认为：新生代电影揭示的真实，只是相对的真实，而不是绝对的真实；只是主观的真实，而不是客观的真实。新生代导演宣称"我的摄影机不撒谎"，只是意味着摄影机拍摄的图像是真实的。但是，选择什么舍弃什么、强调什么忽略什么，这些都是受掌机人控制的。掌机人是有意识的艺术家。艺术家的成长经历、教育背景、思想观念、艺术旨趣等制约了艺术家对于生活的选择、加工、改造。这种选择、加工、改造在拍纪录片或者带纪录风格的故事片时，同样在发生作用。拍摄纪录片或者带纪录风格的故事片，不可能摆脱艺术家思想观念的决定性作用。艺术家的思想观念是时时发生作用的因素，正是这些因素决定了艺术家对生活的取舍、加工、改造。因此，导演拍摄纪录片或者带纪录风格的故事片，不能被理解为对生活的客观反映，只能理解为对生活的主观反映。这些电影展示的艺术形象，不能被理解为生活现象的客观再现，而只是李普曼所谓的"拟像"。就新生代导演拍摄的这些贵州题材电影而言，所展示的贵州形象并非贵州的真实形象，而只是贵州的"拟像"，根源在于新生代导演表现边缘人生的艺术旨趣以及审丑的艺术理念。他们对贵州的社会生活进行选择性利用，对贫穷、落后、闭塞等特征加以放大，所塑造的贵州形象对贵州的社会生活进行了部分的遮蔽和歪曲。总之，这些新生代导演所塑造的贵州形象，是被扭曲的贵州形象，是贵州人民所不愿意接受的，对贵州的长远发展必将产生负面影响。

（四）自觉推介贵州形象的理念开始形成，塑造多彩贵州形象（2006年以后）

纵观贵州题材电影的发展过程，笔者认为2006年具有转折意义。从2006年开始，贵州题材电影的编导产生了自觉推介贵州形象的意识。从官方到民间，利用电影塑造贵州新形象开始成为明确的理念。2006年，电影《阿娜依》《阿欧桑》《开水要烫，姑娘要壮》《朝霞》等，开始致力于塑造贵州新形象，展示贵州文化元素，注重发挥原生态文化魅力，讲述贵州故事，传递贵州声音。从此以后，贵州的电影创作人员深刻认识到良好的区域形象对于一个地区长远发展和长治久安具有重要意义，提升区域文化软实力能够大大增强一个地区的竞争力，因而在创作过程中注重传播正能量，按照贵州后发赶超战略的需要重新设计贵州形象。因此，2006年以来贵州题材电影建构的贵州形象，是符合贵州长远发展的贵州形象，也是深受贵州人民欢迎的贵州形象。

1. 自觉推介贵州形象理念形成的原因与过程

贵州题材电影从2006年开始形成了自觉推介贵州形象的理念，从此以后自觉塑造多彩贵州形象，这是贵州题材电影的历史发展逻辑所导致的必然现象。此外，贵州省贯彻落实国家的文化产业政策，也促使贵州题材电影从2006年开始奉行自觉推介贵州形象的理念，从而自觉塑造多彩贵州形象。

文化产业政策在我国出台之后逐步成熟。2000年10月，十五届五中全会通过了《中共中央关于制定国民经济和社会发展第十个五年计划的建议》，提出了"文化产业"概念。这是中央文件中第一次出现"文化产业"概念。2002年11月，十六大报告《全面建设小康社会，开创中国特色社会主义事业新局面》第一次把文化划分为文化事业和文化产业，阐述了二者的关系，提出要"积极发展文化事业和文化产业"。2003年10月，十六届三中全会通过了《中共中央关于完善社会主义市场经济体制若干问题的决定》（以下简称《决定》），提出了文化事业和文化产业改革的目标。《决定》第一次提出文化体制改革要组建一批大型文化企业集团。2005年12月，中共中央、国务院下发了《关于深化文化体制改革的若干意见》。2006年3月，中央召开全国文化体制改革工作会议，确定89个地区和170个单位开展文化体制改革试点工作。从此，我国的文化体制改革全面推开、稳步推进。2006年9月，中共中央办公厅、国务院办公厅印发《国家"十一五"时期文化发展规划纲要》，对"十一五"时期的文化发展进行全面部署，进一步推动文化体制改革。由此可见，国家的文化产业政策发展到2005年、2006年，已经进入实质性的操作阶段：全面推进文化体制改革，大力发展文化产业。

贵州省积极落实中央的部署，着手开展文化体制改革，大力发展贵州的文化事业和文化产业。2005年贵州省委、省政府推出"多彩贵州"系列活动，2006年推出"多彩贵州风"，注重打造文化品牌，构建区域形象。2006年8月18日，贵州省委、省政府下发了《中共贵州省委、贵州省人民政府关于推进文化体制改革和加快文化发展的若干意见》（黔党发〔2006〕15号），结合贵州实际情况以贯彻执行中发〔2005〕14号文件。这个文件指出要增强对贵州民族民间文化和历史文化的自信心；要把贵州原生态的文化资源优势转化为文化产业优势；坚持文化产业与旅游产业结合发展，重点发展文化旅游，大力发展影视制作；继续做强做响"多彩贵州"文化品牌；建设一批文化旅游基地、影视拍摄基地。此后，贵州出台了《贵州省文化体制改革工作方案》，具体落实文化体制改革工作。

为了贯彻落实中央精神，贵州省结合实际情况开展了富有创造性的工作。其中，整合省内外资金、技术、人才、信息资源倾力打造贵州题材影视剧，以影视剧的制作、传播来建构贵州新形象，推动影视文化与旅游产业的融合，充分发挥贵州题材影视剧对贵州文化和旅游产业的促进作用，成为贵州文化产业的发展路径之一，也成为贵州题材影视剧制作与传播的基本理念之一。这一理念形成于2006年，这是中央与贵州解放和发展文化生产力的政策促成的，是与贵州发展文化产业的实际需要紧密相连的，也与贵州题材影视剧的发展状况息息相关。

此后，我国更加重视文化建设，制定了一系列方针、政策，促进我国文化大发展大繁荣，增强文化软实力，建设社会主义文化强国。2007年，党的十七大报告论述了"文化软实力"的重要意义，吸收了美国学者约瑟夫·奈1990年以来关于"软实力"的思想，推进文化创新和产业升级，为我国建设小康社会注入新动力。2011年10月，十七届六中全会通过了《中共中央关于深化文化体制改革、推动社会主义文化大发展大繁荣若干重大问题的决定》，提出要实现先进文化的中国化，维护国家的文化安全，增强国家文化软实力和中华文化的国际影响力，建设社会主义文化强国。2012年11月，党的十八大通过了《坚定不移沿着中国特色社会主义道路前进，为全面建成小康社会而奋斗》。报告提出了经济、政治、文化、社会、生态文明建设"五位一体"的建国方略。报告强调要扎实推进社会主义文化强国建设。党的十八大以来，习近平总书记的系列重要讲话，强调要推动物质文明和精神文明协调发展，践行社会主义核心价值观，掌握意识形态工作的领导权和话语权，坚持以人民为中心的创作导向，弘扬中华优秀传统文化，提高中华文化软实力。

为了贯彻建设社会主义文化强国战略，贵州省提出了"文化强省"奋斗目标，大力发展文化事业和文化产业，实现后发赶超、同步小康。2011年10月28日，中共贵州省委十届十二次全会通过了《贵州省委关于推动多民族文化大发展大繁荣的意见》，正式提出建设"文化强省"的奋斗目标，要求把文化产业发展成为贵州省的支柱产业。2012年7月，《贵州生态文化旅游产业发展规划》（以下简称《规划》）编制完成，通过了专家评审。《规划》为2012~2020年贵州旅游产业描绘了宏伟蓝图。《规划》提出，到2020年，贵州旅游总收入将达到6800亿元，因此，要完善基础设施建设，提高服务质量，打造世界知名国内一流的旅游目的地，实现从旅游资源大省向生态旅游强省跨越。贵州拥有丰富的民族民间文化资源，森林覆盖率高，气候宜人，环境优雅，大力发展文化旅游适合贵州实际情况。重点发展文化旅游产业，发挥了贵州文化建设的区域优势。文化旅游产业污染少，成本低，附加值高，发展前景光明。2016年4月，《关于建设多彩贵州民族特色文化强省的实施意见》出台。这个文件提出要挖掘贵州民族民间文化、历史文化的价值，认清贵州文化资源的优势，处理好保护与开发的关系，创作出更多具有贵州特色、贵州元素的优秀文艺产品，建设多彩贵州民族特色文化强省，增强贵州文化整体实力，推动贵州文化"走出去"，把文化外宣、旅游外宣、经贸外宣结合起来，唱响主旋律，传播正能量。

大力推进文化旅游，是贵州题材影视剧创作获得超常发展的强烈动因之一。依靠贵州题材影视剧塑造贵州新形象，吸引大批省外国外的游客来贵州旅游；依靠旅游带动文化产业的整体发展，刺激贵州经济社会全面发展，最终实现后发赶超、同步小康的宏伟目标。这些规划与行为包含着严密的逻辑关系。由此可知，贵州题材影视剧的创作对于贵州经济社会的长远发展将发挥基础性的作用，是贵州经济社会发展链条上重要的一环。因为，区域形象就是生产力。

为了促进文化旅游产业大发展大繁荣，贵州借助拍摄贵州题材影视剧来塑造贵州新形象，吸引大批游客来贵州旅游。因而，贵州的党政部门、传媒机构积极助推贵州题材影视剧的制作与传播。2009年4月，贵州日报报业集团组建了黔森影视文化工作室。这是贵州题材影视剧发展史上的一件重大事情。时至今日，黔森影视文化工作室成为贵州影视产业发展的"火车头"，为贵州题材影视剧的生产和传播做出了杰出贡献。2009年6月12日，时任贵州省委常委、宣传部部长的谌贻琴在北京举办贵州题材重点影视座谈会，吸引了影视界的高度关注。16位著名编导、影视机构负责人为25部贵州题材影视剧的创作方案进行充分论证，提出了许多指导性意见。有一些编导还表达了将到贵州来开展影视剧创作的愿望。这次座谈会对于促进贵州题材影视剧的创作、提升贵州人民的文化自信产生了深远意义。

总之，2006年以来的贵州题材影视剧的创作，展示了贵州人民自我意识的觉醒，成为对外宣传贵州新形象的一个重要窗口；吸引了省外国外的大量游客，促进了贵州文化旅游的飞速发展，为建设多彩贵州民族特色文化强省做出了重大贡献。

2. 贵州题材电影建构多彩贵州形象的表现

2006年以来，贵州题材电影塑造了多彩贵州形象，传播了正能量。贵州题材电影建构的多彩贵州形象，表现在以下七个方面。

第一，民族民间文化形象。民族民间文化是贵州文化的重要内容。各民族文化相互交流共同繁荣，为多彩贵州形象增添了生机与活力。影片《侗族大歌》展现了侗族的文化瑰宝。侗族大歌被誉为世界"最美的天籁之音"，在2009年被列入"人类非物质文化遗产名录"。这是贵州省非物质文化遗产第一次入选世界级的非物质文化遗产。《阿欧桑》展现了苗歌的魅力。《滚拉拉的枪》展现了岜沙苗族的成人礼。最后一个带枪部落的生活习俗对观众形成了另一种意义上的视觉奇观，能引起观众的兴趣。影片《阿妹戚托》展现了民间舞蹈"阿妹戚托"的优美动作。"阿妹戚托"是姑娘出嫁舞，源于晴隆县三宝彝族乡，被选入贵州省第二批省级非物质文化遗产代表作名录。《云上太阳》展示了苗族医药的神奇效果。苗族医药挽救了外国人波琳，苗族医药战胜了西医，用锦鸡作药引，收到了起死回生的功效。《国酒》展示了国酒文化形象，为茅台酒做宣传，弘扬了儒商精神。贵州题材电影，渗透了民族民间文化元素，塑造了民族民间文化形象。

第二，历史文化形象。贵州历史悠久。在战国时代，夜郎国发展成为西南地区的强国之一，疆域辽阔，领土主要在今天的贵州境内。秦汉时期至元朝，朝廷都在贵州地区设置管理机构，清查户口，征收赋税，实行有效的管理。永乐十一年，即公元1413年，明朝政府设置贵州承宣布政使司。这是贵州直属中央政府的开始。贵州建省的历史从1413年起算。贵州题材电影包容了贵州悠久的历史。1985年，陈献玉导演、朱云鹏编剧、浙江电影制片厂拍摄的影片《奢香夫人》，塑造了彝族女政治家奢香夫人的形象。《诺苏之鹰》根据同盟会员柳子南的真实故事改编，塑造了资产阶级革命家柳子南的光辉形象。《少年邓恩铭》塑造了无产阶级革命家、中共一大代表邓恩铭的少年英雄形象，揭示了自古英雄出少年的道理。

第三，红色文化形象。贵州与中国共产党渊源颇深。贵州为中国共产党培养了创始人之一、中共一大代表邓恩铭。中央红军长征，改变了与红二、六军团会师的战略意图，转向敌人力量薄弱的贵州前进。黎平会议、强渡乌江、遵义会议、抢占娄山关、四渡赤水等历史事件，步步惊心，可歌可泣。中央红军在贵州盘旋的时间相对说来比较久。后来，红二、六军团长征也路过贵州，留下了枫香溪会议等可圈可点的历史记忆。解放战争时期，刘邓大军解放贵州。贵州题材电影饱含红色文化，用镜头讴歌了中国共产党的光辉业绩。《突破乌江》表现了红军英勇奋战终于冲破白匪军乌江防线的情景。《四渡赤水》表现了毛泽东重新指挥红军走向胜利的重大事件。四渡赤水发挥了红军善于走路的特长，以运动战的战术赢得战争主动权，最终摆脱四十万白匪军的围追堵截。四渡赤水堪称毛泽东军事指挥的经典杰作。影片尊重史实，采用特型演员扮演老一辈无产阶级革命家，令观众倍感亲切。影片《喋血神兵》以枫香溪会议为背景，表现红二方面军转战黔东创立黔东革命根据地的艰苦斗争，积蓄革命力量，有力地配合了中央红军长征。《勃沙特的长征》从瑞士籍英国传教士鲁道夫·勃沙特的视角来表现红六军团长征，这个外国传教士成为中国工农红军长征的见证者。这部影片的视角很奇特，具有创新性。关于长征的历史，中央红军长征成为历史文献重点描述的对象,红二方面军长征经常被忽略。这些影片表现了红二方面军的战斗历程,对于历史叙述起到了补充作用。时至今日,这些影片生动地诠释了红色文化,将教育年青一代永远铭记老一辈无产阶级革命家的丰功伟绩,从而更加热爱中国共产党、热爱祖国、热爱人民。

第四,抗战文化形象。抗日战争中,贵州人民积极支援湖南、云南、广西军民英勇杀敌,贵州军队开赴抗敌前线为国壮烈捐躯。贵州本土上,贵州军民积极清除小规模敌特分子,肃清汉奸,有力地支持了抗战前线。《嗨起,打他个鬼子》表现黔东南人民扫除日本特务,粉碎了日军在黔东南建立机场的阴谋。《落经山》叙述了一个哑巴消灭了一队日本兵的故事。哑巴利用贵州的岩溶地形,与日本兵巧妙周旋,不仅消灭了日本兵,而且还保护了落经山珍贵的文物。影片歌颂了贵州人民伟大的爱国主义精神、不屈不挠的斗争精神,表现了贵州人民无穷无尽的智慧与力量。

第五,生态文化形象。贵州山清水秀,气候宜人,森林覆盖率高,空气含氧量高,泉水叮咚天然无污染。贵州的自然景观美丽动人,令人陶醉其间。纵观贵州题材电影,镜头所摄之处画面无不清新秀丽,层峦叠嶂云雾缭绕仿若人间仙境。独特的高原景观让观众容易识别贵州山水风物的特征。《云上太阳》展现了丹寨县优美的自然风光,表现了人在画中游的美感。许多空镜头简直就是仙境般的山水画。因此,国家广播电影电视总局把影片《云上太阳》用作中国2011年度外宣影片。国内外许多观众对纯净的贵州风景表现出由衷的向往。《酥李花盛开的地方》展现了贵定金海雪山绚丽的自然景观,迷倒了许多观众。《草海恋歌》展现了贵州威宁草海的优美景色和人与自然和谐相处的生存状态。《嗨起,打他个鬼子》在青岩、南江大峡谷、阳明祠、甲秀楼、黔灵山、镇山村等地取景拍摄,展现了贵州的"江山如此多娇"。总之,凡是镜头再现的贵州山水,无不令观众叹为观止。许多影片塑造了贵州诱人的生态文化形象。

第六,社会主义新农村形象。城乡发展从来就是紧密相连的一个整体,相互依赖,相互支持。在工业化初期阶段,农业支持工业发展,农业为工业提供原材料、销售市场,农业为工业提供资本积累,城市在工农业"剪刀差"中获得掠夺性发展。在工业化中期阶段以后,工业反哺农业,工业助推农业发展,城市支持农村,从而使工农业、城乡协调发展。这是世界经济发展的普遍规律,中国也不例外。十六届五中全会提出建设社会主义新农村,就是顺应我国工业化发展进入新阶段之后做出的必然选择,是科学发展观的灵活运用。贵州省积极加入社会主义新农村建设的行列,促进城乡一体化发展。贵州题材电影积极反映这一新变化,塑造了贵州新形象。影片《好花红》以布依族民歌"好花红"为题,塑造了以罗亮、阿秀为代表的社会主义新农村建设者的光辉形象。村民苦于公路不通,长期生活在闭塞的乡村环境中。阿秀的妈妈因为公路不通罹患重症得不到及时医治而丧命。罗亮率领村民修公路,村民燃起了致富的希望。公路修通了,新农村建设取得了实质性进展。罗亮考上了县文化馆的公务员,与阿秀合作搜集整理民歌。阿秀考上了北京的一家音乐学院,本来可以留在北京发展音乐事业。但是,阿秀毅然回到家乡,为建设社会主义新农村奉献青春与智慧。如何建设社会主义新农村?影片《女兵还乡》告诉我们:建设社会主义新农村,不仅要提高经济水平,而且要提高文明程度,要实现物质文明与精神文明"两手抓,两手都要硬"。远山村非常贫穷,可是,在村长赵家贵的带领下,迅速脱贫致富。赵家贵的奋斗目标是全村人年平均收入一万元。为了实现这个目标,他精打细算,节约开支。每天都怀揣一个计算器,他的目光紧紧盯着计算器,不请电影放映队来村里放电影,导致全村几乎没有文化娱乐活动。虽然远山村富裕了,但是村民依然愚昧,文明程度很低。遇到产妇难产,老年妇女赶紧去土地庙祭拜,求神拜佛以求母子平安。修建村图书室,捐款者寥寥无几;修建土地庙,捐款者却络绎不绝非常踊跃。面对这些情况,退伍女兵柳华感到非常不满意,她担任团支书以后决心加强精神文明建设。她创办村图书室,购买大量图书,尤其是农业技术、工艺制作方面的书,让村民学习生产技术、丰富精神生活。她请电影放映队来村里放电影,让村民获得娱乐享受。她劝村民相信科学,抛弃迷信思想。她还创办民族刺绣厂,让村民学习刺绣以发展经济。柳华的所作所为,体现了物质文明与精神文明两手抓的思想,批判了单纯发展经济的片面做法。这些影片,表现了贵州人民建设社会主义新农村的火热生活,塑造了贵州科学发展、进步的形象,从而优化了贵州的区域形象。

第七，日常生活的英雄模范形象。也许，世人认为贵州的泰斗级历史名人屈指可数，贵州是缺乏英雄的地方。笔者认为这是一种偏见。英雄人物乃是特定历史条件与主观条件综合造就的，正所谓"时势造英雄英雄造时势"，我们不能苛求历史。再者，我们不能把眼光仅仅盯住历史风云人物，更应该关注无名英雄。鲁迅说："我们从古以来，就有埋头苦干的人，有拼命硬干的人，有为民请命的人，有舍身求法的人……虽是等于为帝王将相作家谱的所谓'正史'，也往往掩不住他们的光耀。这就是中国的脊梁。"[①] 梁启超在1902年发表了《无名之英雄》。他说："今日中国之所以不振，患在无英雄，此义人人能知之能言之；而所以无英雄之故，患在无无名之英雄，此义则能知之能言之者盖寡矣……勿曰我不能为英雄，我虽不能为有名之英雄，未必不能为无名之英雄。天下人人皆为无名之英雄，则有名之英雄，必于是出焉矣。"[②] 综上所述，无名之英雄数量更多、力量更强大、对历史的贡献更大。人类血战前行的历史主要应该归功于无名之英雄。正所谓"一将功成万骨枯"，没有无名英雄的英勇牺牲，哪能成就名将的赫赫武功？然而，经过历史长河的汰洗，无名英雄的功劳都一律转交给了有名之英雄，这就是历史之不公。历史对无名英雄形成了遮蔽。梁启超和鲁迅的思想境界高雅超拔，他们揭示了"正史"对无名英雄的遮蔽，为无名英雄说了公道话。人民是历史的创造者。后人在景仰有名英雄之余也不应该忘记无名英雄。要想成为英雄，首先应该致力于成为无名之英雄，因为无名之英雄与有名之英雄一样功勋卓著。这样的思想方显卓尔不凡。

贵州题材电影塑造了一批无私奉献、默默无闻的英雄模范形象。这些英模没有豪言壮语，没有传奇故事，他们在平凡的岗位上干出了不平凡的业绩。《美丽的黑蝴蝶》根据贵阳市白云区人民法院女法官蒋庆的先进事迹改编而成。蒋庆热情帮教刑满释放人员及执行缓刑的人员，为他们进行心理疏导，帮助他们找工作，甚至提供经济援助。她热情接待来访者，为他们提供法律援助。她工作很努力，开庭之前必定调查取证细致研究案情

---

① 鲁迅：《且介亭杂文》，人民文学出版社，1973，第94页。
② 梁启超：《饮冰室合集》（第6卷），中华书局，1989，第85~86页。

才做出判断，从不马虎，从不懈怠。有时她要加班加点，以致没有照顾好老人和小孩。也许，她是一个不称职的妈妈、不称职的女儿、不称职的妻子，但她却是一位优秀的法官。她不慕名利，谢绝了上级部门的提拔。她以做好本职工作为快乐，踏实诚恳，认真负责。可是，这样的好法官却遭到顽劣分子赵小阳的刺杀，真是苍天无眼！《水凤凰》塑造了无私奉献的贵州山区教师形象。影片的主人公是水族教师卢荣康，从小罹患小儿麻痹症导致双膝以下肌肉萎缩，只能依靠自制的鞋套在路上跪行，上课时只能跪教。孩子辍学，卢老师在山路上跪行几十公里，挨家挨户劝学，把孩子们劝回学校读书。这一艰难的举动感动了家长们。卢老师工作极端负责，踏实细致，力争把每一个学生都教好。第一批学生全部考上初中，卢老师感到无比快乐。一晃就是二十多年，学生都成为国家的栋梁之材，卢老师依然跪教在山区小学中。他把讲台看成价值实现的地方，在这个平凡的岗位上建立了伟大的功勋。伟大出自平凡。他的平凡举动，弘扬了社会主义核心价值观，永远闪烁着道德光芒，永远激励后来者为建设社会主义强国贡献力量，永远鞭策身强体壮者不计报酬无私奉献。这部影片是根据三都水族自治县羊福民族小学教师陆永康的真实经历改编而成，真实、感人、震撼，能触及人的灵魂，具有积极的意义。影片《小等》塑造了坚强的留守儿童小等的英雄形象。小等的父母为了偷生男孩外出打工，多年不回家。家中有一位老奶奶，经常患病，生活几乎不能自理。小等年仅十二岁，生活在贵州湄潭县的偏远山村。她要上学，要照料奶奶，还要承担繁重的家务劳动。她的所作所为，已经远远超出了一个儿童的正常承受能力。她是孤独无助的，却是坚强韧性的。她默默承受这一切，攻坚克难，自信自强，体现了英雄气概。小等是一位留守儿童，是中国千百万留守儿童的典型代表之一。影片根据贵州青年作家肖勤的中篇小说《暖》改编而成，主要演员都是非职业演员，其表演收到了真实的效果。

这三部影片都塑造了日常生活的英模形象。其主人公都具有代表性：蒋庆是公务员的代表，卢荣康是教师代表，小等是少年儿童的代表。他们的职业、年龄、身份、生活经历等都具有差异性。然而，他们相互映衬，从多个方面展示了贵州人民的精神气韵。这三部影片都注重在日常生活中塑造人物的英雄形象，产生了"润物细无声"的艺术效果，体现了日常生活的美学。科西克说:"在被长久湮没在那些关于英雄和帝王丰功伟绩的宏大历史背后,'日常'终于浮出历史地表,不再是原先那个'稻草人式无足轻重'的术语。日常不仅仅是一种生活状态,它获得了一种本体论上的含义。它是这样一个阔大但又封闭的宇宙,但又没有边界线,人们不安于此但仍无处可突围。它是人生的根基,一切飞扬、超拔的、不同寻常的东西都只有在它的映衬下才能存在,才能被赋予意义。"[1] 科西克强调了日常生活的重要意义。与日常生活紧密相连的不是宏大叙事,而是个人化叙事。"每一个人的生命都值得仔细审视,都有属于自己的秘密与梦想。"[2] 文艺理论家巴赫金认为个人生活与社会生活同等重要,因而,个人化叙事与宏大叙事同等重要。他说:"个人生活系列犹如在共同生活的无所不包的强大基座上刻下的浅浮雕。个人应是整个社会的代表,他们的生活事件同整个社会生活的事件相吻合;生活的一切细节,如饮食、日用品,都与生活中的重大事件同样有分量,一切都同等地重要。"[3] 因此,塑造英雄形象,个人化叙事与宏大叙事同等重要,日常生活的美学与传奇美学同样奏效。

贵州题材电影运用个人化叙事,塑造了日常生活中的英雄模范形象,收到了感人的艺术效果。日常生活时常涌现出无名之英雄,这些无名之英雄与有名之英雄同样伟大。问题在于缺乏发现无名之英雄的眼光和热情。

3. 贵州题材电影建构多彩贵州形象的特征

贵州题材电影建构的多彩贵州形象,表现为以下三个特征。

第一,原生态。

原生态是贵州文化的显著特征。贵州地处云贵高原东部,偏安我国西南一隅。贵州的地形特点是"八山一水一分田",是全国唯一没有平原的省份。因为贵州多山,形成了相对封闭的地理环境。交通极为不便,所以,历史上贵州与外界的联系非常少,生活习俗等各个方面与外界很少进

---

[1] 〔捷克〕卡莱尔·科西克:《具体的辩证法》,傅小平译,社会科学文献出版社,1989,第55页。
[2] 刘小枫:《沉重的肉身》,上海人民出版社,1999,第7页。
[3] 〔俄〕巴赫金:《小说的时间形式和时空体形式》,《巴赫金全集》(第三卷),白春仁、晓河译,河北教育出版社,1998,第76页。

行交流。贵州文化很少受到现代文明的冲击，很少受到战争的干扰，因而能够比较完整地保留几百年甚至几千年前的状貌，尤其在偏远山区更是如此。就这个方面而言，贵州天然成为一座全域性的历史博物馆，凝冻了贵州古代文明的时间和空间，发挥了文化保鲜功能。

贵州题材电影，运用电影语言表现了多彩贵州形象的原生态特征，具体说来表现在画面、声音和叙事三个方面。

贵州题材电影的画面，较多展示了贵州的自然景象、民族村寨、民族服饰、乡风民俗、非物质文化遗产等，有时采用本土的非职业演员进行表演。这些元素紧密地连在一起，构成了贵州地域的独特景观，形成了另一种意义上的"视觉奇观"，成为贵州题材电影的铭牌。例如《云上太阳》，摄入了贵州丹寨迷人的风景：山顶上云遮雾罩，一轮红日冉冉升起，跳跃在云雾之上，像一团火球。这就是影片得名的原因。层峦叠嶂之间，梯田密布。山上翠竹森森，树木成林，泉水叮咚，白鹭翩跹。意匠诉诸笔管，却不及画面美景之万一。所谓"一画千言"讲的正是这个道理，一幅画面的内容胜过千言万语地描绘。影片展示了苗寨的吊脚楼、美人靠，苗民穿着苗族服饰，跳着锦鸡舞，银饰在摇摆中叮叮当当。苗民聚在一起，用石子投票，最后全部同意用锦鸡来做药引，为女主人公治病。影片还展示了丹寨皮纸制作的过程。丹寨皮纸制作技艺早已被列入贵州省首批国家级非物质文化遗产代表作名录。影片只有一个职业演员，那就是法国著名的舞台剧演员菩翎男，她在影片中扮演画家波琳；其余都是贵州本地的苗侗村民。总之，影片《云上太阳》运用了"原生态"理念，画面唯美纯净，让观众获得了一次心灵洗礼。

贵州题材电影的声音，较多采用了贵州本土的音乐、方言，从而融合了贵州原生态声音。影片《阿欧桑》的所有音乐，都是清一色的苗歌，包括《嫁衣》《多祝福》《当归》《芦笙情歌》《苗岭飞歌》等，因此《阿欧桑》被誉为原生态的音乐电影。影片《开水要烫，姑娘要壮》的全部对白，均采用黔东南计怀寨的方言，唱歌也全部采用方言，因为演员全部是当地居民。因此，这是一部反映黔东南民众日常生活的原汁原味的电影。

对于原生态的人物语言，包括人物对白、独白以及歌词等，笔者要进行一分为二的分析。一方面，原生态的语言能够反映当地的文化特色，是文化多样性的具体表现，应当用影像予以保护和传承。语言是人类族群身份的重要表征。"若不承认语言是个人和群体关于自我身份的表达，则可能会导致灾难性后果。"① 另一方面，原生态的语言，妨碍了人际交流，限制了电影的传播力。听不懂语言，仅仅依靠字幕来领会意义，观众将会降低接受的兴趣，很难与影片形成共鸣。

族群的实力决定族群语言的生命力，决定族群的话语权。族群的实力，包括硬实力与软实力两个方面。"历史上，语言在世界上的分布反映了世界权力的分配。"② 物以类聚，人以群分。实力强大的族群强迫其他族群接受并使用他们的语言，实力弱小的族群其语言难免被冷落甚至被淘汰的命运。语言的竞争是非常残酷的。族群的实力强大，其语言的生命力就强，在竞争中就会处于优势，就将形成语言霸权。族群的实力弱小，其语言的生命力就弱，在竞争中就会处于劣势，甚至可能导致语言的消亡。"目前世界上大约有 7000 种语言……根据联合国教科文组织 2009 年发布的《世界濒危语言图谱》，全球有 2511 种语言处于脆弱、危险或非常危险的境地，199 种语言的使用人数不足 12 人。图谱还显示，共有 178 种语言的使用人数在 10~50 人。仅就语言消亡来论，在一般意义上，如果一种语言要从一代传到下一代，其使用者至少要有 10 万人。按照这个估计，到 21 世纪末，约有 50%~90% 的语言会消亡。研究者的共识是：语言多样性的减弱，会造成思维和表达的单一化或者枯竭，进而扼杀对人类发展、进步极具重要意义的多元模式探索，导致人类的知识环境及其生命受到威胁。"③ 语言的衰落与消亡必然导致文化的衰落与消亡，因为语言是文化的载体之一。

贵州题材电影采用原生态的人物语言，就必定面临矛盾的处境：保护和传承了少数民族语言和文化，却让电影更加疏离了大众。单就拓展电影的传播力而言，电影必须依赖于通用语言的使用，以引起观众的共鸣。亨廷顿认为通用语言具有极强的沟通作用和不偏不倚的中立性质，就像公历

---

① 〔美〕杜维明：《文化多元、文化间对话与和谐》，《中外法学》2010 年第 3 期。
② 〔美〕塞缪尔·亨廷顿：《文明的冲突与世界秩序的重建》，周琪译，新华出版社，1998，第 51 页。
③ 孙英春：《跨文化传播学》，北京大学出版社，2015，第 130 页。

成为全世界的计时方式、阿拉伯数字成为全世界的计数方式一样。他说:"通用语言是处理语言差异和文化差异的方式,而不是消灭它们的方式。它是交流的工具,而不是认同和社会群体产生的根源。"① 世界的通用语言是英语,好莱坞电影借助英语传播到世界的每一个角落。中国的通用语言是普通话,普通话让中国电影传播到天涯海角。总之,贵州题材电影采用原生态的人物语言,如何处理传承少数民族语言、文化与提高电影传播力之间的矛盾,还需审慎处置。

贵州题材电影建构多彩贵州形象的原生态特征,还表现在叙事方面。贵州题材电影选取贵州本土故事,富有贵州地域特色,体现了贵州的风土人情。有些影片还根据贵州的真人真事改编而成,运用了纪实手法。例如,影片《滚拉拉的枪》,讲述了一个地道的贵州故事。这是发生在贵州黔东南岜沙苗族的故事。岜沙苗族是中国唯一的带枪部落。滚拉拉快到15岁了,按照当地习俗将要举办成人礼。成人礼上滚拉拉将得到父亲赠送的猎枪,以示长大成人。但是,滚拉拉的父亲从未露面,因为他是捡来的孩子。滚拉拉的奶奶卖掉了陪伴她一生的银饰换来一把猎枪。成人礼上,滚拉拉鸣枪以示已经成年。影片还展示了岜沙苗族的树崇拜习俗。每个人出生时,家人会种上一棵树,这棵树被称为生命树。当这个人生命结束时,这棵生命树就被砍下来做成棺木。死者的坟头将种上一棵树,象征死者的灵魂永远活在世上。岜沙苗族禁止滥砍滥伐,不准用车子装载砍伐的树木,只能挑下山来。这样能够减缓砍伐树木的速度。这种原始的"树文化"保障了苗岭山区森林覆盖率高达75%以上。② 影片中的故事只可能发生在贵州。这样的影片真正是讲述贵州故事、传递贵州声音。

第二,多元性。

贵州的文化,是多元和谐的文化。贵州多元和谐的文化,决定了贵州题材电影建构的多彩贵州形象是多元和谐的形象。多元和谐的形象,就是立体的形象、内蕴丰富的形象、富有魅力的形象。笔者在论述贵州题材电影建构多彩贵州形象的表现时,从民族民间文化形象、历史文化形象、红

---

① 〔美〕塞缪尔·亨廷顿:《文明的冲突与世界秩序的重建》,周琪译,新华出版社,1998,第49页。
② 吴正光:《沃野耕耘:贵州民族文化遗产研究》,学苑出版社,2009,第357页。

色文化形象、抗战文化形象、生态文化形象、社会主义新农村形象、日常生活的英雄模范形象这七个方面,展开了详细阐述。这七个方面的表现充分说明了贵州题材电影建构的多彩贵州形象的多元性特征。

第三,功利性。

贵州题材电影建构的多彩贵州形象,具有鲜明的功利性。因为历史上的贵州一直贫穷落后,现实中的贵州仍然是一个"欠发达、欠开发"的地区;所以,在西部大开发、全面建成小康社会的大环境中,促进贵州经济社会全面发展、后发赶超同步小康的任务十分艰巨。贵州实现工业化、现代化、城镇化、信息化,不能走"先污染后治理"的老路,不能陷入粗放型经济增长方式的泥淖,必须奉行创新、协调、绿色、开放、共享的发展理念,深入进行供给侧结构性改革。贵州必须充分发挥后发优势,充分利用贵州的自身优势,才能促进贵州的发展。在多种发展途径中,贵州高度重视文化旅游产业的发展。旅游业资源消耗低,综合效益高,经济拉动作用强,就业容量大。大力发展文化旅游产业,能够充分利用贵州的山地资源优势、生态优势、人力资源优势、民族民间文化优势,与贵州的实际情况紧密结合,是贵州的必然选择,是促进贵州后发赶超行之有效的发展策略。从观光旅游到休闲旅游,从景点旅游到全域旅游,从基础设施建设到精品线路设计,从组团旅游到全民旅游,贵州坚定了推动旅游井喷式增长的信心和决心,举全省之力,集全省之智,千方百计刺激文化旅游产业的大发展,收到了显著的成效。为了促进文化旅游大发展,贵州十分注重旅游形象设计,进而重塑贵州形象,期望以贵州新形象吸引大批游客前来贵州旅游。为了重塑贵州形象,除了重视媒体的作用之外,贵州也重视运用影视剧等文艺作品来建构贵州新形象。由此可见,贵州题材电影建构的多彩贵州形象就带上了浓厚的功利色彩。其功利性就在于优化贵州的旅游形象,以增强贵州的吸引力,为刺激文化旅游产业发展服务,为促进贵州经济社会和谐发展奠定坚实基础。

对于贵州题材电影建构多彩贵州形象的功利性,笔者拟作一分为二地分析。一方面,这种功利性收到了显著的成效,促进了贵州经济发展。运用文艺作品建构贵州新形象,能够优化贵州的区域形象。良好的区域形象能够促进该区域的经济社会发展。"十二五"时期,贵州省旅游总收入从

2010年的1061.23亿元增长到2015年的3512.82亿元，年均增长27%，高于全国平均水平。[①] 贵州旅游总收入的持续增长，离不开贵州题材电影建构多彩贵州形象的刺激作用。另一方面，这种功利性在一定程度上妨碍了贵州题材电影的正常发展。电影是用连续画面讲述故事的一种艺术形式。故事的讲述是电影艺术的重心，没有故事的吸引力就没有电影艺术的张力。然而，贵州题材电影遵命于发展文化旅游的需要，普遍弱化故事的讲述，甚至一些影片几乎变成了风光纪录片、旅游广告片、形象宣传片，大大伤害了电影艺术本身，也远远地疏离了观众。总之，贵州题材电影建构多彩贵州形象的功利性，有利于文化旅游产业的发展，却不利于电影艺术与电影传播的长远发展。

二 贵州题材电视剧的发展概况

在贵州题材电视剧的发展过程中，贵州电视台、贵州电视剧制作中心立下了汗马功劳，拍摄了大部分贵州题材电视剧。1968年7月1日，贵阳电视实验台开播，开启了贵州电视史。1973年8月，贵阳电视实验台更名为贵州电视台。1980年，贵州电视台开始拍摄电视剧。1983年初，贵州电视台建立电视剧部，开始录制电视剧。1986年5月，贵州电视剧制作中心成立。

比较贵州题材电影与电视剧，笔者认为，贵州题材电影发展相对比较成熟，因而可以细分出若干发展阶段进行描述。贵州题材电视剧在2006年以前发展不太成熟，所以难以细分出若干发展阶段来描述。但是，贵州题材电视剧的发展后来居上，相比贵州题材电影而言，精品力作更多，传播力度更大，因而影响力更大。可以说，在影视之间，贵州官方机构更加重视发展电视剧。贵州现在没有电影制片厂，却有电视台、电视剧制作中心等机构，在人才、技术等方面电视剧更占优势。贵州题材电影大部分没有进入院线发行；即便进入院线，大部分也只是影院"一日游"或几日游，票房业绩鲜有可圈可点者。而贵州题材电视剧都在电视台播出，至少能在贵州电视台播出，有些电视剧还进入CCTV-1、CCTV-8等高端平台播

---

① 汤婷婷：《贵州旅游总收入5年增三倍》，《经济信息时报》2016年5月18日，第3版。

出,且收视率较高,有些还荣获了金鹰奖、飞天奖、中宣部"五个一"工程奖等高端奖项。

笔者必须指出,以2006年作为贵州题材电视剧发展的分界线,是因为2006年以来,贵州题材电视剧开始形成了自觉推介贵州形象的理念。这是贵州题材电视剧的历史发展逻辑所导致的必然现象。此外,贵州省贯彻落实国家的文化产业政策,也促使贵州题材电视剧从2006年开始奉行自觉推介贵州形象的理念,从而自觉塑造多彩贵州形象。

贵州题材电视剧的发展状况,以2006年为分界线,可以分为前后两个发展阶段。

第一阶段:1987~2005年。发展概况如下。

在题材方面,改革开放之初,贵州本土的现实题材占优势,主要表现老百姓的日常生活,反映改革开放给贵州带来的变化,讴歌改革开放。20世纪90年代以来,历史题材逐渐出现在贵州题材电视剧中,回忆贵州历史上的重大事件和著名人物。总体看来,这一阶段的贵州题材电视剧,在数量上现实题材电视剧略微偏多一些;但是,就影响力而言,历史题材电视剧胜出一筹。例如,14集电视连续剧《黄齐生与王若飞》(1994),在央视一频道播出,并荣获中宣部颁发的第四届"五个一"工程奖。8集电视连续剧《遵义会议》(1996),首次为贵州捧回"飞天奖",荣获第17届"飞天奖"的中篇电视连续剧二等奖,也荣获中宣部第六届"五个一"工程奖。2集电视短剧《周恩来在贵阳》也获得2003年第21届中国电视金鹰节短篇电视剧提名奖。从某个角度看来,电视剧的影响力与电视剧的选题创意紧密相关。这些历史题材电视剧,选择观众耳熟能详的历史故事来拍摄,因而观众的关注度很高,扩大了电视剧的影响力。某些现实题材电视剧反映的贵州现实生活,与观众尤其是省外观众形成了一定程度的隔膜,因此观众的知晓度较低,从而减弱了电视剧的影响力。

在出品单位方面,这一阶段的贵州题材电视剧大多数都是贵州本土的制作单位摄制而成,很少与省外单位联合摄制。一部电视剧基本上由一个本地制作单位摄制生产。贵州电视台、贵州电视剧制作中心是最主要的制作单位。

在编导方面,贵州本地编导占主导地位。

在篇幅方面，这一阶段的贵州题材电视剧，篇幅大都非常短，大都在10集以下，很少有20集以上的连续剧。大量短剧出现，反映这一阶段贵州题材电视剧还处于发展的初级阶段，投资比较少，生产规模比较小。

第二阶段：2006~2017年。发展概况如下。

在题材选择方面，这一阶段的贵州题材电视剧做到了弘扬主旋律，提倡多样化。这一阶段的贵州题材电视剧呈现题材多样化特征，题材的涉及面比较广；注重选择观众知晓度比较高的故事，以期引起观众的共鸣。在多样性的题材选择中，这一阶段的贵州题材电视剧将重点放在主旋律题材上，形成了鲜明的主旋律化色彩：反复述说贵州的历史功勋，表达民族团结的强烈愿望，积极响应党的号召，积极为政策做宣传，政治性强烈，官方色彩很浓厚。利用电视剧推介贵州形象，以促进文化旅游的大发展，这种理念成为畸重主旋律题材的内在原因。

在出品单位方面，这一阶段的贵州题材电视剧醉心于与省外知名的影视传媒企业联合制作，因而资本力量、传播力度大大增强。一部电视剧基本上是由本地制作单位联合省外知名制作单位摄制而成，实现了出品单位的强强联合，因而大大提高了电视剧的质量品质。这样的强强联合，体现了这一阶段贵州题材电视剧"借船出海"的发展策略，希望借助外援来促进贵州题材电视剧的跨越式发展和对外传播力。不过，本土单位仍然是重要力量，贵州电视台、贵州电视剧制作中心仍然发挥了很重要的作用。本土单位出现了两个亮点：一是黔森影视文化工作室异军突起，成为这一阶段贵州题材电视剧生产的"龙头"。二是贵州巨日影视公司、贵州向黔进影视文化有限公司等贵州本土的民营影视企业成为一股新生力量。

在编导方面，这一阶段的贵州题材电视剧较多地依靠本土的编剧，较多地借助省外的导演。本土的编剧在贵州题材电视剧的创作中发挥了很大的作用，加强了贵州题材的话语权，保证了贵州形象塑造贴近贵州实际情况，有效传播了贵州民族民间文化。贵州的编剧大都生活在体制之内，能够贯彻政府意志，因而，他们的剧本创作体现了强烈的主旋律倾向。贵州题材电视剧的本土编剧，比较成功的有老一辈的唐佩琳，有专职作家欧阳黔森，有兼职编剧李俊等；其中，以欧阳黔森的成就最为突出。欧阳黔森编剧的电视剧有《雄关漫道》（2006）、《绝地逢生》（2009）、《奢香夫人》

(2011)、《二十四道拐》(2015)等。这些电视剧凸显主旋律,深受观众喜爱,收视率高,影响力大,荣获了金鹰奖、飞天奖、"五个一"工程奖等重大奖项,成为贵州电视剧的佼佼者。由于贵州缺乏知名的电视剧导演,所以,这一阶段的贵州题材电视剧较多借助省外导演。省外知名导演频繁加盟,尤其是八一电影制片厂导演的支持,使这一阶段的贵州题材电视剧产生了导演的品牌效应。八一电影制片厂的导演,有张玉中、陈健、胡铮等实力派导演加盟贵州题材电视剧,拍出了一批精品力作。张玉中导演了《雄关漫道》《二十四道拐》。陈健导演了《奢香夫人》。胡铮导演了《绝地逢生》。此外,原北京军区战友话剧团一级导演孙文学导演了《杀出绝地》(2009)、《战俘营1938》(2010)。陈晓雷导演了《风雨梵净山》(2011)。这些电视剧都产生了较大的社会影响力,收视率、评奖、口碑都为人称道。知名导演产生了品牌效应,不仅保障了电视剧的拍摄质量优良,而且促进了电视剧的发行、营销,因而在传播方面也具有较大优势。

在篇幅方面,由于这一阶段的贵州题材电视剧采取了"借船出海"的发展策略,致力于打造精品力作,与省外影视企业合作,资金投入充足,运用尖端技术,明星阵容强大;所以,电视剧的篇幅大大扩展,动辄三四十集,容易形成鸿篇巨制。鸿篇巨制容易对观众形成强大的吸引力。例如,《镇远镖局》《奢香夫人》为30集。《二十四道拐》为32集。《风雨梵净山》为38集。《最高特赦》为40集。《红娘子》为49集。由此可见,鸿篇巨制成为这一阶段贵州题材电视剧鲜明的特征之一。

第三节 "他塑"与"自塑":塑造贵州形象的文化立场分野

贵州形象塑造,根据行为主体的不同,可以分为"他塑"与"自塑"两种。"他塑"就是贵州以外的行为主体,按照某种理念塑造符合自身需要的贵州形象。"自塑"就是贵州人民对贵州满怀深情厚谊,从贵州的实际情况出发塑造符合贵州发展需要的贵州形象。"他塑"与"自塑"的相同点在于行为主体都具有某种理念。"他塑"与"自塑"的贵州形象具有本质差别，根源在于行为主体塑造贵州形象所持的理念不同。

一 "他塑"："他者"理念导致贵州形象的夸张、变形

中国历史上，贵州形象大多被偏远蛮荒、贫瘠怪异、愚昧落后等贬义词来形容，被描述为"天无三日晴，地无三尺平，人无三文银"。《汉语成语词典》上的夜郎自大、黔驴技穷等成语，也被偷梁换柱地用来侮蔑贵州。贵州是中国古代六大流放地之一，著名诗人王昌龄、李白等，著名哲人王阳明等都先后被贬谪、流放到贵州。他们在贵州度过人生低谷，贵州成为他们伤痛的记忆。晚清时代，"中兴四大名臣"之一的张之洞①，羞于被称作贵州人。鲁迅也有过"遥远的贵州"之类的描写。一直到现在，贵州仍然被确认为"欠开发，欠发达"地区。

贵州题材影视剧中，贵州省外的编导塑造的贵州形象，给贵州蒙上了一层尘雾，让贵州形象发生变形，把阴暗面进行夸张。影片《哭泣的女人》，夸大贵州贫穷落后的形象。贫穷落后使贵州人横蛮暴力，成为文盲加法盲。王桂香的丈夫与别人发生暴力冲突进了监狱，最后因越狱被警察开枪打死。贵州的警察形象也受到贬损。王桂香探监时，警察居然接受了她的性贿赂而答应提前释放她的丈夫。这部影片把贵州描绘成女人的哭泣之地。贵州成为女人头上的阴云。影片《青红》《与你同在的夏天》把贵

---

① 张之洞（1837~1909），字孝达，号香涛。他官至山西巡抚、两广总督、湖广总督、两江总督、军机大臣、体仁阁大学士等，成为洋务派的重要代表。道光十七年九月，他出生在贵阳六洞桥孔明洞侧（今贵阳市博爱路一带），故取名"之洞"，是张锳的第四子。此时，张锳任安顺知府。从道光六年到咸丰六年，张锳在贵州为官长达30年（1826~1856）；其中，从道光二十一年到咸丰四年任兴义知府长达13年（1841~1854），是他在贵州任期最长的一个岗位。张之洞7岁随父亲到兴义府衙门读书；13岁回原籍直隶南皮（今河北省沧州市南皮县）考取秀才；15岁回顺天府参加乡试考取举人第一名，即"解元"；26岁（1863年）进京考取进士第三名，即"探花"。道光二十八年（1848年）七月，张之洞于酒宴之间即兴撰写《半山亭记》，深得《滕王阁序》《醉翁亭记》《岳阳楼记》之神韵，言惊四座，是年他才11岁。《半山亭记》被刻成石碑至今仍屹立于黔西南安龙县的山水之间，高0.6米，宽1.2米，现在已经成为贵州的珍贵文物，是张之洞在安龙生活的唯一见证。道光二十九年（1849年），十八先生墓、祠重修时，张之洞撰写《吊十八先生文》，时年12岁。12岁时，张之洞刊刻了诗文集《天香阁十二龄草》。由是观之，张之洞与贵州渊源颇深，贵州是张之洞出生、成长的地方。

州塑造成为外来者受苦受难的地方,把贵州塑造为人人都想逃离的地方。影片的寓意在于贵州是罪恶的渊薮、贫穷的山窝;来到贵州就是不幸,逃离贵州才会有光明的前途。为了支援大三线建设,青红的父母从上海来到贵州。可是,贵州没有兑现工资加三级的诺言,而且还可能耽搁子女的前程。因此,青红的父辈抛弃户口、档案,不顾一切地逃离贵州。李明馨的妈妈趁着年轻,也逃离了贵州。这些外来者对贵州满怀仇恨,因为贵州妨碍了他们出人头地,因而他们认为只有逃离贵州才能实现人生梦想。不仅如此,就连土生土长的贵州本地人也有如此想法。李明馨就下决心要冲出贵州大山的包围,因而,她很佩服她妈妈的果敢行动。李明馨的同学因为考上了北京师范大学喜极而泣。因为,她认为考上了北京的大学就意味着可以逃离贵州了。没考上大学的同学,也想方设法通过其他途径逃离贵州。李明馨的一位男同学,报名参军,实现了冲出贵州的美梦。影片的主要人物,都梦想冲出贵州,这种想法被编导以电影语言加以肯定。如果有人要破坏这样的美梦,那么,这些人必定被塑造成为道德败坏的人甚至犯罪分子。孙宏伟为了阻止李明馨冲出贵州,竟然利用邮递员职务之便,私自扣留了中国人民大学寄给李明馨的录取通知书。影片早有交代,孙宏伟是一个道德败坏的人。读高中的他学习不努力,上课就睡觉,下课就追女生;空闲时就捣乱,荷尔蒙还经常坏事;结果因为向老师泼尿而被开除。被学校开除后,孙宏伟接他爸爸的班,在都匀县邮电局当邮递员,干出了私自扣留信件的违法勾当。小根感受到青红的冷落,在爱恨交织中占有了青红,结果沦为强奸犯而遭枪决。这些人妨碍了别人冲出贵州的理想,因而被编导处理为歹人而不配享有更好的命运。影片《寻枪》《人山人海》的贵州警察,被塑造为玩忽职守的形象。在妹妹的婚礼上,警察马山不合时宜地带枪喝酒,无视枪支管理条例,结果造成枪支丢失的麻烦。铁老大的弟弟遭到歹徒杀人劫车,或许是玩忽职守、懒惰怠慢,或许是能力不够、办案条件差,警察在立案之后一直无所作为,凶手依然逍遥法外。铁老大对警察完全丧失信心,以致独行千里,抓到真凶。戴着国徽的警察在人命关天时居然如此冷漠,训练有素的警察居然还不如一个农民的办案能力!这个事件暴露了办案态度问题、办案水平问题、办案体制问题。警察代表的是国家形象,警察形象涂上了污垢是《人山人海》遭禁的原因。

这部影片根据六盘水发生的真实案件改编而成，敢于直面社会问题，强烈地针砭了现实，深刻地刺痛了官僚主义，是不可多得的艺术珍品。由于影片荣获2011年第68届威尼斯国际电影节最佳导演银狮奖、第33届法国南特三大洲国际电影节银热气球奖，所以，国家广播电影电视总局在2012年准予影片在国内上映。影片的禁映与解禁，暴露了我国电影审查存在的深刻问题。

还有些影视剧，过多地展示了贵州的贫穷落后、匪盗成群，展示贵州山民的愚昧、慵懒、冥顽不化。它们把贵州的"癞疮疤"用"特写镜头"加以放大，尽情宣泄负能量，其表现不一而足。

在这些影视剧创作者眼里，贵州成为"他者"。尽情地贬损"他者"的形象，目的是维护自我中心主义的形象。贵州是少数民族聚居区。历史上贵州少数民族经常受到大汉族主义的欺压。中原文化、江南文化等强势文化对贵州民族民间文化、地域文化形成了压抑。大汉族主义成为贬损"他者"形象的思想根源。民族中心主义是："一个人类集团将自己放在周围世界的中心。持此态度的集团肯定自己的成就和价值，相信自己的优越性，而歧视和否定异己文化的价值。民族中心主义既表现在我们所持的理论概念上，也表现在我们日常的言语中。"① 居于中心地位的汉族，利用言语对贵州进行了诋毁。例如，"夜郎自大"，原本是出于古滇王之口。只因为夜郎王无意之中重复了古滇王的提问，所以，千载而下夜郎王便承担了全部骂名。"黔驴技穷"出自柳宗元的《黔之驴》。据学者考证，此处的"黔"，指唐代的黔州，即现在的重庆彭水一带。原本是与贵州风马牛不相及的词语，却被大汉族中心主义者强行与贵州捆绑在一起。查阅史料可知，唐朝有一个"贵州"。不过，唐朝的"贵州"指现在的广西壮族自治区贵港市。唐太宗贞观九年（635年），南尹州被改名为贵州，因为现在的贵港市北部有一座山唐朝时名叫宜贵山，"贵州"因此得名。"贵州"的州治在郁林县，即现在的广西贵港城区。须知，贵州成为一个省级行政单位，是从明成祖永乐十一年（1413年）才开始的。这一年，明朝设立贵州

---

① 〔厄瓜多尔〕J. C. 耶拉米罗：《民族中心主义与文化冲突：同化人类学》，程德祺译，《世界民族》1981年第3期。

承宣布政使司，布政司衙门设在贵阳府。总之，这些言语"凝聚着深厚的传统的文化偏见，反映了在古代民族中心主义语境下，少数民族历史书写所遭受的一种普遍命运"。①

耶拉米罗还阐释了民族中心主义"逼迫"异己力量的办法主要有四种。区位的逼迫：强势民族抢占平坦而肥沃的土地，把弱势民族驱赶到边远山区；生命的逼迫：传染病迫使弱势民族的人民大量死亡；技术文化的逼迫：强势民族运用先进技术挤压弱势民族；思想意识上的逼迫：从心理上挫败弱势民族，使弱势民族感到自卑。② 这四种逼迫的办法，大汉族主义者都曾用过。汉族的历代统治者占领了中原地区、江南地区肥沃的土地，奉行大屠杀政策，把少数民族驱赶到荆棘丛生的天涯海角，尤其是大西南、大西北地区，创造了诸如东夷、西戎、南蛮、北狄的蔑称，视少数民族政权为鞑虏、番邦，进而从思想文化上否定少数民族生存的合理性。长此以往，少数民族对大汉族主义者满怀刻骨仇恨，汉族统治者举起屠刀疯狂屠杀。例如，湖南提督俞谟发布《戒苗条约》："如有执刀行走者，即系逆苗，拿获定行诛戮……尔杀我内地一人者，我定要尔两苗抵命；尔抢我内地一人者，我定要尔全家偿还。"统治者视苗民如牲畜，尽情杀戮，以期暴力征服。

新中国成立以来，实行民族区域自治政策，各民族平等、团结、共同繁荣。可是，少数民族地区经济依然十分落后，尤其是少数民族文化受到现代性的挤压更加滑落到边缘状态。因此，形势不容乐观。

在党的领导下，贵州人民下定了决心，要实现后发赶超、同步小康。贵州要实现这个伟大的战略目标，必须树立文化自信，走向文化自觉，勇敢地打碎"他塑"的贵州负面形象，破除一切阻碍因素，大胆地"自塑"贵州发展进步的形象。形象就是方向，形象就是动力，形象就是生产力。只有"自塑"贵州发展进步的正面形象，才能促进贵州经济社会跨越式发展，才能实现全面建成小康社会的战略目标。

---

① 杨经华：《书写与歧视——"夜郎自大"现象与少数民族历史的异化》，《贵州民族研究》2007年第4期。
② 〔厄瓜多尔〕J. C. 耶拉米罗：《民族中心主义与文化冲突：同化人类学》，程德祺译，《世界民族》1981年第3期。

二 "自塑"多彩贵州形象：文化自觉的必然诉求

贵州要实现后发赶超同步小康，促进经济社会跨越式发展，首先要突破体制机制障碍，要以改革促发展，弘扬改革精神加强制度创新。而制度创新的前提条件是文化创新，是思想观念的更新。改革开放以来，工业化、信息化、城镇化促进人们解放思想，更新观念，从而建立了新的体制机制。新的体制机制促进人们进一步解放思想、更新观念。因此，文化创新与制度创新互相促进，协调推进经济社会发展。

贵州要推进文化创新，以促进制度体制机制创新，然后才能促进经济社会跨越式发展。要推进文化创新，贵州必须树立文化自信，走向文化自觉，打碎"他塑"的贵州负面形象，"自塑"多彩贵州形象。因为，促进区域形象优化，是区域发展的重要策略之一。"区域形象与区域的发展存在着一种正比关系。这种正比关系表现在：区域形象较好的地区其区域的发展也较好，区域形象较差的地区也往往较落后。这不是一种无意识的巧合，而恰恰是一个规律。这种正比关系告诉人们，区域发展和塑造区域形象是密切相关的。在发展区域经济，进行区域规划，开发区域内的产品时，必须要同时考虑到区域形象的塑造问题。"[①] 由此可见，塑造多彩贵州形象，是促进贵州大发展大繁荣的明智举措。

形象设计是文化软实力建设的题中之义。"区域软实力是软实力在区域层面的衍生，是决定区域竞争力的关键所在。区域软实力是区域通过自身吸引力来强化区域竞争优势以及提升区域发展水平的能力，它以区域社会为立足点，以区域文化、公共管理、人口素质和区域形象为构成要素，以社会凝聚力、文化感召力、政府公信力、居民创造力、对外吸引力、可持续发展能力为表现形式，以实现区域社会的可持续发展为目标。采取多管齐下方式提升区域软实力，是新形势下我国各省区实践科学发展观的重要保障。"[②] 因此，要促进贵州大发展，不能仅仅着眼于经济、科技等硬实力建设，还必须加强文化软实力建设。贵州是文化资源大省，具有丰富的

[①] 马志强：《论区域形象与区域发展》，《南昌航空工业学院学报》（社会科学版）2005年第3期。
[②] 初庆东、刘金源：《提升区域竞争软实力的路径新论》，《区域经济评论》2013年第5期。

民族民间文化资源，发展文化产业具有得天独厚的条件，有利于提高文化产业的竞争力。"要提升区域文化产业的核心竞争力，就需要依托当地特色的文化资源，提炼本区域独特的文化价值观，充分发挥自身的比较优势。而要提升区域文化的传播力，则不应将目光局限在大众传媒或网络媒体等'传播渠道'，更应当聚焦'文化产业'这一具有流通性和植入性的载体和介质——以文化为灵魂、以产业为载体，方能从根本上增强文化产业的'竞争力'、提升区域文化的'传播力'，从而打造区域具有区域优越性的'软实力'。"① 总之，贵州要提升文化软实力，就必须依靠大力发展文化产业来增强贵州文化的传播力，把文化资源优势转变为文化产业竞争力，从文化资源大省走向文化产业强省；优化贵州区域形象设计是其中的一项重要内容。

2005 年，贵州省委、省政府确定了"多彩贵州"形象设计。这一形象设计引领着贵州题材影视剧的发展方向。2006 年以来，贵州题材影视剧建构了"多彩贵州"形象，彻底改写了"他塑"贵州形象的历史，牢牢把握了贵州形象塑造的主动权，体现了贵州影视界的文化自信，闪烁文化自觉的光芒，刺激了文化旅游产业的发展。

笔者将以 2006 年以来的贵州题材电视剧为例，简要分析"自塑"多彩贵州形象的状况。这些电视剧从八个方面来塑造多彩贵州形象。

（1）民族民间文化形象。贵州的民族民间文化是一座宝库，民间故事往往成为影视剧的绝好题材。在影视剧中，观众可以感受到贵州民族民间文化的深厚内蕴和绮靡风情。电视剧《夜郎王》表现了两千多年前夜郎古国的生活习俗。《奢香夫人》讲述了大明初年贵州宣慰府维护民族团结国家统一的故事。这些电视剧表现了贵州少数民族文化的差异性，阐释了文化多样性的生动内涵。

（2）历史文化形象。与贵州紧密相关的历史文化非常丰厚，按照时间顺序可以列举出许多重大历史事件和历史人物。这些历史事件和历史人物，成为贵州历史上的骄傲。从夜郎古国到贵州宣慰府，从奢香夫人到王

---

① 张春华：《文化产业在区域形象传播力建构中的功能研究》，《经济研究导刊》2013 年第 27 期。

阳明，从茅台酒到海军学堂、浙大西迁，贵州题材影视剧都进行了生动的表现，让观众记忆犹新。

（3）红色文化形象。贵州是红军长征途经的一个重要省份。黎平会议、遵义会议、四渡赤水、攻占娄山关、枫香溪会议等，成为红军长征中的重大事件。红军在贵州播种了革命的火种，贵州变成了赤旗的世界。电视剧《雄关漫道》《杀出绝地》《风雨梵净山》等表现了红军在贵州浴血奋战的革命功勋和对共产主义的坚定信念，闪耀着革命理想的光芒，激励后来人永葆革命意志，不忘初心，继续前进。

（4）抗战文化形象。贵州人民与全国人民一道，共同抗击日本侵略者。贵州子弟兵奔赴抗日前线，浴血奋战，保家卫国。在后方的贵州军民支援前线抗战，保证了前线将士的军需供应，并且积极改造日军战俘。虽然战火没有烧遍贵州全境，但是，贵州军民同样建立了卓越的抗战功勋。电视剧《二十四道拐》中，贵州军民会同美军，坚守二十四道拐，清剿日军特务，粉碎了日军切断我方军事补给线的阴谋，保障了抗战向纵深发展。电视剧《战俘营1938》表现了我军在贵州镇远和平村改造日军战俘的故事。这些电视剧彰显了贵州的抗战功劳，改变了一些人认为贵州历史无抗战的偏见。

（5）社会主义新农村形象。在一些影视剧中，贵州农村呈现贫穷落后、愚昧迷信的形象。开展社会主义新农村建设以来，贵州农村旧貌变新颜，焕发出生机与活力。贵州农民奋勇拼搏，勤耕苦种，适应贵州山区的特点，因地制宜采取多种经营，发展生产，拓宽农副产品的销路，从而改善生活，走上了致富道路。电视剧《绝地逢生》《青山绿水红日子》《远山晴朗》等，表现了贵州农民脱贫致富的艰难历程、向往光明的坚定信心、战天斗地的豪迈之情、创造新生活的沉稳步伐，是一曲曲奋斗者之歌。电视剧讴歌了贵州农民艰苦奋斗的可贵精神，正是这种宝贵的精神和可歌可泣的坚实行动，才从根本上改变了贵州农村贫穷落后的旧形象，建构了贵州社会主义新农村形象。

（6）现代都市形象。随着现代化的发展，贵州出现了现代大都市。现代都市日益繁荣，成为贵州发展进步的龙头。中心城市发挥了强烈的辐射作用，带动了中小城镇和周围农村地区的发展。电视剧《恩情无限》演绎了都市家庭之间的悲喜剧，塑造了贵阳作为现代化都市的美丽形象，彰显了山水黔城的特色：山在城中，城在山中，山水环绕城市，城市拥抱山水。这样的都市形象塑造让观众感到贵州已经焕然一新、今非昔比。

（7）日常生活的英雄模范形象。贵州之所以能够发展、进步，是因为贵州人民勤劳俭朴，艰苦奋斗，还因为有一批默默无闻的无名英雄带领群众致富奔小康。《绝地逢生》的蒙幺爸一辈子不服输，干事情总喜欢较劲。他带领盘江村群众种花椒，因地制宜开辟了一条致富道路。《青山绿水红日子》的东坪村副主任林心竹，敢想敢干，带领群众致富奔小康。《远山晴朗》的张良鹏是一位实干家。这些电视剧的主人公，是日常生活的英雄模范，是老百姓的领头雁。他们成为贵州人民的典型代表。

（8）生态文化形象。贵州是中国生态文明示范区，2017年全省的森林覆盖率超过54%，边远山区的森林覆盖率在75%以上；因此，气候宜人，冬无严寒夏无酷暑，是全国少有的生态宜居之地，吸引了海内外游客纷至沓来。贵州题材电视剧凸显了贵州的生态文化形象。例如，电视剧《青山绿水红日子》，片名就突出了贵州青山绿水的特征。绿水青山就是金山银山，即便贵州人民过上了红红火火的日子，贵州依然是青山绿水；因为贵州的发展彻底颠覆了"先污染，后治理"的老路，走的是科学发展道路。电视剧的许多镜头，尤其是空镜头，再现了贵州山水的美丽景色，花草树木青翠欲滴，小鸟儿放声歌唱，群山环绕之中一条小河蜿蜒前行，流水淙淙，鱼儿活蹦乱跳。"一画千言"，贵州的生态文化形象活现于电视剧的画面之中。

综上所述，"他塑"与"自塑"的贵州形象，之所以千差万别，是因为贵州形象塑造者所坚守的文化立场不同。"他塑"的贵州形象，往往扭曲了贵州形象，塑造形象的手法往往夹杂了夸张、变形，如同用一面哈哈镜来照射贵州。"他塑"贵州形象，其文化立场在于大汉族中心主义。在大汉族中心主义者眼里，贵州成为格格不入的"他者"。他们喜欢夸大贵州的贫穷落后、边远荒芜、愚昧迷信等，却无视贵州文化的多样性。他们拒不承认贵州民族民间文化与汉族文化的平等地位，以低人一等的眼光来看待贵州民族民间文化，否定贵州文化多样性对全人类的重要意义。在方法论上，大汉族中心主义者陷入了形而上学，孤立、静止、片面的观点导致了偏见的产生。为了摆脱"他塑"贵州形象对贵州长远发展造成的妨碍作用，贵州人民必须"自塑"贵州形象，牢牢把握贵州形象塑造的主动权，树立文化自信，走向文化自觉，积极传播贵州民族民间文化，在文化领域发出贵州声音。文化立场转变以后，贵州形象塑造者就能够从贵州的发展需要出发，按照贵州人民的所思所想来塑造贵州形象。塑造的贵州形象就将呈现新面貌，就会符合贵州人民的长远利益，就必定会促进贵州经济社会的全面发展、科学发展。

第二章 三种文化形象
——贵州题材影视剧建构的贵州形象之一

贵州题材影视剧建构的贵州形象中,其文化形象令人瞩目。贵州题材影视剧充分展示了贵州多彩的民族民间文化形象、瑰奇的生态文化形象、厚重的历史文化形象。贵州文化丰富多彩,成为文化多样性的范例。贵州具有文化资源优势,是影视剧创作的素材富矿。把贵州的文化资源优势转化为产业优势,成为贵州题材影视剧创作者的美好愿景。

第一节 多彩的民族民间文化形象

一 贵州多彩的民族民间文化形象的塑造

贵州民族民间文化,内涵丰厚,千姿百态,渗透于贵州题材影视剧中。贵州题材影视剧,从八个方面描绘了贵州民族民间文化形象。

(一)建筑文化

贵州题材影视剧中,少数民族村寨是贵州建筑文化的一大亮点,形成了观众眼中另一种意义上的"奇观"。省外国外的游客,很多都想一睹贵州少数民族村寨的特色建筑。贵州少数民族村寨,成为影视剧组经常光顾的地方。黔西南州兴义市南龙布依古寨,因为电视剧《雄关漫道》《绝地逢生》和电影《朝霞》而名声大振。现在,南龙布依古寨的游客络绎不绝,主要是因为影视剧组的赐福。影片《良家妇女》在镇宁县石头寨拍摄,布依族的石头建筑给观众留下了不可磨灭的印象。影片《阿欧桑》在

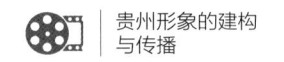

黄平县苗寨拍摄，影片《滚拉拉的枪》在从江县的岜沙苗寨拍摄。这些民族村寨吸引了影视剧组，影视剧为民族村寨做了宣传，二者形成了良性互动。

1. **苗族村寨建筑文化**

苗族村寨在贵州题材影视剧中出现得比较多。电视剧《最高特赦》的第一个镜头便是西江千户苗寨的大全景。第一个场景"歌仙大会"就拍摄于西江千户苗寨的露天歌舞场。到过西江千户苗寨的观众，一眼便能识别千户苗寨来；没有去过西江苗寨的观众，也会为两座大山上密密麻麻的吊脚楼所震撼。西江千户苗寨是中国最大的苗族聚居村寨，比较完整地保存了苗族文化，内蕴着一部浩瀚的苗族发展史，几乎成为苗族文化的博物馆。要考察苗族风情，西江千户苗寨成为重要样本。著名文化学者余秋雨到过西江千户苗寨，留下了"以美丽回答一切"的题词。这句题词可谓高度赞赏了西江千户苗寨的奇美。影片《滚拉拉的枪》《阿欧桑》等再现了苗族村寨的风光。苗族村寨有寨门，寨门主要用于迎送客人、休息乘凉等。客人进了寨门，苗族同胞要用牛角进献拦路酒。《阿欧桑》中的季风懂得不用手去碰牛角。如果碰了牛角，他就必须喝完一牛角的酒。苗族崇拜牛，房脊两端饰以牛角形状。牛头饰品具有神圣意味。苗族同胞喜欢居住在干栏式吊脚楼上，一般是四榀三间三层。第一层用于圈养牲畜。人居于第二层。正中间是堂屋，门槛很高。堂屋门外有一排"美人靠"供家人休憩，也是开放式"梳妆台""绣花房"，也可用于接待宾客。第三层主要用于存放粮食，走廊上有"晾禾架"。楼梯安放在房屋两侧。历史上的苗族，不断进行迁移，正所谓"老鸦无树桩，苗家无地方"，颠沛流离，居无定所。苗族蜗居山区。贵州人们常说："高山苗，水仲家，仡佬住在岩旮旯。"苗族村民不是全部住在山顶上，也有住在山腰、山脚的。苗族喜欢背山面水而居，吊脚楼鳞次栉比，全是木结构楼房。苗族民居尽量做到坐向一致。因为，坐向不一致，就会形成冲撞，于人于己都不利。苗族以东为上，因为苗族的祖先由东向西迁徙。

2. **侗族村寨建筑文化**

侗族村寨的美丽风景在贵州题材影片《秦娘美》《侗族大歌》《行歌坐月》中得到了鲜活的再现。贵州的侗族人民，依山傍水修建村寨。侗族人擅长建造全木结构建筑物，民居多为干栏式吊脚楼。干栏式吊脚楼是苗族民居与侗族民居的共同特征。侗族村寨有"踩歌堂"，是侗族同胞唱歌跳舞的地方。鼓楼、花桥是侗族村寨的标志性建筑。鼓楼是侗族村民心目中至高无上的地方。因而，鼓楼通常建在侗族村寨的中心位置，以凸显鼓楼在侗族村寨的核心作用。议决大事经常在鼓楼。影片《行歌坐月》中，飞因为焚烧他人房屋，村民对飞进行惩罚。惩罚的决议就是村民在鼓楼集会议定的。鼓楼是侗族村民的公共建筑物，"其功能大凡有十种之多：一，聚众议事；二，排解纠纷；三，击鼓报信；四，对唱大歌；五，吹笙踩堂；六，摆古休息；七，存放芦笙；八，悬挂牛角；九，失物招领；十，施舍草鞋。"[①] 鼓楼平面边角的数量是偶数，纵向屋檐的层数为奇数，以六边形、十一重檐为最常见。鼓楼的外形活像一棵杉树，上面小，下边大。侗族人喜欢住在水边，因而建造了很多桥。桥上建有长廊，能遮风挡雨，所以这样的桥被称为"风雨桥"。桥上常常饰以花纹图案，因而这样的桥又被称为"花桥"。花桥上安装长凳，有的还有"美人靠"，供路人休息。逢年过节，侗族村民在风雨桥上迎宾送客，对唱侗歌；平时可以在风雨桥上打牌娱乐。影片《行歌坐月》中，飞的爷爷与村民经常在风雨桥上打牌，其乐也陶陶。建在寨门口的风雨桥，相当于"寨门"，村民经常在这里迎来送往、款待宾客，例如：唱拦路歌、喝拦路酒等。侗族的鼓楼与花桥有时连为一体，成为"鼓楼式花桥"或者"花桥式鼓楼"。

3. 布依族村寨建筑文化

布依族村寨出现在《山寨火种》《良家妇女》《酥李花盛开的地方》《朝霞》《好花红》等贵州题材电影和《绝地逢生》《雄关漫道》《最高特赦》等贵州题材电视剧之中。布依族村民用石头建房，用石片盖房顶，天然石料，造价低廉，舒适耐用，而且不惧火灾。

影片《山寨火种》《良家妇女》都是拍摄于安顺市镇宁县扁担山镇的石头寨。石头寨是典型的布依族村寨之一，是名副其实的石头王国。石头寨依山傍水，石头房屋重重叠叠，井然有序，不用一砖一瓦，全是木石结构。石头房屋沿着石头山坡自下而上修建，呈阶梯状，与整个石头山坡紧

[①] 吴正光：《沃野耕耘：贵州民族文化遗产研究》，学苑出版社，2009，第16页。

密谐和。有的石头房屋朝向一致，有的石头房屋组成一正两厢院落，有的石头房屋形成单独院落，不一而足，但都有章法，毫不凌乱。石头房屋一般是三间或五间一幢，正中间多为堂屋，用大树为柱。石头房子经历风霜雨雪而屹然挺立，且冬暖夏凉。石头寨的院墙是石头垒成，道路是石头铺就，房顶盖的是薄薄的石片，村前的小桥是石头的，梯田的保坎也用石头修筑。整个石头寨与寨前的白水河、石拱桥交相辉映，飘逸着田园诗一般的迷人风韵。村民家中的桌、凳、钵、盆、缸、磨、碓、灶也是石头制成。村子里的男劳力大多擅长制作石器：石门、石凳、石瓦等。石器上有时还雕龙刻凤，饰以精美花纹。屋顶上的石片瓦有方形的，也有菱形的，甚至有鱼形的；不仅是实用品，也是装饰品。石匠们心灵手巧，巧夺天工，颇受人尊敬。

影片《酥李花盛开的地方》拍摄于贵定县的音寨。音寨是一个拥有六百年历史的布依族村寨，背靠郁郁葱葱的观音山。音寨村民非常讲究坐山朝向，整个音寨坐南朝北。音寨的民居建筑充分体现了山地特征，一般为砖木结构，用青砖筑墙，用青瓦盖房；多为三间一幢，堂屋居中。堂屋为一层，两旁正屋多为两层。房屋的两头都有一道封火墙。大门外设腰门，大门的门簪一般饰以八卦乾坤图案。腿子墙粉底花饰和山墙花饰成为音寨民居建筑的吉祥符号，具有鲜明的地域特色。音寨成为"全国农业旅游观光示范点"。音寨附近的山上有几千亩酥李树林，年产酥李几百吨，成为远近闻名的酥李之乡。"金海雪山"景区主要位于音寨。对于音寨，必须实行保护政策，才能实现永续利用。影片中的李花，批评了她的哥哥把村民的房子贴上瓷砖以开发旅游。贴上瓷砖必定会让民族村寨丧失地域特色，实际上是一种破坏行为。

电影《朝霞》和电视剧《绝地逢生》都拍摄于黔西南州兴义市南盘江镇南龙布依古寨，电视剧《雄关漫道》也曾在此取景。南龙布依古寨位于万峰湖畔，面积大约有两平方公里，按照九宫八卦阵的形势来布局建筑物，如同一座迷宫，目的是为了防止外敌入侵。明朝洪武年间，朝廷实行"调北征南"政策，大批移民进入贵州。明朝在贵州设立十三府，即上五府、下八府，其中的南龙府就建在今天的南龙古寨。由于南龙缺水，府衙迁往安隆，即今天的安龙。南明王朝的永历帝朱由榔曾经在此修整、练兵，以图复国，因此在这里建有点将台、演兵场。南龙布依古寨有很多干栏式吊脚楼。房屋依山而建，讲究朝向，重视通风、排水，多为砖木结构、木石结构。南龙布依古寨有360多棵古榕树，这是引人注目的。这里的居民至今还保持男耕女织的生活。

布依村寨建筑的主要材料是石头，而且，样式不拘一格。"从房屋外表看，有'石板房'、'茅草房'、'夯土房'、'吊脚楼'；从居住环境看，有'水边居'、'山地居'、'崖洞居'；从房屋结构看，有'穿斗式'、'抬梁式'、'绑扎式'；从墙壁装修看，有'石头墙'、'木头墙'、'泥土墙'、'竹子墙'。石头墙有石板镶嵌、石块干砌、卵石垒砌等多种；木头墙有木板竖装、木枋横装和圆木绑扎等多种形式；泥土墙有夯实的，有土坯的，或两者结合使用的；竹子墙有用毛竹编织的，有用篾条编织的，有用竹席围护的。泥土墙外，有的加抿石灰，或通体全抿，或抿窗户四周；竹子墙上，多半刷有灰浆，其浆多为稀泥，或为牛粪，或为和有谷壳、稻草的稀泥和牛粪。有的山墙，底部用石头，中部用木板，上部用竹子，或者底部用石头，中部用泥土，上部用竹子、秸秆、茅草之类，既经济实惠，又美观大方。"①

贵州的建筑文化中，石头、石板成为重要的建筑材料。贵州人民把石头打造成各种形状，在石头上刻上各种文字，从而让石头承载了人类文化。因此，考究这些石头所承载的文化，成为研究贵州建筑文化的重要内容之一。笔者将选取青岩为个案，分析贵州题材影视剧中青岩的石头文化。贵州题材电影《寻枪》《炫舞天鹅》《嗨起，打他个鬼子》和贵州题材电视剧《最高特赦》《恩情无限》等在青岩拍摄或取景，凸显了青岩的石头奇观。青岩建在石头丛中。因为爆发于明朝天启元年（1621年）的"安奢之乱"危及贵阳的安全，所以，时任贵州游击的青岩土司班麟贵建造了青岩古镇。天启五年正月十三日（1625年2月19日），班麟贵因为平叛有功，被提升为参将，并管理青岩以拱卫贵阳。明清时期惠水、长顺的谷米输往贵阳，青岩地处其中的要道。青岩与生俱来就是一座军事重镇，用石头作为建筑材料能使其固若金汤。电视剧《最高特赦》中，多次出现

---

① 吴正光：《沃野耕耘：贵州民族文化遗产研究》，学苑出版社，2009，第36页。

青岩定广门的镜头。攻占徐家大院和防守徐家大院的争夺战，都拍摄于定广门，也就是青岩的南门。定广门成为电视剧中徐家大院的院门。定广门是用方整石合缝垒砌而成，石头很大很重，表面光整。青岩今天的定广门、玄武门以及城墙，是经过多次修葺而成。清朝顺治年间的班应寿，嘉庆年间的袁大鹏，咸丰年间的赵国澍，都大规模地修葺了青岩城墙，在四门驻扎重兵，日夜防守。青岩古镇开放旅游以后，其军事意义已经消弭，但是石头城墙更加美观了。青岩民居的石垣墙，砌法比较自由。基脚多用方整石垒砌，上部多用片毛石。用片毛石上下两层反向斜砌，这种方法叫作斜砌法。上下两层片毛石构成"人"字形。苗族、布依族同胞把这样的"人"字形石片理解为"鱼骨头"。"鱼"在汉族文化中，与"余"同音，被理解为有余有剩，这能够满足汉族人民对吃不完、穿不完、用不完等富足生活的畅想。但是，苗族、布依族等少数民族对于"鱼"寄寓了生殖崇拜的文化意味。鲤鱼多子，繁殖很快，特别受少数民族的崇拜。因为，历史上少数民族饱受汉族统治阶级的屠杀、压迫，生活在边远地区，生活条件差，因而大量人口非正常死亡，人口成活率很低。少数民族对人口繁衍有一种迫切的期待，希望人丁兴旺，以促进族群势力增强。因此，对于吉祥物"鱼"，少数民族与汉族的理解大不相同。青岩的路面，全是青色的石板，下雨天不会有泥泞沾鞋。在有关青岩的影视剧中，石柱础比较引人注目，有时被处理成近景、特写，因而，青岩的石柱础值得一提。青岩气候潮湿，雨量充沛，所以石柱础较高，有的高达一两米。青岩石柱础形状多种多样，以鼓形、瓶形居多，其余的还有葫芦形、莲花形、古镜形、瓜形、圆柱形、方柱形等。有些石柱础，采用多种形状的组合，例如，鼓镜结合、鼓瓶结合以及瓶、鼓、须弥座交相结合，体现了石匠卓越的想象力和创造力，在石柱础的实用性之上加上了艺术性。青岩石柱础的形状、图案都包含丰富的寓意，成为理解少数民族文化的重要物象。少数民族崇拜生殖文化，希冀族群人丁兴旺以增强势力。瓜类多籽，繁殖迅速，合乎少数民族多子的愿望，所以石柱础选择了瓜形。葫芦与"福""禄"谐音，是植物中的长寿者，因而成为吉祥物。瓶形与镜形的石柱础，取其谐音，寓意是"平""静"，少数民族民众希望生活平静，没有惊涛骇浪。有的少数民族家庭，一块大镜子前一左一右地摆放两个大瓷瓶，也是取"平静"

之意。莲花形与须弥座来源于佛教。少数民族民众用莲花形、须弥座来寓意神圣、高雅。上圆下方的石柱础，象征天圆地方，寓意为顶天立地。石柱础上有一些动物和花草树木的浮雕，都有吉祥的寓意，寄托了少数民族对平安、祥瑞、健康、道德高尚、人丁兴旺、丰衣足食、河清海晏等美好想象。影片《寻枪》中出现了"赵理伦百岁坊"。演员姜文经过一座牌坊，牌坊上赫然有"昇平人家"四个字。这座牌坊是青岩古镇的标志性建筑之一。"赵理伦百岁坊"建于道光二十三年（1843年），为四柱三门五楼式，多处镂空，工艺十分精湛，是牌坊中的上品。赵理伦，就是"贵州状元第一人"赵以炯的曾祖父。赵家在青岩是名门望族，因而民间有"赵家的顶子"这一称谓。赵以炯的父亲赵国澍是赵理伦的长孙，曾经担任青岩的"团务总理"，统管青岩的安全事务。赵理伦百岁坊的特色在于用石狮当抱鼓。石头狮子不是蹲势而是从上而下呈现跳跃的姿势，这就更见非凡了。当年，艺术大师刘海粟观赏了这些石狮，热情赞扬其为"高度艺术化的石雕精品"。狮子是百兽之王，是"龙生九子"的第五子，古称"狻猊"。狮子是民间文化中的吉祥物，可以辟邪，寓意官运亨通、飞黄腾达。总之，青岩古镇是石头建筑的经典杰作，品味青岩的石头文化可以窥见贵州石头建筑之一斑。

4. 桥梁建筑文化

贵州题材影视剧再现了贵州丰厚的桥梁建筑文化。贵州俨然成为一个巨大的桥梁博物馆。桥梁成为贵州影像中不可或缺的部分。由于贵州地处高原，地跨长江和珠江两大水系，小溪小河特别多，大江大河也不少；所以，贵州的桥梁多得不可胜数，有路必有桥，走路必过桥。修桥的造价很昂贵，有道是"金桥银隧铜路"。昂贵的桥梁造价延缓了贵州交通建设的进程，成为贵州历史上交通不便的重要原因之一。但是，勤劳俭朴的贵州人民，倾其所有修建了无数桥梁，大大改善了贵州的交通条件。自古以来，贵州人民就十分重视桥梁的重要作用；因而，修筑桥梁时总是不竭余力，乃至献出宝贵生命。电视剧《奢香夫人》中，奢香夫人进京告御状胜诉归来以后，招募民工，开辟了"龙场九驿"，逢山开路，遇水搭桥，修建了"水西十桥"。位于修文县城西十公里处蜈蚣坡的蜈蚣桥，是"水西十桥"之首。"奢香桥"建于明朝洪武十七年（1384年），位于织金县，是奢香调解"卜牛河"（今织金贯城河）两岸彝族"家支"纠纷之后修建的，促成了双方的团结；现今仍然保存完好。"朵妮桥"位于黔西县莲花滩，是一座三孔石拱桥。朵妮监修此桥时，呕心沥血，积劳成疾。大桥竣工的时候，朵妮撒手人寰。奢香怀抱朵妮的遗体，率领官员缓步"踩桥"，悲痛地把这座桥命名为"朵妮桥"。朵妮的故事感人肺腑，这座桥融汇了朵妮的心血。这些桥具有崇高的精神价值，成为培育子弟的教科书。有些桥，在贵州历史上乃至中国历史上发挥了极端重要的作用，因而需要不惜一切代价去保卫。电视剧《二十四道拐》演绎了一曲守桥护路的悲壮战歌。国际援华物资从昆明出发，经过二十四道拐才能被运送到抗战前线和重庆。北盘江上原来只有一座浮桥连通二十四道拐，运输能力很小。美军工兵营在北盘江上修建了一座钢架桥，坚如磐石，宽阔平坦，大大增强了物资运输能力。可是，日军特遣队念念不忘炸毁这座钢架桥。以梅松为领导的中国守桥护路军人，对外要日夜提防日军间谍的破坏活动，对内要抵抗消极抗日积极反共的言行，可谓内外交困，责任重大。他们以崇高的使命感做了大量细致的工作，终于守住了盘江大桥和二十四道拐，为抗战胜利做出了不可磨灭的贡献。北盘江上的这座钢架桥至今屹立在晴隆的山水之间，永远铭记着守桥护路者的功勋。有些桥梁富有民族特色，成为少数民族地区的独特风景。影片《少年邓恩铭》再现的大小七孔早已成为美丽的风景，吸引无数游客前来观赏。影片《阿欧桑》中，欧桑在歌咏比赛夺冠之后回到苗寨，漫步在苗寨的铁索桥上。荡悠悠的铁索桥留下了欧桑的美好记忆与乡愁。遍布于贵州山乡的风雨桥、寨门桥、拦龙桥、凉亭桥、求子桥、保爷桥、祈寿桥等，不仅是交通要道，而且具有传承民俗文化的功能。树桥、藤桥、篾桥、竹桥、木桥、石桥、砖桥、铁索桥等，建桥所用的材料多种多样，更加丰富了贵州的山地桥梁文化。许多桥梁修建后却被毁坏，被毁之后又被重建。贵州人民为修建桥梁呕心沥血。影片《云下的日子》中，丁晓娅步行去贵阳准备乘火车回北京，途遇被洪水冲毁的桥梁。一位老乡介绍说，这座桥在1966年被洪水冲毁，在这座桥的上边有一座新桥于1978年被建成。因此，修建桥梁成为贵州人民矢志不忘的崇高事业。影片《不朽的时光》中的鲁工程师，在改革开放伊始致力于建造大桥。鲁小然读完了高中，他的爸爸鲁工程师设计的红崖山大桥也终于竣工。从此以后，修文到贵阳的时间由七天缩短为两天。现代化桥梁的建成缩短了贵州山村与外界的距离。贵州多山多水，桥梁成为道路交通的重要节点。因而，贵州桥梁密集的程度超出其他地区，贵州桥梁对交通的作用也超出其他地区。古时候，贵州桥梁旁边常镌刻一些诗文、对联，脍炙人口，凸显了贵州桥梁的文化价值。例如，"南来北往，由是任诸君进步；东流西转，于斯观四海回澜"。又如，"人转峰弯随鹤渡；横桥木末伴鸿飞"。骚人墨客题咏不绝，贵州的桥梁成为审美客体而浸染了诗情画意。

5. 滇黔古驿道

贵州题材影视剧，再现了一段滇黔古驿道。影片《云下的日子》中，丁晓娅与赵强生、福来一道去贵阳，途经滇黔古驿道。这个古驿道有一个石拱门。这个石拱门旁立有一块碑，碑文写道："上去云南一十八站，下达京城七十二天。"丁晓娅抬头一望，画面出现"滇黔锁钥"这一石雕横幅。影片的这一场景，拍摄于关岭。导演闫然说："我在关岭看到那个古迹'御书楼'，那上面有一副对联'上去云南一十八站，下达京城七十二天'，横批'滇黔锁钥'。这个古迹对我拍这个电影太有人文价值，我把它看成一个面向世界的制高点，我便可以在电影里把返城知青这类人物设置从这个地方走过。"① 导演如此拍电影，有利于增强影片的文化价值。这本无可厚非。问题在于，影片可能会对观众形成误导，把仿写的"御书"当成真迹的御书，把后人仿制的碑文当成原版的碑文。笔者认为有必要进行详细探讨。这条古驿道最初是关索开辟的。关索是关云长的儿子，跟随诸葛亮南征，后来屯兵于此；因而此地名叫关索岭，简称关岭。关索只是修筑了一条毛马路，却成为这条古驿道的雏形。到了元末明初，人们不断修缮这条驿道，路面有两三米宽，而且全部用白色石头铺成。这条驿道越来越重要，一直延伸至远方。现今保存完好的关索岭古驿道，大约有五公里长。康熙帝手书"滇黔锁钥"匾牌，是贵州省内唯一的皇帝御书匾牌。1644年，李自成攻占北京，崇祯帝在景山自缢身亡。1646年，朱由榔在肇庆称帝，即永历帝。吴三桂引清兵入关，清军所向披靡，南明王朝败退西

---

① 沈仕卫：《"主旋律电影也得好看"——〈云下的日子〉导演、编剧闫然访谈》，《贵州日报》2009年4月15日，第6版。

南，积蓄力量，力图复国。1658年2月27日，平西王吴三桂攻打南明大将李定国。关索岭上血流成河，尸横遍野，双方伤亡惨重。几个月后，清军三路大军并力出战，李定国败走云南，清军穷追不舍。1662年，即康熙元年，永历帝逃往缅甸，吴三桂逼迫缅甸国王交出朱由榔，并在昆明对朱由榔施以绞刑。南明王朝彻底覆灭。班师回朝以后，吴三桂向康熙呈报了西南战况。为了勉慰关索岭激战的将士，康熙帝在康熙二年（1663年）亲笔御书"滇黔锁钥"匾牌，悬挂在关索岭的城楼上。这座城楼被称为"御书楼"。爱新觉罗·玄烨写这块匾牌时，年仅九岁。"文革"期间，"滇黔锁钥"匾牌连同"御书楼"都被当成"四旧"被毁坏。2005年7月，安顺市文联副主席郭堂贵成功仿写了康熙帝"滇黔锁钥"四个大字。"滇黔"是由仿写的偏旁部首组合而成，"锁钥"是临摹原字而成。① 因此，影片画面出现的"滇黔锁钥"不是康熙帝的真迹，而是郭堂贵先生仿写而成的。影片中的碑刻"上去云南一十八站，下达京城七十二天"，是后人仿制陈煦的对联。陈煦的对联原文是"上云南一十八站，下京城七十二天"，没有"去"和"达"这两个字，横批也是"滇黔锁钥"。陈煦的对联在现今的兴义市乌沙镇岔江村江底组。这个地方在清代是一个渡口，是道光年间兴义知县陈煦设立的，费用由官方提供。因为陈煦是云南人，他想为发展云贵交通做一点贡献。这副对联和横批就是陈煦手书，命人阴刻于渡口的崖壁之上。辛亥革命以后，兴义的刘氏家族联合滇系军阀，夺取了贵州的军政大权。当时，刘显世坐镇贵阳主宰贵州军政大权，刘显治常驻北京为国民大会代表，刘显潜留在兴义统辖盘江地区，三兄弟互为犄角，遥相呼应。为了畅通云贵的物流人流，民国五年（1916年），刘显潜倡议在南盘江的支流黄泥河上修建一座桥，名为"永康桥"。到了民国九年（1920年），永康桥竣工并投入使用。为了铭记修桥之功，刘显潜手书《永康桥记》，立碑于古驿道北侧。刘显潜还手书"滇黔锁钥""如渊总司令桥成纪念"，令人镌刻于崖壁之上。刘显潜，字如渊，曾担任游击军总司令，因此被称为"如渊总司令"。② 驿道、渡口、永康桥都有利于老百姓的生产与

---

① 徐荣锋：《"滇黔锁钥"宛如康熙手书》，《贵州都市报》2010年8月13日，第3版。
② 王仕学：《寻访"滇黔锁钥"的由来》，《黔西南日报》2010年5月28日，第6版。

生活，在客观上促进了当地交通的便利。这些摩崖石刻、碑记都成为珍贵的文化遗产。电影及观众无须对文物进行甄别。但是，研究者必须进行仔细考究，才能理清深藏其中的原委。

6. 其他著名的建筑物

贵州题材影视剧出现了文昌阁、甲秀楼、弘福寺、海军学堂。这些建筑物都很有特色，知名度很高。

影片《炫舞天鹅》等出现了文昌阁、甲秀楼。贵阳文昌阁在全国几十座文昌阁中富有特色。贵阳文昌阁始建于明朝万历三十七年（1609年），占地面积达1200多平方米，坐落于贵阳市东门的月城上。贵阳文昌阁建筑艺术的特点在于楼阁布局与数字"三""九"紧密相关。这些数字富有象征意义。从纵向看，贵阳文昌阁呈三层（三檐）布局。地理空间上的三层，象征科举考试的三个层级：乡试、会试、殿试。明清时期，正式的科举考试就是这三个层级。科举考试还有非正式的一个层级：童生试。贵阳文昌阁也有非正式的一级，因为它坐落在月城之上。因此，贵阳文昌阁距离地面实际上是四层，恰好与明清时期科举考试的四个层级一一对应。从平面上看，贵阳文昌阁底层平面呈方形，第二层和第三层呈不等边九角形，有三个角为三十度，六个角为四十五度。从梁柱数量来看，二三层的楞木都是九根，柱子是五十四根，横梁是八十一根，这些数字都是九的倍数。"九"，是数字中最大的一个，谐音为"久"。这两层意思切合古代帝王的愿望。古代帝王是权力最大的人，希望自己的江山久久延续下去，出现二世、三世，以至千万世。"九"与王权紧密相连："九五之尊""九品中正制""九鼎""三公九卿"等。中国古代逐渐形成了"崇九"的文化心理。《易·乾·文言》说："乾元用九，天下治也。"《易经》以奇数为阳，以偶数为阴。"九"被认为是至阳之数。贵阳文昌阁巧用数字"九"，是中国的文化心理使然，寓意在于希冀贵州的举子能够顺利考上进士，荣登龙虎榜，沐浴皇恩，荣耀乡梓。中国古代人有"学而优则仕"的愿望，因为读书人的出路很狭窄，所以只好视当官为正途。为了鼓舞贵州学子努力读书，贵州的官方选择风水宝地，先后建起了甲秀楼、文昌阁，意在"科甲挺秀""文运昌盛"。贵州学子考上了三状元一探花、六百名进士、七千名举人。甲秀楼、文昌阁是贵阳文化教育史上的标志性建筑，是研究中国科举制度的珍贵文物。

影片《嗨起，打他个鬼子》中出现了弘福寺。弘福寺位于贵阳市黔灵山，是贵州著名的佛教圣地之一。黔灵山被视为黔山之冠，董必武先生手书"黔南第一山"被镌刻在弘福寺大门上。清朝康熙十一年（1672 年），赤松和尚始创弘福寺。"弘福"出自佛经"弘佛大愿，救人救世；福我众生，善始善终"。大雄宝殿、观音殿、弥勒殿、藏经楼、毗卢阁，是弘福寺的主体构件。红墙碧瓦，雕梁画栋，香火缭绕，蔚为大观，颇能吸引观众的眼球。

影片《天堂有泪》中，讲述了关于海军学堂的故事。影片中的海军学堂，最初是时任闽浙总督左宗棠于清朝同治五年（1866 年）在福州创办的"求是堂艺局"。第二年，"求是堂艺局"更名为"马尾船政学堂"。马尾船政学堂是中国第一所海军学校，为国家培养了第一批海军军官和第一批造船工程技术人才。辛亥革命后，马尾船政学堂改名为"中华民国海军学校"，办学规模逐渐扩大。抗日战争初期，海军学校迁到福建鼓山，后又迁到湖南辰溪。1938 年春天，中华民国海军学校迁到遵义的桐梓。影片中出现的海军学堂就是这个时期的中华民国海军学校。抗战胜利后，海军学校迁往重庆，继而迁往上海，最终定居青岛。1938～1945 年，中华民国海军学校在遵义桐梓县的金家楼办学七年，培养了三百多名海军人才。其中，著名人物有中科院院士、北京天文台原名誉台长王绶琯，中国航海学会常务理事、广东省原政协委员李景森，国民党海军原舰队司令、原三军参谋总长刘和谦等。李景森发起修建桐梓海校陈列馆，得到校友的纷纷响应。2011 年 8 月 14 日，桐梓海校陈列馆开馆，部分学子回到母校，文干、郑本基、朱成祥等老人欢聚一堂。参加聚会的同学年龄在 80～92 岁。他们都深切怀念恩师邓兆祥。邓兆祥，在桐梓海军学校当任训育主任，后来驾驶"重庆"号巡洋舰起义，受到毛泽东、周恩来、朱德的亲切接见。中华人民共和国成立后，邓兆祥历任中国人民解放军海军副司令员、全国政协副主席等职务，为中国人民海军建设奠定了重要基础。[①] 影片《天堂有

[①] 欧阳隽逸：《七十年后聚母校　岁月沧桑情依旧——"桐梓海军学校"陈列馆开馆侧记》，《贵州日报》2011 年 8 月 22 日，第 15 版。

泪》，再现了桐梓海军学堂的建筑物，还交代了这栋建筑物被整体移动过；也表现了吉祥和吉兆两兄弟在海军学堂认真学习的场景。桐梓海军学校旧址成为贵州的文化遗产。

（二）节日文化与仪式

贵州的少数民族人口占总人口比例大约为37%，贵州有世居少数民族17个。贵州每年有少数民族节日集会1000多次，由此可见贵州少数民族节日文化蔚为大观。贵州题材影视剧表现了贵州少数民族的一部分节日文化与仪式。

影片《姊妹花开》表现了苗族的姊妹节文化。生长于深圳的姑娘阿榜回到了苗乡。这里是歌舞的海洋，民族文化气息十分浓厚，深深吸引了阿榜。阿榜与妹妹阿莆参加了苗乡的"姊妹节"庆祝活动。她们送给意中人以"姊妹饭"。在"姊妹饭"里，她们放置了"一对筷子"。这对筷子，是无言的情书，表示喜欢他。姊妹节，流行于黔东南清水江地区。在农历三月十五日前后，苗族男青年走村串乡，向姑娘们讨要五颜六色的糯米饭，这就叫"吃姊妹饭"。糯米饭里藏有玄机。姑娘们在糯米饭里放置不同的小物件，以表达不同的情感态度：如果放置松毛，就表示愿意交往，回礼时可以给绣花线；如果放置刺条，表示愿意交往，可以回赠绣花针；如果放置树叶，表示愿意交往，可以回赠几尺布；如果放置一个树钩，表示继续深交；如果放置两个树钩，表示愿意成婚；如果放置树杈或辣椒、葱、蒜，表示马上分手；如果放置一只筷子，表示不愿交往；如果放置一双筷子，表示继续深入交往。这些小物件是姑娘情感的表征，是女性主动选择男性的信物。姑娘掌握了择偶的主动权，这是"姊妹节"文化的现代性价值之所在。女性主体性的觉醒，合乎现代社会的发展方向，值得提倡。这也充分说明，少数民族文化中暗藏着一些合乎现代性追求的因素。少数民族文化的研究者可以合理吸收符合现代性追求的少数民族文化因素，并且加以发挥，以促进各民族文化之间的交流与融合。

影片《好花红》再现了布依族"六月六"对歌的盛况。依兰公开对阿秀进行挑战，想用对歌分出高低。阿秀毫不示弱，从容不迫，对答如流。回答完毕之后，阿秀反守为攻，加大问题的难度，终于难倒了依兰。依兰只有招架之功，并无还手之力，不得不败下阵来。阿秀以清纯的歌喉、敏捷的思维惊动了旁观者，也引起了来自北京的陈教授的高度注意。在陈教授的引导下，阿秀前去北京深造。布依族十分重视"六月六"，把这一天当成"过小年"，布依村民经常杀猪宰鸡。在大清早，由几个德高望重的老年人带领，一伙年轻人拿着糯米饭、鸡鸭鱼肉等跟随老年人去进行祭祀活动，先去寨外的山坡祭祀，然后到各家各户走一走。这有两重作用：一是祭祀盘古，二是扫寨赶鬼。祭祀活动结束后，全体寨民举行娱乐活动，丢花包、对歌、喝酒等，不拘形式，方法多样。现在，有的布依村寨简略了祭祀环节，把"六月六"的庆祝活动精简为对歌。对歌活动的规模扩大，参加对歌的人数增加，这样，"六月六"对歌活动就蔚为壮观了。

影片《行歌坐月》展示了侗族同胞过"吃新节"的情景。杏的一家人都团坐在桌旁，桌上的菜肴很丰盛，饭是新米做成的。杏的小弟弟迫不及待，抓起筷子想夹菜吃。杏的爸爸批评了他，叫他等一等。杏的爷爷开始敬神，念念有词，请各路神仙前来尝新，请列祖列宗前来尝新。敬神完毕，全家开始吃饭。第二年吃新节时，杏的爷爷已经去世，敬神仪式由杏的爸爸来主持。这就是影片展示两次吃新节的情景，可谓极简主义，吃新节的仪式精简到了极致。影片《行歌坐月》拍摄资金很少，精简吃新节仪式有利于节约拍摄成本。侗族吃新节的时间大都在农历六七月，具体时间可视稻谷成熟的情况而定。家家户户可以摘取一些新谷，尝尝新米饭，用鸡鸭鱼肉来供奉神灵、祖先。这段时间，侗族村寨举行一些集体活动以资庆祝，例如：唱侗歌、演侗戏、斗牛、举行集体会餐等。此外，苗族、仡佬族、景颇族、基诺族、阿昌族、藏族、哈尼族、拉祜族、佤族等也有吃新节的习俗。庆祝活动不拘形式，大都离不开叩谢神灵和祖宗、喝酒吃肉、载歌载舞、斗牛、看戏等，可以大操大办，也可以简单朴素。

影片《酥李花盛开的地方》，展示了斗牛的习俗。杜金海在音寨考察旅游开发项目时，发现村民在观看斗牛表演。杜金海也前去围观斗牛盛况。影片中的斗牛场景，只持续了几十秒钟。斗牛是黔东南、黔南地区一项重要的表演项目。在一些少数民族重要节日中，民族村寨可能推出斗牛表演项目。只有雄性水牛才被用于斗牛。水牛分为宽角和窄角两种。斗牛一般采用淘汰赛，最后胜出的牛被尊为年度牛王。村民常常给牛王披挂红布条，放鞭炮迎接年度牛王胜利归来。斗牛的场面惊心动魄，有时十分惨烈。围观者人数众多，少则几十几百人，多则成千上万人，呐喊助威者、手舞足蹈者不计其数。甚至于，侗族人民模仿斗牛的动作，创制了一种斗牛舞。亚里士多德关于艺术起源的"模仿说"又一次得到了印证：艺术是人类模仿现实世界的产物。在苗乡侗寨，斗牛已有上千年的历史。

影片《滚拉拉的枪》展示了岜沙苗族的成人礼。滚拉拉与奶奶相依为命，快到15岁了，快要举行成人礼了。岜沙苗族的习俗是小孩在举行成人礼之前必须要拥有一把枪。岜沙苗族是中国唯一带枪的部落，岜沙苗族人拥有枪支是公安机关许可的。买一把枪需要五百元钱。为了挣到买枪的钱，滚拉拉外出打工。奶奶用陪伴自己一生的银饰换来一把枪，交给了滚拉拉。滚拉拉终于可以举行成人礼了。一阵枪声标志着滚拉拉已经长大成人。成人礼是人类仪式之一。岜沙苗族成人礼的独特之处在于必须以拥有一把枪为前提。导演宁敬武坚持独立精神，关注边缘社会，体现了人文关怀。他拍摄的这部故事片具有纪录风格，比较真实地记录了岜沙苗族的生存状态，为再现岜沙苗族的成人礼提供了一份宝贵的资料，因而具有一定的文献价值。

电视剧《最高特赦》表现了"上刀山"的民俗。郑幺妹在"六月六"歌仙大会上被推举为歌仙。为了获得歌仙的芳心，刘大卯、徐子明、郑石仔、刘二木等人比赛"上刀山"，胜出者才能娶歌仙。经过一番激烈的角逐，徐子明最终胜出，按照习俗将在六月十八日迎娶歌仙。这部电视剧把"上刀山"这一场景放在西江千户苗寨进行拍摄，可谓恰到好处。因为，历史上的"上刀山"被称为苗族的神功艺术，只是在苗族人举行祭祀活动时才偶尔出现。"上刀山"的刀梯一般有十二米高，由三十六组钢刀组成，顶端还有三把钢叉。表演者要赤脚踩在刀刃上爬到刀梯顶端，还要做出各种惊险的动作，例如，金鸡独立、倒挂金钩、单臂吊刀等。除了苗族以外，壮族、瑶族、傈僳族也有"上刀山"的民俗。上刀山需要经过专门训练，否则容易造成人身伤害，因此，观众切莫模仿。

电视剧《风雨梵净山》表现了"下油锅"的民俗。为了考验张明堂的清白，桃花寨众头领架起了一口油锅，油锅中放置一枚铜钱。如果张明堂在滚沸的油锅中捞出这枚铜钱，那么，张明堂将被证实是清白的。显然，用这种方法来考验张明堂是否清白，毫无疑问是愚昧的行为。为什么众头领坚持使用这种办法呢？原因有二。一是因为下油锅是铜仁地区的民间习俗之一，当地人早已见怪不怪，习焉不察，不会认为这个办法不妥当。二是因为众头领之中有极个别的人想借下油锅之机来使张明堂受到人身伤害以泄私愤。张明堂已经洞察其中的黑幕，坚决不予理睬。可是，深爱着张明堂的桃花寨主毫不犹豫地在油锅中捞出了铜钱，结果她的手被严重烫伤。这部电视剧借这个场景深刻批判了愚昧的陈规陋习，也表现了桃花寨主对张明堂深切的爱，从而推动了情节的发展。"下油锅"，最早起源于铜仁市思南县一带的土家族，是老土司曾经表演的一种惊险的杂技活动。关于下油锅的传说，众说纷纭，也神乎其神。不过，凡夫俗子切莫效仿，以免造成不必要的人身伤害事故。

（三）服饰文化

在影视剧中，服饰成为影视画面的重要元素。影视剧必须依靠演员来表演，演员必须依靠服饰来体现角色的身份、性格、时代背景。伊迪斯·海德说："在电影里，服装的作用是使银幕上的女演员给人的印象就是剧中人。"[①] 她在此只讲到女演员。其实，对于所有演员都是如此，服装必须有助于演员化身为剧中人。服饰的质感、色彩、表面效果、造型形象都要求产生逼真的视觉效果。服饰是时代和社会的印记，要体现角色的个性特征和瞬时心理变化。服饰要前后一致，其变化要体现逻辑性，在情节发展过程中要与周围环境相适应。

贵州题材影视剧中的少数民族服饰，成为剧中人民族身份的重要外在表征。不同民族的人物穿着不同的民族服饰。不同的民族服饰标志了不同的族群身份。少数民族服饰都直接呈现在影视画面中，成为贵州题材影视剧的重要特征之一。少数民族服饰是研究各民族历史的"活化石"。少数民族服饰与人们的居住环境、生产从业、文化水平等关系密切。少数民族同胞的着装日益现代化，这是一个基本趋势。少数民族同胞着装现代化的顺序是由下至上。"在苗岭山区的节日集会上不乏如此打扮的姑娘：脚上

---

① 〔美〕伊迪斯·海德：《电影中的服装设计》，《世界电影》1985年第3期，第193页。

穿着入时的白网鞋、旅游鞋、高跟鞋;下身穿着现代式样的裤子,有的还外加一条古色古香的百褶裙;上身穿着用现代面料剪裁、按古代款式缝制的姊妹装;头上全是古代发型,有清代的明代的,还有宋代的唐代的。其饰物或者是古代流传下来的老银饰,或者是按照古代式样打造的新银饰。一身穿着跨千年,具有明显的'地层'关系。通观节日服装,如读'无字天书',一部生动形象的民族服饰发展史跃然于人身上。"[①]

贵州题材影视剧中,苗族服饰出现得最多。影片《阿欧桑》中,欧桑耐心细致地用针线织绣自己的红色婚礼服,花费了很长时间才织好。用手工织绣婚礼服,是苗族的传统习惯。欧桑把婚礼服带到城市出售,引起了日本游客强烈的好奇心,结果以三千元的价格成交。欧桑即将参加少数民族歌咏大赛,没有带民族服装。季风赶紧跑到民族文化街用相机作抵押租赁了一套苗族服装,欧桑才得以登台表演。欧桑在比赛中夺冠,苗族服装及时帮助了她,否则她就很难入场。苗族服饰在这部影片的叙事中起到重要的推动作用。影片《飞歌的夏天》中,苗族服饰也成为影片叙事的关键因素之一。许飞歌来贵州旅游,不幸从自行车上摔下山崖。有一位导游路过,将许飞歌送进医院。恍惚之中,许飞歌一把抓住了导游的银饰,接着又昏迷过去。几个月后,许飞歌完全康复,回到贵州打算寻找银饰的主人,也就是他的救命恩人。他向医院打听,得知是一位名叫阿妮的女导游救了他。他还拿着银饰去问银匠,以打听阿妮的下落。几经周折,他终于找到了阿妮。经过一段时间的交往,他对阿妮产生了恋情。阿妮身上的银饰,被许飞歌抓去了一块。这一块银饰,后来成为推动情节发展的重要因素,成为许飞歌与阿妮情感的中介。苗族服饰的特色在于银饰、苗绣、蜡染三个方面。银饰一般有几公斤重,经常发出叮叮当当的声响。苗族服饰有两百多种,可分为童装、便装、盛装三种。苗族服饰被誉为"穿在身上的史书",铭记着苗族历史变迁的轨迹。苗族服饰是苗族文化的载体之一,也在不断地变化发展,由以深蓝色、黑色为主调变为五彩斑斓,越来越接近大自然的美。苗族服饰,以样式众多、色彩华美、制作精细、历史积淀深厚而著称,具有艺术价值。影片《开水要烫,姑娘要壮》《云上太阳》

[①] 吴正光:《沃野耕耘:贵州民族文化遗产研究》,学苑出版社,2009,第277页。

《炫舞天鹅》《滚拉拉的枪》等展示了苗族服饰的多姿多彩。

电影《好花红》《嗨起，打他个鬼子》《酥李花盛开的地方》等和电视剧《剿杀令》《绝地逢生》《最高特赦》等展示了布依族的美丽服饰。布依族服饰看起来比较宽松，男子穿宽大的衣衫，女子穿宽大的衣裙，这样便能适应炎热的天气。《旧唐书·西南蛮》说："男子左衽、露发、徒跣。妇女横布两幅，穿中而贯其首，名为通裙。"这里说的是布依族古代的服饰。布依族服饰喜欢用蓝、青、白色。男子喜欢包上头巾，即便是青壮年男子也是如此。男子的服饰一般有对襟短衣加长裤和长衫两种。女子喜欢穿蓝黑色百褶长裙，衣服上喜欢绣花，喜欢戴银手镯、耳环、发坠、项圈等。布依族服饰大多是妇女纺织染绣而成。用蓼蓝草浸泡石灰过滤后就可以制成蓝靛，用蓝靛染成深蓝、中蓝、浅蓝、灰色、青色布料，用于裁剪衣服。布依族也擅长蜡染，把布料染上各式图形、花草树木，新颖别致，巧夺天工。布依族服饰还包含了其他多种工艺，例如，刺绣、织锦、挑花、扎染等。这些工艺把布依族姑娘训练得心灵手巧，富于想象力。布依族服饰工艺主要依靠她们来传承和发展。

电视剧《奢香夫人》集中展示了乌蒙山型彝族服饰。彝族分布较散，支系众多，所以彝族服饰种类繁多，据统计有将近百种，地域色彩强烈。彝族女性喜欢穿长裤，裤脚绣上精致的花边；喜欢穿大襟右衽上衣，衣服也绣有花边；喜欢披一件风衣，长至膝盖。这样的风衣，被彝族人称为"擦尔瓦"，用羊毛织成。镶花边是深受彝族姑娘喜爱的修饰，成为彝族姑娘争取自由幸福的护身符。挑花刺绣是彝族女性的特长，她们经常在服饰工艺上表现出来。彝族男性喜欢穿右开襟上衣，颜色多为黑色，袖子较窄常镶有花边；喜欢穿长裤，裤子宽大，有很多褶皱。彝族男性喜欢在头顶上扎起一缕头发，大约三寸长，彝语称之为"子尔"，也就是"天菩萨"。他们把它看成天神的象征，能够主宰吉凶祸福。他人千万不能触碰"天菩萨"。这缕头发要用布料层层包裹，布料颜色一般是蓝色、青色。这缕头发经过包裹后统一朝向头部的右前方，形成"英雄髻"。这是彝族男性英雄情结的外在表现。彝族男性不喜欢留胡须，也喜欢披一件"擦尔瓦"。擦尔瓦和披毡是彝族男女老幼的必需品，白天披在身上，晚上当被子盖。彝族年轻人的服饰色彩鲜艳，喜欢用红、黄、绿、橙、粉色。彝族中年人服饰多用蓝、绿、紫、青、白色。彝族老年人服饰多用青、蓝色。由此可见，年龄越大，其服饰的颜色就越深沉。

影片《行歌坐月》《侗族大歌》等展现了侗族服饰。侗族人喜欢自己纺纱织布，自己染布，喜欢青色、紫色、蓝色、白色。夏天喜欢穿白色衣服，其他三个季节喜欢穿青色、蓝色衣服。节日喜欢穿紫色衣服。女裙多用黑色，而且不分季节。女性喜欢穿没有衣领的大襟衣，袖口和衣襟饰以花草树木、龙飞凤舞、波诡云谲的精美图案；下穿百褶裙、翘头花鞋。侗族女子重视银饰的品位。银饰配套齐全：银冠、银钗、银簪、银项圈、银耳坠、银手镯、银腰坠等，加起来可能达到几公斤重。男子喜欢用青布包头，喜欢穿立领的对襟衣，外套无纽扣，用一条腰带扎紧；下面穿长裤子，有时还裹绑腿。

影片《少年邓恩铭》《水家山寨的铃声》等展示了水族服饰。水族人擅长纺纱织布、染布，非常喜爱黑色、藏青色、蓝色、白色等冷色调。年轻男子喜欢穿没有衣领的大襟蓝布衫。老年男子喜欢穿长衫，用黑布包头，有时脚上还缠绑腿。女性喜欢穿短袖衣，衣袖宽大，衣领常常是圆的，颜色以蓝色为主，夹杂黑色，下面穿着黑色的长裤。袖口、裤脚通常是不绣花边的。水族人一般不喜欢使用红色、黄色等鲜艳的颜色。喜欢冷色调而不喜欢暖色调，是水族服饰色彩运用的特点。水族服饰比较朴素、大方。水族人情感内向，讲究谦恭礼让，又尊重大自然，崇尚人与自然的和谐，追求内心的平和安定，这是水族人倾向于冷色调的审美心理。但是，水族女性的节日盛装、婚礼盛装则是五彩缤纷的，袖口有刺绣的花带，银饰也一应俱全。水族的服饰也在不断地变化发展。现在，水族女性也慢慢喜欢绣花边的衣服了，因而，绣花边的衣服也渐渐增多了。近年来，墨绿色也成为水族服饰的主要颜色之一。水族人还擅长刺绣工艺，"马尾绣"享誉中外，是水族人智慧高超的具体表现。

苗族服饰、布依族服饰、彝族服饰、侗族服饰、水族服饰等各民族服饰都出现在贵州题材影视剧中，组成了贵州少数民族服饰的大观园，体现了贵州服饰文化的博大精深。一些贵州题材影视剧，例如，《阿欧桑》《飞歌的夏天》等，把民族服饰与故事情节紧密联系在一起，民族服饰成为影视叙事的关节点之一，这就说明表现贵州少数民族的服饰文化成为这些影视编导的明意识。大部分贵州题材影视剧，在画面中淋漓尽致地展示了贵州少数民族的服饰文化，静态地展览，不动声色地推介，让观众去尽情品味。以静态展示的方式推介贵州少数民族的服饰文化，也体现了影视编导对贵州服饰文化的高度重视。总之，贵州题材影视剧展示了贵州的服饰文化，让观众大饱眼福，对于少数民族服饰文化的传承和保护将发挥积极的作用。

（四）婚恋文化

贵州题材影视剧表现了贵州丰富多彩的婚恋文化。贵州的婚恋文化与青年男女的唱歌、跳舞、蜡染、刺绣等传统技艺紧密相关，因而，贵州民间重视培养青少年在这些方面的能力。贵州民间常说："后生不学唱，找不到对象；姑娘不绣花，找不到婆家。"青年男女要学会唱歌、跳舞，才能够与异性密切交往。情场决胜的关键因素之一，就在于歌舞水平的高低。女孩子除了要学会唱歌之外，还要学会女红技艺。蜡染、刺绣等技艺能够考验女孩的智慧。一旦她们学会了这些技艺，就可以为自己准备精美的嫁妆，并且引以为骄傲的资本。

以歌定情是贵州少数民族的习俗之一。影片《阿欧桑》中，欧桑的男朋友为了追求她，在她的楼下唱了三天三夜的情歌，直唱得欧桑深切感动。歌声撬开了欧桑的心扉，动人的歌声成为情场的门票。影片《好花红》中，依兰对阿秀公开挑战，只要阿秀对歌输了，那么，阿秀就必须无条件与罗亮分手。在此关键时刻，阿秀毫不示弱，不仅对依兰的提问对答如流，而且巧设问题使依兰招架不住哑口无言。对歌胜利了，阿秀才留住了罗亮。温润的歌声成为情场比拼的锐利武器，赢家才能继续情缘。侗族的"行歌坐月"，就是以歌定情的生动表现。侗族男女青年在"月堂"对唱情歌，交换信物，互诉衷肠，遇上情投意合者便可私订终身；不过，最终还需父母做主。男青年要带上乐器来"月堂"，对唱时可以伴奏。影片《行歌坐月》生动地再现了侗族以歌定情的习俗。

电视剧《夜郎王》第十三集表现了夜郎国"野婚"的习俗。钰儿的身份之谜被揭示，钰儿是汉室宗亲，被汉武帝封为安南公主，并被赐婚多同。为了避免给蒙玛以强烈刺激，并且保护安南公主的安全，多同决定在迪禾部落举行"野婚"。野婚就是不在家里举行婚礼，这是夜郎古国的婚礼习俗之一。夜郎先祖崇尚"野婚"大礼，传说夜郎开国之王竹王，就是在山野之上众神之前，用天泉沐浴，举行野合之礼，意在受众神保护，受天地恩泽。多同选择了一个山洞作为洞房，与安南公主在野婚之后再入宫，巧妙地避开了宫中矛盾，也是对夜郎先祖的缅怀。电视剧中举行野婚之礼的场面，颇有民俗之美，唱着夜郎古歌，跳着夜郎舞蹈，再现了古夜郎的礼仪，集中展现了夜郎文化。

电视剧《最高特赦》表现了"抢亲"的习俗。按照当地的习俗，夫家前来娶亲，必须用"抢亲"的形式。夫家不用花轿来迎接新娘，而是派来一支马队前来假装把新娘抢走。娘家人用棍棒做武器假装抵抗，最终也假装战败，于是新娘被夫家派来的马队抢走。抢亲与抵抗都是做做样子而已，不会有人真打，更不会有人受伤，一切只是为了热热闹闹。这部电视剧中，刘大卯纠集了提蓝洞的一伙土匪，戴着面罩来抢郑幺妹。他们利用抢亲的习俗，干的是真抢的勾当，动手打人还真下了狠手。郑石仔觉得不对劲，认为这些抢亲的人可能不是夫家派来的。等到郑石仔缓过神来，徐家迎亲的队伍赶来了。于是，郑石仔带人前去追赶那些抢亲的土匪。电视剧巧设了这一抢亲的场景，把主要角色郑幺妹置于矛盾冲突的旋涡之中，展示了郑幺妹身边复杂的人物关系，也有力地推动了情节的发展。

影片《秦娘美》反对了"舅权制"的婚姻观念。在旧社会，侗族地区有"养女从舅"的规定，女孩子一生下来就注定要嫁给舅舅的儿子为妻。娘美与邻寨青年珠郎心心相印，为了逃避舅权的干涉，他们选择了私奔。舅权制是母系社会的残留观念，舅舅的权力至高无上。这种观念曾经产生了一定的危害。因此，早在清朝时，舅权制就遭到反对。例如，现存的一些碑文就有关于禁止舅权干涉婚姻的内容。锦屏县河口乡河边村四里塘寨有一块石碑，立于清朝乾隆五十六年（1791年），碑文说："嗣后男女订婚，必由两家情愿，凭媒聘订，不得执以姑舅子女必应成婚，及籍甥女许嫁，必由舅氏受财，于中阻挠兹事"；还说："凡姑亲舅霸、舅吃财礼、掯阻婚姻一切陋俗，从今永远革除。"锦屏县彦洞乡彦洞村东北，有一块石碑，镌刻于清朝光绪十四年（1888年），碑文说："凡有所谓舅公礼者，必须分别上、中、下三等，只准自三两起至五两止，不得再行勒索多金。

至于姑舅开亲,现虽在所不禁,然亦须年岁相当,两家愿意方准婚配,不得再行仍前估娶……倘有不遵,仍前勒索估娶,或经查出,或被告发,定行提案严究不怠。"①

贵州题材影视剧,提倡婚姻观念的现代化,在人物形象的塑造之中,呼吁人们培育现代的婚姻观念,敢于打破陈规陋习,要求男女平等,践行婚姻自由、婚姻自主,增强女性的主体性。影片《良家妇女》中十八岁的余杏仙,嫁给只有六岁的易少伟,两人以姐弟相称。开炳前来帮助易家春耕,激起了杏仙心中的涟漪。可是,三嫂在察觉杏仙与开炳之间的隐情之后,从封建陈腐的观念出发进行百般阻挠和羞辱。杏仙认为自己追求真爱是正确的行为,因此表现非常果敢。影片结尾时,五娘打发少伟送给杏仙一些衣服和手镯,还劝杏仙另走一条路以避开三嫂。杏仙却勇敢地朝三嫂走去,去大胆地接受挑战。影片《山雀儿》中的山雀,大胆反对包办婚姻,坚决向刁强二退婚。为了还清债务,山雀来到城里打工,在一位教授家当保姆,接受了现代文明的熏陶,更加促进了思想观念的现代化。这两部电影都以男女婚姻为题材,拍摄于20世纪80年代,改革开放之初的思想解放运动成为这些电影的指挥棒,体现了电影艺术的现代性追求。

贵州少数民族的婚恋文化丰富多彩,体现了文化多样性的永恒魅力。对于贵州少数民族的婚恋文化,我们这个时代的人们必须加以批判地传承和发展。第一,对于陈腐的思想观念,对于不合理、不合法的婚配方式,比如,"舅权制"婚姻,包办婚姻等,人们必须坚决抵制。这些落后的思想和行为,有害于人性的正常发展,近亲结婚贻害后代。因此,要提倡现代的婚育观念,崇尚自由、平等、文明、诚信、和谐的文化价值观。第二,对于具有少数民族特色的婚恋文化,要合理地传承和发展。唱歌、跳舞、蜡染、刺绣等技艺,需要年轻人来传承。以歌定情、吃姊妹饭等民族节日与婚恋仪式,富有少数民族特色,需要继续保存下去。总之,合乎现代精神、遵循科学规律的民俗都可以保护和传承下来,以丰富和发展泱泱中华文化。

---

① 吴正光:《沃野耕耘:贵州民族文化遗产研究》,学苑出版社,2009,第318~319页。

（五）酒文化

酒文化是中华文化的重要组成部分。自从祖师爷杜康发明酿酒技术以来，人们便忘不了酒，更离不开酒。高兴的时候要喝酒，"人生得意须尽欢，莫使金樽空对月"。愁闷的时候也要喝酒，"何以解忧，唯有杜康"。文人墨客大多过着诗酒生活，饮酒赋诗，"东篱把酒黄昏后。有暗香盈袖。莫道不消魂，帘卷西风，人比黄花瘦"。在古典诗词中，"酒"是出现频率很高的词语之一。甚至于，酒力与能力成正比。李白是"斗酒诗百篇"；武松是"一分酒力一分气力"，十八碗酒喝下去就打死了一只老虎。喝酒成为中国人重要的生活方式之一，酒精的威力已经深入各行各业，酒文化成为推动中国社会前进的动力之一。

贵州题材影视剧展示了贵州的酒文化。贵州的酒文化是中华酒文化的重要组成部分。贵州题材影视剧展示的贵州酒文化，与其他地域酒文化的不同之处，主要在于两个方面。一是茅台酒天下无双。只有贵州才生产茅台酒，也只有贵州的山川才能酿造出茅台酒。同样的工匠，同样的技术，只要离开茅台镇的山川，便酿造不出正宗的茅台酒。例如，台湾茅台酒与贵州茅台酒就大相径庭。二是贵州的敬酒、饮酒的习俗与众不同，富有特色。这两个方面决定了贵州的酒文化别具一格，从而塑造了"醉美"贵州不同凡响的酒文化形象。

茅台酒是贵州省遵义市仁怀市茅台镇生产的中国高端酱香型白酒，成名早，老品牌，名气盛，成为中国白酒行业的骄傲，被公认为"国酒""外交酒"。电视剧《夜郎王》中，夜郎王子多同向汉武帝敬献了两坛子枸酱酒。他的同伴在宫中步行时故意摔倒，有一个酒坛破碎。枸酱酒从坛子里流出来，香气四溢，分列左右的王公大臣闻到酒香之后，啧啧赞叹，枸酱酒顿时名气大振。电视剧是艺术，故事情节可以虚构。这一段故事借用了相关的历史事实。据史书记载，汉武帝派遣唐蒙出使南越，唐蒙在南越喝到了枸酱酒，带了一些枸酱酒回到长安，向汉武帝敬献了一些枸酱酒。汉武帝喝了枸酱酒之后，连夸"甘美"。于是，枸酱酒开始闻名于长安。西汉时期的枸酱酒就是今天的茅台酒。电视剧《夜郎王》的编剧虚构了多同的同伴在宫中故意摔破酒坛子，这个创意可能是来源于1915年巴拿马万国博览会的真人真事。中国送展的白酒都没有获奖,可是,白酒的评审会已经接近尾声了。在这千钧一发之际,中国代表团的一位智慧高超者假装失手打碎了一瓶酒。这种酒就是茅台酒。茅台酒特有的香味深深吸引了所有的评委。于是,他们反复品味,激烈讨论,一致认为茅台酒是参展这次博览会的最好的白酒。但是,金奖已经被确定下来。评委们只好把茅台酒定为金奖的第二名。从此,茅台酒闻名全世界。没有这智慧的一摔,便没有茅台酒的世界盛誉。电视剧《夜郎王》艺术地重现了摔破坛子酒香四溢的经典场面,令观众自然而然地想起巴拿马万国博览会的往事,从而对茅台酒更加钦佩。

为了让茅台酒更加盛名远播,茅台集团利用影视来进行宣传。2015年,茅台酒厂与潇湘电影集团联合拍摄了电影《国酒》,于2016年1月15日在中国上映。影片讲述了茅台酒在1915年巴拿马万国博览会荣获金奖之后,酿酒世家曹家和程家两代人在乱世中的风云变幻与悲欢离合。他们为金奖的归属问题而矛盾重重,却又能够胸怀大义捐弃前嫌,以国家利益为重共同抵御外敌。文通书局的开办,在经商气氛中增添了文化韵味。曹怀仁忍辱负重,终成一代宗师,让茅台酒工艺更上一层楼,把茅台酒做大做强了。红军四渡赤水路过茅台镇,茅台酒曾被用于为红军伤员洗伤口以控制炎症。茅台酒功在红色政权,永远值得铭记。重庆谈判,茅台酒出现在宴会桌上。开国大典中,茅台酒出现在新中国成立的宴会桌上。影片的故事是感人肺腑的,传播了正能量,塑造了栩栩如生的人物形象。制片方也借鉴了商业片的常用方法,启用了明星,例如,黄奕、赵文瑄、范逸臣等。但是,影片在业绩方面遭遇了滑铁卢。《国酒》的排片比约为0.09%,最终票房为1021.4万元。导演宋江波执导的影片《任长霞》叫好又叫座,不仅荣获2005年第十一届中国电影华表奖优秀故事片奖,而且票房名列当年国产片票房的第六名。影片《国酒》惨遭滑铁卢,导演宋江波始料未及,暗自惊讶,也叫苦不迭。影片《国酒》的排片率太低,受众面太窄,影响了影片的传播力。茅台酒厂借助电影来提高知名度的美好愿望遭遇了严重挫折。

影片《扬起你的笑脸》《开水要烫,姑娘要壮》《阿欧桑》等展示了苗族的酒俗。影片《扬起你的笑脸》中,安小杰、安妮的爸爸、妈妈及麦克在一起喝苗族的米酒。安小杰做了一个恶作剧，在麦克的酒中加了一点辣椒粉，麦克将那杯酒一口吞下，结果被辣椒粉呛得满面通红。影片《开水要烫，姑娘要壮》中，计怀寨的村长与几个村民围着火塘喝苗族的米酒。火塘上放着火锅。喝自家酿制的米酒成为苗寨的习俗之一。不仅如此，苗乡喝酒、敬酒的方式也不一而足。影片《阿欧桑》中，季风来到苗寨采风，进寨门时，他被拦住了，必须喝一点牛角里的酒才能通行。季风的手没有碰到牛角，否则他必须喝完这一牛角酒。此时此刻，季风喝的是"拦门酒"。进了苗寨，他觉得喝下去的酒平淡如水，没有一点酒味，便喝了很多酒。不料，山风徐徐吹来，他便醉倒了，直到第二天才醒来。苗寨把这种酒称为"梆当酒"，喝下去的时候觉得像水一样淡，喝多了酒被风一吹便醉倒了。苗乡发明了"梆当"这一词语来形容酒醉速度之快。

苗族的酒俗可谓名目繁多，例如，拦路酒、进门酒、出门酒、交杯酒、敬客酒、姊妹酒、送客酒、婚礼酒、认亲酒、新娃娃酒、取名酒、建房酒、立门酒、踩铜鼓酒、打口嘴酒、祭保爷酒、祭祖先酒、栽花竹酒、砍板凳酒、祭桥酒、祭凳酒、祭树酒、祭岩爹岩妈酒、扫寨酒、断气酒、赎魂酒、祭牛角酒、敬耕牛酒。酒已经深入苗族生活的每一个细节，无论大事小事都与喝酒紧密相关。会喝酒成为苗族人的重要特征之一，喝酒成为苗乡的生活方式之一。喝酒取乐，淳化了民风。仇人与仇人喝酒，一笑泯恩仇，酒精溶化了所有是是非非，一切都化为过眼烟云随风而逝。亲人与亲人喝酒，宁伤身体不伤感情，一分酒量一分感情，酒量与感情成正比。拉关系、谈业务更需要喝酒，酒没喝好，业务往来就没希望，谈好业务的希望在酒桌。喝酒时，猜拳、行令，气氛热闹非凡，旁观者也前来助兴喝彩。而且，遇上民族节日、婚丧嫁娶等重大活动，喝酒的礼节更加繁复。例如，苗寨的婚礼酒俗就有很多道程序：提亲酒、订婚酒、满寨酒、迎亲酒、送亲酒、进门酒、婚宴酒、闹寨酒、洗脚酒、新人酒、谢媒酒、回门酒、晚饭酒、对歌酒、猜谜酒、猪肚酒、早饭酒、送礼酒、串寨酒、送客酒、猪头酒、洗桌酒。参加婚礼的宾主双方要走完这些程序，婚礼才算大功告成。不过，这些酒俗在日益现代化的今天，已经被省略了许多繁文缛节。现在的苗乡，提倡移风易俗，对传统的酒俗文化进行了改革。但是，即便是改变了许多，苗族的酒俗文化依然蔚为大观。

电视剧《奢香夫人》展示了彝族人喝咂酒的习俗。水西君长蔼翠派遣三弟莫里前去永宁宣慰府迎亲，大明永宁宣慰使款待迎亲使，奢香的哥哥与莫里喝咂酒。两人同饮一坛酒。饮咂酒就是几个人同时吸一坛酒，以示友好、同心协力。饮咂酒需要借助吸管。吸管可用硬管，例如竹管，把竹节打通，便可吸酒；也可用软管，例如塑料管，使用方便。喝咂酒的习俗在彝族、苗族、羌族的一部分地区得以保留下来。天京事变以后，太平天国的翼王石达开远走西南地区，在贵州与彝族农民共饮咂酒，还作诗一首："万斛明珠一瓮收，君王到此也低头。五岳抱住擎天柱，饮得黄河水倒流。"石达开是历史名人，他的这首诗很出名，为咂酒留下了可资记忆的一段佳话。

贵州的酒文化丰富多彩，饮酒敬酒的习俗与国内其他区域有许多不同，彰显了贵州少数民族民间文化的深厚内涵。贵州盛产佳酿，因而培养了许多酒量惊人者。例如，电视剧《最高特赦》的郑幺妹，酒量就大得惊人。她被抢进提篮洞，非但没有被土匪惊吓，而且她还在洞中开怀畅饮起来，酒量远在那一帮土匪之上，当场就以惊人的酒量镇住了那一帮土匪，真可谓巾帼不让须眉。这部电视剧多次出现聚众豪饮的场面。如此的豪饮与贵州地域高度匹配，大碗喝酒大块吃肉成为那些土匪追求的目标之一。由王彪作词的片头曲体现了酒文化："好兄弟，来啊来，大碗酒喝大声喊；好兄弟，来啊来，扬鞭纵马越岭翻山；好兄弟，来啊来，人生苦短你我拼一醉……"由男高音歌唱家孙砾演唱的这首片头曲，雄浑豪放，音域宽广，浸染了酒文化的灵韵。

现代科学证明，偶尔少量饮酒，对身体有一定的益处，经常过量饮酒很容易伤害身体。而且，过度饮酒者很容易趁着酒兴为非作歹，给别人也给自己造成深重灾难。因此，贵州自古以来就反对酗酒。兴义市万屯镇阿红村有一块石碑，立于清朝道光十四年（1834年）。碑文说："安分守己为要，不得赌博酗酒、养贼害民。"丹寨县杨武乡排莫村也有一块石碑，立于清朝光绪二十五年（1899年），碑文说："至于酗酒，不可酩酊。提防殴斗，免酿人命。自示之后，其各凛遵。倘有故违，法不容情。"像这样禁止酗酒闹事的石碑，贵州有许多地方都可以看到。禁止酗酒闹事，现在仍然要坚持,将来也必须坚持下去,永远不要酗酒闹事。酗酒闹事是对酒文化的污辱。

(六) 造纸文化

影片《云上太阳》再现了丹寨的造纸文化。画家波琳在麻鸟家暂住,两个小朋友耳环、摆泥与她做伴。麻鸟经常忙于造纸。他造的纸就是丹寨的白皮纸。麻鸟在山上采集了很多构树皮。构树皮是制造白皮纸的主要原料,其余还可以添加糯叶、滑树、杉树根、猕猴桃的藤等辅助材料,用这些植物的根、皮、叶作为原料,把它们捣碎。制造白皮纸有十多道工序,例如:水沤、浆灰、煮料、河沤、地灰蒸、漂洗、选料、碓料、袋洗、压纸、焙纸、揭纸、包装等。把这些原料榨出液汁,然后用纱布框子加以定型,最后把皮纸晾干,就做成了丹寨白皮纸。如果加一些颜料,就可造出彩色纸。彩色纸用途更广,更受欢迎。皮纸还未晾干时,造纸者可以在里面加上树叶、花草等构成精美的图案。皮纸的制作,全部是手工操作。丹寨皮纸柔韧性强,有光泽,吸水性能好。丹寨皮纸被誉为中国造纸工艺的活化石。丹寨皮纸的制造工艺完全依靠口传心授来传承。丹寨皮纸制作工艺被列入贵州省申报成功的第一批国家级非物质文化遗产名录。影片《云上太阳》中,麻鸟带领耳环、摆泥把树皮等原料在河水里漂洗,然后捣碎,再进行蒸煮,让这些原料的液汁装在一个水泥池子里,最后就用一个纱布木框把木浆定型,这样就造出纸张来了。影片的结尾,画家波琳不仅在贵州黔东南的青山绿水之间治好了顽症,而且学会了制造丹寨皮纸,用皮纸画出了精美的图画。

贵州题材影视剧,对于贵州造纸文化表现较少。笔者希望有更多的贵州题材影视剧表现贵州的造纸文化,以促进贵州造纸文化的传承与发展。

(七) 民间文学艺术

贵州题材影视剧,表现了贵州民间文学艺术的魅力。贵州的民间文学、民间音乐、民间舞蹈、传统戏剧、杂技等都表现在贵州题材影视剧的画面、声音、情节之中,成为贵州题材影视剧的有机组成部分。

贵州题材影视剧表现了贵州民间文学的内容。关于珠郎娘美的动人传说，反复出现在贵州题材影视剧中。《珠郎娘美》是侗族民间文学的代表作，最初以口头文学的形式广泛流传于贵州黎平、从江、榕江一带，在广西的三江、龙胜和湖南的通道等侗语方言地区也广为流传。后来，有人把珠郎娘美的故事编成侗族民间叙事歌在一些地方传唱。珠郎娘美的故事大约成型于19世纪中叶。当时，地主已经控制了广阔的田亩，利用"款"这种社会组织鱼肉百姓，为富不仁的事情经常发生。在侗族地区，恋爱自由却婚姻不能自主，嫌贫爱富成为普遍习气。据考证，珠郎、娘美、银宜等人物的原型都能找到，珠郎和娘美私奔、珠郎被害等事件的原型也能找到。1921年，侗族歌师梁绍华、梁耀庭把关于珠郎娘美的民间传说、民间叙事歌加以整理，并改编成侗戏《珠郎娘美》。侗戏《珠郎娘美》广泛地流传在黔、桂、湘边界的侗族地区。在流传过程中，侗戏《珠郎娘美》不断被修改，以至于出现了多个版本。1958年开始，贵州省文化局派遣两支工作组深入搜集侗戏资料，发现侗戏《珠郎娘美》的版本有七个之多。工作组对侗戏《珠郎娘美》进行整理、翻译，编成侗戏《珠郎娘美》剧本的汉译本，并且在1960年发表于《山花》杂志上。随后，以《珠郎娘美》汉译本为剧本，黔剧《秦娘美》在贵阳等地公演，后来又被选送到北京演出，广受欢迎。1960年，著名导演孙瑜拍摄了黔剧电影《秦娘美》，把珠郎娘美的故事传遍千家万户，把侗族民间文学的代表作献给全国人民欣赏。影片《飞翔的爱》中，珠郎娘美的传说成为影片故事的内核，形成了"戏中戏"的结构，让观众喜闻乐见。大超与小妹、素素训练的杂技动作，有一招名叫"英雄救美"，其创意来源于珠郎娘美的故事。大超在国外演出大获成功，也把珠郎娘美的民间传说传播到国外，从而提高了贵州民间文学艺术的影响力。

1961年拍摄的舞剧电影《蔓萝花》根据苗族民间传说改编而成。在贵州美丽的清水江畔，有一位美丽的姑娘名叫蔓萝，与青年猎手阿倒约心心相印。在一个跳花节上，阿倒约向蔓萝倾吐了心声，蔓萝也应和了阿倒约。他们交换了信物，这就意味着私订终身了。不料，半路里杀出个程咬金，恶霸地主黑大扬迷上了蔓萝的美色，竟然公开调戏蔓萝。众猎户当场把黑大扬打跑了。但是，黑大扬并未罢休，继续为非作歹。阿倒约终于等到了结婚那一天。可是，黑大扬抢先一步，派人去蔓萝家抢亲，还踢伤了蔓萝的妈妈。黑大扬在家中百般调戏蔓萝，威逼利诱，手段都使尽了，蔓萝坚决不从。恰在这时，阿倒约带领众猎户赶来，把蔓萝抢出来，并且放火烧掉了黑大扬的家宅。黑大扬恼羞成怒，率领打手们一路追赶阿倒约。在一处山崖边，黑大扬追上了阿倒约，两方形成了对峙。黑大扬用毒箭射死了阿倒约。猎户吹响了牛角号求援，饱受黑大扬欺压的乡亲们火速赶来，把黑大扬团团围住。蔓萝用阿倒约身上的那支毒箭刺死了黑大扬，然后纵身跳崖，殉情而死。从此，清水江两岸常年盛开蔓萝花，以此纪念蔓萝。

贵州题材影视剧表现了贵州民间音乐的一些片段。少数民族地区流行"饭养身，歌养心"，善于唱歌是少数民族的特长。影片《侗族大歌》《阿娜依》等表现了侗族大歌的盛况。用电影来表现侗族大歌，具有重要的文化传承意义，因为，侗族大歌已经面临失传的危险。这些影片在故事叙述中突出了侗族大歌的场面。侗族大歌被誉为世界"最美的天籁之音"。侗族大歌是多声部、无指挥、无伴奏、自然合音的民间歌曲，否定了国际音乐界关于中国没有多声部乐曲的成见。侗族大歌的声部通常有二：高声部与低声部，或者说是雄音与雌音。侗族大歌代表性的曲目有《耶老歌》《嘎高胜》《嘎音也》《嘎戏》等。每一首歌都由三部分组成：歌头、歌身、歌尾。侗族大歌内容复杂丰富，品种多样，旋律优美，是侗族文化重要的组成部分，成为侗族的精神支柱之一。由于侗族没有文字，所以，侗族大歌依靠歌师口头传唱，代代口传心授。影片《侗族大歌》中的阿莲、那福、千树，他们都是侗族歌师。他们为了侗族大歌的保护与传承，做出了长期的努力，积极传歌，扩大了侗族大歌的影响。侗族大歌兴旺的希望寄托在他们的身上。电视剧《绝地逢生》表现了布依族"八音坐唱"的热闹场面。韦嘎公喜好吹拉弹唱，经常在村子里的大榕树下与同伴操练"八音坐唱"，为艰苦的岁月带来几分逍遥与享受。八音坐唱又叫"布依八音"，主要流传于南盘江流域的布依族村寨，被誉为"凡间绝响，天籁之音"，也被誉为"声音的活化石"。八音坐唱就是使用牛角胡、葫芦琴、月琴、竹鼓、箫筒、钗、包包锣、小马锣等八种乐器围圈轮流说唱；演唱时唱腔用布依语，道白用汉语，腔调分为小嗓和平嗓，形成了音高和音色的对比。八音坐唱一般有 10~16 人，由乐队人员分担角色。电视剧《绝地逢生》只是展示了八音坐唱的一个场面，昙花一现，与故事情节的关系不紧密。但是，即便只是作为一个噱头而出现的八音坐唱，也彰显了其深厚的文化韵味。电影《好花红》、电视剧《二十四道拐》展示了布依族歌曲"好花红"的优美曲调。影片《好花红》中，歌曲"好花红"作为布依族文化的表征，多次被阿秀演唱，吸引了外省歌迷的高度注意。阿秀最终回到贵州工作，回归"好花红"的文化之根。电视剧《二十四道拐》中，"好花红"被用作这部电视剧的片尾曲和主旋律，让观众反复品尝歌曲"好花红"的韵味，意在凸显布依族文化。歌曲"好花红"发源于惠水县毛家苑乡辉油寨，是布依族群众集体创作而成。歌曲"好花红"被贵州省布依族学会定为会歌；同时，在国际国内诸多场合被反复演唱，赢得了多个奖项，影响力逐步增大。影片《阿欧桑》《云上太阳》《开水要烫，姑娘要壮》等表现了苗歌的精彩。这些影片为观众提供了原生态苗歌。许多观众听不懂苗歌的歌词，但是，也会因其动人的曲调而倾倒。听到原生态苗歌，观众将会产生如临其境的感受，对少数民族文化多了一分体验。

贵州题材影视剧表现了贵州民间舞蹈的一些片段。影片《云上太阳》表现了丹寨的锦鸡舞。法国画家波琳一觉醒来，听见吹芦笙的声音。她往楼下一望，原来是很多人在跳舞。波琳赶紧下楼，加入跳舞的队伍。他们跳的就是锦鸡舞。锦鸡舞起源于贵州省丹寨县排调镇。苗族的一支在丹寨定居下来，一边种田，一边打猎，生活很艰苦。有一年遇上了灾荒，但是，锦鸡给他们带来了小米种子，苗族先民依靠种植小米度过了灾荒。因此，这个地方的苗族先民对锦鸡感激涕零，视锦鸡为神鸟。此后，他们模仿锦鸡的模样装扮自己，模拟锦鸡的求偶步态创制了锦鸡舞。跳锦鸡舞用芦笙来伴奏。与芦笙曲相适应，锦鸡舞可分为怀祖舞、邀约舞、欢跳舞、散场舞。女性的头上插着锦鸡银饰，穿绣花的百褶裙，像锦鸡一样美丽。男性在前面吹芦笙作引导。跳锦鸡舞者排成一条长队，沿逆时针方向转圆圈。每走一步，跳舞者双膝同时向前颤抖，下肢动作幅度大，上肢动作幅度小，双手自然打开悠然摇摆，以腰、膝的自然摆动为特点，很像锦鸡觅食的神态。苗族先民创制锦鸡舞，目的是纪念锦鸡的恩德。锦鸡舞体现了人与自然和谐相处的理念，表现了苗族人民温和娴静的性格特征。不久后，波琳学会了跳锦鸡舞，深刻地感受了少数民族文化的魅力，同时也有助于战胜病魔。影片《阿妹戚托》表现了"东方踢踏舞"阿妹戚托的优美姿态。会跳阿妹戚托的只有晴隆县三宝彝族乡的白彝支系。阿妹戚托就是姑娘出嫁舞。相传，一位彝族姑娘从一位仙人那里学会了跳这支舞，并且教会了左邻右寨的众多姐妹们。后来，她自己要出嫁了。众姐妹赶来送行。大家跳起了这支舞，以资纪念。从此，这支舞专门用于为出嫁姑娘送行，所以，跳舞者仅限女子。跳舞者无须伴奏，主要用髋关节、膝关节、踝关节的动作来表达依依惜别的深情，同时祝愿新娘美满幸福。跳舞者可以在堂屋里跳，也可在庭院里、山坡上跳。跳舞者用脚踏地发出声响，踩着节奏翩翩起舞，类似于踢踏舞。为了促进阿妹戚托的传承，三宝彝族乡的学校把阿妹戚托作为一门必修课来开设。影片《剑河》再现了苗族水鼓舞的盛况。李世荣和潘彩凤偷窥了回龙寨祭天求雨仪式。回龙寨是用水鼓舞来祈求风调雨顺，祭祀祖先以保村寨平安。水鼓舞为贵州省剑河县革东镇大稿午村所独有。因此，导演陶明喜在拍摄剑河故事时，自然不会忽略作为剑河文化标志的水鼓舞。这也表现出导演传承苗族文化的强烈责任心。顾名思义，水鼓舞就是水、鼓、舞紧密结合的一种舞蹈形式，鼓声震天，人在泥水中跳舞，舞姿粗犷奔放。苗族是农耕民族，依靠栽种水稻生存，因而苗族对水十分崇拜，失时不雨便要祷告上苍祈求风调雨顺，以助水稻生长。苗族人认为鼓是祖先灵魂的安居之地，因而苗族非常重视鼓的作用。把水与鼓结合起来，创制水鼓舞，则是剑河苗族的独创。因而，水鼓舞不仅具有剑河特色，而且具有深厚的文化内涵，体现了苗族人的原始崇拜。影片中的水鼓舞表演，气势非凡，场面宏大。好几百人站在泥水中表演水鼓舞，那个水田有好几亩地，那些鼓也硕大无朋，用作供品的牛头也很大。拍摄这个场面，收到了惊艳的艺术效果。

杂技在贵州题材影视剧中也有生动的表现。影片《飞翔的爱》以珠郎娘美的传说为故事内核，形成了"戏中戏"的结构。大超、小妹训练的英雄救美技巧，其创意来源于珠郎娘美的传说，富有民族特色。大超与小妹沉醉于杂技训练，苦练本领以提高表演水平。他们以运动力学为指导，把大胆创新建立在科学原理的基础之上。虽然小妹摔断了腿，但是，大超没有半途而废。他坚持训练，持之以恒，终于把英雄救美训练成功。不仅如此，大超还把贵州民族杂技艺术推出国门，在二十几个国家的演出中大获成功。

贵州题材影视剧表现贵州民间文学艺术的方式大体有三种。其一，贵州民间文学艺术作为影视剧的中心情节贯穿始终。例如，影片《秦娘美》，自始至终都在讲述珠郎娘美的凄美故事，让观众为珠郎娘美的一颦一笑而或喜或悲。影片《侗族大歌》，自始至终都在讲述侗族大歌的积极传播者阿莲、那福、千树的情感纠葛。为了更好地传承本民族文化，他们三人只好将感情深埋于心底。这些影片都把贵州民间文学艺术当作主要表现对象，积极传播了贵州民间文学艺术，体现了编导对贵州民间文学艺术的重视程度之高。其二，贵州民间文学艺术只是作为影视剧的穿插性因素。例如，影片《飞翔的爱》把珠郎娘美的传说穿插在大超、小妹、素素的故事叙述之中，并没有更多地发挥。电视剧《二十四道拐》用"好花红"作为片尾曲和主旋律。可是，电视剧专注于讲述一个守桥护路的抗战故事，对于贵州民间文学艺术并未做更多渲染。这些影视剧受制于故事情节的叙述，不便于过多表现贵州的民间文学艺术。但是，编导并没有忘记表现贵州民间文学艺术的文化责任。其三，贵州民间文学艺术成为影视剧的一个噱头。例如，影片《飞歌的夏天》，借用了苗族"飞歌"的名称。其实，影片没有出现演唱苗族飞歌的镜头，也听不到苗族飞歌的声音。因此，为了更好地表现贵州民间文学艺术，贵州影视剧可以更加重视前两种方式，增加贵州民间文学艺术在影视剧中的含量，以提高贵州民间文学艺术的传播效果。

（八）少数民族医药

少数民族医药是中华医药宝库的重要组成部分。有三十多个少数民族在历史发展过程中逐步积累了丰富的医学和药物学经验，例如，苗医药、蒙医药、藏医药、彝医药、壮医药、侗医药，等等。中医药是汉民族的医药，建立在汉文化发展史的基础之上，体现了汉民族的文化观，是中华医药的主要代表者。少数民族医药与中医药不是隶属关系，而是平行关系，它们共同构成了中华医药的大观园。由于各少数民族发展不平衡，因而，少数民族医药也是发展不平衡。中国的草药以云贵川桂四省区为最地道。贵州是少数民族众多的地区，境内多山，盛产草药，量大质优，是天然的"大药房",正所谓"黔山无闲草,夜郎多灵药"。贵州少数民族积累了丰富的医药经验,这些医药经验在贵州题材影视剧中不同程度地体现出来。

贵州少数民族医药,以苗医药为主。苗族是世界上三大不幸的民族之一,频繁迁徙,居住在荒山野岭,长期饱受大自然的折磨。在与大自然斗争过程中,苗族人积累了大量的医药知识。"一个药王,身在八方;三千苗药,八百单方。"苗族医药不分家,行医必制药,采药必懂医。贵州的苗药,常见的有一千五百多种,最常用的有两百多种。影片《云上太阳》展示了苗医药的神奇功效。法国画家波琳得了一种怪病,在法国医治无效,自己感觉来日无多,所以来到中国,想找一个好的葬身之地。影片开始时,波琳晕倒在一处水田里,奄奄一息。麻鸟把她从水田里背回来,还请来一位苗医给她诊断。这位苗医也感到病情很严重。经过一段时间的治疗,波琳大有好转,还能参加体力劳动。后来,苗寨还举行讨论会,用石头投票决定用神圣的锦鸡作药引为波琳疗病。波琳重病复发时,乡亲们还把她送到黔东南州医院进行治疗。回到苗寨后,波琳长期接受苗医的疗养,以至于完全康复了。影片中的苗族医药,产生了起死回生的功效。影片的末尾,波琳陶醉在苗寨的山水之间,非常感激苗寨的医药,把自己从死亡的边缘拉回来了。一言以蔽之,整个影片讲述的是中国山水、中华文化拯救了一个西方人的故事。影片的寓意十分鲜明:这个世界最终还需中华文化来拯救。这个故事在推行中华文化"走出去"的今天具有非常积极的意义。影片《铁血警魂之卧槽马》,关注的是苗药的知识产权保护问题。潘良老伯是远近闻名的一位神医,专长治疗骨伤,创制了续骨膏的配方。他对保健养生也很有研究,拥有保健酒的秘方。安康制药厂制假售假,王大海把潘良老伯绑架到安康制药厂,目的是为了得到保健酒的配方。潘良老伯宁死不屈,王大海一筹莫展,罪恶的目的不能得逞。警察最终铲除了王大海制假售假的窝点,把王大海捉拿归案。影片弘扬了社会正义,提倡让苗族医药为民造福,免遭邪恶势力的染指。要传承和发展苗族医药文化,首先要保障苗族医药用于合法的目的。医学界自古以来一直标举仁心仁术,仁心当居首位,医德重于医术。这种医药文化的价值观不容扭曲。

影片《少年邓恩铭》展示了水族医药的功效。邓恩铭的爸爸，是一位技术高明的医生。他上山采药，为老百姓医治疑难杂症。他坚持医药不分家，每天炮制药物，每天接诊病人，望闻问切弄清病情的来龙去脉，悬壶济世功在民间。面对军阀乱政的年代，像邓恩铭的爸爸这样高明的医生，能医治百姓身上的病，却治不好百姓心上的病，更治不好国家的病和社会的病。为了医治国家和社会的病，邓恩铭离开家乡，找到了马克思主义作为救世良方。这部影片表现了草本药物治疗疾病的功效，更表现了先进思想救世治乱的深远意义。

电视剧《最高特赦》表现了民间医药的妙用。郑幺妹被逼上了提篮洞，恰逢提篮洞的土匪得了痢疾，接连拉肚子，死了好几个人，而且有传染性，不控制疫情将不可收拾。那段时间，土匪不敢下山，弄不到西药，因此一筹莫展。此时，郑幺妹带领几人上山采草药，寻找"背蛇生"来医治痢疾患者。郑幺妹从小跟随长辈上山采草药，认识了一些草本药物。这本来只是童年趣事，没想到在关键时刻竟然产生了很大的作用。背蛇生，又叫毒蛇药、牛血藤，能够清热解毒，平肝熄风，明目去翳，止咳止血，可以治疗痢疾、咳血、肿毒、肠炎、胃溃疡、目赤火眼、毒蛇咬伤等疾病。用背蛇生熬水给土匪们喝，治好了痢疾。土匪们非常感激郑幺妹，对她刮目相看。民间医药往往能发挥神奇的功效；就地取材，成本很低，正所谓四两拨千斤。因此，要大力开发民间医药这座宝库，及时救死扶伤，服务于平民百姓。

电视剧《奢香夫人》表现了医生的医术精湛与不幸命运。蔼翠病情恶化，大总管果瓦秘密地请了一位高明的彝医为君长蔼翠诊断。这位彝医告诉果瓦君长蔼翠将不久于人世了。君长的安危事关重大，大总管果瓦让这位彝医保守秘密，不得将君长的病情泄露给他人。不料，二弟格宗也遇见了这位彝医，知道实情之后就杀掉了这位彝族医生。因为，格宗认为只有死人才不会泄露实情。无独有偶，剧中的大明马皇后宁愿忍受病痛的折磨，也不唤御医前来诊治。因为，为马皇后治病的御医被明太祖朱元璋杀掉了很多，马皇后于心不忍。古代的御医，经常被杀头，即便医术精湛也难免遭受不测。在帝王将相眼里，医生的地位十分卑微，因而往往动辄得咎。这是古代的医疗行业的悲剧。扁鹊看见蔡桓公病入膏肓便马上逃跑，终于免遭杀身之祸。华佗则是死于曹操的刀下。中国历史上,帝王将相草菅人命,滥杀医生,给医药文化带来了悲剧因素。

贵州题材影视剧,传承了贵州民族民间医药文化,给观众以两点重要启示。

一是必须信医不信神。影片《女兵还乡》中,媳妇难产,她的婆婆马上到土地庙烧香祷告,还不让男人接近她家。电视剧《水家山寨的铃声》中,支教老师陈萍患了严重感冒,发高烧神志不清,乡亲们马上举行驱鬼仪式。他们认为一个人生病是因为鬼魂附身,驱走鬼魂病就好了。电视剧《最高特赦》中,提篮洞的土匪患上了痢疾。"二当家"关虎认为必须马上祭拜鬼神,为山寨去污避讳。这些观念都是迷信,这些行为都是愚昧。因为一些人缺乏科学文化知识,对于疾病不能做出正确的解释,也不能采取有效的应对办法,所以就出现了这些滑稽可笑的观念和行为。疾病的产生,有其复杂的病因病理。治病救人,必须相信科学,依靠科学,才能采取有效措施,才能消除病痛回归健康。影片《女兵还乡》中,柳华打了急救电话,医院来了救护车,才使产妇转危为安。电视剧《水家山寨的铃声》中,陈萍被送到卫生院,服药打针之后才退烧。电视剧《最高特赦》中,郑幺妹带人上山,采摘了大量的背蛇生熬水喝,才治好了痢疾。药到才能病除,求神祷告是无济于事的。吃什么药,吃多少药,怎样吃药,这里面隐藏了医学原理。因此,必须传承医药文化,必须科学诊断,遵循医药学规律,才能造福人类。

二是必须实行少数民族医药、中医药、西医药三结合。这三者是并列关系。这三者各有长短、各有优劣,应当取长补短、相互结合、共同促进,才能取得较好的治疗效果。电视剧《红娘子》中的王小红,来到玉屏的梅家大药房,开设了西医门诊,成为梅家大药房的西医女先生。在20世纪30年代的玉屏,人们对中医非常虔诚,对西医却不敢相信。玉屏人认为用听筒听女人的胸部、褪下裤子进行臀部注射等都有伤风化,因而不敢看西医。可是,凤姐得了急性阑尾炎,生命垂危,如果用中药进行治疗,药材还没发挥作用,人可能就已经死了。在这个关键时刻,王小红采用西医手术进行治疗,用盘尼西林来消炎,短短一个星期里,凤姐就完全康复了。这个手术成为玉屏的特大新闻,彻底改变了人们的旧观念。从此以后，玉屏人开始相信西医的显著效果，王小红的西医门诊逐渐门庭若市了。电视剧《青山绿水红日子》中，东坪村与西坪村合并成凤凰村，村委会准备把乔老歪的中医诊所与苗三嫂的西医诊所合并成凤凰村卫生室。可是，乔老歪坚决拒绝合并，因为他蔑视西医，认为西医治标不治本。有一天，乔老歪得了重感冒，他吃了几副中药，感冒不但没有好转反而发烧了。他的儿子乔耀武把乔老歪送到苗三嫂的诊所，打针输液抗病毒，居然很快痊愈了。在事实面前，乔老歪不得不承认西医比中医见效快。因此，不久后，乔老歪同意合并诊所了。合并后的凤凰村卫生室兼容中西医之长为村民治病。少数民族医药、中医药、西医药这三者只是治疗方法有区别，追求最佳的治疗效果是三者的共同目标。为了达到最佳治疗效果，这三者必须紧密结合，取长补短，共同促进。要培养全科医生，要综合运用多种治疗方法，要全面开掘医学宝库，才能更好地服务人类，才能更好地保障人们的健康。

二 原生态理念

原生态涉及两个方面：一是自然风光的原生态，二是人类文明的原生态。此处的原生态指的是人类文明的原生态，即由于没有受到现代文明的侵蚀，物质文化遗产与非物质文化遗产保持了进入现代社会之前的古朴状态。一些贵州题材电影，在塑造贵州多彩的民族民间文化形象的过程中，奉行了原生态理念。首先，这是由贵州原生态民俗文化的实际状况决定的。因为，贵州多山，在改革开放以前贵州的交通极为不便，外面的人、物很难进来，贵州的人、物很难出去。贵州的万重山川产生了很大的阻隔作用，贵州也很少受到战争的冲击，致使贵州的社会发展基本上处在一个闭塞的环境中进行。在这个比较闭塞的环境中，贵州比较完好地保存了几百年前甚至几千年前的文物古迹、风俗习惯、思想观念等，较好地发挥了博物馆的功能。贵州的民族民间文化，呈现原生态的特征。与贵州文化的实际情况相适应，贵州题材影视剧必定表现原生态理念。因为，文艺作品源于生活，"为有源头活水来"。其次，这是世界文化思潮所致。欧美发达国家已经进入后工业社会，我国东部地区也进入工业化中期阶段。现代化推动人类进步，也给人类带来种种厄运。人们对现代性进行反思，反对单一的现代性，提倡多元的现代性；反对文化帝国主义，提倡文化多样性；反对工具理性，提倡价值理性；厌恶人类的作茧自缚，青睐原生态的生活方式。这样的文化思潮，促使人们返璞归真，奉行原生态文化理念。

一些贵州题材电影塑造贵州多彩的民族民间文化形象，奉行了原生态理念，抓住了贵州民族民间文化的主要特征，能够有效传播贵州的民族民间文化；顺应了世界文化发展的新思潮，能够吸引大量人口的文化注意力，促使他们关注贵州的原生态文化，有利于贵州原生态文化的保护与传承，也有利于把贵州原生态文化资源优势转变为文化产业发展优势，从而推动贵州经济社会的全面发展。

一些贵州题材电影，例如《阿娜依》《云上太阳》《侗族大歌》《阿欧桑》《开水要烫，姑娘要壮》《滚拉拉的枪》《水凤凰》《行歌坐月》等，潜藏了原生态理念，体现在画面、声音、表演三个方面。这些电影虽然数量比较少见；但是，其内含的原生态理念具有深刻的文化意义。

这些影片的画面，展现了贵州民族民间的真实生活状态，取景于原生态场地，大量拍摄空镜头，使用自然光效，使影片产生了真实可信的效果。这些影片站在民间立场，表现了贵州的民间生活，真实展示了贵州民族村寨的建筑、民族节日、民俗习惯、图腾崇拜，某些桥段类似于民俗纪录片。因此，这些影片的画面几乎未加修饰，原汁原味地反映了贵州的民族民间生活。例如，影片《云上太阳》，用长镜头展示了贵州省丹寨县的青山秀水，梯田顺山而上，山上云雾缭绕。这是一片未经现代工业开发的地方，是苗族同胞世世代代生活的地方。这个地方远离城市，能够比较完好地保存几百年前流传下来的生活习惯、民情风俗。村民送法国画家波琳去黔东南州医院治病，走过了一段艰难曲折的路程。他们先是走了一段很长的山路，山路蜿蜒前行；然后，又要走一段水路，小船在山溪里漂流，速度很慢，有时小船被石头卡住，有时小船被湍流猛然冲走；后来，还要走一段毛马路，农用车在弯弯曲曲、凹凸不平的毛马路上颠簸前行；最后，那台农用车才走上康庄大道，一直走到黔东南州医院。影片拍摄了这个艰难行走的全过程，如实描绘了苗民生活的艰辛。在这样偏僻的苗族村寨，一切皆为原生态。村民在山上集合，用石头投票表决是否用锦鸡作药引为波琳治病。这种办法很原始。麻鸟采集植物，经过很多工序，制成皮纸。这一切都是采用手工制作。村民居住的是吊脚楼。总之，影片《云上太阳》的画面，体现了贵州苗族村寨的原生态。影片的拍摄，使用了自然光效。

这些影片的声音，尽量采用原生态声音，拍摄了原生态歌舞的场景，让演员全部讲方言或者部分讲方言。影片《开水要烫，姑娘要壮》《路边野餐》《滚拉拉的枪》《水凤凰》等，自始至终，全部演员都讲方言。影片《云上太阳》《行歌坐月》等，一部分对白采用了方言。方言的使用，表明贵州文化自信的增强。语言是文化的重要载体，少数民族语言是少数民族文化的传播工具。中国的民族区域自治政策规定少数民族有使用本民族语言的权利和自由，肯定了少数民族的话语权。使用少数民族语言来传播少数民族文化，是话语权增强的表现。这就说明这些影片的编导增强了传播贵州少数民族文化的自觉意识。影片《阿欧桑》中，欧桑演唱苗歌，在比赛中胜出。影片《云上太阳》中，苗族人表演了丹寨锦鸡舞。影片《侗族大歌》中，侗族人表演了声势浩大的侗族大歌。影片《行歌坐月》有行歌坐月的表演。这些影片都展示了原生态的歌舞表演，富有贵州地域特色，对于贵州民族民间文化的影像化保护与传承将发挥重要作用。

一些影片采用了非职业化的表演，也体现了原生态理念。影片《开水要烫，姑娘要壮》《滚拉拉的枪》等全部采用非职业演员进行表演。影片《云上太阳》只有一个专业演员菩翎男，其余的演员都是本地苗族居民。影片《阿娜依》《侗族大歌》《阿欧桑》《水凤凰》《行歌坐月》等都不同程度地使用了非职业演员。采用非职业化的表演，能够比较真实地再现贵州少数民族的生活状况，表现民族地区的风土人情，遵从贵州民族民间的风俗习惯。使用贵州本地居民来表演角色，有利于标举贵州文化的主体性，能够较好地体现贵州文化的精神气韵；可以避免使用专业演员表演带来的文化冲突等问题。总之，使用贵州本地人来表演贵州题材电影，有利于贵州题材电影讲述贵州故事、传递贵州声音，有利于传播贵州的原生态文化。

三 塑造多彩的民族民间文化形象的意义

贵州题材影视剧，塑造了多彩的民族民间文化形象，具有三个方面的意义。

其一，发挥影像的记录功能，保护和传承贵州民族民间文化。

贵州题材影视剧，用镜头真实记录了一部分贵州民族民间文化，这有利于保护贵州民族民间文化，把贵州民族民间文化传承给子孙后代。影视剧天然地具有记录功能，因为，摄影机、摄像机不会撒谎。电影理论家巴赞、克拉考尔等非常重视电影的记录功能，即机械复现现实的功能。巴赞说："支配电影发明的神话就是实现隐隐约约地左右着从照相术到留声机的发明、左右着出现于19世纪的一切机械复现现实技术的神话。这是完整的现实主义的神话，这是再现世界原貌的神话，影像上不再出现艺术家随意处理的痕迹，影像也不再受时间不可逆性的影响。"[1] 影视剧的拍摄，为贵州民族民间文化提供了可资保存的资料，因而具有一定的文献意义。

但是，贵州题材影视剧受制于影像叙事的需要，对于贵州民族民间文化的表现会有所取舍。因而，它们不会像专题片、纪录片那样全面、深入地表现贵州民族民间文化。观众对影视剧的第一要求在于故事的吸引力。为了提高故事的吸引力，影视剧只能表现与故事紧密相关的民族民间文化。因此，贵州题材影视剧对于贵州民族民间文化的记录作用是十分有限的。

其二，弘扬文化多样性，抗拒文化帝国主义，增强贵州的文化软实力。

多样性的文化，其地位是平等的，并不存在等级关系。文化帝国主义否定了多样性文化之间的平等地位。弘扬文化多样性，促进文化之间的交流，才能促进人类文明的正常发展。贵州民族民间文化，成为世界文化多样性的活标本之一，有着自由生存和发展的权利。传承和发展贵州民族民间文化，能够增强贵州的文化软实力，能够在文化大观园中争取一席之地，利在当代，功在千秋。

其三，刺激民族文化产业发展，增强贵州民族经济实力。

在文化产业成为主导话语的今天，传承和发展贵州民族民间文化，就必须与经济紧密挂钩，在发展经济中保护贵州民族民间文化，在传承民族民间文化中促进文化产业的发展。对于贵州民族民间文化的保护，常见的

---

[1] 〔法〕安德烈·巴赞：《电影是什么？》，崔君衍译，江苏教育出版社，2005，第16页。

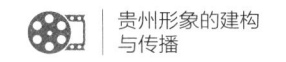

方式有二。一是封闭式保护。因为害怕现代文明的侵蚀，所以，原封不动地保留民族民间文化。这种观点把民族民间文化看成静止不动的东西，因而是形而上学的。二是开放式保护。笔者认为，开放式保护是有效的方式，是合乎辩证法精神的。民族民间文化总是处于运动变化的过程之中，而且还要不断发展下去。保护民族民间文化要有利于当代人的生存和发展，要顺应时代发展的潮流。发展文化旅游是开放式保护贵州民族民间文化的重要措施之一。发展文化旅游是发展贵州经济的重要手段。贵州题材影视剧，塑造了贵州民族民间文化形象，有利于促进贵州的影视旅游产业的发展，推动影视产业与旅游产业融合发展。

第二节　瑰奇的生态文化形象

一　贵州瑰奇的生态文化形象塑造

贵州题材影视剧，用大量的镜头、画面再现了贵州原生态的自然风光。原生态的自然风光，成为贵州题材影视剧的重要内容，对于贵州题材影视剧的观众形成了较强的吸引力。贵州题材影视剧，以推介贵州旅游景点为职责，高频率地再现了贵州旅游景点的旖旎风光，把原生态的自然风光当作金字招牌，吸引了大量游客，目的是为了促进贵州文化旅游产业的大发展，把贵州的生态优势转化为经济发展优势，以促进贵州经济社会的全面发展。

贵州题材影视剧展现的原生态自然风光比比皆是。这些原生态的自然风光，很多都被开发成旅游景点。这些景点吸引了海内外的游客纷至沓来。例如，影片《阿欧桑》，以原生态的自然风光、原生态的歌舞、原生态的村寨文化，把观众的目光吸引到黄平苗寨，讲述了一个苗族姑娘的励志故事。对于知名度高的旅游景点，贵州题材影视剧则尽情渲染。影片《酥李花盛开的地方》展示了金海雪山的美丽风光。影片《杜鹃花开》在讲述热心支教故事的同时也不忘展示百里杜鹃的美景。影片《致永不消逝的青春》讲述遵义市湄潭县高台镇"最坚强高考女孩"肖丽的故事，却把拍摄地点放在黔东南西江千户苗寨、朗德上寨等著名风景区，表现了促进旅游发展的强烈愿望。电视剧《风雨梵净山》《二十四道拐》等直接以旅游景点名称作为电视剧的题目，其用意是为了促进旅游业发展。梵净山是国家级自然保护区，被联合国教科文组织吸收为全球"人与生物圈"保护区。梵净山成为贵州生态文明的典范，是原生态自然风光的翘楚之一。

贵州题材影视剧塑造贵州生态文化形象，凸显了人与自然和谐相处的主题，推动人们追求海德格尔所谓的"诗意的栖居"。影片《云上太阳》，用大量的空镜头为观众呈现了贵州的美丽山水。丹寨这片土地，海拔在一千米左右，空气清新，山间居雾若带然。太阳爬上山岭，照耀着山腰的云雾，云蒸霞蔚，须臾成五彩。山上山下，树木成林，青翠欲滴。鸟鸣山涧，溪水潺潺，鱼翔浅底。这里有"明月松间照，清泉石上流"的惬意，有"月出惊山鸟，时鸣春涧中"的清幽；可以看见农作物长势喜人，有道是"桑下春蔬绿满畦，菘心青嫩芥薹肥"。生活在这里的人们，可以娱情悦性，望见的是"漠漠水田飞白鹭"，听见的是"阴阴夏木啭黄鹂"，因而"山中习静观朝槿，松下清斋折露葵"。影片呈现的情景堪比人间仙境。"一画千言"，影片中的一幅画面胜过千言万语。美丽山水造就了美丽贵州。法国画家波琳来到美丽丹寨之后，接受了大自然的熏陶，居然神奇般地医好了她那顽固的疾病。波琳发现在丹寨可以实现"诗意的栖居"，因而，她决定留在丹寨的山水田园之间。丹寨，成为波琳灵魂的栖息地。影片《云上太阳》，以自然纯美的原生态、人与自然的和谐、清新唯美的画面，斩获了美国第17届塞多纳国际电影节最佳外语片、最佳摄影、观众最喜爱的电影奖三项大奖，成为2011年度国家广播电影电视总局、文化部对外宣传影片。这部影片在世界电影圈建构了贵州生态文明的美好形象。

影片《滚拉拉的枪》《行歌坐月》等表现了贵州人民的树崇拜。在苗乡侗寨，人们对树木怀有无比的崇敬之情。吊脚楼、鼓楼、风雨桥等重要建筑物，主要是木结构。用树木作为建筑材料，是就地取材使然，也符合生态规律。树木是人类的好伴侣，木结构建筑对人的身体有益。影片《滚拉拉的枪》展示了岜沙苗族民众对种树的热衷和对砍伐树木的节制。每一个小孩降生，家人要种上一棵树，这棵树就是这个小孩的"生命树"，一直伴随他长大。这个小孩长大成人，直到死的那一天，人们才把那棵"生命树"砍下来用作棺木，伴随他睡到地下。人们将在他的坟头种下一棵树，象征他的灵魂不灭。影片中的贾古旺暴病身亡，他的棺木就是他的那棵生命树。同时，他的坟头栽上了一棵树。滚拉拉为了买一把枪，上山砍柴，用独轮车运送去卖，结果遭到一个老年人的狠狠批评。原来，岜沙苗族禁止用车辆搬运树木，只准用肩膀挑。这样可以限制砍伐树木的速度，有利于保护森林。影片《行歌坐月》中，杏的弟弟感冒发高烧，杏的妈妈拿着酒、肉、符咒等去祭拜村前的一棵大树，祈求驱赶病魔。这种行为对于战胜疾病的效果，笔者不敢苟同。但是，这种行为体现了侗族人对树的崇拜，有利于生态保护。正因为人们对树十分崇拜，热衷于栽树并禁止大量砍树，因此苗乡侗寨有些地方森林覆盖率高达75%以上；表现在贵州题材影视剧中的就是大片大片的树林影像。

贵州少数民族不仅十分崇拜树木，也崇拜某些动物，因而形成了动物保护的朴素意识。影片《云上太阳》表现了苗族人对锦鸡的崇拜。法国画家波琳得了一种怪病，村民为了治好她的病，提议用锦鸡做药引子。但是，苗族人不能随意捕猎锦鸡。因为锦鸡在苗族大迁徙中为苗族立下了存亡续绝的大功劳，所以，苗族人视锦鸡为神鸟。捕猎锦鸡必须由寨老大会投票通过才行。于是，那些寨老举行会议，用石头投票，一致赞同捕猎锦鸡为波琳治病。可是，波琳把那只锦鸡放归山林了。波琳的行为，有力诠释了动物保护主义。这是影片《云上太阳》的生态思想的体现。电视剧《青山绿水红日子》，有一位义务护林员疙瘩爷，他不计报酬，心甘情愿为村民守山护林。他每天在山上巡逻，以及时制止滥砍滥伐，制止捕猎珍稀动物。保护生态环境，是他的祖先一代又一代流传下来的观念，成为他的自发意识，他也将毫无保留地传给下一代。他用竹木建起了一个瞭望台，透过望远镜密切监视整个山林。他的孙子石娃偷偷地捕猎野山鸡卖钱，被疙瘩爷发觉了。疙瘩爷把石娃狠狠地打了一顿，并责令他离开家园。后来，竹娃告诉疙瘩爷，石娃捕猎野山鸡卖钱是为了给疙瘩爷医治老寒腿。疙瘩爷后悔不该赶走石娃，但还是继续坚持守山护林以防滥伐和偷猎。

贵州题材影视剧批判了污染生态环境甚至危害公共安全的不良现象，主张人与环境的和谐。影片《山村风云》中，柳菲被选派到清水沟村春山小学支教。春山小学围墙开裂，终至倒塌，还砸伤了校长。围墙开裂的原因是春山煤矿的巷道在学校底下通过，引起了地面下沉。经过一番激烈的思想斗争，春山煤矿最终决定改变巷道的走向，不从学校底下经过，改从乡亲们的祖坟底下通过。问题终于解决了，煤矿与学校达成了和谐。

贵州题材影视剧主张扶贫开发要与生态保护相结合。电视剧《绝地逢生》赞扬了盘江村自力更生艰苦奋斗的精神。盘江村之所以能够绝地逢生实现脱贫致富，很重要的原因就在于生态保护、科学发展、因地制宜、大胆创新。盘江村年年缺粮，蒙幺爸因而带领村民上山开荒，导致开垦的土地被大雨冲毁。后来的事实证明，盘江村不能开荒，而要退耕还林还草以保持水土。盘江村修筑水库以灌溉良田，不料水库里的水从地缝里漏走。只有当村民栽种花椒时，盘江村才彻底告别贫困。因为，花椒树能够保持水土，又能够产生良好的经济效益。后来，把花椒进行深加工制造出花椒油，经济效益就更加可观了。这部电视剧说明了一个深刻的道理：扶贫开发如果不注重生态保护，往往会得不偿失。生态保护很可能为扶贫开发鸣锣开道呐喊助威。就底线而言，扶贫开发不得以破坏生态环境为代价而重弹先污染后治理的老调。影片《情系喀斯特》也证实了同样的道理。卢水生带领村民脱贫致富，选择的办法主要是种茶叶。茶叶适宜在贵州西部山区生长，能够保持水土并且销路很好。虽然卢水生带领村民脱贫致富经历了难以想象的艰难曲折，但是，取得的成效是显著的。因为，他把握了生态保护的正确方向，所以，事半功倍，功在必克。

贵州题材影视剧积极倡导绿色发展，在人与自然和谐共生中推进经济社会建设。电视剧《青山绿水红日子》的这个题目，就表明了绿色发展的坚定立场。只有保住了青山绿水，才会有红红火火的好日子。否则，一旦破坏生态环境，就必定遭受大自然的无情报复。东坪村和西坪村合并成凤凰村以后，村委会果断否定了开煤矿的设想。因为，开煤矿必定污染水源、空气，造成矿区及附近地区的人居环境恶化。凤凰村开办竹器厂、绿色农业开发公司、绿色旅游公司。凤凰村的土地富含硒元素，因此，村委会决定招商引资，大面积栽培茶叶。富含硒元素的茶叶上市以后，供不应求，深受消费者喜爱。因为，含硒的茶叶有抗癌的功效，在谈"癌"色变的当今时代，人们都想通过改善饮食来防癌抗癌。凤凰村成为自然生态保护区，青山绿水继续造福村民。凤凰村坚持绿色发展理念，促进了经济社会发展，让村民过上了红红火火的好日子。凤凰村利用闲散劳动力，振兴了村办企业。村办企业吸收了从沿海地区返回家乡的农民工，为镇政府排忧解难。凤凰村把所有村民都进行移民搬迁，在平旷地带建起了村民安置住宅，让村民享受类似于城市生活的便利。影片《酥李花盛开的地方》中，音寨的村民选择旅游开发的途径来振兴经济。发展旅游业是因地制宜的举措，既能保护青山绿水，又能发展经济。音寨不仅需要保护生态环境，还需保护原生态的村寨文化。李花批评她的当村长的哥哥为房子外墙贴瓷板，因为这样将会损毁村寨的原生态状貌。音寨的原生态旅游开发，形成了金海雪山的著名景点，造福了村民，福泽绵延。

影片《落经山》，展现了贵州瑰奇的洞穴文化。影片的海报极力渲染了洞穴文化的迷人魅力："最美中国电影，首部洞穴大片。"要拍好洞穴大片，必须选定一个瑰奇的溶洞。因此，导演冯小宁跑遍了20多个省区颇费周折地去寻找和比较，最终确定贵州织金洞为拍摄地点。不仅如此，冯小宁还邀请顶尖的摄影团队在织金洞内进行拍摄。冯小宁自认为这是他在视觉效果上花费精力最多的一部电影。正因为冯小宁精心筹划，所以，织金洞的瑰奇风光才成为影片的显著亮点。这部影片的独特贡献就在于向观众推介了贵州的洞穴文化。此前，贵州的洞穴文化是"养在深闺人未识"；此后，将"一举成名天下知"。由此可见，电影作为一种媒介具有神奇的力量，生动地诠释了麦克卢汉所谓的"媒介即信息"。

贵州题材影视剧塑造了贵州瑰奇的生态文化形象，表现方法有三种。其一，高频率地大量展示贵州秀丽山川的镜头与画面。例如，影片《云上太阳》中，丹寨的自然风景在画面中形成了影像奇观，给观众留下了深刻的印象。其二，在民俗风情的展示中体现生态思想。例如，影片《行歌坐月》中，杏的妈妈拿着酒、肉等物品祭树，祈求保佑小孩的健康。树崇拜的民俗，包含了敬畏大自然的生态思想。其三，在情节发展中阐释生态思想。例如，电视剧《绝地逢生》中，盘江村违反自然规律，开荒种粮，修水库蓄水，结果遭到了大自然的无情惩罚。盘江村种花椒，保持了水土，走上了致富道路。这部电视剧用生动的故事情节在正反对比中阐明了深刻的生态思想，可谓"润物细无声"。

二　贵州生态文明探源

贵州题材影视剧，塑造了贵州瑰奇的生态文化形象，其根源在于贵州的民风民俗。追溯这个源头对于贵州生态文明的深入发展很有意义。

贵州的生态良好，是贵州各族人民千百年来的生活习惯使然。"冰冻三尺，非一日之寒。"自古以来，贵州人民就形成了敬畏自然的习俗、仪式，产生了生态保护的思想观念。这些习俗、仪式凝结成为荣格所谓的"集体无意识"。正是千百年来逐渐形成的"集体无意识"，促使贵州各族人民保护生态平衡。贵州的民间社会具有深厚的生态思想，相应地，这些生态思想必定会折射在贵州题材影视剧中。因为，贵州题材影视剧，是贵州人民生活状态、思想观念的反映。

贵州人民有树崇拜的习俗。苗族视枫香为"祖母"，侗族视杉树为"杉仙"，彝族视桫椤为图腾。他们珍惜天然林，视森林如同命根。苗族人建新房子，由舅舅家赠送枫树用作大柱子。在苗乡侗寨，村民认为有一些树能够保佑他们平安、健康、发财，美其名曰"保寨树""保桥树""保爷树""风水树""生命树"等。每逢节日，村民要祭树，祈求树木保佑他们丰收、长寿。例如，《祭词》中说："祭了保寨树，火就不烧寨，水也不冲田，家家打谷一百二十仓，人人活到一百二十年。"如果小孩冲撞了树，那么，家长要拿着酒、肉、鱼等去祭树以赎罪。苗侗村民喜欢植树造林。农历二三月，不论是中老年人还是青年人，都要大量栽树，称为过"买树秧节""讨树秧节"。婴儿出生后，村民要"种十八杉"，就是全寨村民为婴儿栽种一百棵杉树，十八年后用于婚事。老人去世，家人依据其岁数栽种同样数量的杉树。杉树的再生能力很强，即便杉树被砍伐，树桩还能发芽继续长出枝丫，以至于生生不息。这符合苗侗人民生殖崇拜的心理。因此，鼓楼仿照了杉树的形状建成，花桥也用杉树架设。历代的乡规民约都有保护树木的条款，对滥砍滥伐者处分严厉。甚至于乡民深重诅咒滥砍滥伐者"断子绝孙，永不发达，留下房屋给猫和耗子住，留下田地给蛇和蛤蟆种"。这种诅咒形成精神压力，比严厉的处分更管用。这些言语和行为，虽然有浓厚的迷信成分，但是体现了生态保护意识。正因为苗侗民族喜欢栽树，又禁止乱砍树，所以，苗乡侗寨的森林覆盖率都很高，有

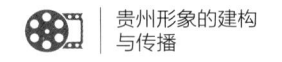

些地方甚至高达75%以上。

贵州人民有祭祀水井、保护水源的习俗。人的生存须臾离不开水。水对民族村寨具有控制力，因此，贵州人民习惯于以水定寨。建立村寨的地点和村寨的规模，与水井的地理位置、流量大小紧密相关。逢年过节，有些人拿着素食祭祀水井。祭祀水井不用荤菜。新娘入寨后要尽快去水井"挑新水"，以便让水井认识新娘，承认新娘是村寨的新成员。行人路遇水井，如需饮水，须采摘少量鲜草打个活结丢在水井中，就算祭祀水井了，祭罢水井方可饮水。水井旁或栽树或建亭，能够提醒外来客此处有水井，也能供行人休息，还能保护水源。贵州人民有刻碑勒石保护水源的习俗。《抱管龙井乡规碑》立于清朝道光二十四年（1844年），碑文说："第一塘汲水，第二塘洗菜，第三塘洗布、洗衣，第四塘洗秽物等件。每年淘井四次，每次阖家，周而复始，如违公罚。"《菜苗护井碑》立于清朝咸丰二年（1852年），碑文说："不准洗衣裙井内。若有不依者，罚钱一两二钱。"这些碑文对于今天的人们仍然有借鉴意义。

贵州人民有鸟崇拜的习俗。贵州各族人民很少捕猎鸟类，能够与鸟和谐相处，尤其是苗族村民十分爱鸟、护鸟。苗族人认为：人类的始祖"姜央"是由神鸟"鹡宇"孵化出来的，因而鸟是人类的祖先。苗族人经常赠送饰以"锦鸡交尾"图案的蜡染床单或被面作为结婚礼品。这是锦鸡崇拜心理的表现。在苗族迁徙的过程中，锦鸡为苗族先民带来了粮食种子，从而挽救了苗族先民。从此，苗族人视锦鸡为神圣。婴儿出生后，家人用小鸟的羽毛涂抹其嘴唇，希望婴儿长大以后能够像鸟儿一样善于唱歌。乌蒙山区有"鸦鹊苗"，是苗族的一支。喜鹊曾经救了鸦鹊苗祖先的命，所以，鸦鹊苗时刻不敢忘怀喜鹊的恩情。鸦鹊苗模仿喜鹊的形体和花纹缝制衣服。

贵州人民有鱼崇拜的习俗。苗族的酸汤鱼，水族的韭菜鱼，侗族的腌鱼，都久负盛名。水族人认为，鱼是素食而不是荤菜。贵州有稻田养鱼的习惯。许多日常用品，例如扁担、墨斗、摘刀、门把手等，都做成鱼的造型。砌石墙也形成"鱼骨纹"。银饰、被面、床单、服饰等也喜欢鱼的形状。祭祖时，鱼是不可或缺的，且以河鱼为佳。鲤鱼经常被用于各种祭祀活动。建新房"起墨"，要用两条鲤鱼祭鲁班。门窗安好房子建成，要用十二条鲤鱼"喝立门酒"。新娘进门,要用鲤鱼祭祖。安葬死者,要用鲤鱼开路。吃新节、过苗年、吃鼓藏等节日,都要用鲤鱼。因为鲤鱼多子,合乎少数民族多子多福、促进种族繁衍的心理愿望。汉族人喜欢"鱼",是因为"鱼"与"余"同音,表达了年年有余的心理愿望。少数民族喜欢"鱼",尤其喜欢"鲤鱼",是生殖崇拜的表现,也是渔猎生活的反映。

苗族有茅草崇拜的习俗。"名列前茅"在《成语词典》中是这样解释的:"春秋时楚国用茅作为报警的旌旗,行军时持茅先行,如遇变故,举茅报警。指名次排在前面。"① 春秋时期,荆楚统辖了今天的贵州地域。苗族先民居住在此地域,经常采用茅草引路,利用茅草祭奠神灵。这一习俗留传至今。榕江县的苗民在吃鼓藏之前,要砍牛祭祖。巫师手持茅草在前面开路,吹芦笙者将绿油油的茅草插在芦笙上,其他人也在门楣上插上绿油油的茅草。雷山苗民手持茅草"扫火星",是为了把火鬼赶出村寨。阳春三月,苗民在秧田中插草标,以禁止损毁秧苗。春夏之交,苗民在养鱼的稻田里插草标,以禁止鸭、鹅来吃鱼苗。秋收之后,田里插有草标,以禁止捕鱼。山上绾结草标,示意封山育林,以禁止折损树苗。水井漂浮草标,表示此水可饮但禁止污染。路旁或者桥头放着草标,表示有人约会,禁止打扰。房前屋后插有草标,表示主人家有要事,谢绝外人接近。苗族人善于使用茅草传递信息,彰显了苗族文化与绿色世界的悠远情结,体现了生态思想。

贵州人民不仅敬畏大自然,而且还勒石刻碑以保护生态环境。兴义市有《绿荫乡规民约碑》立于清朝咸丰五年(1855年)。碑文说:"窃思天地之钟灵,诞生贤哲,山川之毓秀,代产英豪……然山深必因乎木茂,而人杰必赖乎地灵。以此之故,众寨公议,近来因屋后两山牧放牲畜,草木因之濯濯;掀开石厂,巍石遂成嶙峋。举目四顾,不甚叹惜……在后龙培植树木,禁止开挖,庶几,龙脉丰满,人物咸宁。倘有不遵,开山破石,罚钱一千二百文;牧牛割草,罚钱六百文。"② 这块碑文,动之以情,晓之以理,阐述了人杰与地灵的密切关系,而又有处罚措施,可谓王霸兼施。

---

① 《新华成语词典》(第2版),商务印书馆,2015,第526页。
② 吴正光:《沃野耕耘:贵州民族文化遗产研究》,学苑出版社,2009,第381页。

类似于这样的碑文，在贵州许多地方都可以找到，对于提高人们的环保观念发挥了很重要的作用。

综上所述，贵州的乡风民俗融进了复杂的生态思想，生态保护早已成为贵州各族人民的集体无意识。敬畏自然是贵州人民的思维习惯，保护环境体现在贵州人民的各项行动之中。贵州人民的观念和行为，与现代生态文明的宗旨和原则高度谐和。这不是历史的巧合，而是历史的积淀。这不完全是自发的行为，而是从自发走向了自觉，从自在状态进入自为状态。贵州人民的风俗习惯具有相对稳定性，那么，融汇在风俗习惯之中的生态观念也具有稳定性。因此，贵州题材影视剧塑造贵州的生态文化形象，就具备了充分的现实依据。贵州的生态文化，源远流长，值得深究。贵州题材影视剧塑造贵州的生态文化形象，还可以继续深入发展。

三 塑造瑰奇的生态文化形象的意义

贵州题材影视剧塑造了贵州瑰奇的生态文化形象，具有三个方面的意义。

第一，经济意义。

美好的生态形象，成为贵州的金字招牌，成为贵州的主要卖点之一。因为贵州的生态良好，所以，贵州才敢于大力发展旅游业以带动相关产业的发展。这就是因地制宜，发挥特长。2013年以来，中国北方地区持续遭受雾霾的困扰，人民群众苦不堪言。但是，贵州可谓"风景这边独好"，没有雾霾，森林覆盖率在50%以上，老百姓每天都能呼吸新鲜空气。贵州成为名副其实的生态文明示范区。

2016年8月，中共贵州省委十一届七次全会在贵阳召开。这次会议通过了《中共贵州省委贵州省人民政府关于推动绿色发展建设生态文明的意见》。贵州将坚持生态优先推动绿色发展，加快建设国家生态文明试验区。贵州将践行"创新、协调、绿色、开放、共享"新发展理念，推动大生态与大扶贫、大数据、大旅游、大健康、大开放相结合。贵州将把生态优势转变为经济优势，守住生态和发展两条底线，既要金山银山，又要绿水青山；既反对经济停滞不前，更反对破坏生态环境，二者要统筹兼顾，综合平衡。

贵州题材影视剧，塑造了贵州瑰奇的生态文化形象，能够吸引影视观众的注意力，让观众在影视画面中感受贵州生态文明的无穷魅力，让观众产生来贵州旅游的愿望，进一步可能把旅游愿望变为旅游行为，从而促进贵州文化旅游产业的发展。从这个意义来说，贵州题材影视剧发挥了旅游广告的作用，召唤着潜在的游客，尽可能把潜在游客转变为现实的游客。因此，贵州题材影视剧推动了贵州经济的发展。

第二，文化意义。

贵州题材影视剧塑造贵州的生态文化形象，传承和发展了贵州民族民间的生态文化。贵州的民间习俗，包含了丰厚的生态文化内涵，值得深刻研究。贵州题材影视剧，为贵州生态文明保存了一些珍贵的影像资料，为贵州生态文化的影像化保护和传承做出了应有的贡献。

第三，艺术本体意义。

贵州题材影视剧塑造贵州生态文化形象，开拓了影视剧题材表现的新方向，与时代潮流相结合，表达了新思想，促进了影视艺术的多元发展。贵州题材影视剧充满了唯美的画面，绿色成为主导颜色，青山绿水的影像将带给观众以美的享受，形成了另一种意义上的"奇观"。这样的画面奇观具有贵州的地域特色，必定在影视观众脑海中留下深刻的印象。

第三节　厚重的历史文化形象

一　唯物主义的历史观

历史，就是过去的事实。历史具有客观性，历史事实是不会发生变化的。发生变化的只是人们对于历史事实的评价。人们从自己的阶级利益、时代潮流、兴趣爱好等条件出发，对同一件历史事实可能做出不同的评价。由于人们所处的主客观条件各不相同，因而，对历史事实的态度也千差万别。本来是稳定不变的历史事实，因为人们态度的不同而受到形形色色地裁剪和扭曲。因此，胡适说："历史是任人打扮的小姑娘。"有些人依据当代人的需要和当今的时代潮流对某些历史事实畸重或者畸轻。例如，克罗齐说："一切历史都是当代史。"有些人片面强调历史的某一个侧面，做出以偏概全的理解。例如，科林伍德说："一切历史都是思想史。"这些人对于历史做出种种误解，归根结底在于他们的历史观发生了偏差，从而对人们进行了误导。

历史观，就是人们对社会历史的总的看法和根本观点。历史观属于世界观的一部分。唯物史观和唯心史观是两种对立的历史观。胡适、克罗齐、科林伍德等人的历史观，虽有合理的成分，但是都过分强调人们处理历史事件的主观性，因而陷入了唯心史观的窠臼。历史并非任人打扮的小姑娘，因为历史事实是谁都不能改变的。历史学家应以发现历史事实的真相为己任，让历史事实的真相留传于后世。"观今宜鉴古，无古不成今。"当代人在行动之前，会以史为鉴来确定行动方略。但是，当代人对于改变历史事实却是无能为力的。历史事实总是岿然不动的，拒绝当代人的裁剪。思想史仅仅是历史的一个分支，二者是部分与整体的关系。把一切历史说成思想史，这是违反逻辑规律的。由此可知，研究历史必须以科学的历史观为指导，否则将差之毫厘谬以千里。

笔者坚持以马克思主义历史观为指导思想来分析历史现象。马克思、恩格斯创立了历史唯物主义，运用唯物论来研究社会历史；在历史分析中，又贯彻了辩证法。劳动创造了人，生产劳动是人类的本质活动。实践是检验真理的唯一标准。实践可以检验出历史观的真伪。马克思主义历史观与唯物论、辩证法、认识论紧密相连，互为补充，形成一个科学的体系。辩证唯物主义的历史观，击败了唯心主义历史观，是历史观的伟大变革，具有划时代的意义。

二 贵州厚重的历史文化形象塑造

中国历史的分期一般分为古代史（1840年以前），近现代史（1840~1949年），当代史（新中国成立以来）。与此相适应，贵州的历史也应作如此分期。结合贵州题材影视剧对贵州历史的表现状况，笔者将重点考察贵州题材影视剧对贵州古代史和现代史的艺术表现。因此，对于贵州厚重的历史文化形象塑造，笔者拟从三个方面进行阐述。

1. 灿烂的古代文化形象塑造

总体而言，贵州题材影视剧对贵州古代历史缺乏深度开掘，主要表现在两点。一是表现贵州古代历史的影视剧数量很少，二是艺术表现的角度很狭窄。贵州古代历史，浩浩汤汤，内容丰富驳杂，是一座待开发的宝库。贵州题材影视剧，对贵州古代历史缺乏多角度的深度开发，这是贵州题材影视剧的遗憾，也是贵州古代历史文化的遗憾。

从大一统思想和民族团结主题的角度出发，贵州题材电视剧《夜郎王》和《奢香夫人》是对贵州古代历史最好的献祭。可以说，贵州题材影视剧对贵州古代历史的表现，能够达到一定的艺术水准的目前可能仅限于这两部电视剧。

电视剧《夜郎王》，讲述了夜郎王多同归顺汉朝、接受汉武帝册封的故事。为了考察西南地区的民风民情，汉武帝派遣大将唐蒙出使西南夷。唐蒙来到夜郎国，与夜郎王交好。可是，唐蒙的造访引起了夜郎国的猜疑。有人怀疑汉朝想吞并夜郎，有人害怕汉朝来攻打，有人想阻止夜郎与汉朝交往，甚至于黑纳在与唐蒙的副手肖将军比武时暗中下黑手。唐蒙为了顾全大局，处处以忍让为上。为了弄清汉朝的真实意图，夜郎王子多同决定微服私访长安。在长安逗留了很长时间，多同领会了汉朝想与夜郎国发展友好关系的意图，于是打消了所有顾虑。在盛览的引荐下，多同会见了大学士司马相如。司马相如带领多同拜见了汉武帝。汉武帝很重视西南夷，款待多同，表达了友好的心意，还决定派唐蒙修筑驿道以连通西南边陲。多同在汉朝的领土上游览，发现汉朝的生产工具、生产技术比夜郎要先进得多。于是，多同虚心学习汉朝的先进文化，从汉朝带去了一些工匠、农民以帮助夜郎发展生产。汉朝之行，多同看到了夜郎的希望，汉朝就是夜郎的希望。多同善于学习先进文化，善于审时度势，为夜郎的发展看清了前进方向。多同当上了夜郎王之后，贯彻了这一正确主张，为夜郎的发展谋大局、干大事。多同以雷霆般的措施平定了乌达君长的叛乱。乌达君长的错误，不仅在于谋权篡位，更重要的在于故步自封，保守僵化，拒绝学习先进文化，害怕与汉朝通好。历史潮流，浩浩汤汤，逆之者亡，顺之者昌。乌达君长自绝于先进文化，自绝于历史潮流，自绝于和平发展，实乃自取灭亡。乌达君长是与多同相对立的一个人物形象。多同顺应历史潮流，学习汉朝的先进文化，与汉朝通好，给夜郎带来了好运。多同与王钰去长安拜见汉武帝，接受了汉朝的册封。从此，夜郎的发展翻开了新的一页。

电视剧《奢香夫人》以彝族女政治家奢香为主人公，讲述了贵州宣慰使奢香归顺大明、反对分裂、开发彝区的英雄事迹。奢香喜欢学习汉文，在读汉文书籍的过程中体验了汉民族文化的博大精深。濡染了汉文化，促进奢香亲近大明政权。在元末明初错综复杂的政治形势中，奢香善于选择发展道路，为百万彝家子弟谋定大局。归顺大明政权，是她明智的选择。马烨素来就怀揣改土归流的鬼胎，为了遂其心志不择手段。马烨对奢香夫人施以裸背鞭刑，目的是想激起彝族百姓的反抗，然后要求朝廷对西南彝部用兵。马烨挑动干戈的险恶用心被奢香夫人识破，奢香夫人以静制动，一方面平息众怒，另一方面与刘淑珍进京告御状。明太祖朱元璋明察秋毫，杀掉了马烨，安抚了奢香夫人以及彝族百姓。奢香夫人把唯一的儿子陇弟送到京城学习汉文化。为了感激明太祖的恩德，奢香夫人筑道路，设驿站，沟通了西南边陲与内地的联系，促进了彝族地区经济社会发展，巩固了边防，增进了民族团结。

电视剧《夜郎王》《奢香夫人》塑造贵州古代文化形象，这三点可圈可点。

一是自觉学习先进文化。相对于少数民族文化而言，汉文化是先进文化。夜郎王多同、贵州宣慰使奢香夫人都是积极学习汉文化的典范，即积极学习先进文化的典范。多同引进了汉朝的生产工具、生产技术，带走了一批能工巧匠和善于耕种的农民，促进了夜郎国的生产发展。奢香夫人自幼喜欢读汉文书籍，学习汉文化让她心明眼亮，她把汉族的智慧用于施政过程之中，推动了彝族地区的大发展。她在贵州宣慰府延请硕儒教授汉文化，还把儿子陇弟送到京城学习。自觉学习先进文化，才能促进少数民族地区经济社会的大发展。不仅古代贵州要学习汉族的先进文化，而且当今的贵州同样要继续大力学习汉族的先进文化。贵州学习汉族的先进文化，要同少数民族文化的保护与传承统一起来，要促进各民族文化的交流与繁荣，相互取长补短，共同进步与发展。同理，中华民族也还需继续学习外来的先进文化。弘扬中华民族文化的主体性，树立文化自信，走向文化自觉，让中华文化"走出去"，绝不意味着不要向外来的先进文化学习，也不等于故步自封盲目自大，更不能封闭保守抱残守缺。中国永远不能停止学习外来先进文化的步伐，永远不能把外来先进文化与中华文化对立起来，永远不能掉入复古的泥沼。中华文化与外来先进文化要取长补短，相互促进，密切交流，融合发展。中国文化人要以我为主，批判地吸收外来先进文化，辩证地处理"引进来"与"走出去"的关系。当前，要十分警惕文化自大、盲目排外、复古尊孔的潜在危险。

二是拥护祖国统一，促进民族团结。国家的统一，民族的团结，是人民的福祉。国家四分五裂，各民族互相仇恨，汉族统治者对少数民族进行压迫，迫使少数民族分裂祖国，导致兵祸连年，战乱频仍，这就是人民的祸患。中国历史经历了四个分裂割据时期：春秋战国时期、三国东晋南北朝时期、五代十国辽宋夏金时期、晚清民国时期。军阀混战，各霸一方，生灵涂炭，民不聊生，正是"白骨露于野，千里无鸡鸣"。因为"乱离人，不及太平犬"，所以，老百姓热切呼唤和平，拥护统一。中国历史上，统一是大趋势，统一的时间远远多于分裂的时间。大一统思想成为中华文化的主导思想之一。例如，《诗经》说："溥天之下，莫非王土；率土之滨，莫非王臣。"《老子》说："道生一，一生二，二生三，三生万物。"《公羊传》首次提出"大一统"这个术语："何言乎王正月，大一统也。"秦始皇统一度量衡、货币、文字，功垂千古。董仲舒提议罢黜百家独尊儒术。从思想文化到政治军事，从领土疆域到经济社会发展，中华文明都崇尚大一统。自从明朝中后期资本主义生产关系在江南地区稀疏萌芽以来，建立全国统一、竞争有序的大市场，就成为经济社会发展的内在要求。尤其是市场经济时代，需要消除行业壁垒，打破地域界限，培育广阔的市场，实现货通天下、汇通天下，则更需全国一盘棋。民族区域自治是我国的民族政策。坚持各民族平等、团结、共同繁荣，促进民族地区经济社会的发展进步，是我国长期的任务。贵州要实现跨越发展、同步小康，必须建立在民族团结的基础之上，要依靠各族人民共同努力才会达到目的，要让发展进步普惠各族人民，要让各族人民共享发展成果。电视剧《夜郎王》《奢香夫人》再现了贵州人民拥护祖国统一、促进民族团结的光辉事迹，为子孙后代做出了好榜样，强化了精神感召力，有利于增进人民福祉。

三是展示了形式多样的区域文化，坚持了文化多样性。电视剧《夜郎王》展示了夜郎文化的古朴奇丽，电视剧《奢香夫人》展示了彝族文化的丰富多彩。这些电视剧让观众产生了"惊艳"的感受，传播了幽深驳杂的贵州地域文化。

学习外来先进文化与提倡文化多样性，二者是辩证的关系。贵州要妥善处理好二者的辩证关系：既要学习外来的先进文化，又要坚守文化多样性；既要推进文化的现代性发展，又要保护和传承贵州民族民间文化遗产；既要面向世界面向未来，又要立足贵州回顾历史；既要革新创造，又要继承传统；既要反对保守僵化，又要反对数典忘祖；既要反对把二者对立起来，又要反对和稀泥。总之，要运用辩证法思想，科学地对待这些文化现象，力避简单化、片面化的思维陋习。

2. 绚丽的红色文化形象塑造

红色文化是中国共产党领导人民群众经过艰苦卓绝的革命斗争取得民族独立、人民解放所形成的思想意识形态、制度体制机制、社会机构以及历史遗迹等，涉及物质文化遗产和非物质文化遗产两个方面。红色文化是中国共产党在革命战争年代积累下来的宝贵精神财富，是具有重要价值的先进文化。

贵州具有深厚的红色文化渊源。俄国十月革命一声炮响，给中国送来了马克思主义。马克思主义传到了贵州，培育了一批具有初步共产主义思想的先进分子。这一批先进分子对于中国共产党的成立和初期的发展，做出了重要贡献。例如，邓恩铭、王若飞、旷继勋、周逸群、杨至成，等等。邓恩铭出席了中国共产党第一次全国代表大会，是唯一的少数民族代表，是中国共产党的创始人之一。红军时期，贺龙、周逸群领导的红二军团和湘鄂西革命根据地，经常到黔东地区开展革命活动；也曾组建了黔东独立师，贺炳炎、王光泽先后任师长。任弼时、萧克、王震率领红六军团与红二军团胜利会师。红二、六军团在湘鄂川黔神出鬼没，有力地牵制了国民党军队，成功掩护了中央红军长征。中央红军突破四道封锁线以后，损失过半，在湖南通道县城举行了一次会议。毛泽东建议放弃与红二、六军团会合，改向敌人力量薄弱的贵州挺进。博古、李德仍然坚持错误的主张。中央红军攻占黎平之后，1934年12月15日召开了政治局特别会议，放弃了与红二、六军团会师的原定计划，正式大举进军贵州。黎平会议成为中央红军长征重要的转折点，成为遵义会议的前奏。中央红军强渡乌江，攻占遵义，于1935年1月15日至17日召开中央政治局扩大会议。遵义会议批判了导致第五次反"围剿"失败的以博古、李德为代表的错误军事路线，肯定了毛泽东的正确主张，选举他为政治局常委；挽救了党，挽救了红军，挽救了中国革命，是生死攸关的转折点。遵义会议，是中共中央独立自主运用马克思主义的立场、观点、方法解决中国实际问题的开端，标志着中国共产党从幼稚走向成熟。遵义会议以后，中央红军四渡赤水，声东击西，机动灵活，牢牢掌握了战争的主动权，牵着敌人的鼻子走，在运动中创造战机，巧妙地打击敌人。四渡赤水出奇兵，是毛泽东战争生涯中的得意之作。四渡赤水之后，中央红军三万人巧渡金沙江，成功粉碎了敌人的围追堵截，彻底跳出了敌人四十万军队的包围圈。中央红军长征路过贵州以后，红二、六军团于1935年11月开始长征，从黔东地区转战乌蒙山区，横贯贵州，向川黔滇边界转移，于1936年4月离开贵州地界。红军一共有三大主力军，其中有中央红军、红二、六军团在长征时经过贵州，宣传了革命思想，传播了革命火种，锻炼了革命群众。红军长征路过贵州时，贵州子弟积极参军，为红军及时补充了两万多人的兵源，壮大了红军队伍，充实了革命力量。综上所述，贵州为红军长征和中国革命做出了杰出贡献。

因为贵州具有丰厚的红色文化资源，所以，贵州题材影视剧充分表现了红色革命的火热斗争生活，并且主要反映红军长征的革命斗争生活。电影《突破乌江》《山寨火种》《四渡赤水》《喋血神兵》《烽火苗山花》《马红军》《勃沙特的长征》等，电视剧《遵义会议》《雄关漫道》《杀出绝地》《红娘子》《风雨梵净山》等，集中力量表现了红军时期的革命生活。这些影视剧在塑造贵州红色文化形象方面，着手从以下四个方面来展开。

第一，再现了真理的伟大力量。追求真理，坚持真理，为真理而献身，是共产党人最可贵的精神品质。电视剧《遵义会议》，再现了以毛泽东为代表的中国共产党人为真理而斗争的智慧与勇气。以博古、李德为代表的"左"倾路线，盲目照搬俄国革命的经验，机械地运用马列的"本本",无视中国国情,招致了战争失败。同敌人死打硬拼,犯了冒险主义错误;御敌于根据地之外,红军失去了地利。一旦进攻失败,就消极避战,犯了逃跑主义错误。博古、李德在组织上犯了宗派主义错误,划定小圈子,对不同意见者残酷斗争无情打击。红军突破四道封锁线以后,人员损失过半。面对这些败局,毛泽东进行了深刻的思考,运用马列主义的立场、观点、方法,结合中国革命斗争的实际情况,勇敢地同"左"倾路线作不妥协的斗争,发扬了共产党人的担当精神。毛泽东与张闻天、周恩来、王稼祥、朱德等敢于坚持真理。通道会议、黎平会议为遵义会议做好了必要的思想舆论准备。遵义会议上,毛泽东详细阐述了正确的主张,抓住要害批判了博古、李德的重大错误,表现了坚持真理的勇气。影片《四渡赤水》再现了遵义会议以后红军节节胜利的情景。毛泽东指挥红军声东击西,运用灵活的战术沉重地打击了敌人,巧妙地跳出了敌人的包围圈。四渡赤水的胜利,是革命者掌握了真理使然。真理一旦被革命者所掌握,便会产生巨大的力量。电视剧《雄关漫道》,再现了贺龙、任弼时、朱德、刘伯承、徐向前等革命家坚持真理、坚决与张国焘的右倾分裂主义做斗争的情形。张国焘的革命动机不纯,意志不坚定,有当官做老爷的做派,向中央伸手要权力,后来南下西康,在卓木碉另立"中央"。贺龙等革命家与张国焘作坚决的斗争,迫使张国焘北上抗日。这些影视剧,塑造了敢于讲真话、敢于坚持真理、敢于向谬误做斗争、为人民的利益奋不顾身的革命者形象,凸显了坚持真理的可贵精神。坚持真理是中国共产党的光荣传统之一,后来者必须发扬光大。

第二,再现了信仰的伟大力量。革命者在极端艰苦的条件下,坚持革命斗争,从不惧怕敌人的屠刀,随时准备为革命牺牲生命。革命者具有强大的精神动力,这种精神动力来源于革命者对马克思主义崇高的、坚定的信仰。马克思主义是科学,是解放全人类的精神武器。革命者信仰马克思主义,坚信阶级斗争必然导致无产阶级专政,坚信无产阶级只有实现自身解放才能解放全人类,坚信社会主义必定能够实现、共产主义必定能够实现;所以,即便是砍头也在所不惜。"砍头不要紧,只要主义真。"革命者的坚定信仰,来自马克思主义的科学性、革命性,来自以列宁主义为指导的十月革命的胜利。电视剧《红娘子》的王小红,是一位具有坚定的共产主义信仰的红军战士。根据地缺少消炎药，王小红只身来到玉屏县的梅家大药房，千方百计买西药送到根据地。她利用梅家大少奶奶的身份，与国民党军阀马戎巧妙周旋。在马戎的眼皮底下，王小红收购了大量军火、药品，有力地支援了根据地建设。她经常以身涉险，明知山有虎偏向虎山行，因为她不惧牺牲，早就抱定了牺牲的决心。在最危险的地方从事地下工作，她反而觉得很安全。她联合一些山头的土匪，一起剿灭了军阀马戎，并且把土匪改造成为红军。王小红多次上交入党申请书，最终如愿以偿，成为一名光荣的共产党员。部队要进行转移，她放弃了梅家大少奶奶的优渥生活条件，与梅贤祖挥泪离别。这部电视剧的最后一个镜头，表现了王小红与梅贤祖离别的情形，是那么依依不舍，又是那么坚定果决。王小红说："我的生命早就属于我的信仰。"因为这种坚定的信仰，她勇往直前，告别缠绵悱恻，投入革命的洪流，踏上了长征的漫漫路途。纵观这部电视剧，信仰的力量给观众留下了深刻印象。信仰锻造了红军战士的钢筋铁骨，让他们攻坚克难，面对敌人的枪口也毫无惧色。常言道，共产党人是由特殊材料铸造的，这种特殊材料就是对马列主义的坚定信仰。有了这种坚定的信仰，就会心怀全局，就会产生钢铁般的意志，就会具有大无畏的革命精神，就会无往而不胜。

第三，再现了劳苦大众的伟大力量。人民群众是历史的创造者，是真正的英雄。贵州题材影视剧在生动的故事叙述中再现了人民群众的伟大力量。影片《突破乌江》中，红军能够突破乌江，除了红军英勇善战之外，人民群众的大力支持也是重要原因。影片描绘了国民党疯狂压迫人民群众的情景。红军到达黄家村之前，国民党军把黄家村洗劫一空，把老百姓的衣物、粮食抢走了，把年轻人抓走了，还烧毁了渡船、房屋。美其名曰"坚壁清野"，其实是残害百姓。红军到达黄家村之后，抢救受伤的群众，帮助老百姓修补房子，把地主的衣物和粮食分给老百姓。国民党军残酷迫害老百姓，红军优待老百姓，二者形成了鲜明对比。国民党军最终一败涂地，共产党最终建立了新中国，二者也形成了鲜明对比。这正是得民心者得天下，失民心者失天下。影片集中表现了以黄家父子为代表的老百姓对红军的热情帮助。黄大爷与儿子黄大发，帮助红军侦察地形，为红军当向导，还帮助红军制造了双层竹筏。双层竹筏稳定性很好，便于渡江。黄大发踊跃报名参军，并且勇敢机智地到达了乌江对岸。老百姓参加红军，这是对红军的有力支持，壮大了革命力量。战斗开始之后，老百姓帮助红军做了很多后勤工作，例如，送水、送饭、挖战壕、搬弹药、抬担架、救伤员等。红军所到之处，都受到老百姓的热烈欢迎。没有老百姓的贴心支持，红军不可能所向披靡。影片《马红军》，以老红军马崇德为原型，表现了老百姓与红军的血肉关系。中央红军路过黄平县，在尖山坡有一次战斗。红军战士马崇德腿部受伤。部队撤退之后，马崇德被苗族百姓救起，敷药养伤以致痊愈。掉队的马崇德，因为部队已经走出贵州，所以就永远留在了贵州黄平的苗寨生活。影片重点表现了苗寨老百姓对马崇德的保护。白匪军、还乡团、保安团等三番五次冲进苗寨，寻找马崇德的下落，并且多次打人、杀人。老百姓宁愿牺牲，也不交出红军战士。为了保护马崇德，老百姓付出了惨重代价。原因就在于老百姓把红军认定为亲人，与红军情同手足。原因就在于红军代表的是老百姓的利益，与老百姓心连心、血脉相通。影片叙述的故事生动感人，影片寄寓的道理非常深刻却又明白晓畅。人民群众是共产党的坚强后盾，共产党因人民群众的强力支持而兴旺发达。因此，共产党人必须永远善待自己的百姓，必须把老百姓永远铭记在心。

第四，再现了一不怕死、二不怕苦的革命精神和英雄气概。红色文化留给后人的是宝贵的精神财富，革命者为了劳苦大众的翻身解放，不惜牺牲生命，抛头颅、洒热血成为家常便饭。他们所想的从来不是自私自利，他们是毫不利己专门利人的人。就连死都不怕，当然更不怕苦，他们具有革命的担当精神。他们对未来充满理想，满怀希望，因而能够以苦为乐。他们的艰苦奋斗，为的是建立新中国，让老百姓翻身得解放。电视剧《风雨梵净山》表现了黔东独立师红军艰苦卓绝的斗争。以夏雪为代表的红军战士，在大部队转移之后仍然坚持革命斗争，在缺医少药的条件下巧妙地与敌周旋。这些红军战士一方面与国民党军做坚决的斗争，虽然物质生活条件异常艰苦，但是精神非常愉悦，因为坚强的意志支撑了他们的全部行动；另一方面，他们宣传抗日的积极意义，为红军北上抗日赢得了群众支持。夏雪领导的这支革命力量一直战斗在黔东地区，经历了抗日战争、解放战争，最后迎来了贵州的解放。电视剧《杀出绝地》中，红军特遣支队来到赤水河地区，开展敌后工作，随时有掉脑袋的可能。但是，以欧阳兰为政委的特遣支队战士，毫无惧色，坚持隐蔽工作，保护和医治伤员。这些伤员，有的是高级干部，有的是重要的技术人员，所以都非常重要。欧阳兰利用与古思华的同学关系，到古月贵那里买到了急需的药品，不料被古月贵识破身份，遭到监禁，险些被杀头。欧阳兰被救出来之后，没有被国民党的屠刀所吓倒，仍然坚持地下斗争。特遣队遭到国民党军的反扑和围攻，在关键时刻，潜伏在古月贵身边的共产党员黄德胜调转机枪口射杀国民党军，成功掩护了特遣队突围。黄德胜已经成为团总古月贵的副官，在国民党军人看来，他将前途无量，很快就会平步青云。黄德胜突然反戈一击，引起了国民党军的莫名惊诧。在场的国民党军被共产党人的英雄气概所震慑。共产党人欧阳兰、黄德胜等不怕死的大无畏革命精神与国民党团长彭大头打仗时畏首畏尾、平时贪财又贪色形成了鲜明对比，凸显了红军的革命精神和英雄气概。这些影视剧描绘了共产党人的吃苦精神、英雄气概，对于后来人具有永远的激励作用。只有这样，才能劈波斩浪、攻坚克难，才能夺取一个又一个胜利，把我们国家建设得更加美好，让老百姓生活得更加幸福。

3. 悲壮的抗战文化形象塑造

抗日战争经历了十四年（1931～1945），全面的全民族的抗战经历了八年（1937～1945）。抗日战争史是一部悲壮的历史。贵州的土地很少遭受日军的蹂躏。日军的陆军打到独山就再也不敢进犯贵州。日军的航空兵却经常对贵阳等城市进行狂轰滥炸。抗日战争时期，贵州成为抗战大后方的重要地区，有力地支持了前线抗战。后方的支持与前线的抗战同等重要。没有后方强有力的支持，就没有前线的抗战胜利。不仅如此，贵州的子弟兵还走出贵州，走上抗日战场，为消灭日本鬼子不惜抛头颅洒热血。贵州子弟兵成为重要的抗日力量之一。

贵州题材影视剧再现了贵州军民同仇敌忾抵御外侮的决心、勇气和艰苦卓绝的斗争生活，塑造了悲壮的贵州抗战文化形象。悲壮的贵州抗战文化形象塑造，主要从四个方面来展开。

第一，伟大的抗战精神。

日本法西斯发动了蓄谋已久的全面侵华战争，妄图把中国变成日本的殖民地或附庸国，妄图实现"大东亚共荣"的幻想，不惜以武力来征服，以大屠杀来满足狼子野心。英雄的中国人民不甘心做亡国奴，奋起反抗，维护民族独立、自由。为了收复河山，士有必死之心，将无偷生之意，血战沙场，英勇奋战，以伤亡人数超过三千五百万的惨重代价换来了战争的胜利。中国人民的浴血奋战，粉碎了日本法西斯妄图吞并中国的迷梦，把外国侵略者驱逐出中国。中国成为抗击法西斯主义的东方主战场，谱写了爱国御侮的壮丽诗篇。

电视剧《风雨梵净山》中，以孙如柏为代表的正规军，以张明堂为代表的抗日先遣队，共同开赴雪峰山前线投入战斗。老百姓也前来搬运物资、送水送饭送弹药。孙如柏、张明堂率领军民并肩战斗，打完最后一颗子弹，流尽最后一滴血，最后双双跳下悬崖，为国壮烈捐躯。影片《嗨起，打他个鬼子》，表现了布依族老百姓英勇抗日的智慧与力量。日军的一支小分队潜入贵阳的班家寨，准备在班家寨附近修建一个飞机场，作为日军入侵贵州的重要军事基地。日军在班家寨奸淫掳掠，无恶不作，激起了班家寨居民的强烈反抗。班恩贵老人被日军强迫当向导。班恩贵把日军领进了村民的伏击圈。班恩贵、班佑民父子组织班家寨村民打麻雀战，冷不丁地消灭几个日本兵，令日军防不胜防。阿霞前去贵阳搬救兵。最后，班家寨村民全伙出动，与日军进行正面交锋。贵阳的救兵也及时赶到。两股力量合成一处，彻底消灭了入侵的日军小分队。班家寨付出了巨大的代价，班恩贵老人被日军打死，还有几个村民死于枪战。班家寨村民与日寇进行不妥协的斗争，寸步不让，寸土必争，表现了大义凛然的气度和抗敌御侮的信心、决心、勇气、智慧。影片中的班家寨村民顽强抗敌，成为中国军民抗日御侮的缩影。

因为英勇的中国军民同仇敌忾，誓死不当亡国奴，用鲜血染红了祖国的山河，用智慧与力量筑成了团结抗敌的钢铁长城，才彻底摧毁了日寇妄图霸占中国的迷梦，才实现了民族独立自由。这种坚强的意志和伟大的精神，成为中国人民光荣的传家宝，世世代代传承下来，永远激励后来者为维护民族尊严和民族利益而奋斗终生。

第二，友好的国际援助。

在抗战文化中，弘扬国际主义精神也非常重要。在世界反法西斯战争中，中、美、苏、英、法等国家联合起来，建立了世界反法西斯统一战线，沉重打击了反动势力。英美盟军在欧洲纵横决荡，重创了德意法西斯，表现了反法西斯的国际援助精神。中国抗战之所以能够取得最后胜利，友好的国际援助是重要的原因之一。美国向中国输送了大量的物资，苏联在1945年8月8日出兵中国东北以打击日本侵略者，兑现了在雅尔塔会议上的承诺。世界反法西斯同盟国家之间互相支持，为打败法西斯主义做出了巨大贡献。

电视剧《二十四道拐》表现了中国军人守桥护路的艰辛。二十四道拐是中美友好合作的产物，成为美国援助中国抗战的历史见证。第二次世界大战时期，美国大量的援华物资经过滇缅公路运送到昆明，又从昆明沿着滇黔公路前进才能运送到陪都重庆和抗战前线。二十四道拐就是滇黔公路的必经之地，成为中缅印战区交通大动脉上的"关节点"之一，地势险要。如果二十四道拐失守，那么，援华物资就不能及时运送到前线，必然导致战斗失利。二十四道拐对整个中国战区十分重要。1942年，美国的公路工程部队1880工兵营维修了二十四道拐，使二十四道拐更加坚固。这部电视剧中的晴隆军警宪一把手梅松，与美军工兵上校约翰建立了同盟关系。梅松派兵保护美军加油站的外围区域，约翰派兵修建盘江大桥，修筑蓄水池。一旦遇上日本特遣队前来进行破坏活动，中美军队互相策应，互相支援。中美军队共同守桥护路，各司其职又同气相求，确保了二十四道拐路与桥的安全与畅通。在十分紧急的情况下，陈纳德将军派遣"飞虎队"从天而降，有力地打击了日本航空兵，多次让二十四道拐与盘江大桥转危为安。日本航空兵耀武扬威，却彻底败在"飞虎队"手中。这部电视剧运用特效表现了空战的惊心动魄，增强了视觉效果。紧张激烈的空战场面让观众心跳加快，增强了观众的注意力；也加快了叙事节奏，让叙事张弛有致。美军的强力支持、美国的援华物资供应，大大帮助了中国的抗日战争。电视剧《二十四道拐》高度赞扬了国际主义精神。

国际主义精神成为抗战文化的重要内容之一。今天的中国，仍然需要弘扬国际主义精神，要积极开展国际援助。这是中国作为负责任大国应尽的国际义务，也是中国塑造负责任大国形象的重要手段。

第三，珍爱和平正义。

战争与人类相伴相随。战争可分为正义战争与非正义战争两种。发动正义战争，将得道多助，人民群众将积极拥护，能够捍卫人间正义。发动非正义战争，将失道寡助，人民群众将强烈反对，必定践踏人间正义。维护和平，并非不要备战、参战，而是要反对直至消弭非正义战争。如果盲目消极避战，就可能助长非正义势力为所欲为，就会毁灭人间正义，就将给爱好和平的人类带来灭顶之灾。遏制非正义战争的有效办法，就是以战止战，而不是绥靖妥协。如果达到了遏制非正义行径的目的，就必须坚持休战原则。"苟能制侵陵，岂在多杀伤？"因此，要树立辩证的战争观：既要坚决维护人间正义，遏制非正义战争和非正义势力，决不能姑息养奸、绥靖妥协；也要适可而止，达到遏制非正义战争的目的之后就要偃旗息鼓、休养生息，决不能穷兵黩武。要时刻牢记"忘战必危"，也要时刻牢记"好战必亡"。

止戈为"武"，中国的汉字"武"就有化干戈为玉帛的含义。从词源上说，中国人民自古以来，就爱好和平。中国历史上，很少有大规模举兵侵略别国的事件。中国人以保守本国的疆土为最大的满足，直到现在，中国的军事格局都仍然是近海防御型。中国古代以儒家思想为正统。儒家学说提倡"仁"。仁者爱人，爱自己，也爱别人。中国人不愿把曾经遭受的被侵略、被欺凌的痛苦加诸他国人民身上。因为，"己所不欲，勿施于人"。即便是中国古代的军事家，也多次强调"兵乃凶器"，"不得已而用之"。中国古代拜将非常重视"仁""义"，把"仁""义"放在"智、信、勇、严"之前，主张"兴仁义之师"以吊民伐罪，反对滥杀无辜，反对不义之战。这些以"仁义"为本的军事思想贯穿在中国古代兵学圣典之中。例如，《司马法》说："古者以仁为本，以义治之之谓正，正不获意则权……攻其国，爱其民，攻之可也；以战止战，虽战可也。故仁见亲，义见说，智见恃，勇见方，信见信。内得爱焉，所以守也；外得威焉，所以战也。"[①] 从文化基因来说，中国人民讲究仁义道德，酷爱和平。

影片《落经山》表达了捍卫和平、匡扶正义的主题。哑巴来到一个偏

---

① 《武经七书》（上），骈宇骞等译注，中华书局，2007，第139页。

僻的小山村，与一个老和尚为伴。他们居住在大山洞里。一天，天上掉下一架飞机，飞机里爬出一个日本鬼子。哑巴心地善良，把日本鬼子喂饱后，再把他带出了大山。可是，哑巴的善良之举没有得到好报。日本鬼子恩将仇报，带来一批兵卒杀光了小村庄的男女老幼，烧光了所有房屋，抢走了所有粮食。日本鬼子的暴行，激起了哑巴本能的反抗。这些日本兵闯入了大山洞，又杀掉了老和尚。哑巴手持大刀，与这些日本鬼子巧妙周旋，冷不丁地杀死一个日本兵。日本鬼子不熟悉大山洞的地形，最终全部被哑巴弄死。不料，洞外还有日本兵守候着，哑巴躲进了大山洞，日本兵用大炮轰炸山门，掉下来的石头封住了山门。影片最后，哑巴终于开口说话了，参加了抗日的正规军，活跃在抗日战场上。影片表彰了以哑巴为代表的中国人民坚强的抗战精神，阐明了一个深刻的道理：以妥协求和平则和平亡，以斗争求和平则和平存。哑巴的善良行为换来的是烧杀抢，所以奋起反抗，投入以战止战的活动之中去。只有战争才能制止日寇的疯狂侵略，只有打败日本军国主义才能捍卫人间正义。

电视剧《和平村》，根据抗战时期真实的故事改编而成。和平村位于贵州省黔东南州镇远县。抗日战争进入相持阶段以后，全国抗日战场俘房了一批又一批日军兵卒。和平村最多关押过八百多名日军俘房。我方对日军俘房进行耐心细致的教育和感化，使他们放弃了军国主义的错误思想。和平村的大部分俘房忏悔了军国主义的毒害，参加了反战同盟，甚至走上了中国的抗日战场，与中国军人一道对抗日本军队。其中，三名俘房牺牲在中国的抗日战场上。这部电视剧叙述了真实的故事，表达了和平与正义的主题。这些俘房放弃了军国主义思想，实现了人间正义的理性回归。秉持正义的、被改造好的这些日军俘房，举起枪来沉重打击军国主义者以捍卫和平，凸显了思想改造的伟大力量。这是人间正义对非正义的胜利，也是和平力量对侵略行径的胜利。这也说明：人类的命运已经形成一个共同体，善良的人们总会自觉维护人类的自由、正义与和平。和平发展才会利于人也利于己，侵略扩张最终会搬起石头砸自己的脚。

第四，推动民族复兴。

电影《嗨起，打他个鬼子》《落经山》等，电视剧《二十四道拐》《风雨梵净山》《和平村》等，以艺术的形式集体回顾了波澜壮阔的抗战史,揭示了悲壮的抗战文化的深刻意义。艰苦卓绝的抗战有利于推动民族复兴。日本的全面侵华战争,是中国历史的一段悲剧。这场悲剧产生的原因在于晚清以来中国积贫积弱的病态。弱国无外交,落后就要挨打。鸦片战争以后,帝国主义掀起了瓜分中国的狂潮,中国人民开始畅想实现中华民族伟大复兴的中国梦。抗日战争激活了中国人民的民族意识,激励中国人民为民族解放而壮烈捐躯。抗日战争终于取得胜利,使得中华民族凤凰涅槃、浴火重生。抗日战争的胜利,是中华民族对外国列强的第一次完全意义上的胜利,激发了中国人民的民族豪情,增强了中国人民的民族自信心,推动了中国人民为实现民族复兴而奋发前进的坚实步伐。

三 贵州厚重的历史文化形象塑造的意义

贵州题材影视剧,塑造了贵州厚重的历史文化形象,尤其是红色文化形象、抗战文化形象,可以教育观众尤其是青少年观众,热爱祖国,热爱人民,缅怀历史英雄,提振精气神,大胆开拓,勇往直前,创造性地从事各方面工作;可以提升观众的精神境界,砥砺意志,重建精神支柱,重铸民族魂。具体说来,其意义表现在五个方面。

第一,弘扬了爱国主义精神。

电视剧《夜郎王》中的多同,反对乌达君长的分裂主义,平定内乱之后,接受汉武帝的册封。夜郎从此成为大汉朝不可分割的一部分。电视剧《奢香夫人》中的女政治家奢香,为大明江山的稳定而忍辱负重,制止了部下起兵反明的打算,身赴皇都告御状,受到明太祖的嘉许。多同、奢香为祖国统一而制止分裂,为民族团结而忍常人之不能忍。他们心怀大局意识,把国家利益放在集团利益之上,坚定维护安定团结,以增进人民福祉,以保国家的长治久安。电视剧《雄关漫道》中的红军二、六军团,为了北上抗日与张国焘进行坚决斗争,引导张国焘带兵北上以打击日寇。贺龙、任弼时等红军高级将领坚决拥护中共中央关于北上抗日的主张,胸怀民族大义,为了把日本鬼子驱逐出中国,与国民党建立了抗日民族统一战线。电视剧《风雨梵净山》的张明堂、孙如柏、夏雪,率领部下开赴湘西,参加雪峰山抗战。他们与日寇进行白刃格斗,以血肉之躯阻挡了日军西行的路线,终于把日寇挡回去了。雪峰山抗战取得了胜利,张明堂、孙如柏却壮烈捐躯。电视剧《二十四道拐》的梅松等人，坚持守桥护路毫不动摇，保证了二十四道拐和盘江大桥的安全，保证了援华物资源源不断地运送到抗日前线，为抗战胜利做出了重大贡献。这些人物，在日常行动中体现了以身许国、精忠报国的崇高精神，捍卫了国家利益，诠释了爱国主义的深刻内涵。

天下兴亡，匹夫有责。每一个中国人，都应当向这些人学习，坚决捍卫国家利益，自觉地让集体利益、个人利益服从和服务于国家利益，为国家的繁荣富强而奋斗终生。

第二，标举了信仰的伟大力量。

贵州题材影视剧刻画了一些具有坚定革命信仰者的光辉形象，标举了信仰的伟大力量。电视剧《雄关漫道》《风雨梵净山》中的红军战士，在极端艰苦的物质条件中，坚持斗争，置生死于度外，在枪林弹雨中往来穿梭；在长征途中，爬雪山，过草地，野菜和水煮，席地而坐，席地而睡，还要在几十万大军的围追堵截中往来奔波。然而，他们没有开溜，没有掉队，没有半途而废，更没有变节，而是坚强地投入革命洪流之中，坚持彻底革命，以推翻旧世界建立新社会为最高追求，为革命流血流汗，甚至牺牲生命也在所不惜。他们坚持斗争的精神动力，来自对马克思列宁主义无比坚定的信仰，来自对社会主义和共产主义的理想追求，来自对美好幸福生活的无比憧憬。革命信仰所产生的力量是无比巨大的。它大大超过黄金、美女、高官厚禄、香车宝马、豪华府宅、封妻荫子的诱惑力。一旦具备这种坚定的革命信仰，就会专心致志干革命，以至于"富贵不能淫，贫贱不能移，威武不能屈"。这种无比坚定的革命信仰，就是锻造纯粹共产党人的"特殊材料"。电视剧《红娘子》中的王小红，心怀共产主义信仰，潜入玉屏县城为根据地购买药品。她根本不考虑个人安危，以身涉险多次与敌人交往。在军阀马戎为她设立的刑场上，她大胆揭露反动军阀的丑恶面目，唤醒群众与军阀做斗争。告别梅贤祖时，她说："我的生命早已属于我的信仰。"显然，坚定的革命信仰支配了她的全部行动。电视剧《杀出绝地》中的赵子俊，本是国民党一位军长的儿子，前途无量，生活条件很优越。但是，他皈依了自己的信仰，投身革命，参加红军，从事推翻旧社会的革命运动。由此可见，信仰的力量是不可低估的。信仰可以锻造钢筋铁骨，信仰可以改变人的生活道路，信仰可以再造新人。

在理想、信仰缺失的当今年代，这无疑是一剂补药，能补当今时代人们的精神缺漏。当今的人们，精神缺"钙"成为普遍现象，首要的就是缺乏崇高的理想、坚定的信仰，因而呈现灵魂空虚的病象。因为心灵空虚，所以一些人做起了"五子登科"的黄粱美梦，沉醉于"票子、房子、车子、女子、孩子"的迷雾之中而不能自拔。因为灵魂扭曲，所以一些人热衷于跑官要官、买官卖官，玩弄权术，残害公理正义，导致贤者去位小人得志。因此，当代人必须树立崇高的理想、坚定的信仰，才能根治灵魂空虚的痼疾。

第三，歌颂了人民群众的伟大功勋。

贵州题材影视剧，形象地阐释了马克思主义唯物史观：人民群众是历史的创造者，人民群众是真正的英雄，无产阶级是资产阶级的掘墓人。因此，要坚定不移地贯彻群众路线，从群众中来，到群众中去，要与群众血脉相连，风雨同舟，生死与共，一切为了人民，一切依靠人民，才能赢得人民群众的支持，才能把无产阶级的各项事业引向胜利。

影片《马红军》的红军战士马崇德，在掉队以后，依靠苗寨群众的保护，才避免了国民党反动势力的追杀，才得以保全性命。在白色恐怖的年代，苗寨村民保护一位红军战士是要冒着杀头的危险的。苗寨村民保护红军战士，是因为老百姓从心里认同红军为亲人。这部影片的叙事，不同于红军拯救百姓的故事模式，而是讲述了百姓救护红军的故事，因而别开生面。这部影片强调了人民群众朴素的政治辨识力，表现了人民群众的可靠性。这部影片表明：善待百姓，必能得到优厚的回报。

然而，当今时代，一些干部严重脱离群众：当官做老爷，鱼肉百姓；视百姓如草芥，不关注民间疾苦，不体察民情，不倾听百姓的呼声，更谈不上与百姓同呼吸共命运；只关心个人的升官发财，只为小集团谋福利，只顾与民争利，只讲对上负责不讲对下负责。结果，衙门风气渐长，官僚主义盛行，劳民伤财时常可见，践踏民权屡禁不止。进而，形象工程出来了，政绩工程出来了，愚弄百姓的形式主义也出来了。这些干部机关算尽，唯独没有想到为老百姓谋福利、干实事。

因此，要从根本上改变漠视民瘼的习气，对老百姓不能不讲真话抒真情。老百姓不是政治玩偶，不能只是在投票选举的时候才想到老百姓。要以如临深渊如履薄冰的心态，亲近老百姓，倾听老百姓的心声，为老百姓排忧解难，为增进老百姓的福祉而奋斗。关键不在口号上，而在实际行动之中，要体察民情，温暖民心，关心民瘼，为民造福。须知：水可载舟，亦可覆舟。

第四，提振了贵州人民的自信心、自强心。

贵州题材影视剧塑造贵州厚重的历史文化形象，有助于提振贵州人民的自信心、自强心。电视剧《夜郎王》表现了贵州历史上悠远的夜郎文化。电视剧《奢香夫人》表现了贵州的彝族文化。这些电视剧展现了贵州文化的多样性，值得自豪，值得深入研究。电影《突破乌江》《马红军》等和电视剧《遵义会议》《雄关漫道》《风雨梵净山》等，展示了贵州具有深厚的红色文化。贵州为中国红色革命做出了巨大贡献，为红军补充兵源达两万多人。红军在贵州实现了根本转折，贵州成为红军转败为胜的地方，黎平、遵义、娄山关等地给红军带来了好运，因而，贵州对于中国革命的成功产生了不可替代的作用。在中国革命史上，贵州是一个永远值得记忆的地方。电视剧《二十四道拐》，表现了贵州在抗战史上的重要地位。援华物资就是通过二十四道拐源源不断地运送到抗战前线和重庆。总之，贵州的历史文化非常厚重，足以令贵州人民感到骄傲。贵州人民足以树立文化自信，进而走向文化自强。

贵州厚重的历史文化，将陶冶贵州人民的英雄气概，鼓舞贵州人民的拼搏精神和奋斗意志，鞭策贵州人民攻坚克难，把贵州的经济社会建设引向新境界。贵州人民需要以史为鉴，从历史中汲取精神力量，解放思想，实事求是，开拓进取，与时俱进，为实现中华民族伟大复兴的中国梦而贡献智慧与力量。

第五，以影视文化精神引领艺术新潮流。

21世纪初的影视产业化改革以来，中国的影视产业出现了一些严重问题：有产业，无文化；有铜臭，无铁骨；娱乐多，精神少；低俗多，雅趣少。当今世界，物欲横流，纸醉金迷，一些影视剧在商业大潮中迷失了方向，一部分艺术家丧失了精神追求而沦为拜金主义者。这些都是极不正常的现象，应当努力加以改变。文艺界应当自觉以习近平于2014年10月15

日在文艺座谈会上的讲话精神为指引：坚持以人民为中心的创作导向，创作思想精深、艺术精湛、制作精良的精品力作；坚持经济效益与社会效益相协调，把文艺发展引向康庄大道；弘扬艺术伦理，讲品位，重艺德；锻造文化精神，彰显信仰之美、崇高之美；提倡真善美，反对假恶丑，高扬社会主义核心价值观。

塑造贵州厚重的历史文化形象的贵州题材影视剧，具有深厚的文化内涵，寄寓了崇高的精神追求，弘扬了社会主义核心价值观，提高了社会效益，远离了娱乐至死，通俗而不低俗，表现了英雄气概，正好可以补充当今某些主流影视剧的缺漏。因此，这些贵州题材影视剧，能够促进观众形而上的追求，能够以影视文化精神引领艺术新潮流。

四 贵州题材影视剧塑造贵州历史文化形象的问题

总体而言，贵州题材影视剧，在塑造贵州历史文化形象方面，是比较成功的。有些影视作品产生了很大的社会影响力，对于促进贵州形象传播发挥了较大作用。不过，这三个问题还值得注意。

第一，题材开发欠均衡。

塑造贵州历史文化形象的过程中，贵州题材影视剧浓墨重彩地表现了红色文化的永恒魅力，尤其是突出了长征文化的感召力；而对贵州古代灿烂的文化表现严重不足，对抗战文化的表现也略显不足。

第二，偏重于主旋律。

塑造贵州历史文化形象时，贵州题材影视剧的主题主要集中于弘扬民族团结、歌颂革命功勋，偏重于唱响主旋律，而缺乏多样化开掘。

第三，民族民间文化的分量犹嫌不够。

塑造贵州历史文化形象时，贵州题材影视剧还可以加重贵州民族民间文化的表现分量，融入更多的贵州文化元素，可以强化影视剧的贵州特色。

第三章 五个形象系列

——贵州题材影视剧建构的贵州形象之二

五个形象系列,指贵州题材影视剧塑造贵州新形象的五个方面:贵州风景品牌形象系列、贵州英模形象系列、贵州新时代追梦者形象系列、贵州社会主义新农村形象系列、贵州现代城市形象系列。塑造这五个形象系列,能够在宏观层面上体现贵州的新面貌,能够让观众对贵州刮目相看。改革开放的春风吹绿了贵州大地,贵州与时俱进,跨越发展,后发赶超,致力于同步小康。贵州题材影视剧用镜头、画面描绘了贵州的新面貌,用故事讲述了贵州经济社会发展进步的光辉历程,讴歌了贵州在社会主义建设中取得的巨大成就,赞颂了贵州人民愚公移山、艰苦奋斗的坚定意志和伟大精神。今天的贵州,到处充满朝气,生机盎然。贵州题材影视剧塑造的五个形象系列充分表明:贵州是一个希望之地、多彩之州。

第一节 贵州风景品牌形象系列

一 贵州题材影视剧助推贵州旅游景点的品牌效应

推介旅游景点,除了新闻媒介、广告片、风光纪录片之外,电影、电视剧也发挥了重要作用。推介贵州的旅游景点,贵州题材影视剧责无旁贷。按照景点的知名度来说,贵州题材影视剧推介贵州旅游景点可分为三类。

第一类是享誉海内外的品牌景点,例如,黄果树瀑布、遵义会议旧址、甲秀楼等。这些景点在影视剧中出现的频率比较高,观众很容易辨认出来。黄果树瀑布是贵州最著名的旅游景点,在全世界享有很高的知名度。1986年杨洁导演的电视剧《西游记》，选择黄果树瀑布作为重要的外景地之一；尤其是唐僧师徒四人牵着白龙马走过的陡坡塘瀑布、水帘洞、猪八戒在高老庄背媳妇的天星湖、白龙马入水的冒水潭等，至今让游客津津乐道。黄果树瀑布经常出现在贵州题材影视剧中，即便只有一两秒时长的镜头，也凸显了黄果树瀑布不可或缺的地位。遵义会议旧址作为红色旅游的品牌景点，多次出现在长征题材影视剧中，例如，电视剧《长征》《遵义会议》等。遵义会议是长征中生死攸关的转折点，挽救了党，挽救了红军，挽救了中国革命。遵义会议旧址因为遵义会议的极端重要性而独具保存的价值。甲秀楼是贵阳的地标性建筑，是贵阳人文蔚起的见证。甲秀楼始建于明朝万历二十六年（1598年），贵州巡抚江东之在南明河的鳌头矶上建筑此楼，取"科甲挺秀"之意。此后，贵州读书人考出了三个状元、一个探花、七百进士、六千举人，甲秀楼更负盛名。后来多次被损毁，现存的甲秀楼是宣统元年（1909年）重建。甲秀楼上的长联，洋溢着贵州文士的才情。[1] 影片《炫舞天鹅》的第一个镜头，便是甲秀楼旁一群

---

[1] 为什么甲秀楼楹联没有成为中国第一长联？甲秀楼的对联，长达206字，比孙髯创作的号称中国第一长联的昆明大观楼联还多26字。甲秀楼长联的原作者是清人刘蕴良，字玉山，号我真。刘蕴良的原联是206字，上联是："五百年稳占鳌矶，独撑天宇，让我一层更上，茫茫眼界拓开。看东枕衡湘，西襟滇沼，南屏越峤，北带巴夔，迢递关河。喜雄跨两游，支持起中原半壁。却好把乌蒙箐扫，乌撒碉夷，鸡讲营编，龙香道抱，劳劳缔造，装构成笙歌闾里，锦绣山川。漫云竹壤偏荒，难与神州争胜概。"下联是："数千仞高凌半渡，永镇边隅，问谁双柱重镌，滚滚惊涛挽住。忆秦通僰道，汉置牂牁，唐靖苴兰，宋封罗甸，凄迷风雨。叹名流几辈，消磨了旧迹千秋。到不如月唤狮冈，霞餐象岭，岗披风峪，雾袭螺峰，款款登临，领略这金碧亭台，画阁烟景。恍觉蓬州咫尺，频呼仙侣话游踪。"刘蕴良的原联在民国四年（1915年）1月24日刊载于《贵州公报》"文苑"栏内。后来，向知方先生把此联删减32字，在民国十二年（1923年）刊登于他所辑的《贵山联语》上。此后，这副对联在刊物上发表了若干次，经过多次修改后终于定型。1986年10月，贵州省著名书法家王萼华先生书写悬挂在甲秀楼底层大门两侧的这副对联为174字。上联是："五百年稳占鳌矶，独撑天宇，让我一层更上，眼界拓开。看东枕衡湘，西襟滇沼，南屏粤峤，北带巴夔，迢递关河。喜雄跨两游，支持岩疆半壁。应识马乃碉夷，乌蒙箐扫，艰难缔造，装点成锦绣湖山。漫云筑国偏荒，莫与神州争胜概。"下联是："数千仞高踞牛渚，永镇边隅，问谁双柱重镌，颓波挽住。想秦通僰道，汉置牂牁，唐定矩州、宋封罗甸，凄迷风雨。叹名流几辈，留得旧迹多端。对此象岭霞生，螺峰云拥，缓步登临，领略些画阁烟景。恍觉蓬莱咫尺，拟邀仙侣话游踪。"因为现在悬挂在甲秀楼上的长联只有174字，所以只能屈居中国第二长联。由此可见，甲秀楼长联是集体智慧的结晶。现在悬挂的长联已非原初版本。上述内容出自黄成栋《甲秀蕴明珠》，《贵阳文史》2016年第3期。

老年人跳舞晨练的生机盎然景象，产生了先声夺人的效果。这个镜头把贵阳的地标与故事巧妙地粘连起来。

第二类是贵州省内著名的品牌景点，例如，荔波、娄山关、青岩古镇、镇远古镇、织金洞、梵净山等。这些景点在贵州省外知名度不高，因而，宣传力度应该加强。在这些景点取景拍摄，观众在影视剧中不容易辨认出来。因此，在影视剧发行营销时，要介绍这些外景地。影视剧拍摄时，可以凸显这些景点的个性，加强景点与故事的关联度。影片《少年邓恩铭》，在荔波取景，展现了大七孔、小七孔的美丽景色。中共"一大"唯一的少数民族代表邓恩铭生长于荔波，荔波的山水滋润了他的智慧，荔波的社会风云催生了他的革命理想。邓恩铭成为荔波的文化铭牌，成为荔波永恒的旅游广告。影片《天堂有泪》展现了娄山关的大理石碑，碑石上雋刻了毛泽东的《忆秦娥·娄山关》。碑石高14米，宽25米，雕刻气势恢宏的毛体字，永远纪念革命先烈们。娄山关是黔北第一要塞，自古便是兵家必争之地。1935年2月25、26日，红一方面军第二次攻克娄山关，战斗很惨烈。26日傍晚，毛泽东与周恩来、朱德、彭德怀等视察娄山关，偶然记起一个月前吟哦的几句诗词；于是，继续思索，终于写下了《忆秦娥·娄山关》。影片《四渡赤水》俯拍了娄山关的全景，表现了红军两次攻克娄山关的战斗过程。青岩成为影视剧青睐的外景地，电影《寻枪》《炫舞天鹅》等，电视剧《最高特赦》《恩情无限》等都在青岩古镇取景拍摄。《寻枪》出现了"赵理伦百寿坊"，上有四个大字"昇平人家"。这座石坊被一代宗师刘海粟评为"实属罕见而不可多得的艺术精品"。《最高特赦》多次出现了定广门（南门）城楼，在剧中充当徐家大院的院门。剧中徐家大院的院门外多次发生争夺战。郑幺妹生小孩的镜头就是在院门城楼激战时拍摄的。影视剧凸显了青岩多石的特征：石板镶嵌驿道、石块垒墙呈"人"字形、巨石城墙、大理石牌坊、石凳、石椅、石瓦、石磨等。喀斯特地貌决定了青岩石头多的特征。青岩比较完好地保存了明清时期的建筑，较少受到战争的损毁，因而被辟为旅游景点，吸引了很多影视剧组前来拍摄。类似于青岩古镇的还有镇远古镇，也具有浓郁的明清建筑风格。电视剧《镇远镖局》助推了镇远古镇的名气。蜿蜒曲折的阳河秀美如画，祝圣桥横跨阳河，青龙洞幽深神秘，四方井清水长流，寻常巷陌，田园人家,好一派古朴静谧的悠闲生活。正所谓"鸢飞戾天者,望峰息心;经纶世务者,窥谷忘反"。面对水墨画般的镇远古镇,前来赏景的大都市游客将放慢生活节奏,松弛一贯绷紧的神经,摆脱焦虑,获得心理的片刻闲暇。影片《落经山》展现了织金洞的幽深神秘。导演冯小宁说:"前期选景考察了大量溶洞,占用了很长时间,但是我觉得很值得。要拍出像样的洞穴大片必须得有个足够离奇的溶洞做支撑。"足迹遍及11个省市,选定了织金洞,他终于觉得很满意。《落经山》的拍摄,让观众能够全方位地观赏织金洞。织金洞助力冯小宁拍出了中国首部洞穴大片,在题材领域具有开拓之功。这部影片借助冯小宁的名气为织金洞做了一次绝好的广告。景点与影片进行了良性互动,电影产业与旅游产业巧妙融合在一起。电视剧《风雨梵净山》为梵净山旅游品牌的推介发挥了很大作用。电视剧《风雨梵净山》根据唐玉林小说《清浪街》改编。电视剧不用小说的原名,改用"梵净山"作为标题,表明贵州出品方萌生了点亮贵州品牌、推介地域文化的明确意识。这是贵州发展文化产业在观念上的显著进步,是文化自觉的具体表现。电视剧凸显了梵净山的蘑菇石、月镜山、金刀峡等标志性景点。

第三类是知名度不高的景点,例如,贵州宣慰府、二十四道拐、金海雪山、威宁草海、百里杜鹃、镇宁石头寨、南龙布依古寨等。对于知名度不高的景点,旅游部门、新闻媒体更应该加强广告宣传,影视剧也可以积极助力推介。酒香也怕巷子深,尤其是在竞争激烈的当今时代,旅游要依靠宣传,宣传能促进旅游发展。贵州题材影视剧部分地承担了旅游宣传的任务,为贵州文化旅游产业的发展贡献了力量。电视剧《奢香夫人》收视率很高,引发了大方县旅游热潮。游客观看了《奢香夫人》以后,来到贵州宣慰府,体验奢香夫人的生活场景,吃大方豆腐,买大方漆器。这成为一股热潮。电视剧《二十四道拐》于2015年9月9日在CCTV-8播出,收视率很高,激发了二十四道拐的旅游热潮。2015年9月3日,北京举行了纪念抗战胜利70周年大阅兵,全国人民集体回忆了抗日战争那段血泪史,把爱国主义热情推向了新高潮。《二十四道拐》在9月播放,可谓尽得天时。电视剧的播放,吸引了大批游客前来二十四道拐旅游,观看历史遗迹,体验电视剧的拍摄场景。影片《酥李花盛开的地方》讲述了金海雪山旅游开发的经过，为贵定县进行旅游宣传。影片《草海恋歌》编织美丽动人的爱情故事，把人们的注意力引向威宁的草海，体验人与自然和谐相处的幸福。影片《杜鹃花开》展现了百里杜鹃迷人的美景，几乎成为大方县的形象宣传片。影片《良家妇女》在镇宁石头寨拍摄，让观众领略了石头寨的独特风情。位于黔西南州兴义市的南龙布依古寨，始建于明朝洪武年间，依靠电视剧《雄关漫道》、《绝地逢生》和电影《朝霞》，打响了名气。三部贵州题材影视剧炒热了一个布依古寨，影视剧对旅游景点的宣传推广作用可见一斑。媒介具有造势之功。对于这些知名度不高的旅游景点，贵州题材影视剧进行积极推介，可能使之品牌化。要依靠媒介的力量扩大宣传，才能加快品牌化进程。

贵州题材影视剧推介贵州旅游景点的作用表现在两个方面。一是锦上添花。对于享誉海内外的品牌景点和省内著名的品牌景点，贵州题材影视剧能够加强其传播力度，让其美誉度节节攀升，使之盛名远播。二是雪中送炭。对于知名度不高的景点，贵州题材影视剧能够塑造其美好形象，提升其美誉度，促使其品牌化。不论是锦上添花，还是雪中送炭，贵州题材影视剧都能发挥推介景点的作用，从而招徕更多游客，创造更大的经济效益。因此，贵州所有的旅游景点，都有必要继续借助影视剧广泛深入地进行推介，以提升传播力，最终为提高贵州文化旅游的经济效益服务。

二 贵州题材影视剧推介贵州旅游景点的方法

根据主创人员是否具备推介贵州旅游景点的意识，贵州题材影视剧推介贵州旅游景点的方法可分为两大类别。

（1）主创人员具备强烈的推介贵州旅游景点的意识。他们常用的方法有四种。

一是主创人员以景点名称来命名影视剧，专门为贵州旅游景点量身定制影视剧。以这种方法创作贵州题材影视剧，可以把旅游景点的名称提到最重要的位置，直接输入影视观众的脑海，让观众对贵州旅游景点留下不可磨灭的印象。时隔若干年以后，观众对影视剧的故事情节可能淡忘了；但是，很可能不会忘记影视剧的题目，自然就难以忘记贵州旅游景点的名称。这种办法遵循了人类的认识规律，掌握了观众在记忆方面的共性，因而能收到良好效果。电视剧《二十四道拐》，以贵州黔西南州晴隆县的一个旅游景点名称来命名电视剧。贵州省外的主创人员坚持使用"史迪威公路"来命名这部电视剧。原因是二十四道拐只是史迪威公路的一段，用"史迪威公路"命名电视剧可以拓展电视剧的空间范围。另外，"史迪威公路"在国际上享有盛名，更能引起海外观众的共鸣，有利于这部电视剧的海外发行，以赚取更多的海外收益。但是，贵州的主创人员坚持使用"二十四道拐"这个题目。原因是这部电视剧播放以后，二十四道拐必将成为旅游品牌，将激发旅游热潮，这样便可延伸电视剧的产业链，有利于衍生产品开发。更重要的是，使用"二十四道拐"作为题目，可以向省外国外推出贵州的文化元素，让观众瞩目于贵州的区域文化，有利于贵州形象构建，有利于贵州的后发赶超。其深层次的原因，在于贵州人民已经树立了文化自信，走向了文化自觉。这个深层次的原因，促使贵州主创人员敢于坚持己见。电视剧《风雨梵净山》根据唐玉林的小说《清浪街》改编而成。编导舍弃"清浪街"之名，以景点命名电视剧，意在推介贵州旅游景点。电视剧《镇远镖局》，着力推介镇远古镇。影片《杜鹃花开》《草海恋歌》意在为百里杜鹃、威宁草海进行旅游宣传。

二是金线串珠法。这种办法就是让一部影视剧尽情串联众多景点。例如，电视剧《奢香夫人》在贵州宣慰府、九洞天、百里杜鹃、清虚洞、天生桥等地方进行实景拍摄，促进了大方县的旅游。电视剧《红星1935》在花溪、马场镇高峰山、夜郎谷、镇山民族村、香纸沟、平坝天龙学堂等地取景。影片《嗨起，打他个鬼子》涉及的景点有镇山布依村寨、青岩、南江大峡谷、阳明祠、甲秀楼、文昌阁、黔灵山等。影片《天堂有泪》在遵义桐梓进行拍摄，涉及的景点有小西湖、月亮河、戴家沟、森林公园、娄山关等。这些影视剧，尽量选择更多景点进行拍摄，不断变换场景，让观众产生新鲜感。某一部影视剧涉及更多景点，对于推介旅游景点的效果可能并不显著。但是，如果把贵州题材影视剧看成一个整体，那么，涉及更多景点所产生的价值则可能呈几何倍数增长。如果每一部贵州题材影视剧都尽可能地摄入更多景点，那么，作为一个整体的贵州题材影视剧不仅可以推介更多的旅游景点，而且展现每一处景点的频率也会更高。广告艺术的特征之一就是重复。广告的促销功能主要依靠高频率的重复来实现。消费者接受广告必须在八次以上才会渐渐产生消费欲望，高频率重复的广告更容易让消费者把消费欲望变成消费行为。以这种推断来说，贵州题材影视剧作为一个整体，尽量摄入更多的贵州景点，对贵州文化旅游产业的促进作用必将大大增强。尽量再现更多景点，尽量加快重现景点的频率，贵州题材影视剧就可能让观众产生旅游愿望，进而把旅游愿望变成旅游行为。由此可见，金线串珠法隐含着广告的重复艺术，体现了贵州影视界的整体观念。这一切都是贵州影视界推介贵州旅游景点的强烈愿望促成的。

三是以重建激活景点，以影视热推导旅游热。电视剧《奢香夫人》拍摄之前，大方县筹措1亿多元重建奢香故里。其中，6000万元用于重建贵州宣慰府，4000万元用于建设附属设施。耗资巨大的项目建设，目的是为了向世界推介"奢香故里，古彝圣地，美丽大方"。大方县之所以投注巨额资金，是因为"奢香夫人"是世代累积型题材，享有很高的美誉度，投资风险小。辛亥革命以后，黄齐生创作了话剧《奢香夫人》在贵阳公演。1963年，俞百巍、朱云鹏创作的黔剧《奢香夫人》在《剧本》上发表。黔剧《奢香夫人》1979年进京参加国庆三十周年演出，在剧本创作和表演两个方面均获得一等奖。1985年，浙江电影制片厂拍摄影片《奢香夫人》，影片由陈献玉导演、朱云鹏编剧。《奢香夫人》成为黔剧的保留剧目。"奢香夫人"这个题材在贵州早已家喻户晓，在全国也享有盛誉。对知名度很高的题材进行加工改造，创作新作品，其产业成功率非常高。这是包括影视产业在内的一条产业发展规律。例如，好莱坞电影不厌其烦地窃取世界各地的经典故事、神话传说、著名人物的风流韵事等，塞进美国的文化价值观进行改造，塑造美国式的英雄形象。这一类电影由于题材的知名度高，往往能赚取高额票房。这样的例子不胜枚举。因此，大方县敢于花大价钱建设大项目。拍摄电视剧《奢香夫人》仅仅是一个开端。其实，大方县早已做出了宏伟的规划，致力于创建以奢香夫人事迹为主线的串联彝族历史文化的旅游品牌，推进黔西北文化旅游大开发大繁荣。电视剧《奢香夫人》播出后，收视率很高，吸引了大批游客前来参观贵州宣慰府，体验黔西北彝族风情。电视剧《二十四道拐》拍摄时，晴隆县花费1.4亿元还原了安南古城。抗战时期，安南古城号称"东方卡萨布兰卡"，是抗战时期后方的一个军事要冲。安南古城是《二十四道拐》的主要拍摄地。电视剧《二十四道拐》的热播，引发了安南古城、二十四道拐、史迪威小镇、马帮山寨、美军加油站、盘江抗战桥的旅游热。总之，重建景点，既是影视剧拍摄的需要，又是文化旅游产业发展的需要，资本利用率高。世代积累下来的美誉度，为影视剧的成功提供了重要条件，也为旅游产业的繁荣奠定了坚实基础。

四是讲述旅游景点的来历，巧妙推介旅游景点。影片《酥李花盛开的地方》编织了一个美丽动人的爱情故事，讲述了贵定县开发金海雪山旅游景点的经过，推介了金海雪山旅游景点。这部影片给观众灌输了关于景点的历史知识，使观众不仅感受了自然美景，而且了解了关于旅游开发的创新思维。这种办法的独特之处在于没有把重点放在描绘旅游景点的发展现状上，而是重点交代旅游景点的"前史"，重在展现旅游景点的开发原因和开发过程。

（2）主创人员不具备推介贵州旅游景点的意识，但是影视剧产生了推介贵州旅游景点的客观效果。这可以从两个方面来阐释。

第一，影视剧对景点几乎不能自由选择，却在讲述情节的过程中自然而然地推介了贵州旅游景点。例如，影片《四渡赤水》是历史剧，要忠实于历史事实，对于拍摄地点的选择余地不大；所以，主创人员不会考虑如何去推介贵州的旅游景点。但是，影片在故事情节的叙述过程中自然而然地展示了贵州的风土人情和旅游景点。《四渡赤水》已经成为一部经典影片，其中的旅游景点随着影片名气的上升而更加著名。

第二，影视剧能够自由选择著名景点进行拍摄，利用景点的知名度为促销影视剧服务，从而在客观效果上推介了贵州旅游景点。影片《良家妇女》选择镇宁的石头寨进行拍摄，因为石头寨的地理特征与影片的贵州故事非常吻合。影片《寻枪》选择青岩作为外景地，因为姜文在贵阳生活了十年，对青岩很熟悉。这些影片的景点选择受故事情节的限制比较小，因而可以自由选择外景地。从原初动机来说，自由选择外景地的目的是为影片本身服务。但是，一旦影片成名以后，在客观效果上贵州的旅游景点也会名气大增。如果很多影视剧选择同一个景点进行拍摄，那么，这个景点的知名度将很快上升。例如，电视剧《雄关漫道》《绝地逢生》和电影《朝霞》，都曾取景于黔西南州兴义市南龙布依古寨。所以，这个布依古寨的名气不胫而走，迅速变成一个红火的旅游景点。

总体看来，贵州题材影视剧中，有意识地推介贵州旅游景点的影视剧，占据的比例越来越大。这表明近年来主动推介贵州旅游景点成为贵州影视界的明确意识，影视产业与旅游产业融合的程度在不断提高。贵州题材影视剧推介贵州旅游景点的方法也越来越丰富多样，这是贵州题材影视剧主创人员努力的结果。

但是，方法要与效果统一起来考虑。我们不仅是方法论者，而且是效果论者。效果是检验方法的重要标准。贵州题材影视剧推介贵州的旅游景点，不论是有意识地还是无意识地，都要看实际效果怎样。有意识地推介不一定比无意识地推介效果好。关键在于影视剧传播力的强弱。影视剧的传播力强，推介贵州旅游景点的效果就好。因此，关键的问题就是如何提高贵州题材影视剧的传播力。然而，事实表明，这方面的问题还比较严重。

三 贵州题材影视剧推介贵州旅游景点存在的问题

贵州题材影视剧推介贵州旅游景点，存在的问题主要有以下三点。

（1）贵州题材影视剧传播力不强。采用影视剧来推介贵州旅游景点，主要是利用影视作为大众媒介的传播优势。影视剧的传播力越强，推介贵州旅游景点的效果就越好，二者呈正比例关系。现在的问题在于，贵州题材影视剧的传播力总体不强，对于贵州旅游景点的推介效果总体不佳。这又需要从电视剧和电影两个方面来分析。

一方面，贵州题材电视剧的传播力相对而言比较强。一部分贵州题材电视剧，例如，《黄齐生与王若飞》《雄关漫道》《绝地逢生》《红星1935》《风雨梵净山》《青山绿水红日子》《奢香夫人》《二十四道拐》等，占据了高端播放平台，收视率很高，引起了强烈的社会反响，传播力很强，有效推介了贵州旅游景点。这些电视剧吸引了贵州影视界的高度注意，极大地鼓舞了贵州影视界投拍电视剧的信心，资金、人才等优势资源积极向电视剧聚集。这些传播力很强的电视剧，成为推介贵州旅游景点的主力军。其他贵州题材电视剧，至少能够在贵州电视台卫星频道等贵州播放平台进行播放。因此，贵州题材电视剧的播放，总体上呈现为立足贵州播放平台、抢占更高端播放平台的态势，在播放平台方面几乎没有后顾之忧。这就是贵州大力发展电视剧生产的原因。因为，消费决定生产，影视传播决定影视创作，这是影视产业发展必须遵循的规律。

另一方面，贵州题材电影的传播力非常弱。绝大部分贵州题材电影定位于文艺片，没有进入院线发行、放映。即便某些影片偶尔进入影院放映，也只是影院"一日游"或几日游，票房普遍乏善可陈。即便某些影片具有丰富的内涵和高超的艺术成就，获得了多个电影大奖；但是，在票房和传播力方面，都不值得一提。例如，影片《路边野餐》（2016），荣获第37届法国南特三大洲国际电影节最佳影片"金气球"奖、第52届台湾电影金马奖最佳新导演奖、第68届洛迦诺国家电影节最佳新导演银豹奖、第7届中国电影导演协会年度青年导演奖等多个重量级奖项。导演兼编剧毕赣1989年生于贵州凯里，讲述贵州凯里故事，用方言传递贵州声音。这部影片总投资不足100万元，在影院放映10天，全国排片比例不足1%，最终票房为599万元。时长为42分钟的长镜头既是影片的特点，也是疏离观众的重要因素，好像只有全片为一个长镜头的《俄罗斯方舟》可以超过它的长镜头时长。

鉴于文艺片的现状，评论家力主保持中国电影市场生态平衡。"文艺片一直是中国电影市场的难题。随着电影市场的飞速发展，文艺片营销也纷纷放下身段，逐渐向市场靠拢，打出了情怀牌、明星牌，但依然很难引起观众的注意……近年来，几乎所有的文艺片大多都以'口碑好、票房惨'走完了自己的院线游，与之形成鲜明对比的是粉丝电影、商业烂片票房轻松过千万、好莱坞爆米花式大片动辄过亿的景象。在中国电影蓬勃发展的进行曲中，文艺片不该是一个'曲高和寡'的冷门音符。因为一个健康的电影市场，不仅要有繁荣的商业电影，也应该给深刻、严肃的文艺片留一些空间和时间。如此，才能保持市场生态的平衡。"[①] 有人认为，中国电影建设艺术院线可以解决艺术电影处境尴尬的问题。笔者赞同这个办法。但是，在短期内中国建设艺术院线是没有希望的。"饶曙光分析，一个艺术院线要运作起来，每年至少需要三五百部影片。而国内每年称得上

---

① 徐蕾：《文艺片何时走出票房尴尬》，《南昌日报》2016年7月25日，第7版。

文艺片的也就十几部。如此大的落差,短期内很难解决。在他看来,现在建设艺术院线,还存在人才不足的问题。"① 由此可见,中国的艺术院线建设将漫漫长路远,中国艺术电影的尴尬处境仍将长期存在,中国电影市场的生态失衡仍将持续一段时期。

贵州题材电影主要是文艺片,导致了推介贵州旅游景点的传播力非常弱。要改变这一现状,笔者认为必须投拍大量贵州题材商业电影,走产业化道路,才能提高贵州题材电影推介贵州旅游景点的传播力。全世界的电影,90%以上是商业电影,即便在号称艺术王国的欧洲也是如此。这是世界电影的常识。

(2) 某些影视剧推介旅游景点妨碍了叙事。例如,影片《炫舞天鹅》强行把青岩、甲秀楼、文昌阁等景点拼凑在一起,导致叙事出现漏洞。根据影片提供的剧情,小主人公李晶晶在青岩小学读书,而且每一天都是步行上学。一天早晨,李晶晶步行去青岩小学上课,可是影片展现李晶晶步行先经过甲秀楼然后才去教室上课。后来,影片出现了李晶晶就读的学校悬挂着"青岩小学家长学校"的木牌。很明显,影片这样处理情节,是为了推介贵州的旅游景点,让观众观赏甲秀楼、青岩、文昌阁等旅游景点。但是,这样处理是不合逻辑的。青岩小学的教室,不可能在甲秀楼附近。小学生步行上学都遵循就近原则,学校离家很近。李晶晶的学校和家都在青岩。影片如此处理,对贵阳比较陌生的观众很难看出端倪。但是,熟悉青岩、贵阳的观众可以发现其中的叙事漏洞。笔者认为,影视剧推介贵州旅游景点,最好是在故事情节的叙述过程中自然而然地介绍出来,要符合生活的实际情况,遵循逻辑,要避免出现叙事方面的漏洞。

(3) 旅游景点的标志性不强。一些贵州题材影视剧,没有凸显旅游景点的特征,也没有展现景点的名称,不利于贵州旅游景点的品牌化运营。有些旅游景点本身就不出名,地标性不强。这就导致了观众对景点的印象不深刻,减弱了景点对观众的吸引力。因此,贵州题材影视剧推介贵州旅游景点,必须抓住地标性景点,凸显景点的特征;有时可以出现景点的名称,可以简略展示景点内的导游性文字,甚至可以用字幕进行提示。这样

---

① 陈涛:《"我没想过挣钱,不跪求排片"》,《北京日报》2016 年 7 月 18 日,第 11 版。

有利于提升旅游景点的名气，让观众对旅游景点产生经久难忘的记忆，增强贵州旅游景点的吸引力。

第二节 贵州英模形象系列

一 贵州题材影视剧的英雄情结

英雄，是英武过人的人，具有卓尔不凡的能力。刘劭说："聪明秀出，谓之英；胆力过人，谓之雄……能役英与雄，故能成大业。"《唐顺之·武编》说："英者，智也；雄者，力也。英不能果敢，雄不能智谋，故英得雄而行，雄得英而成。"英雄都是正面人物，反面人物即使能力超强也不能被称为英雄。因而，从政治意义上说，英雄是为人民利益英勇斗争而功勋卓著的人。

人人心中皆有英雄情结，在社会发展相对平和的时代更是如此。呼唤英雄人物的出现，盼望英雄人物发挥旋转乾坤的作用，把解决重大难题的希望寄托在英雄人物身上，这是人类的共同心理。英国思想家卡莱尔认为："即使人类曾经创造的种种传统、办法、信条和社团都消失了，英雄崇拜将依然存在。英雄必定要降世。当英雄们来到人间，崇敬英雄就是人们的职责、人们的需要。英雄像一颗北极星一样，它能透过层层云雾以及形形色色的激流和火灾为人们指引方向。"[1] 英雄是时代的产物。黑格尔说："我们应当把世界历史人物——一个时代的英雄——认作是这个时代眼光犀利的人物；他们的行动、他们的言辞都是这个时代最卓越的行动、言辞。"[2] 时势造英雄，英雄造时势。英雄是时代的领头雁、代言人，英雄与时代的关系十分密切。不同的时代所造就的英雄不可同日而语。革命战争年代的英雄，其功劳主要表现为摧毁一个旧世界，建立一个新政权。和平年代的英雄，其功劳主要表现为发展经济、军事、科技、文化以及各项

---

[1] 〔英〕托马斯·卡莱尔：《论英雄、英雄崇拜和历史上的英雄业绩》，周祖达译，商务印书馆，2005，第227页。

[2] 〔德〕黑格尔：《历史哲学》，王造时译，三联书店，1956，第56页。

社会事务，以促进富国强兵、富民维稳。

贵州人杰地灵，英雄辈出。贵州人民勤劳勇敢，默默奉献，艰苦奋斗，开拓进取，奉行坚忍主义，有愚公移山的信心，有战天斗地的决心，有坚韧不拔的意志。贵州人民是孕育贵州英雄的土壤。贵州的英雄是贵州人民的杰出分子，带领贵州人民一道前进，共同谱写贵州历史的新篇章。

贵州题材影视剧，塑造了贵州各个方面、各条战线的英雄形象，顺应了贵州人民的英雄情结。贵州的英雄人物值得歌颂，他们的丰功伟绩值得缅怀，他们的崇高道德品质值得学习，他们永远活在人民心中，永远激励后来者奋勇前进。因而，贵州题材影视剧塑造贵州英雄形象，意义之一就在于能够鞭策青年一代不忘初心，继续前进，激浊扬清，以崇高的理想引导人，以高尚的灵魂塑造人，以正确的价值观教育人，发挥强烈的价值导向和思想教育功能。意义之二在于能够提升贵州文化软实力。这些英雄人物，不管是已故的还是健在的，都将名列贵州的群英谱。贵州的群英谱必定成为贵州的文化名片之一。这些英雄人物已经或者将要彪炳史册，夺人眼球，能够提高贵州英雄人物的知名度，增强贵州的吸引力，扩大贵州文化的影响力。

二 贵州题材影视剧的英雄模范形象塑造

贵州题材影视剧，塑造了贵州英雄模范的群像，涉及贵州历史的各个时期和贵州社会生活的各个方面。这些英雄模范，引领着贵州历史的前进方向，是贵州经济社会发展的中坚力量。贵州人民必须向这些英雄模范看齐，才能把英雄模范开创的事业发扬光大，才能把贵州建设得更加美好。笔者把贵州题材影视剧的英模形象塑造分为六个方面来阐述。

1. 古代英雄形象塑造

贵州历史悠久，源远流长。战国时期，夜郎国成为我国西南地区实力最强的政权之一。夜郎的大部分领土在今天的贵州境内。秦汉时期，中央政府推行郡县制。公元前25年，夜郎国所辖地区接受郡县制，夜郎国随之瓦解。明朝永乐十一年（1413年），中央政府设置贵州承宣布政使司，在贵州地区清查人口、征收赋税，实行有效的管辖。这是贵州直属中央政府的开始，即通常所说的在贵州建省。1949年11月15日，中国人民解放军解放了贵阳。1949年12月26日，贵州省人民政府宣告成立。贵州历史上的这些关节点，至今为人津津乐道。

贵州题材影视剧，塑造了贵州古代英雄的形象。例如，电视剧《夜郎王》（2007），塑造了夜郎王多同的英雄形象。多同身为夜郎王子，看到了夜郎国发展的局限性：疆域狭窄，多山，土地不肥沃。多同在汉使唐蒙身上看到了夜郎国与大汉朝的巨大差距，便产生了微服探访汉朝的想法，并迅速成行。多同微服探访汉朝，迈出了他人生征途上具有决定意义的一步，考验了他的胆识，开阔了他的视野。他结识了盛览，并通过盛览拜见了大学士司马相如，最后觐见了汉武帝。微服探访大汉朝，多同受益匪浅，所见所闻所感都成为此后他的治国方略的直接来源。登上王位以后，他以大汉朝为榜样和外援，改革内政，发展生产，实施了一系列富国强兵的治国方略，把夜郎国从奴隶制变成了封建制，实现了跨越式发展。夜郎国摆脱了刀耕火种的状态，改用铁制农具；修筑驿道，连通外面的世界，实现互联互通，加速人员和物资往来；发展教育，让夜郎国人民学会识文断字。夜郎国实力大增，所以，乌达君长起兵叛乱时，多同能够迅速平定叛乱。军事实力以经济实力为后盾，多同政权的经济优势促成了他的军事优势。多同能够高瞻远瞩，认清时势，最终归顺大汉政权，受封汉侯夜郎王。名为归顺大汉，实为保全并发展夜郎国，两全其美，促进了祖国统一、民族融合。总之，电视剧《夜郎王》从微服探访大汉朝、学习汉朝先进文化并励精图治、平定叛乱、接受汉朝册封四个方面、四个时段，完成了夜郎王多同的英雄形象塑造。电视剧中的多同是有胆有识、高瞻远瞩、善于学习先进文化、富于改革精神、励精图治的一代英主形象。

贵州题材影视剧还塑造了奢香夫人的英雄形象。奢香夫人（1358~1396）是彝族女英雄。六百多年来，政治家奢香夫人的故事出现在黔剧、话剧、电影、电视剧中，在贵州早已成为家喻户晓的大英雄。笔者拟以陈健导演、欧阳黔森编剧的电视剧《奢香夫人》（2011）为例，分析其对奢香夫人的英雄形象塑造。奢香夫人是聪明美丽、勤奋好学、多谋善断、忍辱负重、胸怀大局、高瞻远瞩、勤政务实、仁慈恻隐的女政治家形象，是拥护祖国统一、维护民族团结的典型形象。这部电视剧主要是从辅佐丈夫、归顺大明、平定内乱、推崇汉学、忍受耻辱、进京告状、开辟驿道、发展经济这几个方面展开人物形象塑造，表现了人性之美。奢香从小勤奋好学，不仅精通彝文，而且积极学习汉文，所以视野开阔，足智多谋。嫁给蔼翠之后，由于蔼翠体弱多病，奢香经常帮助蔼翠决断政务，处事妥当，目光长远，表现出高超的政治智慧，深得蔼翠信任。蔼翠临死时，把政务托付给奢香。蔼翠去世后，奢香善于审时度势，归顺大明，让明军借道水西，歼灭了残元贵族，顺应了历史进步的大趋势，在错综复杂的形势中做出了明智的选择。她合并了水西、水东，壮大了彝家的力量。她知人善任，提拔刘淑珍，加强了彝家的领导力量。对于二弟格宗出无名之师发动叛乱，奢香夫人动之以情、晓之以理、喻之以义，情愿让出贵州宣慰使的职务，以止息干戈。叛乱者一意孤行执迷不悟，奢香夫人以高超的智慧平定了叛乱，还百万彝家以安宁。马烨为了实现改土归流的梦想，挑起事端，对奢香夫人实施裸背鞭刑，以激怒百万彝家起兵反叛。在这个非常时刻，奢香夫人明辨是非又深明大义，以政治家的眼光看穿了马烨的伎俩。她忍常人之不能忍，识大体，察大局，制止了彝族首领叛乱的想法，粉碎了马烨的奸计，表现出英雄的气度。奢香夫人与刘淑珍进京告御状，机智地躲避了马烨的谋杀。明太祖准备将马烨明正典刑，奢香夫人动了恻隐之心，劝朱元璋别杀马烨，只需严加训诫并调往别处即可，以免马皇后伤心。这种宽宏大量的胸襟是凡人难及的，奢香夫人的厚生之德深深感动了马皇后，也感动了明太祖，更感动了观众，体现了她的人性之善。奢香回贵州宣慰府之后，实行休养生息政策，修筑龙场九驿，发展经济，发展教育事业，推动了彝族地区的大发展。奢香夫人为百万彝家呕心沥血，建立了盖世功勋，自己却过早地离开了人世。

夜郎王和奢香夫人英雄形象的塑造，表明贵州高原自古以来就是英雄辈出的地方。这些英雄人物，彪炳贵州古代史册，引领着千百万贵州人民勤劳俭朴，艰苦创业，继往开来，为后世子孙酿造生活的蜜。

2. 革命英雄形象塑造

贵州题材影视剧涉及的革命英雄，包括资产阶级革命英雄和无产阶级革命英雄。这些革命英雄是实现中国梦的重要奠基人，他们为中国梦的实现奉献了毕生精力。在中国梦即将实现的今天，中国人民将继承先烈遗志，再接再厉，奋发有为，大步推进各项事业的发展。

1840年鸦片战争以来，欧美列强凭借坚船利炮打开中国的国门，蚕食鲸吞中国。中国一步步沦为半殖民地半封建社会，中国人民处于水深火热之中。从此以后，中国人民无时无刻不想振兴中华，富国强兵，对外抵御贼寇的侵凌，对内修明政治发展生产，以复兴华彩盛世、泱泱帝国。自1840年以来，中国人民一直怀揣实现中华民族伟大复兴的中国梦，无数志士仁人为之抛头颅、洒热血。太平天国运动风起云涌，波澜壮阔，势力发展到十八省。《天朝田亩制度》为人们描绘了"有饭同食，有衣同穿，无处不均匀，无人不饱暖"的理想社会。以曾国藩、李鸿章、左宗棠、张之洞为首的地主阶级洋务派，创办了近代军事工业、民用企业，企图通过办洋务来实现富国强兵的梦想。以康有为、梁启超、谭嗣同为首的资产阶级改良派，发动了维新变法运动，试图改良国家制度，以君主立宪制来推动近代化进程，引领国家和社会事务的发展。以孙中山先生为首的资产阶级革命派，试图以革命的方式来除旧布新，推翻君主专制，实行民主共和，希望建立资产阶级民主共和国。孙中山先生提出民族、民权、民生，即三民主义，奉行联俄、联共、扶助农工三大政策，先后发动了辛亥革命、二次革命、护国运动、护法运动，创立中华民国，颁布临时约法，使得民主共和观念深入人心。从鸦片战争到五四运动，中国人民为了实现中华民族伟大复兴的中国梦开展了艰苦卓绝的斗争，牺牲了大批革命志士，为民族独立、人民幸福、政治进步、经济发展做出了杰出贡献。但是，由于阶级的局限性和时代的局限性，这些社会运动都先后失败，中国梦遭到了严重挫折。

俄国十月革命的一声炮响，给中国人民送来了马列主义。马列主义在中国的迅速传播，催生了中国共产党。自从有了中国共产党，中国梦的实现就露出了东方的曦微。中国共产党是工人阶级和中华民族的先锋队，以马列主义作为指导思想，成为实现中国梦的主心骨和领导者。中国共产党带领人民群众，开展了轰轰烈烈的民族民主革命运动，付出了巨大的民族牺牲，终于实现了民族独立和人民解放，推翻了旧中国建立了新中国，建立了社会主义制度，使中国人民站起来了。中国共产党带领人民群众，进行广泛深入的改革开放，使中国的综合国力大大增强，成为世界第二大经济体，改善了人民生活，把中国带入小康社会，使中国人民富起来了，使中国强起来了。时至今日，中国人民与实现中国梦的距离更近了，中国人民更加自豪了。从鸦片战争以来中国人民畅想的中华民族伟大复兴的中国梦，即将在我们这一代人手中实现，我们感到格外光荣。我们这一代人要缅怀革命先烈，学习革命先烈，没有他们艰苦卓绝的斗争，没有他们的丰功伟绩，中国梦的实现就没有坚固的基石。

贵州题材影视剧讴歌了贵州籍的资产阶级革命英雄。例如，电影《诺苏之鹰》。这部影片的海报赫然写下"弘扬彝族文化，宣传本土英雄"。讴歌彝族英雄人物成为这部影片的主旨。这部影片根据盘县淤泥河彝族青年、同盟会会员柳子南的真实事迹改编而成，塑造了资产阶级革命者柳子南的英雄形象。影片中的柳子南是追求革命真理、革命意志坚定、英勇善战的资产阶级革命英雄形象。柳子南爱打抱不平，为人正直，深受他父亲的影响。他的父亲柳家修是盘县淤泥河的彝族头人、普安州的"保城将军"。柳家修维护乡民的利益，坚决反对洋人在盘县修建教堂。不料，洋人史密斯勾结县长，将柳家修毒死。柳子南率彝族子弟杀死洋人史密斯，报了杀父之仇，远走广州，投奔广东陆军都督龙济光。参加革命以后，柳子南博览革命书籍，积极学习，不断进步，提高了理论水平，增强了明辨是非的能力，在革命大潮中接受严峻的考验，日益成长为一位具有坚定意志的革命战士。他加入了同盟会，长期以"神鹰"为代号开展秘密工作。他建议组织将广州的龙济光调往广西钦州去清剿残余的清军。在剿匪中，他英勇善战，令敌人闻风丧胆，受到民国军政府的嘉奖。龙济光投靠袁世凯以后，柳子南及时送出秘密情报，使得孙中山、黄兴、胡汉民等革命领袖巧妙地避开了袁世凯的暗杀。柳子南利用秘密身份，清除了一批隐藏在革命队伍中的奸细，使革命队伍更加纯洁。柳子南离开了龙济光，前去投奔陈炯明的革命军，屡立战功。不料，陈炯明也叛变革命，炮轰总统府。柳子南将情报送达孙中山，并且亲率独立营两百多彝族战士前来保卫总统府，让孙中山先生得以脱险。由于寡不敌众，柳子南被俘。面对陈炯明的诱降，柳子南挥笔写下："为民国而死，死而无憾。宁为革命刀下死，不做死后无名阶下囚。"他慷慨就义，成就了英雄的功与德，把满腔热血献给了坚定的革命信念。后来，柳子南被民国政府追认为革命烈士，受到人们景仰。他是贵州人民的骄傲，是彝族子弟的楷模。

贵州题材影视剧更多的是讴歌贵州籍的无产阶级革命英雄，例如，邓恩铭、王若飞、旷继勋等。

邓恩铭是中共"一大"唯一的少数民族代表，是中国共产党的创始人之一。邓恩铭于 1901 年出生于贵州荔波，水族人。1921 年 7 月，邓恩铭与王尽美代表山东共产主义小组，出席中国共产党第一次全国代表大会。1928 年，邓恩铭在济南被捕。1931 年 4 月 5 日凌晨，邓恩铭在济南纬八路刑场英勇就义，年仅 30 岁。影片《少年邓恩铭》塑造了邓恩铭的少年英雄形象。自古英雄出少年，影片中的邓恩铭是睿智、勇敢、不畏强权、正义感强、追求革命真理的少年英雄形象。高煊老师曾留学日本，思想很激进，深刻影响着少年邓恩铭。那时的荔波，日本武士欺凌中国人，县太爷勾结日本人欺压百姓并且禁止老百姓上山采药，反动军阀耀武扬威。邓恩铭冷静地观察和分析社会现实，沉痛地向父亲哭诉："老百姓已经没有活路了。我们治得了穷人的病，可救不了国家的命啊……要找一条救我们自己的出路。"小小年纪就有如此深刻的见识，确实非同凡响。终其一生，他都在寻求救国救民的良方，即使牺牲性命也无怨无悔。他善于动脑筋，智救小腊狗，设计营救高老师，表现出高超的智慧。他也很勇敢，在县衙门大堂上舌战官吏，毫无惧色。他上街游行示威，高呼口号，反对丧权辱国的"二十一条"，反对袁世凯复辟帝制。最终，他跨出了关键的一步：离开家乡去追寻救国救民的真理，终于找到了马克思主义作为思想武器。马克思主义成就了他英雄的一生。

电视剧《黄齐生与王若飞》塑造了无产阶级革命家王若飞的英雄形象。王若飞幼年丧父，跟随二舅父黄齐生来到贵阳医治耳朵，随后在达德学堂读书，聪明好学，成绩优异。受黄齐生的影响，王若飞追求革命真理，远涉重洋，留学日本、法国，并加入中国共产党。回国以后，王若飞担负着重要的工作。他思想敏锐，马列主义理论水平高，具有雄才大略；而且性格开朗，待人随和，因而深受党中央的信任。王若飞不幸在包头被捕，度过了五年又七个月的牢狱生活。他具有无比坚定的共产主义信念，任凭敌人毒刑拷打却坚强不屈，任凭威逼利诱也不变节，大义凛然，坚持锻炼身体以待时机。出狱之后，王若飞加倍努力为党工作，做出了杰出的贡献。不料，1946 年 4 月 8 日，王若飞在山西兴县黑茶山遭遇空难，时年

50岁。电视剧中的王若飞，是一位久经考验的马克思主义者形象，是具有雄才大略且对党无限忠诚的高级干部的典型。

影片《旷继勋蓬遂起义》择取旷继勋人生中的一朵浪花，塑造了旷继勋的英雄形象。影片中的旷继勋是一位具有坚定的马列主义信念、对党赤胆忠心、临危不惧、当机立断而又足智多谋的起义领袖形象。对于国民党的白色恐怖，他不动声色，不暴露真实身份，暗中保护共产党员。对于几路大军的围困，他不慌不忙，沉着应对，深思熟虑，终于找到良策，对付敌人游刃有余。他善于利用敌人之间的矛盾，巧妙地利用大雾天气，摆脱了敌人的追剿，顺利地发动起义。他的机智勇敢，表现出起义领袖高超的斗争艺术。他在白色恐怖的条件下毅然发动起义，表现出崇高的革命理想和坚定的革命信念。

贵州题材影视剧塑造革命英雄形象具有重要意义。第一，革命英雄具有无比坚定的理想、信念。他们追求真理，坚持真理，对共产主义忠贞不渝，正义感强烈。他们坚持学习，不断进步，在改造客观世界的同时不断改造主观世界，使思想与时俱进。这能够鞭策当代人积极学习，坚守理想、信念，不断洗刷腐败风气、陈腐观念，永葆先进性、革命性，永远立于时代潮头。第二，革命英雄具有艰苦奋斗的精神。他们从不追求物质享受，金钱、美女诱惑不了，毒刑拷打折磨不了，砍头也威胁不了，真正做到了"富贵不能淫，贫贱不能移，威武不能屈"。这能够鞭策当代人提振精气神，不惧困难，迎难而上，攻坚克难，顽强拼搏；反对拜金主义，拒绝金钱、美女的诱惑，在严峻的考验面前站稳立场，作风正派，慎独慎微，不计报酬，永葆革命者艰苦奋斗的精神本色，坚决拒腐防变。第三，革命英雄对人民群众赤胆忠心。他们置生死于度外，把个人利益放在最末位，把国家利益、民族利益、人民利益放在第一位，为国家、民族、人民奉献终生，做人民的代言人，做人民的牛马，全心全意为人民服务。这能够鞭策当代人反对官僚主义、本位主义，始终把人民群众放在至高无上的位置，为民造福，克己奉公，"先天下之忧而忧，后天下之乐而乐"。一言以蔽之，贵州题材影视剧塑造革命英雄形象的意义就在于，能够鞭策当代人不忘初心，继续前进，为实现中华民族伟大复兴的中国梦而努力奋斗。

3. 抗战英雄形象塑造

贵州题材影视剧，塑造了贵州籍抗战英雄形象，讴歌了贵州人民英勇抗日的卓越功勋。

电视剧《二十四道拐》塑造了抗战英雄梅松的光辉形象。他是一个胆大心细、有勇有谋、有崇高的使命感、能贯彻统一战线政策的抗日英雄形象。因为梅松是贵州晴隆人，熟悉二十四道拐附近地区的情况，所以，总参谋长何应钦派他来坚守二十四道拐。当时的二十四道拐，是中印缅战区的交通大动脉，美国的援华物资运到印度，辗转运到昆明，经过二十四道拐运到抗战前线和重庆。守住二十四道拐，枪炮弹药、粮食药品等重要物资就可运到抗战前线，抗战才会取胜。梅松深知二十四道拐对于中国抗日战场的极端重要性。他向部下布置任务时经常强调要坚守岗位，不得擅离岗位，没有接到命令不得调换岗位，以防日军间谍调虎离山乘虚而入。某些部下振振有词，决心死守大桥，将做到人在桥在。他批评这种鲁莽轻率的想法，强调一定要多动脑筋，人死了桥也必须还在。梅松精心布防，强调一个萝卜一个坑，责任到人；修建防御工事，高炮、机枪封锁领空，以防空袭；设置流动岗哨，加强巡防力量。严密防守之外，梅松还联合美军，明确责任，共同防守二十四道拐。"兵贵精，将贵谋。"梅松的严密防守措施，足以表明他是一个足智多谋的指挥员。他发动群众及时举报日本间谍的破坏活动，联合当地政府、警察，共同为守卫二十四道拐服务。他自觉地执行了抗日民族统一战线政策，调动一切积极因素，团结一切可以团结的力量，这样就增强了守卫二十四道拐的力量，多了几分胜算。不仅如此，梅松还主动出击，带队搜山，将日军间谍逼出来；或者引蛇出洞，聚而歼之。这些灵活的战法，效果显著，极大地控制了日军间谍的破坏活动。梅松精通韬略，致使日军间谍屡屡失败，二十四道拐虽屡现危局却最终安然无恙。梅松巧妙地利用黑三火拼了何麻子，把一个危害百姓的马帮山寨变成守卫二十四道拐的坚强助手，足见他的谋略过人。对于苟延康等军统特务的迫害，梅松进行了有理有利有节的斗争，击败了小人的暗算，继续守桥护路。守桥护路成为他的职责，他以守桥护路为荣，坚守岗位，直至抗战胜利。守住了二十四道拐，是他对抗战的重大贡献。这样的重大贡献，比在抗日前线冲锋陷阵丝毫不逊色，同样可以彪炳史册受人敬仰。

梅松的形象充分表明，在平凡的岗位上可以干出不平凡的业绩，革命工作本来就无分高低贵贱，平凡的工作对革命同等重要因而丝毫不容苟且。

电影《嗨起，打他个鬼子》，塑造了抗日老英雄班恩贵的形象。班恩贵是一个由懦弱变为坚强、沉着应战、进退有方的抗日老英雄形象。他信守中国人先礼后兵的习惯，当日本兵闯入班家寨扰乱儿媳的婚礼时，他以礼相待，为日本兵安排住房。不料，日本兵来者不善，胡作非为，激起了班恩贵本能的反抗。他拿出一捆猎枪，分发给班家寨的青年，安排他们准备战斗。他为日本兵当向导，把日本兵带入班家寨年轻人设置的圈套里，使日本兵吃了亏。他让阿霞去贵阳搬救兵。救兵一到，寨内寨外合力攻击日本兵。班恩贵在与日本兵鏖战之中献出了宝贵的生命。在班恩贵的组织下，班家寨消灭了来犯之敌，粉碎了日军在班家寨修建飞机场的幻想。

电视剧《风雨梵净山》塑造了抗日英雄张名堂、孙如柏的英雄形象。抗战爆发后，张名堂、孙如柏抛开恩怨情仇，共同走上抗日战场，在雪峰山抗战中弹尽粮绝，双双跳崖成仁，成就了英雄的光辉形象。虽然抗战故事在这部电视剧中只占很小的比例；但是，抗战故事对张名堂、孙如柏英雄形象的塑造发挥了曲终奏雅的作用，对于孙如柏的形象转变是关键的一幕。没有抗日战场英勇战斗直至最后献出宝贵生命这一节，孙如柏的形象就将始终逃不出纨绔子弟的嫌疑。抗战故事对于张名堂的英雄形象塑造是锦上添花，对于孙如柏的英雄形象塑造却是雪中送炭。孙如柏是一个有缺点的英雄，是一个逐步自我完善的英雄形象，因而，更接近人之常情，更具有感人的魅力。

贵州题材影视剧塑造的抗战英雄形象，向世人昭示了贵州人民、黔籍子弟兵在抗日战争中做出了杰出贡献和巨大牺牲。在抗战年代，贵州地处抗战大后方。但是，贵州的土地上同样有感人的抗战事迹，贵州人民同样在抗战，只不过抗战的形式不一样罢了。在前线冲锋陷阵是抗战，在后方守桥护路、清剿日本间谍等也是抗战。

4. 新农村建设的英雄模范形象塑造

贵州题材影视剧，热情讴歌了社会主义新农村建设，展现了贵州农村的新面貌。贵州农村的大发展，离不开一批英雄模范人物立下的汗马功劳。他们为贵州的农业建设、农村发展、农民幸福，奉献了青春和智慧。

电视剧《绝地逢生》的故事情节来源于胡锦涛同志担任贵州省委书记时亲自抓的一个山区致富的典型，取材于贵州乌蒙山区的一个石漠化最严重的地区。这部电视剧以史诗的构架，描绘了黔西南州盘江村从改革开放初期吃救济粮到 21 世纪初致富奔小康的巨大变化，展现了社会主义新农村建设的重大成果。三十多年间，盘江村贯彻科学发展观，因地制宜发展多种经营，终于变成远近闻名的富裕村。电视剧《绝地逢生》塑造了一位新农村建设的英雄蒙幺爸的感人形象。蒙幺爸是一位勤劳俭朴、真诚无私、勇于探索、奋发向上、自强不息、艰苦奋斗、对未来满怀憧憬的好支书形象。盘江村长期依靠政府的救济粮生存。村民长期以来食不果腹，衣不蔽体。孕妇吃不饱，分娩时力竭而死。年轻小伙子因饥饿生病而死。劳动模范吃不饱，偷偷地举家外迁。农民的生产积极性不高，导致盘江村粮食产量严重不足。蒙幺爸响应政策，实行包产到户。可是，粮食依然不够。蒙幺爸仔细分析盘江村的症结，认为人多地少是主要矛盾。于是，他带领村民上山垦荒，扩大了种粮面积，使人均耕地从 0.4 亩上升到 1.2 亩。可是，一场大雨冲毁了大片耕地，水土流失更加严重了。盘江村仍然没有摆脱吃救济粮的命运。这个坏名声让十里八乡都瞧不起盘江村，导致村里的小伙子大多变成光棍。盘江村成为远近闻名的光棍村。蒙幺爸生了三个儿子，名号分别为大棍、二棍、三棍。省里派专家来盘江村考察，判定盘江村石漠化非常严重，是一个不适宜人类居住的"绝地"，并且建议村民要整体搬迁。想象村民一个个离开盘江村，安土重迁的蒙幺爸痛心疾首。他千方百计要把村民留在盘江村。盘江村经历了救济式扶贫、输血式扶贫、造血式扶贫，可是收效甚微。蒙幺爸天生就很要强，遇到困难绝不服输。这种倔强的性格催促蒙幺爸不断地探索生存出路，与天斗与地斗其乐无穷。发动村民修一个水库，蓄满的水却不翼而飞了。究其原因在于喀斯特地貌，地表犹如漏斗藏不住水。一次次的努力以失败而告终，愚公移山式的艰苦奋斗换来的依然是贫穷。然而，蒙幺爸对未来一如既往地满怀憧憬，失败阻挡不了他凝神探索的步伐。种花椒点燃了他的希望。他大力推广花椒种植技术，扩大花椒种植面积，在花椒的丰收中获得了可观的经济报酬，使盘江村迅速脱贫致富。他很难理解上级领导制定的"扶贫开发、生态建设、人口控制"的政策，但是，种花椒却巧妙地落实了这一政策。蒙幺爸称赞花椒"下抓住了金子,上抓住了银子"。种花椒能保持水土,又能产生可观的经济效益,一举两得,是盘江村因地制宜脱贫致富的好办法。蒙幺爸进城办事,偶然发现超市里面有花椒油销售。这一偶然发现激发了蒙幺爸的大胆想象。他想把花椒进行深加工,制成花椒油,在市场上定能获得更高的利润。可是,开办花椒油加工厂所需资金较多,盘江村拿不出很多钱来,一些年轻人表示强烈反对。蒙幺爸克服重重困难,创办了花椒油加工厂。蒙幺爸的所作所为,诚所谓"老骥伏枥,志在千里;烈士暮年,壮心不已"。盘江村发生了翻天覆地的变化:由一个贫困村变成了富裕村,从一个光棍村变成对外乡妹富有吸引力的村。在这个变化过程中,蒙幺爸发挥了重要作用。他是村民脱贫致富的领路人,是群众的贴心人,是党的好干部。蒙幺爸的形象塑造,讴歌了科学发展观,讴歌了社会主义新农村建设,鼓励了自力更生艰苦奋斗,积聚了正能量,对于贵州的长远发展必将产生积极影响。

电视剧《青山绿水红日子》塑造了凤凰村委副主任林心竹的英模形象。林心竹是心地善良、美丽大方、敢想敢干、忍辱负重的女干部形象。湄庆乡的东坪、西坪两个村合并成凤凰村,林心竹出任凤凰村的副主任。村支书兼村主任是袁成贵,很快就要退下来了。村委会副主任还有一个罗金福。罗金福与林心竹这两个副主任既对立又统一,这两个人物的矛盾关系推动了情节发展,也是人物塑造的具体环境。罗金福时时处处都富于挑衅性。林心竹忍辱负重,顾全大局,却又绵里藏针,坚持原则,团结群众。林心竹克服了重重阻力,开办了竹器加工厂,因地制宜发展副业。她促进土地流转,成立了凤凰村农业开发公司,在生态保护中发展经济。她大力推进"四在农家"活动:富在农家增收入,学在农家长智慧,乐在农家爽精神,美在农家展新貌。"四在农家"活动全面推进了社会主义新农村建设,有利于农村地区经济发展、政治清明、文化繁荣、社会和谐、生态保护,是农村发展的新经验,值得学习推广。她动员各方力量,筹集资金,建起新民居,促进村民搬迁到山下安居。在丈夫陈水生的推动下,她还创办了凤凰村绿色旅游公司。凤凰村由穷乡僻壤变成富庶文明的新农村,离不开林心竹的呕心沥血、夙夜在公。更何况丈夫被不法分子摔下山崖,折断双腿,林心竹日夜照料丈夫,还要忍受婆婆、小姑的埋怨,内心凄苦非同一般。两村合并一年以后，袁成贵退休了，林心竹被公选为凤凰村村委会主任，深得群众信任。在村主任这个岗位上，林心竹继续为凤凰村做贡献。

此外，贵州题材影视剧还塑造了新农村建设英模何殿伦、张良鹏的光辉形象。影片《村支书何殿伦》根据何殿伦的真实事迹改编而成。何殿伦在1954年入党，1956年开始担任村支部书记，前后历四十年。何殿伦把一个穷得响叮当的小山村建设成为富裕村，让湄潭茶叶行销天下。何殿伦当选为党的十四大代表，被誉为"天下第一老茶农"。核桃坝村成为"中国西部生态茶叶第一村"。影片的编剧杨顺奇深入核桃坝村调查采访，经过五年打磨，多次修改，才塑造了何殿伦的真实感人形象。电视剧《远山晴朗》叙述了张良鹏来到远山县进行扶贫开发的故事，塑造了扶贫干部张良鹏身先士卒、乐于奉献、富于实干精神的光辉形象。

贵州题材影视剧塑造贵州社会主义新农村建设的英模形象，具有十分重要的意义。贵州题材影视剧展现了贵州社会主义新农村建设的成果，凸显了贵州农村的新面貌，建构了贵州农村新形象，促进了省外观众对贵州新形象的认同，从而改变了对贵州的成见。贵州农村没有新面貌，贵州就没有新面貌；贵州农村发展缓慢，贵州就很难实现跨越发展。贵州发展的难点在于农村地区。这些英模人物，就是破解贵州农村发展难题的急先锋。他们为贵州农村增光添彩，为贵州农业发展献计献策，为贵州农民增收广开财路，是贵州社会主义新农村建设的中坚力量。他们在贵州题材影视剧的人物画廊中熠熠生光。

5. 政法干部模范形象塑造

影片《美丽的黑蝴蝶》根据贵阳市白云区人民法院女法官蒋庆的真实事迹改编而成，塑造了政法干部模范蒋庆的形象。影片中的蒋庆是一个勤劳朴素、善良热情、乐于帮教、一心扑在工作上的女法官模范形象。工作了几十年，蒋庆从未迟到，经常在下班以后还留在办公室进行超负荷的工作。对于爸爸妈妈而言，她不是好女儿，因为时常不能承欢膝下。对于丈夫而言，她不是好妻子，因为经常不在丈夫身边。对于儿子而言，她不是好妈妈，因为很少为儿子洗衣做饭辅导功课。但是，在工作单位，她是优秀的法官；对于失足人员而言，她是真诚的好朋友。在审判工作以外，她主动承担了繁重的帮教和调解工作。她把帮教工作放在很重要的位置。因为，帮教可以改造人的灵魂，可以促使失足人员彻底告别黑暗走向光明。甚至于，她向失足人员提供经济帮助，或者安排失足人员实现再就业。因此，刘强、张群涛等失足人员对她感激涕零。十六岁的牛东，犯有抢劫罪，被判处有期徒刑三年，缓刑三年。他被学校开除，待在家中，精神颓废，自暴自弃。牛东的妈妈请蒋庆去说情，让牛东重回学校读书。蒋庆欣然答应，费了很大的周折，终于做通了学校领导的工作。牛东终于有机会回到学校读书，很感激蒋庆。赵小阳蹲了十年大狱。蒋庆多次深入监狱帮教赵小阳。赵小阳出狱后，蒋庆还经常给他一些钱，帮助他解决生活上的困难。不料，赵小阳受到顽劣之徒的撺掇，伺机报复蒋庆，于2004年4月27日13时许把蒋庆杀害。

6. 教师模范形象塑造

影片《水凤凰》中主人公的原型是贵州省三都县羊福民族小学水族教师陆永康。陆永康在2006年被评为全国优秀共产党员、全国师德标兵；2009年被评为全国自强模范。影片《水凤凰》讲述了教师卢荣康依靠双膝跪地教书三十多年的感人故事，塑造了一位身残志坚、热爱教育事业、真诚感召学生、以苦为乐、默默奉献的优秀教师形象。卢荣康从小罹患小儿麻痹症，导致双膝以下肌肉萎缩，不能正常行走，只能依靠双臂支撑身体"跪行"。失学儿童很多，当地读书风气不浓厚，卢老师艰难地跪行于羊肠山道上，走遍全村，一家一家地劝学，把失学儿童拉回学校念书。这样艰难的行动，这样一份真诚，感动了四乡八里。那些反对小孩上学的家长，开始慢慢地认识到自己的错误，渐渐地自觉敦促小孩热爱学习。卢老师在教学上认真负责，课前充分备课，上课生动热情详细讲解，课后还坚持个别辅导。因此，卢老师的教学质量很高，学生受益匪浅。学生一批批地顺利考上初中，一批批的新生前来接受卢老师的启蒙教育，这样一晃就是二十多年。当年的小娃娃有许多已经大学毕业，分布在各条战线上。卢老师和这些学生一道，以活生生的事实悄然改变了这个乡村关于读书无用的陈腐观念，培育了尊师重教、尊重知识、尊重人才的观念，发挥了深入灵魂的重大影响。学生走了一批，又来了一批，卢老师坚守教学岗位，仍然奋战在山区小学的讲台旁边。卢荣康老师是保尔式英雄，在平凡的岗位上做出了不平凡的贡献。卢老师崇高的精神境界永远值得学习！

综上所述，这些英雄模范形象塑造，丰富了贵州题材影视剧的人物画廊，增强了贵州地域文化的知名度和吸引力。贵州人杰地灵，英雄辈出。贵州人民在英模人物的感召下，将加倍努力，把贵州的各项事业发扬光大。

三　贵州题材影视剧英模形象塑造的特征

贵州题材影视剧塑造英模形象表现出以下三个特征。

第一，重视推介贵州的旅游景点。

贵州题材影视剧，念念不忘推介贵州的旅游景点，在塑造英模形象时也是如此。因为，发展文化旅游产业成为贵州经济发展的重中之重，是因地制宜的发展策略，是最容易让贵州人民看到振兴希望的着力点之一。

旅游景点即便与故事情节毫不相干，也被摄入影片，表现出鲜明的推介旅游景点的目的。例如，影片《美丽的黑蝴蝶》讲述的是贵阳市白云区人民法院法官蒋庆生前的感人故事，影片却从黄果树瀑布的画面开启。第一个镜头：黄果树瀑布旁边，一只美丽的黑蝴蝶翩跹飞舞，飞向高空，最后在一个小枝头上停留。这个小枝头在一幢建筑物旁边。第二个镜头：镜头推入建筑物。法官蒋庆在审判庭宣读对许志光的判决书，判处许志光有期徒刑三年。这两个镜头剪接在一起，凸显了推介贵州旅游景点的目的。白云区法院距离黄果树瀑布至少有一百三十公里，而且黄果树瀑布旁边蝴蝶飞舞与影片的故事情节是相互游离的关系。为什么在蒋庆的故事叙述之前出现黄果树瀑布的镜头呢？这样剪辑并非率性而为。又如，影片《致永不消逝的青春》，根据"最坚强高考女孩"肖丽的真实事迹改编而成。肖丽是遵义市湄潭县高台镇一个农民家庭的女孩，在罹患癌症忍受剧痛的情况下参加了高考，并且以优秀成绩被贵州大学人文学院录取。可是，根据肖丽真实事迹改编的这部影片却没有在湄潭县拍摄，而把拍摄地点改在西江千户苗寨景区、郎德镇上朗德景区、雷山县民族中学、雷山县人民医院等地。推介旅游景点成为编导人员的明意识，促使拍摄地点发生了改变。

旅游景点与故事情节毫不相干，尚且被粘连进入影片。如果旅游景点与故事情节紧密相连，那么，推介旅游景点就名正言顺也更加普遍了。例如，《少年邓恩铭》展现了荔波风景区的美景；《奢香夫人》展现了贵州宣慰府、百里杜鹃、九洞天、天生桥等景点的美景；《二十四道拐》展现了二十四道拐的迷人风姿。这样的影视剧不一而足，比比皆是。推介贵州旅游景点成为塑造贵州英模形象的贵州题材影视剧的重要特征。

第二，重视日常生活的英模形象塑造。

贵州题材影视剧，不仅重视叱咤风云的英模形象塑造，而且重视日常生活的英模形象塑造。叱咤风云的英雄建立了卓越功勋，值得歌颂。平凡的英雄模范，在平凡的岗位上做出了不平凡的贡献，同样值得歌颂。影片《美丽的黑蝴蝶》中的法官蒋庆，甘于奉献，乐于帮教，热情服务，工作从不迟到，认真办案。影片《水凤凰》中的卢荣康老师，"跪教"三十多年，默默无闻，努力干好本职工作，送走一批又一批学生，自己却仍然留在大山深处的讲台旁。影片《致永不消逝的青春》中的肖丽，身患癌症，即将离开人世，却忍受剧痛，参加了高考，且以优异成绩被重点大学录取。贵州题材影视剧，重视这些日常生活的英雄模范，发现了他们身上的闪光点，可谓眼光独到，体现了日常生活的美学，体现了唯物主义的英雄史观和民主思想。

第三，重视精神价值的传承。

当代的一部分青年，向往西方文化，迷恋后现代文化，崇拜偶像派明星，只知道杰克逊、周杰伦、李宇春，不知道革命先烈，更不知道中国历史的英雄人物，数典忘祖，崇洋媚外，深陷文化碎片不能自拔，难以领会中华民族文化的精神魅力。这种现状警示了中国文化界必须对青少年加强社会主义核心价值观教育，传承中华文化的精神价值。这项任务十分艰巨，也十分紧迫。

贵州题材影视剧，塑造了英雄模范的光辉形象，提炼出蕴含在英模形象中不朽的精神价值，对于当今青少年子弟，必定发挥有效的教育功能。例如，影片《少年邓恩铭》体现了邓恩铭追求真理、不畏强权、勇敢机智、铁骨铮铮、为人民幸福而奋斗的精神价值。电视剧《奢香夫人》标举了一代女杰奢香忍辱负重、维护民族团结、发展民族地区经济和社会事务的精神价值。影片《美丽的黑蝴蝶》弘扬了法官蒋庆不求升迁但求扎实工作、仗义疏财乐于帮教的精神价值。这些英模形象闪耀着思想火花、精神光芒，能够照亮当今青年前行的道路，指引当今青年积极改造自己的主观世界。这些影视剧将引导当今青年缅怀民族先烈，树立崇高理想，志存高远，脚踏实地，为实现中国梦奉献智慧与力量。

四 贵州题材影视剧英模形象塑造的方法

对于贵州题材影视剧英模形象塑造的方法，笔者拟谈四点。

其一，凸显民族影视美学。

一是民族叙事手法。故事完整，有头有尾，叙事紧凑，富有传奇性：或是单线推进，娓娓道来；或是花开两朵各表一枝，最后双线交织。影片《少年邓恩铭》以邓恩铭、小腊狗、高煌等为代表的进步力量与以陈来福、石家儒等为代表的腐朽、反动力量之间的矛盾冲突为线索，矛盾冲突紧张激烈，推动情节一环扣一环地发展。最终，邓恩铭远走山东，寻求救国救民真理。影片《美丽的黑蝴蝶》采用双线交织的结构：一条线索是蒋庆走访，另一条线索是林队长寻找。双线平行发展，中间穿插相关人物的回忆。两条线索最终交织在一起：林队长赶到时，蒋庆刚被杀害。这些影片故事都有头有尾，都是封闭式结局，体现了叙事手法的民族风格。电视剧《奢香夫人》《青山绿水红日子》等，叙事手法非常类似于中国古代的章回小说，故事逻辑性强，前呼后应，起承转合皆有章法，矛盾冲突张弛有度，叙事节奏快慢适宜，处处遵循艺术辩证法。与电影相比较，电视剧更加依赖叙事的吸引力，更多地运用了民族的叙事艺术。

二是画面营造意境美，多用空镜头，融情于景，情景交融。影片《美丽的黑蝴蝶》的第一个镜头就是空镜头。黄果树瀑布旁边，一只美丽的黑蝴蝶翩跹飞舞。蝴蝶，象征自由、美丽；也可象征灵魂、死亡，躯体的死亡正是灵魂的解脱。影片用黑蝴蝶象征主人公蒋庆。蒋庆生前是美丽的，也是追求自由的。蒋庆的死亡，正是她灵魂的解脱。她抛开了红尘，化蝶而飞，飞入了极乐世界。黑色，一语双关：法官的礼服是黑色的，象征法律的尊严；蒋庆的死亡，给人们留下的是一段黑色的记忆。画面的这只美丽的黑蝴蝶，具有深刻的象征意义。情景交融形成意境美。意境美学是具有民族特色的美学范畴。

三是英模形象体现了中华民族传统美德，塑造的是本土的、民族的英模形象，而不是以西方文化价值观塑造出来的好莱坞式英雄形象。贵州题材影视剧塑造的英模形象，例如，邓恩铭、卢荣康、肖丽、奢香、蒙幺爸、林心竹等，从外表到灵魂，都体现了中华民族的价值观、人生观，是地地道道的浸染中华文化的英雄模范。21世纪以来，中国电影的英雄形象塑造有一股后殖民主义倾向。银幕上的某些英雄，在生理特征、穿着打扮方面属于中国；但是，在价值观、人生观方面却严重西方化、好莱坞化。这种倾向是文化不自信的典型表现，将危及中国的文化安全。因此，影评人"呼唤当代中国真正属于自己的银幕英雄"。[1]

其二，根据真实故事改编。例如《少年邓恩铭》《美丽的黑蝴蝶》等。编导在人物真实事迹的基础之上，进行加工改造。纪实与虚构的矛盾关系，是编导必须妥善解决的问题。黑格尔曾谈到艺术家如何处理虚构与真实的关系：一方面，他要求艺术家"对所描述的世界……都要了如指掌"。另一方面，他更加强调艺术家的虚构能力。他认为："只有到了诗人凭自由的精神抛弃了这种外来桎梏，对事物有自己的独立看法，重视自己的精神，因而克服了意识领域的混乱，这时才能开始产生真正的史诗。"[2] 但是，虚构是有限度的。"其虚构的限度在于观众的认可。这种认可是观众基于历史知识的挑剔和出于审美素养的宽容两条相反原理共同作用的结果。"[3]

其三，谱写英雄史诗。例如《绝地逢生》。编导把主要人物放在历史长河中进行描绘，在几十年的风风雨雨中展现主要人物的成长过程，从而塑造主要人物立体的形象。

其四，截取横断面，展现英模人物一个侧面的形象。例如《旷继勋蓬遂起义》。编导重点展现主要人物某一个侧面的生活，或者某一个时段的生活，以点带面，突出人物的主要性格特征。

---

[1] 韩婷婷：《新中国电影艺术创作中银幕英雄形象塑造及其发展》，《艺术百家》2012年第4期。
[2] 〔德〕黑格尔：《美学》（第三卷，下册），朱光潜译，商务印书馆，1981，第112页。
[3] 陆炜：《虚构的限度》，《文艺理论研究》1999年第6期。

第三节 贵州新时代追梦者形象系列

贵州题材影视剧,塑造了改革开放以来的追梦者形象。此处所说的新时代,指改革开放一直到当下这三四十年时间。改革开放以来,中国社会发展日新月异,越来越向人性化、民主化方向发展,允许个人梦想的存在,鼓励个人实现梦想干成事业。追求个人梦想、实现个人梦想具备了良好的社会条件,使社会发展更具生机和活力,促进了社会繁荣。

一 新时代追梦者形象分析

贵州题材影视剧塑造的新时代追梦者形象,表现在以下四个方面。

1. 婚姻自由梦追求者

婚姻自由,是中国女性千百年来的梦想。1950年4月30日,中央人民政府颁布了《婚姻法》,保障了婚姻自由权。但是,在偏远的农村地区,由于保守势力比较强大,陈规陋习比较顽固,婚姻自由仍然阻碍重重。一直到改革开放之初,社会逐步开放,现代化的浪潮一波又一波地冲击农村旧俗,才逐渐改变人们的旧观念。改革开放逐步让偏远山区的青年圆了婚姻自由梦。

影片《山雀儿》描绘了山区青年山雀争取婚姻自由权的过程。山雀是向往婚姻自由,大胆追求现代性,不断与时俱进的女青年形象。山雀的妈妈把山雀许配给邻村的刁强二。因为刁家很富裕,刁强二是高中毕业生,前途远大。可是,山雀与强二没有感情基础。所以,山雀主动提出与强二退婚。退婚,今天的人们习以为常,在改革开放之初的偏远农村地区却是冒天下之大不韪的事。村里的老爷爷、老奶奶们都不约而同地捍卫"父母之命媒妁之言",亲戚朋友都反对山雀退婚。山雀的退婚面临巨大压力,是偏远农村的习惯思维使然。生产大队的妇女主任出面斡旋,宣传婚姻自由政策,讲解关于婚约不受法律保护的知识。妇女主任代表官方发言,村民头脑中的"崇官"意识迫使他们必须接受来自官方的意见。在妇女主任的干预下,刁家同意退婚,条件是山雀家必须退还九百元的彩礼费。为了还清九百元的彩礼费，山雀进城在一个教授家当保姆。山雀积极学习文化知识，不仅文化水平大大提高，而且思想观念日益现代化。铁头进城看望山雀，在公园里表现出不文明行为。后来，铁头撕碎教授的书稿用作卷烟纸。山雀认为铁头无心学习科学文化知识，文明程度低下，无法适应未来的社会发展。因此，山雀与铁头的心理距离越来越远，以至于山雀向铁头提出退婚。这一次提出退婚，山雀遭到了妇女主任的反对，遭到了村里人的反对。山雀不得不委曲求全，坐上了铁头的花轿。山雀的两次退婚，一成一败，说明偏远农村在改革开放之初，社会风气虽有开化，但是还不彻底。当时，在偏远农村地区，婚姻自由仍然是一个美丽的梦想。

山雀的形象塑造，意义在于贵州偏远农村出现了婚姻自由梦的追求者，对于周围环境产生了积极的影响，对于农村社会进步发挥了推动作用。山雀的形象同时说明，当时在贵州偏远农村追求婚姻自由梦，依然任重而道远。

2. 大学梦追求者

粉碎"四人帮"以后，百废待兴，国家建设最缺乏的是人才。经济建设必须遵循经济规律，必须尊重知识，尊重人才。1977年10月21日，恢复高考的消息出现在各大媒体上。1977年12月，"文革"后第一次高考举行。恢复高考取消了推荐上大学的错误做法，激起了广大青年考大学的美好梦想。从此以后，一批又一批有志青年，通过高考走进大学圣殿，把自己锻造成为栋梁之材，奔赴工作岗位，为国家建设做出了杰出贡献。

贵州题材影视剧，表现了有志青年的大学梦。为了考上大学，他们夜以继日发奋攻读。他们以考上大学为奋斗目标。考上大学成为他们人生价值实现的重要途径。影片《不朽的时光》塑造了以鲁小然、方紫云为代表的有志青年群像，展现了1982年高考前后青春激扬的生活。修文一中李校长厉行改革，把学生分成快班、慢班，实行优化组合，大大提高了教学效果。鲁小然性格懦弱，但是，学习自觉性强。课堂上认真听讲，课后坚持预习、复习，他专心致志，集中精力，攻克一道道难题。他有理想、有信心、有决心、有毅力，在他爸爸的鼓励下，学习成绩一直很优秀，是青年人的楷模。鲁小然与方紫云相互激励，彼此爱恋，不断进步，从不参与打架斗殴、起哄逃课。最终，他们分别被北京大学和复旦大学录取。影片

《与你同在的夏天》中的李明馨，一心想冲出贵州大山的包围，想去看看山外的大世界，因而努力读书，考上了中国人民大学。她的闺蜜雯雯也考上了北京师范大学。李明馨的大学录取通知书被孙宏伟扣留了一段时间。最终，孙宏伟归还了通知书。李明馨看到大学录取通知书以后将有何言行，影片没有告诉观众，形成了开放式结局，让观众去发挥想象。影片《致永不消逝的青春》表现了一次特殊的高考。肖丽身患癌症，行将离开人世，但是她依然坚持参加高考。早晨，她离开病房，乘坐救护车来到高考地点。她的考场，只有她一个人考试。考数学时，她忍受剧烈疼痛，坚持到考完为止。走出考场，她进入病房继续进行治疗。成绩揭晓时，肖丽以文科544分的优异成绩超过了贵州省一本分数线。2012年7月19日，肖丽被贵州大学录取，却在8月27日离开人世。这部影片根据真人真事改编，谱写了一曲意志坚强者之歌，表彰了生命不息、奋斗不止的打拼精神，极大地鼓舞了有志青年的大学梦。

除了通过高考这一途径之外，有志青年还可以通过其他途径圆大学梦。影片《好花红》中，布依族女青年阿秀通过推荐的方式圆梦大学。阿秀是布依族女青年，她擅长唱歌。中央音乐学院的一位陈教授，在布依族的一次赛歌会上发现了这匹千里马，推荐阿秀进入中央音乐学院继续深造，以发展民族音乐事业。阿秀顺利地进入了高等学府，圆了大学梦，全面提升了自己的各方面素质。毕业以后，阿秀义无反顾地谢绝北京多家文化传媒公司的挽留，毅然回到家乡建设美丽乡村，表达了她对家乡无限的热爱。影片《朝霞》表现了一位布依族少年在"朝霞工程"的扶助下进入舞蹈学院深造的故事。

贵州题材影视剧表现了圆梦大学的多种方式。1977年恢复高考制度以来，大批有志青年积极参加高考。尤其是大量农村青年通过高考，顺利实现了身份转变和社会流动。这些圆梦大学的有志青年，成为社会精英，成为国家建设的骨干力量，为国家的繁荣富强奉献了青春与智慧。随着社会开放程度的提高，圆梦大学的途径多样化了，诚所谓"不拘一格降人才"。以高考为主体，以推荐、培训等方式为补充，圆了大学梦的有志青年增强了为人民服务的本领，激发了爱国热情，提升了人生境界，将为建设祖国做出更大贡献。

3. 创业梦追求者

21世纪以来，创业成为一个响亮的口号。1999年高校扩招以来，大学毕业生成倍增长，造成了大学生就业难的严重问题。一部分大学毕业生，告别"铁饭碗"，走上自主创业道路。自主创业者人数越来越多，队伍越来越壮大，形成了很大的社会影响力，使得自主创业观念深入人心，激发了全社会的创新创业热潮，推动各行业创新创业向纵深发展。

贵州题材影视剧关注、支持创新创业这一新的社会现象，讴歌了创业梦的追求者。影片《酥李花盛开的地方》塑造了创业梦追求者李花的形象。李花是一个大学毕业生，在城市拥有一份稳定的工作。但是，她拥有一个回乡创业的美好梦想。李花毅然回到家乡音寨，准备开发旅游，以发展文化旅游产业。因为，音寨残存一些历史文化古迹，具有旅游开发价值。旅游开发面临着产业转型升级的机遇与考验，观光旅游需要升级为休闲旅游、度假旅游。游客在景区停留的时间越长，那么，旅游业的利润就会越高。李花准备在音寨开发金海雪山旅游度假村。在招商引资的过程中，李花遇见了来自深圳的开发商杜金海。杜金海的爷爷与李花的外婆水秀曾经有过一段情感纠葛。土改时期，水秀是杜金海的爷爷的救命恩人，后来发生了恋爱关系。一段时间以后，金海雪山旅游度假村投入运营，李花的创业梦终于如愿以偿。创业的过程并非一帆风顺，其间充满欺诈、彷徨和斗争。但是，李花以坚定的决心、顽强的毅力，坚持到最后，终于取得成功。

创新创业潮流对中国高等教育提出了新要求。教育的目的在于培养全面发展的人才。学习知识的根本目的在于应用。高等教育要面向市场，为发展市场经济服务。创业需要创业者具备学以致用的能力、创新的能力、分析问题解决问题的能力。创新创业潮流必将倒逼中国高等教育转变教育观念、去行政化、提高教学质量、培育创新思维，必须培养具有市场竞争力的高层次人才。

4. 民族歌舞梦追求者

民族歌舞成为贵州题材影视剧的重要内容和重要特征。贵州少数民族众多，少数民族同胞能歌善舞，只要会讲话就会歌唱，只要会走路就会跳舞。贵州题材影视剧，塑造了民族歌唱家、民族舞蹈家形象，描绘了他们

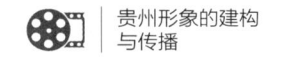

追梦的历程。

影片《阿欧桑》展现了欧桑追梦终成歌唱家的历程。欧桑生长在黔东南的一个苗寨，天生一副好嗓子，唱起苗歌来宛如一只百灵鸟清脆婉转悦耳动听。欧桑梦想冲出重重大山的包围，但是一直没有找到机会。《民风民俗》杂志社的摄影记者季风来到苗寨采风，认识了欧桑。第二天，欧桑偷偷地搭乘季风的汽车来到城市。一次偶然机会，季风听到欧桑唱苗歌，为之倾倒。恰逢季风的一位朋友，正在举办一次原生态歌舞大赛。季风为欧桑报了名。几经周折，欧桑穿着民族服装，出现在歌舞大赛的舞台上，以百灵鸟一般温润的歌喉技压群芳，脱颖而出。欧桑实现了自己的梦想，提升了精神境界。但她依然热爱苗寨，热爱自己的家乡。

影片《炫舞天鹅》展现了追梦女孩李晶晶艰难曲折的成长历程。影片的英文名称是 Dream Girl，意为"追梦女孩"。追梦成为这部影片的主题。李晶晶是青岩小学的一名学生。由于遗传因素，她从小酷爱跳舞。由于偶然机会，她闯入了路莹老师的舞蹈培训班。路莹老师认为李晶晶具备舞蹈天赋，因而特别关照她。一天狂风暴雨，房屋倒塌，李晶晶被压断了一条腿最终被截肢，她的爸爸和哥哥则永远离开了人世。面临突如其来的巨大变故，李晶晶没有退缩，而是表现出更加坚强，更加乐观，更加热爱民族舞蹈。民族舞蹈成为李晶晶的精神支柱，成为她至死不渝的崇高追求。

在现代文明影响力日益扩大的今天，贵州少数民族原生态歌舞的保护与传承面临危机。原生态歌舞的传承寄希望于贵州的青少年。贵州题材影视剧塑造了民族歌舞梦追求者形象，意在鼓励贵州青少年保护和传承贵州原生态歌舞文化，勇于担当维护贵州文化多样性的义务，因而寄意深远。

二 新时代追梦者形象塑造的特征

贵州题材影视剧塑造新时代追梦者形象，表现出以下三个特征。

第一，励志成为主题，追梦者大多为年轻人。

年轻人朝气蓬勃，上进心强，对未来的世界满怀憧憬。年轻人常常做梦，对未来的人生进行精心设计，树立远大理想并为之奋斗是年轻时代的必修课。塑造追梦者形象的影视剧，以励志为主题，表现追梦者艰苦奋斗的历程，讴歌追梦过程中表现出来的坚忍主义、奋斗精神以及强烈的信心、决心、毅力。励志剧能够传播正能量，能够激发人们开掘自身潜力的积极性，将促进青少年的健康成长。励志剧将有助于唱响中国梦。中国梦，是中国人民的梦。畅想中国梦，就要鼓励每一个中国人实现自己的美好梦想，让每一个中国人拥有出彩的机会。每一个中国人都励志向上，发奋图强，中国梦就能更好地实现。

第二，梦想具有鲜明的时代特色。

综观贵州题材影视剧塑造的追梦者形象，笔者可以发现梦想具有鲜明的时代特色。改革开放之初，人们期盼早日实现现代化，希望进城打工以获取更多资源。例如，影片《山雀儿》，山雀为了还清彩礼钱，进城到教授家当保姆。她逛街、游公园，帮教授抄写文稿，增长了见识，提高了文化水平，培育了现代观念。她之所以想与铁头退婚，是因为她已经初步具备了现代观念，与铁头的陈腐观念形成了冲突。21世纪以来，一些人梦想返乡创业，以建设社会主义新农村。例如《酥李花盛开的地方》，李花离开城市，放弃都市白领的安逸生活，回乡开发旅游，以促进社会主义新农村建设。

改革开放之初，人们梦想冲出贵州，以离开贵州为快乐。逃离贵州意味着逃离苦难。例如，影片《与你同在的夏天》，李明馨努力读书是为了冲出贵州，到大城市去发展自己。她赞同她妈妈的离家出走。她妈妈是上山下乡时期来支援贵州建设的。改革开放之后，她妈妈不顾一切地逃离了贵州。21世纪以来，贵州的发展蒸蒸日上，成为有志之士梦想的热土。例如，影片《好花红》，阿秀在中央音乐学院毕业后，完全可以留在北京继续发展。在北京，富商子弟周艺心等待着与她喜结良缘，好几家文化传媒公司等待着与她签约进行音乐产品开发。可是，阿秀义无反顾回到贵州，以建设家乡为荣。

贵州题材影视剧还描绘了国际发展梦，具有鲜明的时代特色。21世纪以来，中国的国际地位逐步上升，成为举足轻重的大国。大国崛起以后，中国逐步实施"走出去"战略，意在争夺国际话语权、发展权。与此相适应，贵州人民开始畅想国际发展梦。例如，影片《飞翔的爱》，贵州太阳花杂技团的大超与同仁刻苦训练，是为了向国际友人展示精彩的杂技表演，把中国的杂技文化传播到国外去。太阳花杂技团是中国杂技文化"走出去"的实施者之一。他们在十几个国家成功表演,实现了国际发展梦,展示了中国杂技的实力。他们的国际发展梦得以顺利实现,是因为有一个强大的社会主义祖国作为后盾。祖国的富强繁荣,是中国人民在海外国外能够生存和发展的重要前提和根本保障。

总之,梦想者与时俱进,体现了鲜明的时代特色。这些梦想与贵州的发展经历紧密相连,反映出贵州经济社会发展与时俱进,贵州越来越美好。

第三,民族文化气氛浓厚,凸显了原生态民族文化的魅力。

贵州题材影视剧塑造了追梦者形象,这种形象塑造凸显了民族文化特征。例如,影片《阿欧桑》中,欧桑好梦成真,是因为她天然地是一个苗族歌唱家。她生长在苗寨,每一个细胞都浸泡在悦耳动人的原生态苗歌之中。传承苗族的音乐文化,是她与生俱来的义务。因此,欧桑成功的原因在于她的苗族文化基因。影片《好花红》中,阿秀也是一位天然的少数民族歌手。她能够进入中央音乐学院深造,是因为陈教授听见她演唱布依族歌曲"好花红"时感到惊诧了。她在北京发展事业如鱼得水,也是因为她的演唱具有民族特色。影片《酥李花盛开的地方》中,李花回乡开发旅游产业,是因为她的家乡独具少数民族风情,具有少数民族文化旅游开发的潜能。

贵州是少数民族地区,各民族的文化相互交融共同发展。少数民族文化彰显了中国文化的多样性,丰富了中国文化的大观园。原生态民族文化,帮助一部分贵州人民实现了梦想。贵州人民的一些梦想,与少数民族文化密不可分。

三 正邪之辨:追梦者面临的严峻考验

贵州题材影视剧对个人梦想以及实现个人梦想的手段进行了审视,谴责了邪恶,扶助了正气,为观众树立了好榜样,也亮出了警示,让观众做出正与邪的选择。贵州题材影视剧通过形象塑造告诫观众:追梦之前,追梦者必须要辨明正邪。

个人梦想要与中国梦保持高度一致,要符合法治精神和道德规范。法律禁止的、道德谴责的梦想都是邪念。影片《寻枪》谴责不法商人周小刚卖假酒、养情人。影片让他的情人死于报复者的枪口下。影片《铁血警魂之卧槽马》揭露了王大海的罪恶。王大海是安康集团的老总。安康集团剽窃了养生配方，制售假药酒，侵犯了知识产权。卧底警察雷哥搜集了安康集团的犯罪证据，最终将王大海等人一网打尽。影片《酥李花盛开的地方》中，两个流氓冒充广东的开发商，借项目考察之机骗吃骗喝。他们竟然偷盗娃娃鱼，被警察逮个正着。这些人心怀邪念。邪念必将遭到毁灭性打击。差之毫厘谬以千里，一念之差所形成的结果大相径庭。待到违法犯罪之日，心怀邪念者悔之晚矣，往往发出既有今日何必当初的慨叹。

手段与目的必须相统一。目标是正确的，实现目标的手段违背了法律与道德，那么，追梦者的不当行为也必将受到惩罚。电视剧《青山绿水红日子》中，凤凰村委副主任罗金福的小舅子宋二毛，为了支持罗金福的工作，使用了不正当手段。为了招待朋友，他竟然非法购买野山鸡，烹饪成美味佳肴。宋二毛最终被警察逮捕。影片《山村风云》中，煤老板华春山热心公益事业，花了四百万元为村里修建了敬老院。华春山竞选村主任，胜券在握。可是，他的司机老六却拉拢村里的年轻人，只要投华春山一票就给五十元。这样的行径构成了贿选，造成了极其恶劣的影响。上级部门责令停止选举，处分贿选者。我们是目标与手段的统一论者，目标必须是合理合法的目标，手段也必须是合理合法的手段。

梦想有正邪之分，实现梦想的手段也有优劣之别。个人梦想不能违背国家的、集体的意志，也不得损害他人的利益。实现个人梦想的手段必须符合法治精神、道德规范。追梦者一定要走正道，要树立正确的目标，运用正当的手段。这样追求个人梦想，才能传播正能量。

四 新时代追梦者形象塑造的意义

贵州题材影视剧塑造的新时代追梦者形象，是贵州人形象的一部分，是贵州形象的重要部分。贵州人充满梦想，能够实现梦想，证实了贵州是一个能够成就人们美梦的地方，是一个大有希望的所在。因为，追梦者能够圆梦的缘由，除了个人努力之外，还有社会制度的保障。个人梦想的实现，以良好的社会环境为基础。社会的制度环境良好，体制机制越科学化、公正化、人性化，就越能保障个人梦想的实现。贵州的社会环境不断优化，能促进人们美梦成真。贵州人民不断地美梦成真，将更加促进贵州的社会环境得到优化。二者将形成良性互动。在二者的良性互动过程中，贵州形象也将大大改善。

贵州题材影视剧塑造了新时代的追梦者形象，是唱响中国梦的具体表现。中国梦是每一个中华儿女美梦的组合。个人梦与中国梦是辩证统一的。个人实现美梦，必定增强了实力，提升了人生品位。众多的中国人实现美梦，必定增强国家的实力。实现中国梦的光荣任务，必将落实到每一位中华儿女的身上。每一位中华儿女都有担当精神，为实现中国梦而奋斗，中国梦的实现才有坚实的基础。个人梦与中国梦如果方向一致，那么，个人梦的实现将加速中国梦的实现；否则就会阻碍中国梦的实现。因此，每一位中华儿女，都要以中国梦为指引，让个人梦服务于中国梦，争做实现中国梦的加速器。

第四节　贵州社会主义新农村形象系列

中华人民共和国成立初期，我国提出了要建设社会主义新农村。改革开放之初，我国提出"三步走"战略目标，建设社会主义新农村是题中之义。农业为工业提供积累、农村为城市提供便利是其显著特点。2005年10月，中共十六届五中全会提出要加强社会主义新农村建设：工业反哺农业，城市支持农村，实现工业与农业、城市与农村的协调发展。因此，建设社会主义新农村，是中华人民共和国成立以来的一贯方针，在不同时期呈现出不同的特点。笔者谈论的社会主义新农村建设，重点是21世纪初以来以工业反哺农业、城市支持农村为特点的社会主义新农村建设。

改革开放以来，贵州农村出现了新现象、新观念、新面貌。贵州社会主义新农村建设如火如荼，取得了丰硕成果，具体表现为贵州农村的经济发展、观念更新、社会和谐。

一　贵州题材影视剧塑造了贵州社会主义新农村形象

贵州题材影视剧塑造的贵州社会主义新农村形象，表现为以下三个方面。

1. 经济发展

贵州的社会主义新农村建设，首先致力于农村经济的发展。贫穷是贵州农村的顽固问题，攻克贫穷问题对贵州非常重要。政府提倡扶贫开发，收到了显著效果。影片《情系喀斯特》，表现了毕节扶贫开发的动人场景。这部影片投资150万元，由著名经济学家厉以宁出任总顾问，拍成了纪念毕节试验区创建二十四周年的一部公益电影。影片讴歌了毕节人民响应政府号召向贫困宣战的坚定决心和战斗豪情。扶贫开发尽量争取外援，但最终还要依靠自力更生艰苦奋斗。影片表现了毕节人民自力更生的精神，不等不靠，艰苦奋斗，逐步提高了经济水平。

加强基础设施建设，是发展经济的前提条件。影片《好花红》，描绘了罗亮修公路的艰苦场景。贵州是山区，八山一水一分田，山地面积占贵州总面积的八成。贵州交通极为不便，形成闭塞的生存环境。因此，修路是头等大事。在贵州山地修路，经常需要打隧洞、架桥，因而成本高，工程量大，工期长，其困难远远超过其他省份。因为道路不通，阿秀的妈妈难产而死。村民终于认识到要想富先修路，于是，咬紧牙关，省吃俭用，凑足了钱，买来钢筋水泥顺利开工。村民自发赶到工地，不拿工钱夜以继日地修公路。修公路成为村民自觉的行动，经过一段时间的艰苦奋斗，弯弯曲曲的山路一直延伸到山外边，方便了村民的出入。拖拉机、汽车代替了步行，大大加快了物流的速度。公路畅通为村民打开了方便之门，提升了村民的生活品质。

因地制宜发展多种经营，对产品进行深加工，提高技术含量，实现产供销一条龙服务，是提高农产品附加值的重要措施，是增加农民收入的捷径。影片《村支书何殿伦》中，何殿伦带领村民种茶叶，对茶叶进行深加工，分出很多等级，打造了茶叶品牌，这样就提高了种茶产业的附加值。优质茶叶远销国外，创造了国际品牌，增强了我国出口创汇能力。村民在何殿伦的带领下，经营茶叶，实现了发家致富的美梦，让一个贫困村摇身一变为富裕村。无独有偶，电视剧《绝地逢生》中，因石漠化严重沦为生存绝地的盘江村，因地制宜广种花椒，不仅保持了水土，而且创造了可观的经济价值。在蒙幺爸的坚持下，盘江村集资创办了花椒油加工厂，对花椒进行深加工，提高了附加值。技术含量与经济收入成正比，推销技巧也与经济收入成正比。二棍专门负责推销盘江村的花椒和花椒油，使得产品从未滞销。产供销一条龙服务，是农产品价值实现的关键。

贵州社会主义新农村建设，注重发展乡村旅游，让文化与旅游相结合，推动产业融合。影片《酥李花盛开的地方》，李花回乡开发旅游，推介地方文化，发展文化旅游产业，招商引资兴办了金海雪山休闲度假村。她的家乡因旅游开发带动了经济发展，呈现了新面貌。

贵州题材影视剧塑造贵州社会主义新农村形象，在故事叙述和镜头剪辑中，把振兴乡村经济摆在首要位置。中国经济进入了新常态，增长速度普遍放缓；但是，发展经济对农村仍然至关重要。农村经济发展还有很大的上升空间，尤其是贵州农村的一部分地区至今仍然是国家精准扶贫的重点对象，因此刺激农村地区经济增长尤为迫切。吸引资金、技术、劳动力等生产要素支持贵州农村建设，促进土地合理流转，扩大农产品的对外销售，提高农民的消费水平和消费质量，对于贵州农村经济建设非常重要，也有利于促进区域结构的调整。

2. 观念更新

社会主义新农村建设，首要的成果在于农村经济水平大大提高。在发展经济的过程中，农民与外界的交往日益密切，与现代化的距离越来越近。渐渐地，农民的思想观念日益现代化了，增强了打破陈规陋习的勇气。

改革开放以来，农民的思想观念与时俱进。影片《良家妇女》批判了束缚妇女的陈腐观念，鼓舞女性为自身解放而斗争。余杏仙大胆地爱上了开炳，摆脱了封建婚姻的桎梏；而且勇敢地面对世俗的挑战，自信能够战胜封建势力的代表三嫂。这表明余杏仙的思想观念得到了更新，开始追求婚姻自由。时代进步推动了农民的观念更新。

随着农民经济水平的提高，农民的精神生活得以改善。经济水平提高了，精神生活必定会得到改善，这是基本规律。但是，精神生活的改善，并非经济水平提高的附属物。所以，只重视物质文明建设，却轻视精神文明建设，这种思想是错误的。物质文明的高度发展，为精神文明建设奠定了坚实的基础。如果不主动加强精神文明建设，精神文明建设的水平并不会自动上升。思想阵地，民主与科学不去占领，那么，陈规陋习、愚昧迷信等封建腐朽思想就会去占领。思想阵地从来不会留下空白，人们主观世界的改造从来不是轻而易举的。因此，精神文明重在建设。要主动加强精神文明建设的力度，自觉提升精神文明建设的档次。要提倡社会主义核心价值观，用社会主义核心价值观指导精神文明建设。

影片《女兵还乡》批判了轻视精神文明建设的偏向。村长家贵只重视经济建设，眼睛老是盯着计算器，以便计算村民这一年来的人均收入是否超过一万元。接受记者采访时，他很自豪地介绍村里经济建设的闪光点，精神文明建设成为他的盲点。年轻人要求村里放一场电影以丰富娱乐生活，遭到村长的断然拒绝，因为怕花钱。村长家贵简直就是一个守财奴，兜里的手机老是关机，因为怕耗电，更怕花钱。殊不知，到了21世纪，村民依然愚昧麻木、封建守旧。看见年轻人跳交谊舞，村民觉得有伤风化。老父亲喜财叔仍然重男轻女，给儿子吃鸡蛋，给女儿吃萝卜条，责令女儿荷妹干大量家务活，把女儿当苦力、长工。媳妇难产时，婆婆禁止别人来自己家，而且赶紧去土地庙祷告以求大慈大悲的菩萨保佑。因为村长家贵拒绝拨款兴建村图书室，所以，年轻人只好在村子里募捐。很多人宁愿捐款修建土地庙，却不愿意捐款建图书室。这部影片通过一幅幅画面告诉观众：精神文明建设并非紧随物质文明建设而水涨船高。经济水平提高以后，人们的精神状态也可能仍然停留在愚昧麻木的状态。只有主动加强精神文明建设，才能改善人们的精神面貌。这部影片中，退伍女兵柳华批评了村长家贵的错误思想；带头捐款兴建村图书室；教年轻人跳交谊舞；打电话叫救护车以挽救难产妇女，叫人们不要迷信土地神要相信科学；创办刺绣厂实行男女同工同酬，提倡男女平等。这部影片塑造了退伍女兵柳华、村长家贵一正一反这两个人物形象，明明白白地告诉观众：对待精神文明建设，不能消极，不能怠慢；只有积极投入精神文明建设，才能打破陈规陋习，深刻改造人们的主观世界，改善人们的精神面貌，提高人们的思想水平。精神文明建设比物质文明建设任务更艰巨，难度更大，道路更长。人们改造客观世界没有止境，改造主观世界更没有止境。精神文明建设永远在路上，只有起点，没有终点。

电视剧《青山绿水红日子》展示了物质文明和精神文明"两手抓"的美丽画卷，表现了"四在农家"的创新之举。社会主义新农村建设要注重

"两个文明"一起抓,严防只抓一头顾此失彼的偏向。"四在农家"活动是贵州人民创造的、促进两个文明一起抓的具体形式,是社会主义新农村建设的创新之举。"四在农家"活动于2001年发源于贵州省遵义市余庆县,具体表述为"富在农家增收入,学在农家长智慧,乐在农家爽精神,美在农家展新貌"。"富在农家"要求加强物质文明建设,以发展经济,提高人民的生活水平。"学在农家、乐在农家、美在农家"要求加强精神文明建设。加强学习,才能掌握生产技术,才能充实头脑,才能提高人的思想品位。建设学习型乡村,培养学习型农民,是社会主义新农村建设的题中之义。"乐"与"美"是建立在"学"的基础之上的,所以,"乐"与"美"要求有品位、有格调。精神文明的目的就是要提高人民的精神品位。其中,"美在农家"还包含生态之美,涉及生态文明建设。"四在农家"活动被推广到全国各地,产生了积极的影响,推动了社会主义新农村建设进程。电视剧《青山绿水红日子》为了表现"四在农家"而拍摄,具有积极意义。在林心竹等村委会成员的带领下,凤凰村顺利推销了辣椒、柑橘等农产品,解决了滞销问题,让村民更有信心地继续发展农业生产。凤凰村成功开办了煤矿、竹器厂;建设旅游景点,发展红色旅游,开发精品旅游路线;开办山鸡养殖场。这些措施促进了经济发展,增加了农民收入,壮大了集体经济。凤凰村解决了积压多年的棘手问题,例如土地流转、移民搬迁,最终招商引资,创办了凤凰村绿色旅游公司、茶叶栽培基地,让村民拿着工资干活。凤凰村注重职业培训,让年轻的村民掌握一些手工艺生产技术和种茶制茶技术,让学习蔚然成风。凤凰村举办文艺比赛,提高村民的审美水平;参加体育竞赛,提高竞技水平。村民乔老歪封建守旧,虽是老中医,但同时相面、看风水,执着于迷信,不相信西医。经过一些风波,乔老歪及时改造了自己的主观世界,开始相信西医,也学习一些西医知识,渐渐远离了封建迷信,整个的精神面貌大为改观。乔老歪的转变,体现了凤凰村精神文明建设的实绩。凤凰村最终实现了整体搬迁,在山下平坦的土地上建起了一幢幢别墅式的新民居。凤凰村成为贵州社会主义新农村建设的一个缩影,体现了"四在农家"的深刻内涵和鲜活魅力。

总之,观念更新对于社会主义新农村建设具有独特意义。思想观念是行动的先导。观念更新是行为创新的前提条件。《大学》一开篇就说:"大学之道，在明明德，在亲民，在止于至善。"《大学》的第二章又说："苟日新，日日新，又日新。"《诗经·大雅·文王》也说："周虽旧邦，其命维新。"由此可见，中华民族自古以来就非常强调创新精神。学习先进思想往往能够促进观念更新。"四在农家"是遵义人民学习"三个代表"重要思想之后引发的创新思维，开创了社会主义新农村建设的新局面。社会主义新农村建设需要不断更新观念，以创新推动更大的发展。

3. 社会和谐

贵州社会主义新农村建设，注重农村的社会和谐，期望协调各方面的社会关系，以取得良好的社会效益。贵州题材影视剧关注贵州农村的社会建设，研究新现象，暴露新问题，以引起公众的注意，体现了直面问题的创作态度。

影片《山村风云》，表达了强化安全监管的思想。春山小学的围墙开裂，砸伤了校长老杨。围墙开裂的原因在于春山煤矿的巷道在学校底下通过，引起了地面下沉。如果春山煤矿不改变巷道的走向，那么，整个春山小学将面临垮塌的危险。前来支教的教师柳菲把这些情况反映到县政府，县政府出面问责。春山煤矿负责人终于说服了村民，把巷道改在村民的祖坟底下通过，从而确保了春山小学的安全。华春山热心村里的公益事业，花了四百万元为镇里修建了敬老院。大部分村民都在春山煤矿打工。春山煤矿成为村民增加收入的主要来源。这体现了以矿业反哺农业、第二产业支持第一产业的和谐思想。

贵州题材影视剧关注留守儿童问题，表达了促进社会和谐的思想。例如，影片《小等》。小等是贵州山区的一位女孩，年仅十二岁。她的爸爸妈妈为了偷生男孩而外出打工，若干年都不回家。家中有一位年老力迈的老奶奶，长年患病，依靠小等照顾。小等要上学，要照顾多病的奶奶，还要做很多家务活，可谓一身三任。全家的重担都压在她的肩膀上。影片尖锐地提出了留守儿童问题，希望引起公众的注意，向全社会敲响了警钟。影片《鸟巢》《山那边有匹马》等也反复关注了留守儿童问题。留守儿童的家庭负担太重，因为长期得不到父母的关爱容易产生心理健康问题，进而强烈影响学习成绩。有些留守儿童甚至走上了违法犯罪道路，酿成了人生悲剧、家庭悲剧。因此，这些影片提出的留守儿童问题成为中国农村的重大问题之一,如果不加以认真解决,后果将极为严重。留守儿童问题已经成为社会的不和谐音,解决留守儿童问题已经非常迫切,政府、民间都责无旁贷。

促进社会和谐,是贵州新农村建设的目标之一。孔子在《论语·子路》中说:"君子和而不同,小人同而不和。"建设和谐社会,不是"和稀泥",更不是"唱赞歌",而是需要直面现实问题的勇气,以及研究问题和解决问题的睿智眼光和坚实行动。妥善处理各种矛盾关系,切实解决关系群众切身利益的实际问题,是促进社会和谐的重要条件。因此,要促进社会和谐,必须走群众路线,为群众利益着想,为老百姓谋福利;还要加强制度建设,以保障群众利益不受侵犯。

贵州题材影视剧,表现贵州社会主义新农村建设的社会和谐,从暴露社会不和谐音入手,提出了一些具体问题,以呼唤人们的高度注意,体现了深刻的现实主义精神。只有妨碍贵州社会主义新农村建设的这些问题得以真正解决,贵州农村才会迎来真正的社会和谐。有些影视剧,不仅提出了问题,而且还能够提出解决问题的具体办法,从而超越了社会问题剧。例如,影片《山村风云》,华春山最终改变煤矿巷道的走向,使春山小学转危为安。

二 贵州题材影视剧揭示了贵州农村大发展的原因

贵州农村自然条件恶劣,八成的土地面积被山陵占据,农作物的有效耕种面积很少。独特的喀斯特地貌,造成部分地区即便天天下雨也严重缺水。因为这样的地面犹如漏斗,水从地表漏走了。贵州的生态环境虽好,但很脆弱,石漠化十分严重。石漠化地区可能不适宜耕种。贵州农村交通极为不便。山道弯弯,蜿蜒曲折。山区的路面狭窄崎岖,凹凸不平。与此相适应的是"背篼"。农民在背上背一个竹篓,山道只需一个人宽,均可背着货物通过。"背篼"成为贵州一部分农民工的职业,依靠背篼帮助别人运送货物。因此,2012年,国家扶贫开发领导小组办公室公布了贫困县名单,贵州有50个县、区属于贫困县,居全国第三名。贵州一共有88个县、市、区。贫困县占贵州县市区总数的56.82%。

但是,随着社会主义新农村建设的广泛深入发展,贵州农村呈现新面貌，获得了大发展。贵州农村发展较快，原因大致有以下四个方面。

第一，政策原因。改革开放以来，国家一直重视贵州的发展。实施西部大开发政策以来，贵州受益良多。贵州农村是国家扶贫开发的重点对象。国家调整区域发展布局，促使东中西部良性互动。东部地区支持西部地区的局面已经形成。贵州农村得到了东部地区的直接支援。电视剧《水家山寨的铃声》中，深圳青年陈萍来到三都县支教。因为她的爷爷曾经在贵州战斗过，她想探寻祖辈革命的足迹。所以，她自愿来到三都县的一个偏远小学来支教。这里缺电少水，缺教师，物资匮乏。但是，陈萍凭着坚定的决心，干好了每一件工作。她以苦为乐的动力，来源于对祖辈革命经历的崇敬，来源于国家政策的导向。陈萍的支教，成为东部地区支援贵州、国家政策扶持贵州的具体表现。

第二，干部的带头作用。贵州题材影视剧中，有一批农村干部为了建设社会主义新农村，冲锋在前，积极进取，大胆开拓，表现了拼命硬干的精神，带动群众攻克了一个又一个难关。例如，电视剧《绝地逢生》的蒙幺爸，《远山晴朗》的张良鹏，《青山绿水红日子》的林心竹；电影《女兵还乡》的柳华，《山村风云》的华春山，《村支书何殿伦》的何殿伦。这些干部是贵州社会主义新农村建设涌现出来的英雄模范。他们能够高瞻远瞩，谋大局，促长远发展。他们富有实干精神，从小事做起，从身边的事情做起，善于抓落实，也抓出了成效。

第三，群众的探索精神和艰苦奋斗精神。群众是历史的主人，是真正的英雄。创造力存在于群众中间，要尊重群众的首创精神。贵州题材影视剧善于发现群众的探索精神，善于表现群众的艰苦奋斗精神。电视剧《绝地逢生》中，蒙大棍是富于探索精神和艰苦奋斗精神的老实农民。黄九妹嫁给别人之后，大棍下决心在恶狼谷种桃花，发誓要把恶狼谷变成桃花谷。大棍在恶狼谷栽了好几百棵桃树，把恶狼谷改名为桃花谷，也迎来了九妹的回归。大棍开始栽种花椒，花椒善于保持水土，适宜在石漠化地区栽种。后来，盘江村栽种花椒达到五千亩，并且把花椒加工成花椒油，让盘江村很快富裕起来。大棍勇于探索的步伐没有停止。为了迎接旅游开发的高潮，他在桃花谷办起了农家乐，为游客提供吃、住、游、乐一条龙服务。由此可见，生存于石漠化绝地的盘江村从贫穷走向富裕，并非神灵所赐,而是蒙大棍之类的老百姓勇于探索艰苦奋斗的结晶。从种桃树到种花椒,从广种花椒到提炼花椒油,从推销产品到办农家乐,盘江村的老百姓一直在艰辛地摸索致富之路,在踏踏实实地为自己、为子孙酿造生活的蜜。盘江村村民上下求索、艰苦奋斗,终于改变了盘江村贫穷落后的面貌。

第四,因地制宜,积极发展山地旅游。贵州省多山,适宜发展山地旅游。贵州乡村旅游景点建设与山地特征紧密配合,贵州旅游商品也与山地特征相协调。贵州生态环境质量高,对省外国外的游客具有强烈的吸引力。在中国大面积爆发雾霾的情况下,这种吸引力将呈几何倍数增长。贵州的民间与官方在发展山地旅游方面达成了高度一致,利用贵州的天然优势,积极发展山地旅游。于是,山地变成了有待开发的宝藏,成为贵州人民致富的门路。贵州题材影视剧,不遗余力推介贵州旅游景点。影片《酥李花盛开的地方》中,大学生李花放弃城市白领生活,回到家乡大搞山地旅游开发,体现了贵州人民发展山地旅游的自觉意识。电视剧《青山绿水红日子》中,凤凰村把发展红色旅游作为社会主义新农村建设的一个重要项目。陈水生为了寻找红军洞付出了惨重的代价。最终,红军洞被找到,红色旅游线路被规划成形。发展红色旅游为凤凰村的社会主义新农村建设提供了路径。

综上所述,贵州农村建设能够获得大发展,不是偶然的现象,而是必然的趋势,是贵州农村的天然优势、贵州农民的长期苦战、贵州农村干部殚精竭虑谋发展等各方面因素综合作用的结晶,更是国家的优惠政策催化而成。基于上述情形,笔者可以很有根据地判断:贵州社会主义新农村建设,将会再创辉煌,将会取得更加丰硕的成果。

三 贵州题材影视剧塑造贵州社会主义新农村形象的意义

其一,塑造贵州社会主义新农村形象,是贵州题材影视剧塑造贵州新形象的题中之义。农村建设是贵州发展的难点,扶贫攻坚的重点在边远乡村。贵州农村建设的成果,昭示着贵州在前进,向世人表明了贵州是一个大有希望的地方。

其二,塑造贵州社会主义新农村形象,有利于吸引省外国外的资金、技术投向贵州，有利于吸引省外国外的游客前来贵州旅游、休闲、度假，促进贵州经济社会的进一步发展。

其三，贵州题材影视剧，讴歌了社会主义新农村建设过程中表现出来的探索精神、奋斗精神。这是任何时代都不可或缺的宝贵精神财富。继承这些精神财富有益于青少年茁壮成长。

其四，贵州题材影视剧，凸显了观念更新对于社会主义新农村建设的重要作用。观念更新，是改革开放时代的必然要求，是贵州经济社会跨越式发展的先决条件。继续更新观念，使主观世界符合客观世界的要求，才能促进各项事业的正常发展。因此，贵州社会主义新农村建设过程中仍然需要不断更新观念。

第五节　贵州现代城市形象系列

改革开放以来，贵州的城市建设步伐加快，兴起了一批现代化城市。贵州城市逐渐增强了现代城市功能。"城市本如植物一般，它的发展，本与系着在风景之上的高级文化形式的发展，没有什么不同。但是，文明时代的巨型城市，则剥除了这一灵魂的根底，使城市不再植根于风景的泥土中。城市的剪影，所表达的语言，是属于它自己的灵魂的。城市与乡野，各有不同的灵魂。"[1] 贵州的城市建设与时俱进，在我国城市化高潮中将发挥重要作用。贵州的城市已经形成城市群、城市带，卫星城建设已具规模。贵安新区成为国家级新区，是黔中经济区的核心地带。贵州城市与国内外现代化大都市紧密相连，交往频繁。国内外大都市的新时尚，不出一个月就会传入贵州的城市。千山万水已经不能阻隔贵州城市与国内外大都市的血肉联系。

贵州题材影视剧塑造了贵州现代城市形象，为贵州形象增光添彩。城市形象是人们在特定观念的支配下对城市的物质文明、精神文明、生态文明形成的总体印象或综合评价。"构成城市形象的要素主要包括城市的内

---

[1] 〔德〕斯宾格勒：《西方的没落》，陈晓林译，黑龙江教育出版社，1988，第350页。

在精神和外在实存两个方面：外在实存具体包括城市标识、城市规划、城市建筑、城市景观、城市市容等要素；内在精神是指由这个城市的历史文化、现代文化、民间文化、地域文化、政府形象、企业形象、市民形象等综合而成的一种城市的精神力量。"[1]

一 贵州题材影视剧塑造了贵州现代城市形象

（一）外在的城市空间

笔者拟从空间角度来阐述贵州题材影视剧塑造的贵州现代城市的外在形象。因为，贵州城市的外在形象显著表现为空间特征的变化。

1. 地理空间

街道是典型的城市景观之一，是城市重要的空间元素。"建筑没有街道便不能存在，它们互相确定对方的地位，为对方服务。街道包含了场所的基本原则，不管是小街还是大道，在其上面的一切（行人、骑自行车的人、坐轮椅的人、司机、乘客、狗、邮递员、消防队员、乱穿马路的人、流浪汉……），都面临着一种选择——根据交通信号行走，或避开这些，进入建筑之中。每条街道都有人们的直觉在发挥着作用。然而，城市却是流动、选择、消遣、展示和买卖的综合。和城市的其他宁静和谐的区域截然不同的是，街道成为城市最主要、最混乱的部分。哈顿把街道说成是：'人与物之间的中介——街道是交换、商品买卖的主要场所，价值的变迁也产生于这里。'在街道上，主体与客体、观看橱窗者和娼妓、精神空虚者和匆匆过路人、梦想与需求、自我克制与自我标榜在不断交替。'站马路的'是对娼妓的一种委婉称呼。换句话来讲，街道不仅具有表现性，而且是日常生活戏剧的展示窗口。"[2]

贵州题材影视剧，展示了贵州城市街道的繁华，昭示了贵州城市建设的巨大进步。影片《扬起你的笑脸》展示了贵阳街道的现代化：车水马龙，行人如织，街道宽阔，两旁的绿化面积很宽。影片《阿欧桑》中，欧

---

[1] 王莉：《论城市形象的内涵及构成》，《长沙大学学报》2011年第6期。
[2] 奈杰尔·科茨：《街道的形象》，卢杰、朱国勤译；罗岗、顾铮：《视觉文化读本》，广西师范大学出版社，2003，第191~192页。

桑在街道旁边把自己亲手编织的民族服装卖给了日本的游客。日本游客啧啧赞叹欧桑心灵手巧。影片《天堂有泪》中的马龙杰在街道上飙车,表演英雄救美的精彩动作。在街道上,人们表现出自己的身份、职业、爱好,或者经营自己的业务,或者闲逛。街道成为城市中最民主的场所,也是最混乱的地方。

机场是现代化程度最高的城市空间之一,实现了大城市之间的无障碍连接。来往于机场的人,大都是社会上流,支撑着临空经济的发展。贵州题材影视剧,见证了贵阳龙洞堡机场的发展变化。影片《扬起你的笑脸》中,安妮的妈妈偕美国男友临空而至,一下飞机便被中国民族文化深深打动。影片《云上太阳》中,法国女画家波琳身患重病,从龙洞堡机场乘飞机回法国医治。一段时间后,她又回到丹寨,最终依赖丹寨的山水治好了她的疑难杂症。影片中,一架架飞机腾空飞舞,推动了贵州的现代化进程,拉近了贵阳与国内外大都市的距离,吸引了海内外游客临空而至。机场的建筑物,美观精巧,气势磅礴,成为城市一道亮丽的风景,吸引许多游客拍照留念。

私家车暴增,是城市空间的新特征之一。国家实施富民政策,让小汽车进入普通家庭。老百姓收入增加后,要求改善出行条件,购买小汽车的家庭越来越多。这样就强烈拉动了内需。影片《阿欧桑》中,记者季风善于开车。每一次开会迟到时,他都说是因为路上堵车,以至于主编劝他换一个理由。欧桑偷偷地躲进他的车里进了城,才有了唱歌比赛的机会。后来,欧桑偷偷地跑回去了,季风十万火急地开车把欧桑接到城市来参加歌唱比赛,最终一举成名。季风的私家车关系着欧桑的前途和命运,在影片叙事中发挥了很大作用。私家车是城市居民身份与资本的象征,从某个角度体现了城市居民的富裕程度。

2. 媒介空间

手机是当下重要的媒介之一。手机只是一种通信工具,其功能的发挥取决于使用者的操纵。手机媒介既可以成事,也可以败事;既可以融洽人际关系,也可以引发猜忌;既可以防范违法,也可以用于犯罪;既可以采集信息,也可以侵犯隐私。影片《阿欧桑》中,季风酒醉未醒时,他的女朋友打电话询问他的行程安排。这时,欧桑替季风接了电话,结果引起了季风女朋友的误会,以致女朋友与季风分手了。影片《美丽的黑蝴蝶》中,没带手机成为悲剧发生的原因。法官蒋庆在审判案件结束后下班,可是,手机落在了办公室。林队长接到报案知道有人企图刺杀蒋庆,可是,蒋庆走出办公室行踪不明也联系不上。这样,林队长寻找蒋庆,逐一排查嫌疑者,蒋庆走访学校,二者形成双线结构。最终,蒋庆遭到刺杀时,林队长才带人赶到,一切都已经晚了。很显然,蒋庆没带手机成为悲剧的直接原因。手机媒体的作用已经达到了关乎性命的地步。由此可见,在现代社会,手机成为带着体温的情人,成为须臾不可或缺的通信工具,其作用丝毫不容低估。"基本上可以断定,手机最终将演变而为一种全功能、移动性、手持计算机终端,用于生产、传输和接收各种形式的数字化信息。"①

在当今城市,爱情时常浸泡在互联网时代的技术和文化中。"我们似乎正处在一个'爱情的时代'。无论是报纸、杂志、书籍、广播、电视和电影等现有文化装置,还是新兴的国际互联网,这些符号系统或网络随时都在成批地和大量地生产爱情,使得爱情信息处处呈膨胀趋势,无所不在地弥漫在人们的日常生活中,构成了一个符号性的'超级现实'(hyperreality)。"② 网络世界的匿名性使得网络交往与现实交往具有不同的特征。影片《天堂有泪》中,老吉兆化名"桐梓少年",台北少女安安化名"台北美少女",二人在网络上谈恋爱。网络的匿名性让对方互不了解,他们的恋情只存在于虚拟空间中。安安打算来桐梓寻找她的叔公,顺便准备与"桐梓少年"见面。老吉兆心虚了,借外出旅游之机溜之大吉,把"桐梓少年"转给他的孙子马龙杰,让马龙杰与"台北美少女"见面。于是,马龙杰以"桐梓少年"身份,与"台北美少女"安安见面,并产生了真正的恋情。最终,二人顺利结合;并且真相大白,老吉兆就是安安的叔公。这部影片中,网络仅仅是爱情的表象,没有成为影片的结构元素,也没有进入影片中人物的生活。除了在网上相识,其恋爱方式没有特别之处。而影片《飞翔的爱》中,网络则发挥了重要作用,成为情节发展的关键一环。

---

① 〔加〕罗伯特·洛根:《理解新媒介——延伸麦克卢汉》,何道宽译,复旦大学出版社,2012,第194~195页。
② 王一川:《一场符号化的爱情游戏》,《当代电影》1999年第3期,第26页。

大超与小妹公开演出"飞翔的爱",不料小妹摔断了腿。杂技团出国演出在即,大超带着伤痛的心继续排练。这时,小妹委托素素,用小妹的QQ号每天晚上与大超聊天。小妹隐居深山治疗,却谎称已经出国,为的是让大超安心排练。素素每晚用小妹的QQ号与大超聊天,一身两任,既说出了小妹的肺腑之言,又饱含自己的情愫。在这场三角恋爱中,网络发挥了非常重要的作用。网聊让大超安心排练,在出国演出中获得了很大成功。网聊让素素的心性走向成熟,最终她决心把自己打造成为一个德艺双馨的杂技演员。网聊成为这部影片叙事的转折点之一,网络深入了人物的思想情感之中,不再是现代时尚元素的拼贴。这体现了编导在表现网络时代的爱情方面取得了明显进步。

麦克卢汉说,媒介即信息,媒介是人的延伸。城市人凭借优越的技术条件,在媒介的运用方面占据了优势地位。贵州城市利用现代媒介,提升了城市人的生活品质,也优化了贵州形象。

3. 国际化空间

贵州题材影视剧塑造的贵州城市空间,有时升格为国际化空间。这样的国际化空间,昭示了贵州城市对国际友人的吸引力,表达了贵州题材影视剧的全球化想象。在全球化想象中,贵州题材影视剧坚持了文化主体性,积极传播了中华文化、贵州民族民间文化。

影片《扬起你的笑脸》营造了国际化空间。大卫·哈维认为:"通过媒体形成的国际化空间在影片中无所不在。"① 花溪举办了中外少年夏令营活动。不同肤色、不同国籍、讲不同语言的少年齐聚花溪。视觉上的差异和语言上的交杂成为这部影片突出的视听特征。语言是文化的载体,也是身份的标识。国际化空间的建构为观众提供了全球化想象。在全球化想象的文化环境中,倡扬民族文化的主体性至关重要。"在一个现代世界里,与地域、部落、家庭和宗教的'前现代的'认同被粉碎了。这个现代世界的新的社会和文化关系(资本主义、国家形式、全球通讯)既瓦解了稳定的地方关系,也破坏了全球的宗教认同。民族主义就是要通过各种方式找

---

① 〔美〕大卫·哈维:《后现代电影中的时间与空间》,梁伟诗、庄婷译;罗岗、顾铮:《视觉文化读本》,广西师范大学出版社,2003,第164页。

到一个能与现代世界合拍的替代物。它要提供一种在新形势下有效的凝聚力，也提供了某种围绕着它们可以建立起他们自己和别人身份的东西。理解这个问题的关键方法是本尼迪克特·安德森的把民族看作'想象的共同体'的观念。"① 本尼迪克特·安德森认为："想象'民族'最重要的媒介是语言。而语言往往因起源不易考证，更容易使这种想象产生一种古老而'自然'的力量。"② 这部影片致力于传播贵州民族民间文化。安小杰的爸爸是苗族文化研究专家，痴迷于苗族艺术研究。安妮的妈妈叶苓是苗族舞蹈家，擅长跳苗舞。他们都参加了贵州文化传播活动。原来，安小杰与安妮是兄妹关系。十年前，二人的父母离婚，叶苓带着安妮去了美国，安小杰父子留在贵阳。通过夏令营活动，安小杰安妮两兄妹设计让父母见面并且最终破镜重圆，这样便寄寓了"家和万事兴"的文化主旨。影片营造的国际化空间，是其外表；内核却是中华民族的"和"文化以及贵州民族民间文化。影片中的外国少年，对中国文化表现出浓厚的兴趣，彰显了中国文化在国际化空间中的永恒魅力。

(二) 内在的精神形象

贵州题材影视剧塑造贵州现代城市内在的精神形象，笔者拟从四个方面来阐述。

1. 丰厚的民族民间文化内蕴

贵州是多民族省份，贵州城市具有民族民间文化特色。民族民间文化构成了贵州题材影视剧的影像奇观。影片《阿欧桑》再现了凯里风雨桥的壮观场景。风雨桥也称花桥，是侗族的传统建筑。侗族人民喜欢住在水边。风雨桥常与鼓楼结为一体，被称为鼓楼式花桥或者花桥式鼓楼，成为人们休闲、议事的场所。鼓楼是侗族人民至高无上的旗帜，是神圣的地方。这部影片显示的是鼓楼式花桥，以花桥为主。这部影片还展现了凯里

---

① 〔英〕阿雷恩·鲍尔德温、布莱恩·朗赫斯特、斯考特·麦克拉肯、迈尔斯·奥格伯恩、格瑞葛·斯密斯：《文化研究导论》，陶东风等译，高等教育出版社，2004，第162~163页。
② 〔美〕本尼迪克特·安德森：《想象的共同体——民族主义的起源与散布》，吴叡人译，上海人民出版社，2005，第12页。

民族文化街的盛况。这是凯里市民族服饰、民族工艺品交易的主要场所之一。欧桑参加歌唱大赛所穿的苗族服饰就是季风从这条街租去的。欧桑演唱了苗族歌曲，在大赛中胜出，实现了人生出彩的理想。影片《飞翔的爱》，表面上是叙述了杂技演员训练、表演的故事，其实包含了一个民间故事。大超训练的"英雄救美"特技，来源于贵州民间故事——娘美珠郎。侗族姑娘秦娘美与邻寨青年珠郎相爱。但是，侗族有"养女从舅"的习俗，俗称"姑表婚""女还舅门"。这是母系氏族社会"男子出嫁，女子坐家"婚姻制度的残余。女孩长大以后要嫁给舅舅的儿子为妻，或者听从舅舅的安排嫁给别人。这就是侗族的"舅权制"。娘美向往婚姻自由，在舅家逼嫁之前与珠郎私奔，在一个名叫七百贯洞的地方住下来。这个地方有一个地主，名叫银宜，家资巨富，广有良田。银宜垂涎于娘美的姿色，发誓要霸占娘美。银宜设下阴谋诡计，设计害死了珠郎。娘美了解了珠郎去世的真相，发誓报仇。娘美声称要是有人与她一道将珠郎埋葬，她就嫁给这个人。银宜果然中计，与娘美上山挖坑。一旦银宜挖好深坑，娘美就用铁锄将银宜打死，埋在银宜自掘的坟墓里。乡民们纷纷前来帮助娘美渡过难关。娘美珠郎的传说，表达了贵州人民反封建反迫害的坚定决心，讴歌了忠贞不渝的爱情，也寄托了对婚姻自由的向往。娘美珠郎的美丽传说，在贵州广为传颂。1960年，著名导演孙瑜拍摄了戏曲电影《秦娘美》，由贵州省黔剧团表演，提升了黔剧的影响力。影片《飞翔的爱》包含娘美珠郎的传说，形成了戏中戏，增强了这部影片的文化内蕴。大超在十多个国家表演杂技"飞翔的爱"，把贵州民间文化传播到国外，为中华文化"走出去"做出了贡献。

2. 市民的现代性逐渐增强

贵州题材影视剧审视市民的精神状态，表现了市民逐渐增强现代性的过程。贵州城市的现代化程度越来越高，市民逐渐培育了现代的思想意识，在享受城市物质文明的同时，也分享着城市的精神文明。

影片《山雀儿》表现了改革开放初期贵阳市民的文明之风。为了赚钱还债，山雀从农村来到贵阳的一个教授家当保姆。这部影片从山雀的视角展现了市民的文明思想、文明行为，并且处处进行比较，在比较中表彰文明批评陈腐观念。山雀做好了饭菜，请王教授一家人围坐在桌旁吃饭，自己却在旁边观望。山雀认为自己是保姆，不能与主人同桌吃饭，须待主人家吃完饭以后才能吃饭。山雀的等级观念遭到王教授的批评。王教授一家人都奉行平等思想。从此，山雀平等地与王教授一家人同桌吃饭。不仅如此，王教授的女儿飞飞还主动与山雀交朋友，一块儿出去玩耍。飞飞还给山雀买衣服。王教授一家人都平易近人，与人为善，就是平等观念促成的。飞飞的思想很开放，与山雀畅谈人生，让山雀很快走出了人生阴影，表现出积极的人生态度。城市人追求现代文明，带动了山雀积极学习文化知识。在城市文明的熏陶下，山雀提高了自己的思想境界。此时，山雀对铁头在公园里的不文明行为、撕掉书稿用作卷烟纸等粗鲁、愚昧的行为，已经不能容忍了。影片中的山雀成为城市文明的接受者，影片表现山雀文明程度的提高实际上是赞扬了城市文明的高雅。王教授、飞飞等人平等待人、作风民主，是现代观念的践行者，对于现代城市文明的传播发挥了积极的推动作用。

影片《阿欧桑》表彰了新时代的伯乐精神、利他主义。季风是新时代的伯乐。季风在苗寨采风时，了解欧桑擅长唱苗歌。欧桑来到凯里市，季风亲耳听见欧桑唱苗歌，清丽婉转，余音绕梁。季风热情地推荐欧桑参加少数民族歌咏大赛。欧桑信心不足，偷偷地跑回家，季风又一次跑到苗寨把欧桑接到城里。欧桑没带民族服装，季风用自己的相机作抵押借来苗族服饰让欧桑参赛。欧桑在少数民族歌咏大赛中夺冠，季风并没有得到任何利益。"世有伯乐，然后有千里马。千里马常有，而伯乐不常有。"季风善于发现人才，让欧桑找到了人生出彩的机会。他奉行了利他主义，不图报酬，甘为欧桑作人梯。

影片《飞翔的爱》表彰了反省意识。素素有点小心眼。她爱大超，却不敢表白。她忌恨小妹，因为大超爱的是小妹。于是，大超生日的那天晚上，小妹为大超举办了生日晚会。素素在楼下张望大超与小妹，喝了一晚上的闷酒，在花坛边熬了通宵。大超与小妹合作表演"飞翔的爱"，素素在一旁干瞪眼。但是，小妹摔断腿之后，素素的恻隐之心潜滋暗长，自责之情与日俱增。素素决定洗心革面，做一个德艺双馨的杂技演员。反省意识挽救了素素。曾子说："吾日三省吾身。"老子说："知人者智，自知者明。"每个人对自己做过的事都要进行实事求是的评判，要平心静气地区分正与误、优与劣。西方提倡忏悔精神，对自己的恶德败行要进行忏悔，以便及时补救。《左传》说："人谁无过，过而能改，善莫大焉。"素素改变了小家子气，检讨了自己的言行，准备加强自己的思想道德修养，从而提升了自己的精神品位。

影片《炫舞天鹅》凸显了坚强的人生态度。李晶晶自幼酷爱跳舞，具有跳舞的天赋；因而，她倾尽心力学习舞蹈艺术。虽然经历了巨大的变故，爸爸和哥哥死于房屋倒塌事故，她自己也被砸伤招致截肢；但是，她丝毫没有动摇决心和信念，一如既往地学跳舞。这份执着，这种坚强，是宝贵的精神财富。

影片《扬起你的笑脸》的主题集中表现为"扬起你的笑脸，把影子留在身后"。这奠定了影片积极乐观、昂扬向上的思想基调。影片张扬了一群小孩天真无邪、聪明伶俐、心地善良、乐于助人的优秀品质。他们的文化价值观是健康的、进步的，人生态度是进取的、向上的。现代的思想观念培育出了一代新人，这一代新人将以现代理念去开创未来。祖国的希望总是寄托在青少年身上。

由此可见，市民逐渐培育了自信、自强、自立、自省的精神，以平等的观念看待他人，以民主的作风处理人际关系，为他人着想，奉行利他主义、坚忍主义，保持着积极乐观、昂扬向上的人生态度，从而增强了现代意识。市民逐渐增强了现代性，合乎社会发展的必然趋势。

3. 企业家的拼搏精神

改革开放以来，企业始终是国家经济发展的风向标，是促进市场繁荣的主体，是利税的主要贡献者。贵州题材影视剧表现了城市企业家的拼搏精神，为城市形象增光添彩。

影片《云下的日子》中，干部职工不尚空谈，抓紧时间，努力拼搏，呈现昂扬的精神面貌。前进酿酒厂的刘厂长，在"文革"期间被打倒，蹲了十年大狱。改革开放以后，刘厂长回到酿酒厂，马上动手恢复废弃的工厂和车间，当晚就进购机器设备。刘厂长的言行，足以振奋精神，鼓舞了全厂干部职工。因为，前进酿酒厂被定为扩大企业自主权的试点单位，必须打破大锅饭保质保量完成生产任务。片刻工夫，车间就被收拾好了。为了节省时间，垃圾就地烧毁。烧毁垃圾这个特写镜头，产生了隐喻意义。

这把火，烧毁了一个旧时代，开启了一个红火的新时代，也是刘厂长新官上任三把火的形象写照。企业的干部职工上下同心，务实进取，努力拼搏，国家的富强才会充满希望。

影片《飞翔的爱》，展示了文化企业贵州太阳花杂技团的拼搏精神。为了出国演出的成功，大超带领陶丽娟、丁全等同伴加班加点地排练，终于突破了英雄救美的训练难点。大超等人在国外演出大获成功，是他们努力拼搏的成果，正所谓台上一分钟台下十年功。他们在国外演出的成功，不仅收到了良好的经济效益，更收到了良好的社会效益，扩大了这个文化企业的社会影响力。

4. 公务员的无私奉献精神

公务员代表政府形象、国家形象，更是城市形象的代表者之一。影片《美丽的黑蝴蝶》中的蒋庆，发扬了无私奉献精神，想群众之所想，急群众之所急，热情服务，乐于帮教。贵阳的城市形象因为有这样优秀的公务员而增光添彩。上级部门准备提拔蒋庆，而她坚决拒绝。可见，蒋庆不是为了升迁而努力工作。"人到无求品自高"，蒋庆没有当官的愿望，她的无私奉献出于她的本色。这是她与众不同的特点。她帮教过很多失足青年，对他们进行思想教育，进行情感疏通，甚至进行经济援助，使他们摆脱思想、情绪、经济上的困境，尽快回复到正常的生活状态。她善于做调解工作，犹如春风化雨，把尖锐的矛盾化成和谐的关系。她从不迟到，常常在办公室加班加点，以致忘记照顾家庭。蒋庆忘我地工作，真正践行了共产党人为人民服务的根本宗旨。老百姓信任她，她成为老百姓的贴心人。蒋庆没有私心杂念，全身心地投入工作，是公务员学习的好榜样。爽爽的贵阳培育了优秀的蒋庆，优秀的蒋庆让贵阳盛名远播。

波布克说："在现代电影中，最重要的一个发展，是认识到电影能够处理我们时代的最深奥的思想。因此，电影脱离了通俗娱乐的领域，而取得了与作为主要样式的戏剧和小说相等的地位。"[①] 贵州题材影视剧，游刃有余地塑造了贵州现代城市内在的精神形象，把抽象的精神元素用画面、故事表达出来，收到了深入浅出的艺术效果。

[①] 〔美〕李·R. 波布克：《电影的元素》，李菡卿译，中国电影出版社，1992，第182页。

二 贵州现代城市形象处于发展之中

纵观贵州题材影视剧，从历时性角度考察贵州城市形象，笔者可以得出结论：贵州城市在现代化的时代潮流中不断向纵深发展，贵州城市的现代化程度不断提高了。

影片《山雀儿》《与你同在的夏天》《云下的日子》等，展示了改革开放初期贵州城市的景观。这些影片中，街道很狭窄，几辆汽车稀稀落落地穿过马路，交警站在马路中间指挥车辆通行。解放牌大货车成为那个时代车辆的记忆。自行车成为城市人的主要交通工具。街道两旁的房子，很多都没有外粉刷，砖块裸露在外。城市人衣服的款式品种还比较传统，很多人穿着中山装、人民装，女装也比较保守。

影片《飞翔的爱》《炫舞天鹅》《扬起你的笑脸》《天堂有泪》等，展示了21世纪贵州城市的景观。这些影片中，街道很宽阔，主要街道有六车道或八车道。车辆拥挤，堵车成为常见的镜头。红绿灯指挥交通，数字化技术监控车辆。私家车、出租车成为人们出行的主要交通工具。年轻人喜欢飙车，在高速行驶中寻找刺激。街道两边的房子，非常讲究外包装，装潢精美，五颜六色。一幢幢高楼鳞次栉比，炫耀着城市雄厚的经济实力。城市广场具有个性化设计，运用了日常生活的美学。城市人的衣着竞相标新立异，发型也很奇特，女性的服饰打扮开放到无以复加的地步，于是，后现代色彩逐渐显露出来了。

一个时代有一个时代的城市形象。历史前进的步伐，推动了城市化的深入发展。"城市化是现代化的一个标志。城市化过程与现代化过程密不可分，互生共长。城市化为现代化提供了前提条件，而现代化则是城市化的倍增器：正是现代化运动使得城市具有现代内涵，城市人与社会生活才被打上'现代性'的烙印。从这个意义上说，21世纪以来中国的城市化发展历程，也就是中国现代化的历程。"[①] 现代化的进步推动了城市化发展。城市化的发展，导致了公共领域的消失。"都市化进程可以说是社会生活在'公'和

---

① 忻平：《从上海发现历史——现代化进程中的上海人及其社会生活（1927~1937）》，上海人民出版社，1996，第22页。

'私'方面不断地两极分化的过程。值得重视的是，公和私之间一直存在着一种相互作用。如果说没有私人领域的保护和支持，个人将会陷入公共领域的漩涡之中。正是在这个过程中，公共领域改变了自身的性质……城市在整体上日趋变成一个难以透视的热带丛林，而大城市人也随之遁入其私人领域。私人领域不断地发展。但是，最后，大城市人感觉到，城市公共领域消失了。因为，公共领域变成了管理混乱的专制交往领域。"①

贵州题材影视剧，用画面记录着贵州城市形象的变迁，用故事述说贵州城市的日益现代化。伊芙特·皮洛说："近几十年发展起来的沸沸扬扬的大都市生活新方式和新特点只有电影能够记录下来，并做出灵敏的反应。"② 这句话道出了电影与城市天然的密切关系。从源头来说，电影起源于城市生活的映象。《火车进站》《水浇园丁》《工厂大门》，这些超短纪录片标志着世界电影史的诞生，表现的是城市生活。中国的第一部电影《定军山》，也是表现城市生活的。"电影是视觉的艺术，也就是说，是具体事物的艺术。"③ 贵州题材影视剧，提供了关于贵州城市的感性材料，让观众感受到贵州城市的巨大变化，赞叹贵州城市形象的发展进步，推动了贵州新形象的建构进程。

三　贵州题材影视剧塑造贵州现代城市形象的意义

贵州题材影视剧塑造贵州现代城市形象，具有重要意义，表现有四。

其一，提升贵州城市的知名度，将促进贵州城市形象的品牌化和整合营销。"城市形象是社会公众、市民和游客对城市的整体印象和评价。现代意义的城市形象不再是美化市容的表层，而是潜在城市竞争力价值内涵的体现。塑造城市形象的前提是找准城市形象定位，城市形象设计是塑造城市形象的基础。城市形象塑造要凸显城市个性，城市品牌形象传播的方法是整合营销。"④ 贵州题材影视剧塑造贵州现代城市形象，能够提升贵州

---

① 〔德〕哈贝马斯：《公共领域的结构转型》，学林出版社，1999，第186页。
② 〔匈〕伊芙特·皮洛：《世俗神话——电影的野性思维》，崔君衍译，中国电影出版社，1991，第78页。
③ 〔匈〕巴拉兹·贝拉：《可见的人：电影文化、电影精神》，安利译，中国电影出版社，2003，第319页。
④ 于洪平：《论城市形象的塑造与营销》，《东北财经大学学报》2007年第6期。

城市的知名度，有助于贵州城市形象的品牌化。一旦贵州某些城市形象实现了品牌化，那么，整合营销就蓄势待发了。影视剧作为强势媒体，将助推贵州城市形象的品牌化。

其二，增强贵州城市的文化软实力，以提升区域竞争力。区域竞争力的增强，不仅要依靠经济、科技等硬实力，而且要充分发挥文化软实力的作用。贵州题材影视剧，塑造贵州的城市形象，培育贵州的城市精神，在某种程度上能够提升贵州城市的文化软实力。文化软实力的提升，有助于文化产业开发，形成文化产业链，促进贵州文化产业的发展，从而增强贵州城市的竞争力。

其三，吸引外来游客，促进贵州旅游产业的发展。贵州题材影视剧，塑造了贵州城市形象，传播了贵州城市的民族民间文化。这对于省外国外的观众来说，将产生一定的吸引力。尤其是一部分贵州题材影视剧，产生了较大的社会影响力，对游客的吸引力更强。促进贵州旅游产业的发展，是贵州题材影视剧塑造贵州城市形象的内在动力之一。

其四，彰显了改革开放、西部大开发的重大成果。贵州题材影视剧塑造的贵州城市形象深刻表明：贵州的城市形象在不断发展进步。这种进步是改革开放的重大成果，是西部大开发政策直接促成的。贵州城市的发展，证实了国家政策的正确性。因而，要继续贯彻改革开放、西部大开发政策，才能继续促进贵州的科学发展、全面发展，才能让贵州城市日新月异大步向前。

四　贵州题材影视剧塑造贵州现代城市形象应注意的问题

贵州题材影视剧，在塑造贵州现代城市形象时，应当注意三个问题。

第一，深藏塑造贵州城市形象的目的，致力于贴近生活、贴近现实，在生动的故事叙述中表现贵州城市的精神风貌。影视剧对于观众的吸引力主要来源于生动的故事叙述，观众对影视剧的第一要求就是故事的完整、生动、有张力。目前，在贵州题材影视剧中，塑造贵州城市的美好形象成为明意识。更有甚者，这导致了意在笔先、主题先行的弊病。过于修饰、美化城市形象，可能适得其反；甚至可能让影视剧沦为宣传贵州城市形象的工具。因此，要大力提高故事的吸引力，提高影视剧的表现力，让贵州题材影视剧深藏不露，含蓄隽永，才能收到"随风潜入夜，润物细无声"的艺术效果。

第二，加大贵州题材影视剧的宣传力度，以提高影视剧的影响力。只有增强贵州题材影视剧的影响力，才能提高贵州城市形象的传播力。目前，贵州题材影视剧的影响力还不强，导致贵州城市形象传播"行而不远"。因此，运用大众传媒广泛深入地宣传贵州题材影视剧，具有一定的迫切性。

第三，贵州题材影视剧塑造贵州城市形象，必须凸显影视剧的故事与旅游景点的关联度，还要凸显旅游景点的标志。贵州题材影视剧在塑造贵州城市形象时，重视推介贵州的文化旅游资源。这将拉动贵州文化旅游产业的发展。但是，影视剧的故事与旅游景点的关联度不强，导致推介旅游景点的手法难免有生硬之嫌。影视剧中的旅游景点，标志性不强，很难让观众对贵州留下精准而深刻的印象。笔者认为，影视剧对旅游景点的提示作用不可或缺。

第四章 反贫困与剿匪

——贵州题材影视剧建构的贵州形象之三

反贫困的形象和剿匪的形象,是贵州题材影视剧塑造贵州形象的有机组成部分。由于地理原因和历史原因,贵州某些地区非常贫困。由于"饥寒起盗心",贵州某些地区匪患成灾。贵州人民从来没有放弃反贫困的信心和决心,以踏实的劳动改造河山,勤劳俭朴、艰苦奋斗,创造物质财富以改善生活。贵州人民苦口婆心规劝匪徒从良,以勇敢的战斗震慑土匪,维护了社会治安。反贫困与剿匪的英勇斗争都取得了显著成效,贵州的经济蓬勃发展了,社会安定团结了,人民生活幸福安康了。

第一节 自力更生反贫困

一 贵州的贫困形象塑造

贵州题材影视剧,主要从物质贫困、精神贫困两个方面来塑造贵州的贫困形象。物质贫困催生了精神贫困,精神贫困加剧了物质贫困。二者互为条件,互相促进。其中,物质贫困是万恶之源。

1. 物质贫困

贵州的贫困形象,最直接的表现就是物质贫困。经济是基础,全部的上层建筑都可以在经济基础上找到发展变化的根本原因。贵州的物质贫困,制约了贵州的社会发展,使贵州的现代化进程远远落后于其他省份,尤其是比东部发达省份落后了若干年。2012年3月,经过国务院扶贫开发领导小组办公室认定,国家级贫困县(含县级行政单位县、区、旗、县级市)一共有666个。贵州有50个国家级贫困县(含县、区、县级市),居全国第三名。① 贵州一共有 90 个县、区、县级市，国家级贫困县占贵州县、区、县级市总数的比例为 55.56%。也就是说，贵州省有一半以上的县、区、县级市为国家级贫困县，贫困县数量在全国名列前茅。不仅如此，近年来，贵州省的 GDP 总量、人均 GDP 在全国的排名一直居于倒数前几名。② 贵州经济唯一的亮点是近年来 GDP 总量一直保持两位数增长。③ 贵州城市的现代化程度较低，功能不强，辐射能力较小。目前，省会贵阳仍然属于三线城市，配套设施不齐全，交通堵塞极为严重，城市的精神文明程度不高。贵州的一些县城，面积很小，三街两市，酷似小乡镇，完全不同于中东部地区人们印象中的县城。贵州农村极其落后，处于大山腹地，地形极为闭塞，交通极为不便，有些居民一辈子都没有走出山区，有些地方还处在刀耕火种的状态之中。

"八山一水一分田"，这是贵州的地形特征。山太多，山川阻隔作用太大，这是贵州贫困主要的地理原因。自古以来，中国统治者把目光主要集中于中原地区、江南地区，忽视了对西南地区的开发，这是贵州贫困的历史原因。贵州的人才外流现象十分严重。贵州的青年才俊大都选择离开贵州，这种情况一直延续到现在。而外来的青年才俊数量一直偏少。这就是贵州贫困在人才方面的原因。贵州地形闭塞，交通不便，人们征服自然改造自然的信心不足能力很小，历史上又曾经遭受反动统治者的残酷镇压，导致一些人养成了慵懒慢拖的陋习，自信心严重不足，自强心严重萎缩，这样的精神状态加剧了贵州的贫困。

贵州题材影视剧塑造了贵州物质贫困的形象。贫困的具体表现，就是吃不饱，穿不暖，找不到对象。电视剧《绝地逢生》中，盘江村人多地少，是远近闻名的贫困村，年年依靠政府的救济粮而生存。姑娘都想嫁到外村去，以求吃饱饭。村里的小伙子因为家庭贫穷，找不到媳妇，以致盘

---

① 2012 年，国务院扶贫开发领导小组办公室公布的国家级贫困县一共有 666 个。其中，西藏自治区有 74 个，全境皆为贫困县，居全国第一名。云南省有 73 个，居全国第二名。贵州省与陕西省都有 50 个，为并列第三名。
② 2015 年，贵州的 GDP 总量为 10502.56 亿元，人口为 3508.4 万人，人均 GDP 为 29938.54 元，在大陆 31 个省、自治区、直辖市中名列第 29 位，即倒数第三名。
③ 2015 年，贵州省 GDP 增长率为 10.7%，增长速度在大陆 31 个省、自治区、直辖市中位列第三名。

江村被称为"光棍村"。蒙幺爸的三个儿子,分别名叫大棍、二棍、三棍。盘江村的村民到公社领取救济粮时,都要遭受邻村人的耻笑。贫困还表现在没钱买生活必需品。影片《滚拉拉的枪》中,滚拉拉快到十五岁了,即将举行成人礼了。可是,他缺少钱来买一把成人礼所必需的枪。家里很穷,他只好去城市打工,以挣钱买枪。贫困还表现在缺少钱来赡养父母和供小孩读书。影片《美丽的黑蝴蝶》中,一位老头向法官蒋庆告状,因为老头的儿子不赡养他,他无法生活下去了。蒋庆在一个工地上找到了老头的儿子,了解到真实的情况:老头的儿子工资很低,还有儿子要读书,实在是没有多余的钱来赡养父亲。贫困使得家庭关系变得十分异常。

"饥寒起盗心"。因为贫困,所以,一些人开始逾越道德、法律的界限,变成为非作歹的人。电视剧《青山绿水红日子》中,护林员疙瘩爷没钱治疗老寒腿,他的孙子石娃只好从山中捕获野山鸡出售。石娃为了挣钱不择手段。捕猎野山鸡是违法的,因为野山鸡是国家二级保护动物。疙瘩爷知道石娃偷猎野山鸡以后,把石娃赶出了家门。影片《好花红》中,小红因家庭贫穷偷盗工地上的水泥。因为他的弟弟在读中专,无钱交学费,学校又从不赊账。加上冬季道路凝冻,金钱橘运不出去,都烂掉了。没有其他经济来源,所以,小红只好靠偷盗以解燃眉之急。幸好巡夜的人是罗亮,了解这些情况之后,没有上报,只是劝小红把水泥搬回来。并且,罗亮还资助了小红一些钱。影片《闯入者》中,小男孩因为家境贫困,前去北京打工。打工没挣到很多钱,转而从事偷盗、抢劫活动,还因入室抢劫杀死了人。最终,这个小男孩难逃法网,被警察尾追,从楼上掉下去了。

贫困迫使一些人铤而走险。然而,铤而走险也无济于事。铤而走险者一旦触犯了法律,必定受到法律的制裁。因此,"士穷乃见节义"。即便非常贫困也要做到"冻死不拆屋,饿死不掳掠"。勤劳才能致富。反贫困必须遵纪守法,只有诚实的劳动才能改变命运。

2. 精神贫困

精神贫困指思想观念缺乏现代性,远远落后于我们所处的时代。精神贫困的主要原因在于两个方面。一是文化程度低。二是不善于主动改造自己的主观世界。两个方面的原因,导致的必然后果是主观世界与客观世界不相符合,思想观念落后于时代。思想观念不能与时俱进,个人或集体就会变成时代的落伍者。与时俱进，主动改造主观世界，也能够促进物质世界的改造。在一定的条件下，精神因素是可以转变为物质力量的。

贵州题材影视剧，揭示了贵州教育非常落后的历史与现状。教育落后，既是贵州的精神贫困的重要表现，又是贵州的精神贫困的重要原因。电视剧《奢香夫人》中，奢香夫人延请硕儒来传授汉文，却遭到大总管果瓦的顽固抵制。果瓦还指使几个年轻人动手殴打教授汉文的先生，表现出野蛮的态度。果瓦抵制教授汉文，是拒绝学习先进文化，是文化保守主义的体现。

贵州学校的校舍条件很差，师资条件很差，教师的素质普遍不高。而且，少数教师的责任心也不强。影片《云下的日子》中，强生和福来就读的大队小学，就连墙壁也没有，只有几根木头支起一个大草棚，这就是教室了。这个小学只有一个老师。这个教师的老婆生孩子，家中有事，就给学生放假五天。他要求学生复习上一课、预习下一课，这就是五天的作业了。电视剧《水家山寨的铃声》中，水家山寨的那所小学，几间教室一字排开，上课倒是有地方了。可是，操场本来就不大，而且还有几个大坑。全校只有几个老师，都是民办教师，没有接受过高等教育。前来支教的陈萍老师，惊诧于这所小学极为艰苦的条件，暗下决心要把学生教好。陈萍前来支教，成为水家山寨的特大新闻，引来年近百岁的一位德高望重的老人亲自为陈萍敬酒以表谢意。电视剧《青山绿水红日子》中，林老师在村办小学教一个班的所有课程。全校只有一个班，只有一间教室，只有一位教师。这个班，只有三四十个学生，却包含几个年级。林老师为某一个年级的学生上课，其他年级的学生就在这个时间里写作业，以此类推，依次授课。林老师当了一辈子的民办教师，在退休的前几天，他收到了被转为正式教师的通知，可谓是无私奉献一辈子。影片《飞扬的青春》中，娇娇和封政来到一所乡村小学支教，看见这所学校条件极为艰苦。淋了雨之后，娇娇想洗一个热水澡。可是，这成为奢望。这所小学原先只有三个民办教师，加上支教的两位教师，一共才有五个教师。小果子老师是校长王琦的女儿，不仅要上课，还要为学生做饭。小果子上音乐课不教乐理知识，只教学生唱歌，引起了支教老师娇娇的反对。娇娇认为这里的老师素质太低，必定误人子弟。娇娇的态度引起了小果子的强烈不满。二人产生了矛盾。一场大雨，学校的厨房垮塌了，还险些造成人员伤亡。影片《山村风云》中，小学的围墙倒塌，砸伤了校长。影片《水凤凰》中，卢永康老师长年累月奋战在条件异常艰苦的学校中。贵州题材影视剧，用影视语言表现了贵州教育条件之异常艰苦，校舍之异常简陋，合格师资之异常缺乏，教育资源之异常短缺。这些学校成为贵州教育的缩影，具有典型意义。这些影视剧深情地向世人呼吁：要把教育放在优先发展的战略地位，再穷不能穷教育，再苦不能苦孩子。然而，这只是理论上的共识。具体到操作层面上，这是何其难也！制约的因素太多，能聚集的资金太少，能吸引来的人才太少。因而，贵州教育的落后面貌目前难以改变，欠下的历史债务非短期能够偿还。

"读书无用论"一旦成为某些人群的集体无意识，必定阻碍子弟们的正常发展。影片《开水要烫，姑娘要壮》揭示了苗族村寨轻视文化教育的现状。轻视文化教育，成为计怀寨村民的集体无意识。他们认为太多的文化知识在山村里没有什么用处；一个大学生来山寨最多也只能当小学老师；当小学老师挣的钱还不如在城市打工挣得多。小片是计怀寨的一个苗族姑娘，听说要举行苗舞比赛，所以连忙减肥参加跳舞训练。小片不喜欢读书，但是喜欢刺绣。她绣好了一条腰带，很有创意，受人夸赞。她以此作为骄傲的资本和聪明的象征。小片经常逃学，以致退学。小片的妈妈帮助小片向杨老师讨还学费和资料费。班主任杨老师制止不住，向村长反映情况。村长认为小片不读书没有什么大不了的。杨老师向乡长反映情况，乡长觉得他小题大做，借故溜走了。小片是班上第五个流失的学生。学生接二连三地流失，令杨老师非常懊恼，但是无处诉说。村民普遍认为读书无用，让杨老师有苦难言、束手无策。这部影片也表现了杨老师的素质不高：上课讲方言，教唱歌曲却跑调。这部影片也表现了这所学校办学条件之艰苦：教室很阴暗，课桌椅很简陋，全校只有两个民办老师。这部影片重点表现了"读书无用论"的危害。家长认为读书无用，必然不会对小孩寄托希望，小孩的学习势必缺乏动力，其结果很可能是造成文盲半文盲的世袭罔替，降低人口素质，影响族群的长远发展。这部影片的编导对现实进行仔细观察和深刻思考之后提出了这个问题，产生了振聋发聩的社会效益，应该引起贵州人民的高度注意。

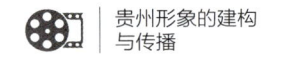

由于学习条件异常艰苦，所以，学习效果大打折扣，影响了青少年学生的健康成长。影片《小等》中，小等是一位留守儿童。她的爸爸妈妈为了超生而外出打工。小等还要照料患病的奶奶。小等包揽了一切家务活。她的学习条件非常艰苦，直接影响了她的学习成绩。这部影片提出了留守儿童问题，意在引起全社会的高度关注。关注留守儿童，首先是家长自己的重要责任。家长对小孩不负责任，其他人就更难负责任。其次，这也是政府的责任。政府可以结合农民工问题、城市化问题，统筹兼顾，以便做出合理安排。

这些贵州题材影视剧，展示了贵州边远山区教育的异常落后状况，激发了有志之士的深沉忧思，在教育层面揭示了贵州精神贫困的原因。教育落后与精神贫困、物质贫困形成了恶性循环。

贵州题材影视剧展示贵州的精神贫困，还表现在其他三个方面。

一是封建迷信。

迷信与科学相对立。现代社会发展日新月异，科学技术转型升级速度很快。现代人如果不注重学习科学文化知识，不更新思想观念，就可能落后于时代。相信封建迷信，往往制造一些笑料，甚至害人害己。电视剧《青山绿水红日子》中的乔老歪，是一个老中医。抬手动脚，他都喜欢算一算生辰八字，喜欢摆八卦，喜欢给别人占卜前程。虽然他医术高明，却阴阳怪气，不像一个正常的人。他的儿子乔耀武，虽然长得标致，人也精明能干，还在村里当干部，但是，没有一个人给他介绍对象。因为，姑娘家都厌恶乔老歪的那一套做派。乔耀武对乔老歪颇有怨言，然而，乔老歪仍不收敛。江涛爱上了村里的寡妇山妹，快要结婚了。江涛的妈妈云红霞来到乔老歪的诊所，求乔老歪选一个好日子。云红霞报上二人的生辰八字以后，乔老歪大呼奇怪，说二人的八字不合，因为山妹命中克夫。一桩好姻缘就这样被拆散了，以致山妹远走他乡不再回来了。生辰八字之说，原本是封建迷信，经不起现代科学的检验。电视剧《水家山寨的铃声》中，支教老师陈萍感冒发烧了，乡亲们马上举行仪式来驱鬼。他们认为，一个人生病了是因为有鬼魂附身，所以要立刻驱鬼。这是非常滑稽的举动，原因是头脑中没有科学知识。影片《女兵还乡》中，媳妇难产，她的婆婆马上去土地庙祷告。影片《山村风云》中，华春山坚持不改巷道，是因为乡亲们害怕改巷道伤害祖坟的风水。农村里的陈规陋习很多，封建迷信很严重，与农民文化素质低紧密相关。现代人应当努力学习科学文化知识，摆脱蒙昧状态，建立理性精神，才能抗拒封建迷信的毒害。

封建迷信可能不是单独存在，可能与中国传统文化、少数民族民间文化紧密结合在一起。因此，人们在传承中国传统文化、少数民族民间文化的过程中，切记要发扬批判精神，剔除其中的封建迷信成分。封建迷信成分是其中的糟粕，应予以抛弃。这是传承和发展中国传统文化、少数民族民间文化应当引起高度警惕的一个重要问题。

二是思想保守。

思想保守者作茧自缚，沉醉于昨日的恋歌，不敢打破陈规陋习；因循守旧，不能甩掉思想包袱以适应新形势，更不愿大胆创新。因而，思想观念停留在过去的状态中。思想保守者是"装在套子里的人"，行动缺乏气魄、胆识，是时代的落伍者、行动的怯懦者、精神的猥琐者。思想保守是思想观念与客观世界不相符合造成的，是放弃思想改造导致的必然后果。只有不断学习先进文化，不断改造自己的主观世界，才能使思想观念符合客观实际，才能有效防止停滞与倒退。

贵州题材影视剧从婚恋角度抨击了思想保守者。影片《良家妇女》批判了封建卫道士的丑恶言行，鼓舞人们朝着人性解放的方向前进，反思了传统文化的流毒。三嫂是一个封建卫道士，严密监视着余杏仙与开炳的行动，企图羞辱他们。勇敢的余杏仙大胆迎接世俗的挑战，公开了她与开炳的恋情，并且充分准备回击三嫂的攻击。余杏仙的果敢行为，产生了人性解放的进步意义。三嫂的封建卫道行径，必然阻挡不了余杏仙的解放人性的进步行动。影片《山雀儿》描绘了改革开放之初贵州农村社会思想进步的艰难步履，批判了保守思想之顽固。山雀的妈妈怕女儿受穷，把山雀许配给富家青年刁强二。可是，山雀只喜欢铁头。山雀向刁强二提出退婚，遭到村里老人们的普遍反对。这些老人认为"父母之命媒妁之言"才是正理。这反映出农村的保守势力非常强大。正是这样的保守势力，严重阻碍了农村社会思想观念前进的步伐。村里的妇女主任、团支部书记拿出婚姻法向群众讲解婚姻自由婚姻自主的政策，好不容易才说服了群众。宣传婚姻法，有利于打破婚姻方面的陈规陋习，能够促进人们解放思想。为了还清强二的彩礼钱,山雀来到城市打工,在一个教授家当保姆。山雀在教授家中,接受了新思想、新文化的洗礼,思想观念大大进步了,文化水平也提高了,居然能够帮助教授誊写书稿了。可是,铁头的文化水平、思想观念依然停滞不前,在游公园时出现了极不文明的行为。影片的编导以极其敏锐的目光,发现了一些农村人的思想观念并没有跟随经济社会的进步而进步的事实,暴露了物质文明建设与精神文明建设严重失衡的社会问题,具有一定的思想深度。由于山雀与铁头思想观念前进的步调不一致,二人产生了感情裂痕。山雀想与铁头退婚,不料,这一想法遭到了很多人反对,其中包括村里的妇女主任、团支部书记。最终,山雀坐上了铁头的花轿。影片描绘了山雀想向铁头退婚并招致众人反对的过程,进一步揭示了贵州农村保守势力的顽固。正是这些保守势力,使得婚姻自由婚姻自主不能真正实现。山雀向铁头提出退婚,完全是合理的,是自由自主的表现,却被村里人视为反复无常。影片的结尾,客观呈现了山雀迫于农村保守势力的压力所做出的无奈选择,让观众体验了浓黑的悲凉,引人深思。

贵州题材影视剧从家庭关系角度批判了思想保守者。影片《女兵还乡》批评了喜财叔重男轻女的落后思想。喜财叔生有一儿一女。为了给儿子娶媳妇,喜财叔省吃俭用。他对待儿女很偏心。他对儿子很大方,给儿子吃煎鸡蛋;对女儿却很苛刻,给女儿吃咸菜,不给鸡蛋吃。不仅如此,喜财叔还勒令女儿拼命干活,白天上山砍柴、打猪草,晚上结草绳卖,熬到深夜还不让女儿睡觉。他的女儿面黄肌瘦,还要干大量农活,不堪忍受以致离家出走,甚至投河自尽,幸好被柳华救上岸来。村民们都认为喜财叔是守财奴,把女儿当长工无情压榨其劳动力。这部影片用喜剧的手法表现了喜财叔的重男轻女,不乏夸张的细节,把喜财叔的可笑之处进行放大,令人忍俊不禁。鲁迅说:"喜剧将那无价值的撕破给人看。"[1] "旧的东西,丧失了生命力的即将死亡的东西,总是显得滑稽可笑,于是产生了喜剧。"[2] 喜剧是"笑的艺术",表现的是"可笑的行动"。亚里士多德说:"喜剧是对于比较坏的人的模仿。然而,'坏'不是指一切恶而言,而是指

---

[1] 鲁迅:《鲁迅全集》(第1卷),人民文学出版社,1973,第193页。
[2] 叶朗:《美学原理》,北京大学出版社,2009,第353页。

丑而言。其中一种是滑稽。滑稽的事物是某种错误或丑陋，不致引起痛苦或伤害。"[1] 重男轻女的观念，是无价值的、即将死亡的旧的东西，在 21 世纪显得滑稽可笑。喜财叔重男轻女的行为，适宜采用喜剧的艺术形式加以表现，产生了讽刺的艺术效果。

贵州题材影视剧从人际关系角度批评了思想保守者。电视剧《青山绿水红日子》批评了明哲保身的人生态度。湄庆乡的东坪、西坪两个村合并成为凤凰村。老支书袁成贵兼任凤凰村村委会主任。东坪村委会副主任林心竹、西坪村委会副主任罗金福同时成为凤凰村村委会副主任。这二人的资历、才干都旗鼓相当，且都盯准了村委会主任的宝座。这二人争先恐后，互不相让，一时间上演了一曲曲凤凰争斗的好戏，大有一山不容二虎的架势。开会时，林心竹的正确意见常常遭到罗金福的反对，老支书袁成贵也常常难以拿定主意。开会有争论本是正常现象。可是，治保主任乔耀武在阴阳怪气的乔老歪的教导下，明哲保身，不偏不倚，不敢表明态度。开会时，乔耀武装作看报纸，对于两方激烈的论争置之不理，意在避免得罪人。乔耀武属于典型的骑墙派：事不关己，高高挂起；明知不对，少说为佳；不求有功，但求无过；得过且过，明哲保身。这是规规小民的处世哲学，缺乏正义感，缺乏明辨是非的勇气，经常用"和稀泥"来解决矛盾，用"回避"来处世待人。这种处世态度在民间普遍存在。乔耀武两边都不得罪，脚踏两只船，唯唯诺诺。这部电视剧用近景、特写的镜头展示了乔耀武开会时非常猥琐的表情，用俯拍镜头表达了对这种庸人哲学的鄙视。

贵州题材影视剧还从城乡关系角度批评了思想保守者。影片《阿欧桑》审视了安土重迁的思想观念。欧桑的爷爷极力主张欧桑在苗寨找婆家，并且托媒人介绍对象，还为欧桑举行了订婚仪式。欧桑的妈妈去世很早，她爸爸去城市打工却杳无音讯。这让欧桑的爷爷对外面的世界感到恐惧不安，因而极力阻止欧桑走出苗寨。记者季风来苗寨采风，欧桑与爷爷款待了他。后来，欧桑偷偷地乘坐季风的汽车去城市，并且与季风有过一段时间的交往。欧桑的爷爷找到了季风所在的杂志社，在季风的领导面前

---

[1] 〔古希腊〕亚里士多德：《诗学》，罗念生译，人民文学出版社，1982，第 16 页。

表示了对季风的极端不信任。欧桑的爷爷对城市人非常不信任,是源于自身经历的一种保守思想。这种保守思想很快就被证明是不合时宜的。季风热忱帮助欧桑,是因为他发现欧桑有唱歌的天赋,想助其成功,而不是想占便宜,更不是想图回报。季风联系导演让欧桑参加歌唱大赛,以相机作抵押租赁苗族服饰,忙得不亦乐乎。欧桑在歌唱大赛中斩获冠军,声名大振,获得了在大城市发展歌唱事业的机会,从此改写了自己的人生轨迹。欧桑以事业的成功打消了爷爷的顾虑,让爷爷对城市人逐渐心怀感激了。影片《行歌坐月》批评了阻碍外出打工的保守观念。侗寨女孩杏一心想到大城市去打工,却遭到公(爷爷)的强烈反对。因为,杏的小姑去城市打工之后就远嫁河南而一去不复返了。安土重迁的公认为女儿远嫁外地是家门不幸。为了严防悲剧重演,公强烈反对杏外出打工。一直等到公去世以后,杏才进城打工。这些思想保守者可能一辈子都没有走出自己的村寨,对外面的世界缺乏了解。长期把自己禁锢在村寨中,这些人的思想观念严重落后于实际情况了。殊不知,外出打工、到城市谋求生路符合社会发展的大趋势。改革开放以来,我国工业化进程逐渐加快。工业化推动了城市化、现代化、信息化的飞速发展。人口从乡村迁徙到城市,城市化率不断攀升,是现代社会发展的大趋势。这种大趋势是任何力量都难以阻挡的。

三是缺乏自信。

自信是健康的心理状态。自信心是攻坚克难、奋勇前进的力量源泉,是事业成功的必要条件。古今能成大事者,必定有超强的自信心。《三国演义》的第二十一回《曹操煮酒论英雄 关公赚城斩车胄》阐明了曹操枭雄天下的重要原因之一就在于曹操具备强烈的自信心。刘备列举了当世英豪,诸如袁术、袁绍、刘表、孙策、刘璋、张绣、张鲁、韩遂之辈,曹操皆斥之为碌碌小人,不足挂齿。曹操继续说:"夫英雄者,胸怀大志,腹有良谋,有包藏宇宙之机,吞吐天地之志也。"曹操最后对刘备说:"今天下英雄,唯使君与操耳!"① 曹操能够成为东汉末年实力最强的一方诸侯,与他傲视群雄、俾睨天下的良好心理素质紧密相关。强烈的自信心往往能够激发出无比巨大的威力。毛泽东说:"自信人生二百年,会当击水三千

---

① 罗贯中:《三国演义》,岳麓书社,2012,第105页。

里。"正因为他胸中有英雄气概，有坚不可摧的自信心，所以能够战胜一个又一个困难，建立了不朽的革命功勋。

如果缺乏自信心，就会前怕狼后怕虎，行事不能大胆果断，前进动力匮乏，就会被艰难险阻所吓倒，就可能难有作为。贵州题材影视剧描绘了一些缺乏自信心的人物。缺乏自信心，成为他们精神贫困的重要表现。

贵州题材影视剧表现了一些人在婚恋方面缺乏自信。影片《山雀儿》中，山雀以极大的勇气向刁强二提出退婚，在这一回合中她是一个胜利者。可是在影片结尾时，她想向铁头提出分手却失败了。最终，山雀坐上了铁头的花轿，屈从于世俗。山雀缺乏反抗的信心，原因在于改革开放之初，农村人的思想观念仍然比较保守，还不能容纳比较前卫的行为方式。电视剧《绝地逢生》中的蒙三棍，与禄玉竹青梅竹马，将感情发展为恋情。可是，蒙三棍缺乏自信心，一旦提及与玉竹的恋情，口将启而嗫嚅，足将进而趑趄，丧失了一个年轻人意气风发的生活姿态。拉罗什富科说："没有自信的话，你永远不会有快乐。"蒙三棍缺乏自信，禁闭在自我的情感空间中，不愿与玉竹进行情感沟通。双方僵持了十年之久，才结束了这场苦恋。最终，禄玉竹主动打破了僵局，将蒙三棍揽入怀中。这种主动与被动的关系，在世人眼中看来是反常的。由此可见，缺乏自信造成了不正常。更有甚者，缺乏自信心对他人造成了难以挽回的损失。影片《与你同在的夏天》中，高中生孙宏伟暗恋同班女生李明馨。孙宏伟胸无大志，不努力学习，因为袭击一位老师遭学校开除，到都匀县邮电局当邮递员，接他爸爸的班。李明馨力求上进，全面发展，唱歌唱得好，学习成绩非常优异。因而，二人形成了很大的反差。孙宏伟产生了心理落差，自信心十分缺乏。为了能把李明馨留在身边，孙宏伟利用职务之便，扣留了中国人民大学邮寄给李明馨的"录取通知书"。孙宏伟的这种举动，对李明馨造成了严重损害，导致李明馨到一家纺织厂当工人，失去了读大学的宝贵机会。这一举动也让孙宏伟每一天都饱尝灵魂的鞭挞，让自己痛恨自己。这部影片向观众展示了一场变态的虐恋。孙宏伟不思进取进而缺乏自信是造成虐恋的根源。虐恋给男女双方都造成了深重的灾难。影片《青红》中，小根对青红突然冷淡的态度感到惊讶，缺乏自信心加剧了小根患得患失的心理，于是，小根不顾一切占有了青红。最终，青红跟随父母回到上海，小根被枪毙了。在中国人的婚恋观念中，男强女弱成为集体无意识，至少也要达到男女般配、门当户对的状态。如果女强男弱，就难免产生"一朵鲜花插在牛粪上"的嫌疑，这是中国传统文化所不认可的。因此，如果恋爱的双方明显出现了女强男弱的情况，那么，男方很可能折煞自信心，其结果要么是男方偃旗息鼓，要么是男方将出现害人害己的极端行为。如果男方树立自信心，力求上进，努力改善自身的各方面条件，就可以赢得芳心，情况就会大为改观。

贵州题材影视剧表现了一些人在教育方面缺乏自信。教育是培养人的活动。培养自信心，是教育工作的重要任务之一。从宏观上看，一个人的成功，15%依靠智力因素，85%依靠非智力因素。这是心理学家反复论证的观点。因此，教育工作，要非常重视受教育者非智力因素的培养，尤其要重视自信、自立、自强、自爱精神的培养，要重视兴趣、意志、恒心、毅力的培养，要优化性格品质。受教育者要树立自信心，才能逐步走向成功。莎士比亚说："自信是走向成功的第一步；缺乏自信是失败的主要原因。"影片《地下的天空》中，井生喜欢逃课，四处游荡，与同班的女生谈恋爱，学习成绩很一般。因为，他不相信自己能考上大学。与他谈恋爱的女生考上了北京的一所大学，他们的恋爱无果而终。井生高中毕业以后，没考上大学，在煤矿当矿工。影片《开水要烫，姑娘要壮》中，计怀寨的村民普遍认为读书无用，对教育丧失信心，因而，非常轻视子弟们的文化教育。在教育方面缺乏信心，成为计怀寨村民的群体意识，体现了严重的精神贫困。这必然制约当地的经济社会发展。

贵州题材影视剧表现了一些人在谋生方面缺乏自信。惠特曼说："信心是灵魂的防腐剂。"如果对创造美好生活缺乏信心，那么，就可能自暴自弃，以致走向堕落。影片《闯入者》中的小男孩，在北京打工，由于文化素质低又没有技术专长，所以，收入很低，往往不能维持正常的生活。时间长了，他渐渐丧失了生活的信心，渐渐走向了堕落。他拈轻怕重，游手好闲，甚至闯入民宅抢劫杀人，最终难逃法网。影片《美丽的黑蝴蝶》中的赵小阳，从监狱出来以后，生活一直很贫困。由于社会对这些从监狱出来的人普遍既畏惧又鄙视，所以，赵小阳很难找到好工作。没有稳定的经济来源，导致赵小阳对美好生活失去了信心。经过几个冥顽不化的难友的挑唆，赵小阳迁怒于法官蒋庆。抢劫不成，赵小阳拿起水果刀杀死了法官蒋庆。李白说："天生我材必有用，千金散尽还复来。"生活当中没有过不去的坎。对生活充满信心，是克服困难的重要条件。信心比黄金更重要。要相信办法总比困难多，阳光总在风雨后。

与此相反，贵州题材影视剧也表现了一些人对生活满怀自信，为社会提供了好榜样，从而加强了对缺乏自信者的鞭挞和引导力量。影片《扬起你的笑脸》多次强调"扬起你的笑脸，把影子留在身后"，突出了这部影片阳光向上的主旨，鼓励观众树立生活的信心，去开拓美好的未来。影片《阿欧桑》中的欧桑，在季风的鼓励和帮助下，在民族歌唱大赛中脱颖而出，实现了人生的出彩。成功是自信心的真正源泉。取得成功之后，欧桑的信心更加充足了，她相信未来必定更加美好。这些人物满怀自信，值得学习。古希腊的阿基米德说过："给我一个支点，我就能撬动地球。"当今的人们，仍然需要这种自信，需要这份豪情，才能驱散生活中的阴霾；进而以坚强的自信推动坚实的行动，去开创美好的未来。

综上所述，贵州题材影视剧从物质贫困和精神贫困两个方面塑造了贵州的贫困形象，以艺术手法反映了贵州经济社会发展过程中的某些实际问题，能够引起人们的广泛关注和高度重视，能够促进问题的解决。贵州题材影视剧将发挥文艺干预社会生活的功能，提升了这些文艺作品的社会效益。不仅提出了实际问题，贵州题材影视剧还通过故事叙述和形象塑造等艺术手段致力于解决这些问题，展现了解决这些实际问题的具体办法。

二 谱写自力更生反贫困的壮美史诗，讴歌了扶贫政策

既然贫困可以分为物质贫困和精神贫困两个方面，那么，反贫困也可以分为反物质贫困和反精神贫困两个方面。大的方向是加强物质文明建设和精神文明建设，坚持"两手抓，两手都要硬"。

1. 反物质贫困

贵州题材影视剧在情节叙述中深刻阐明：要想卓有成效地反物质贫困，就必须依靠党组织的坚强领导。基层党组织要带领群众致富奔小康，发展多种经营，建设社会主义新农村。影片《情系喀斯特》是为了纪念毕节试验区设立二十四周年而拍摄的，表现了向贫困宣战的勇气，讴歌了毕

节人民改天换地的智慧。影片《村支书何殿伦》中，以何殿伦为代表的党员们发挥了先锋模范作用，带领群众大面积种茶。漫山遍野的茶园，记录着何殿伦的心血和汗水，成为绿色的丰碑，永远纪念何殿伦们的功劳。电视剧《绝地逢生》中，以蒙幺爸为首的党支部，带领盘江村群众走过了四十多年的风风雨雨。告别了吃救济粮的苦日子，大面积栽种花椒树，进而加工花椒油，把一块绝地变成了富裕村，创造了人间奇迹。以韦号丽为首的党支部，继往开来，带领盘江村群众进入小康时代。这两代人，充分发挥了组织领导作用，结束了盘江村贫穷落后的历史。电视剧《青山绿水红日子》中，以老支书袁成贵为首的党支部，以及村委会的林心竹、罗金福等，带领凤凰村群众开办竹器厂和农业开发公司，种茶叶，发展旅游，实现了移民搬迁，推动了富、学、乐、美"四在农家"活动。这些影视剧展现了农村基层党组织的战斗堡垒作用，讴歌了党的领导。带领村民致富奔小康，党支部责无旁贷，充分发挥思想引导作用和政治组织作用，才能调动群众的积极性、创造性。基层党支部要成为农村发展进步的领导核心。这些影视剧为贵州反物质贫困积累了一条重要的经验，指明了正确的方向。如果农村基层党组织软弱涣散，不能发挥先锋模范作用和组织领导作用，再加上某些党员干部自私本位只想着如何实现个人的利益，那么，集体性的反物质贫困就没有希望。现实生活中，农村基层党组织软弱涣散的情形并不少见。因此，这些影视剧与现实生活形成了鲜明对照，对现实生活产生了强烈的鞭笞作用和引导作用，收到了良好的社会效益。

加强基础设施建设，是反物质贫困的必备条件。要想富，先修路。贵州多山，山川阻隔作用太大，交通不发达。因此，修路对贵州的意义极其重大，从古到今，莫不如此。电视剧《夜郎王》中，西汉的大将唐蒙积极修路，沟通了夜郎古国与汉朝州郡的联系。电视剧《奢香夫人》中，奢香夫人积极修筑"龙场九驿"，让交通变得便利起来。影片《好花红》中，罗亮积极投入村民的筑路活动中，夜以继日守在工地上。这部影片点明了村民热衷于修路的原因。那是因为有一位妇女，得了重病，因为山道弯弯坎坷不平，耽搁了很多时间，导致这位妇女死在去医院治病的路上。她的丈夫每一次谈到这件事，都是怨恨颇深，后悔不迭，所以立下誓言一定要把路修好。这件事情在村里流传已久，促成了村民修路的强烈愿望。所以，这些村民把修路当作一件大事，都能全力以赴、保质保量地完成任务。路修好了，村民与外界的联系加强了，发展经济的机会也增多了。一条公路很可能改变一个村庄的前途与命运。

贵州农村地区要脱贫致富，可以发展富有地方特色的产业，形成特色发展思路。特色旅游产业可以进行大力开发。影片《酥李花盛开的地方》中，李花告别城市白领生活，回乡开发特色旅游项目，在音寨建设休闲度假村，把音寨打造成"金海雪山"旅游品牌，吸引外来游客纷至沓来。推销具有地方特色的产品也能促进当地经济发展。影片《天堂有泪》推介了桐梓县的方竹笋。在全世界，方竹笋并不多见，只是盛产于重庆市南川区和贵州省桐梓县。推销富有地方特色的产品，能够促进产品的品牌化，能够把一个地方的资源优势转化为经济优势。发展民族医药产业，也能促进地方经济发展。影片《卧槽马》中的潘良老伯，是一位苗医药高手。他自创了"续骨膏"配方和保健酒配方。如果将这些配方制成产品，进行批量生产，必定能产生巨大的经济效益。贵州富含民族民间医药资源，可以对草本药物进行深加工和批量生产，从而给药农带来经济利益。贵州题材影视剧展示了特色发展的生动画面，为脱贫致富提供了特色发展的重要思路。特色发展，就是要充分发挥地域优势，真正做到人无我有，人有我优，借鉴别人的先进经验却不盲目模仿，把先进经验与本地特色充分结合。

贵州题材影视剧，还推介了脱贫致富的重要方法：统筹城乡发展，推进城乡一体化，以工业反哺农业，以城市支持乡村发展。影片《山村风云》中，边远山村的农民下矿井挖煤，得到较多的经济收入。他们既从事农业生产，又从事非农业生产。丰厚的经济回报，使这个山村的农民很快实现了脱贫致富。全村绝大部分农民都下矿井挖煤，煤矿成为这个村庄的致富之源。从事农业的收益比较低，农民可以转行从事第二产业、第三产业，以获得更高的经济报酬。甚至于，农民可以离开乡村，到城市去打工，变身为农民工。影片《行歌坐月》中，飞到城市打工多年，他还从城市带回了一个女朋友。杏也想去城市打工，但是遭到了公的强烈反对。一旦公去世以后，杏便义无反顾地踏上了去城市打工的征途。去城市打工的步伐已经不可阻挡。城市与乡村、非农业与农业之间的收入差距判若鸿沟。这种收入差距迫使农民离开农业，走向工矿企业服务业；离开农村，走向城市。然而，农民变身为农民工以后，虽然经济收入增加了，但也会产生一些新问题，例如，留守儿童问题。影片《小等》就反映了留守儿童问题之严重。小等的父母在外打工多年，一直没有回家。小等成为留守儿童，自己照顾自己，还要照顾多病的奶奶，因而生活十分艰辛。这样艰难的生活，势必影响小等的健康成长。电视剧《青山绿水红日子》反映了返乡农民工问题。由于沿海地区经济受到金融危机的强烈冲击，许多厂矿企业亏损甚至倒闭。许多农民工在沿海地区找不到工作，只好回乡另找出路。凤凰村的农业开发公司接纳了很多返乡农民工，为镇政府解决了棘手的难题。统筹城乡发展，推进城乡一体化，是我国经济社会发展到一定程度以后必然要采用的措施。以工业反哺农业，以城市支持乡村，体现了新思维，是我国现代化进程中不可逾越的重要阶段。这些新举措是借鉴发达国家经济社会发展经验的结晶，顺应了世界经济发展的必然规律，具有指导性意义。

贵州题材影视剧形象地展示了这些反物质贫困的举措，体现了编导人员对贵州经济社会发展的高度关注和深刻思考，运用了现实主义的创作方法。这些影视剧的创作是建立在体验生活的基础上的，因而具有浓厚的生活气息。

2. 反精神贫困

反精神贫困，就是要抛弃愚昧麻木，树立科学精神、人文精神；打破专制、特权，提倡民主与法制；摆脱陈规陋习，鼓励开拓创新。反精神贫困，要求人们正道直行，诚信为本，操守为上，捍卫公平正义，践行敬业奉献。反精神贫困，就要发展现代教育，学习先进文化，培育现代性思想观念。

改革开放年代，人们需要树立以改革促发展的思想观念：甩掉思想包袱，轻装上阵；积极进取，真抓实干；抓紧时间，大干巧干；开拓创新，抢占发展先机；解放思想，牢牢掌握发展的主动权。影片《云下的日子》中，"文革"后复出的前进酿酒厂的刘厂长，第一次召开职工大会，就鼓动干部职工团结一致向前看，决心要抢回被耽搁的十年光阴。刘厂长开会时，影片三次插入空镜头：蔚蓝的天空飘着朵朵白云，晴空万里，艳阳高照。这些空镜头隐喻了新时代已经来临,将带给人们以光明和希望。因为前进酒厂被确定为扩大生产自主权的试点单位,刘厂长决定马上引进先进的生产设备,以提高生产技术;按质按量地核定每个人的收入,让责、权、利三者相结合,彻底打破吃大锅饭的局面。由于厂房开工严重不足,很多厂房和车间都长满了草,堆满了垃圾,刘厂长临时决定停止开会,马上把废弃的工厂和车间恢复起来。为了节省时间,刘厂长决定把垃圾、废物就地烧毁。这一把火烧掉了一个旧时代,也照亮了一个新时代。影片中的这一把火,也产生了隐喻意义。刘厂长的言行体现了现代的时间观念、效率意识、竞争意识、质量意识,大大地振奋了人心。这些思想观念是改革开放之初迫切需要的,在新一轮深化改革的当今时代,同样是迫切需要的。

经济社会发展必须贯彻科学发展观,要全面发展,统筹兼顾。影片《女兵还乡》批判了单纯的经济发展偏向,提出了要加强精神文明建设的主张。女兵柳华退伍还乡,在村里担任了团支部书记。她看到了村里经济建设的喜人成果:村里创办了刺绣厂,经济收入很丰厚;进行劳务输出,增加了农民收入;人均收入很快超过一万元,在当地经济水平排名中遥遥领先。柳华也看到了人们的思想观念很落后的表现:媳妇难产婆婆只拜土地神,迷信思想浓重;重男轻女,陋习难改;尤其是村长的眼睛只盯着计算器以精算村民的人均收入,拒绝放电影供村民娱乐,关闭图书室,思想守旧拒绝接受新风尚。柳华抓住记者采访的机会,严肃批评了轻视精神文明建设的种种做法。然后,柳华以实际行动纠正了错误,使两个文明建设双轮驱动协调发展。

反精神贫困,遵纪守法是题中之义。电视剧《青山绿水红日子》中,石娃的文化程度不高,缺乏明辨是非的能力,因而被宋二毛撺掇干坏事。他偷猎野山鸡卖给宋二毛的山珍酒家。但是,他不知道野山鸡是国家保护动物,更不知道捕猎国家保护动物是违法行为。他的无知被宋二毛利用了。后来,石娃又被赖子一伙人卷入犯罪团伙,对陈水生进行抢劫,把陈水生打落山崖。最终,这伙人全都锒铛入狱。石娃的违法犯罪过程深刻表明:无知是最恐怖的,违法犯罪往往是因为对法律一无所知。守法必先知法,因而,努力学习法律,加强普法宣传,十分重要。影片《美丽的黑蝴蝶》的法官蒋庆，深感许多青少年对法律一无所知这个问题之严重性，所以，她注重于帮教工作。她利用业余时间，对许多曾经失足的人进行耐心细致地帮教，收到了良好的社会效益。对这些人来说，帮教工作起到了预防再次犯罪的效果。贵州需要大量的像蒋庆一样的人，去耐心细致地做好帮教工作，不竭余力地开展普法宣传工作，以提高人们对法律的认知水平，并且自觉地守法、护法。

少数民族文化丰富多彩，需要传承和发展。传承和发展少数民族民间文化，年青一代责无旁贷。影片《好花红》为贵州青年人树立了传承和发展少数民族文化的好榜样。阿秀、罗亮这两位优秀青年，殊途同归，最终相会于惠水县文化局，致力于搜集整理布依族民间音乐文化。他们认为这是一项非常有意义的事业，所以，能够摆脱金钱的诱惑，专心致志地从事这项工作。

反精神贫困，就要信守中华民族的传统美德。儒家思想是中华民族的正统思想。儒家学说提倡"修身、齐家、治国、平天下"，奉行"仁、义、礼、智、信"。儒家学说鼓动个人德才兼备，为国家、民族做贡献。这些有益的思想精华，在当今时代仍然十分重要。当今时代，一些人精神缺"钙"，可以从儒家文化中汲取思想养料，以矫正灵魂空虚之弊病。电视剧《风雨梵净山》中的张家，成为儒家文化的传承者。父亲张敬儒，以"敬儒"为名，表明了儒家文化的立场。张敬儒给儿子起名为张明堂，意为明明白白做事，堂堂正正做人。张敬儒担任铜仁商会会长已有多年，招致了土匪出身的孙耀祖的忌恨。孙耀祖为了当上铜仁商会会长，勾结土匪麻三刀，抢劫了张家运送的官盐。为了诚信，为了道义，张敬儒冒着倾家荡产的风险，从好友黄占山家借了大量银子，赔偿给众多客户，以保障客户的利益不受损害。这种举动体现了儒家重义轻利的思想。此举可见张敬儒不愧为一代儒商，实至名归。因而，他被推举连任铜仁商会会长。可是，这样的积善人家，竟然惨遭灭门之祸。这个情节激起了观众对以孙耀祖为代表的邪恶势力的愤恨。张明堂也遭到诬陷，流落到桃花寨。但是，他仍然光明磊落，主持正义，杀掉了孙耀祖，继续与麻三刀等邪恶势力作不妥协的斗争。日寇打到雪峰山以后，张明堂与孙如柏捐弃前嫌，以民族大义为重，共同开赴雪峰山前线，打光了最后一颗子弹，双双坠崖而壮烈捐躯。

这部电视剧表现了儒家文化精神。张家父子的身世命运虽然惨不忍睹，但是，其所作所为高度符合儒家文化的道德标准，因而，他们成为观众心目中的英雄。弘扬中华民族的传统美德，就必须学习电视剧《绝地逢生》中的蒙幺爸、影片《炫舞天鹅》中的李晶晶、影片《致永不消逝的青春》中的肖丽。学习他们艰苦奋斗、勤劳勇敢、自强不息的精神。生命不息，奋斗不止，他们永远是勇敢的斗士，始终意气风发，昂首阔步。弘扬中华民族的传统美德，就要学习电视剧《奢香夫人》中的奢香，心怀大局，为国家和民族的利益忍辱负重，不争一时之气，不计较个人得失。"忍一时风平浪静，退一步海阔天空。"因为，"小不忍则乱大谋"。忍耐是儒家学说提倡的美德，需要有很高的修养才能真正做到。弘扬中华民族的传统美德，就要学习影片《嗨起，打他个鬼子》中的班家父子，不畏强暴，誓死抗争，坚决与邪恶势力作斗争，即便牺牲生命也在所不惜。为了捍卫人间正义，人们决不能容忍邪恶，决不能姑息养奸，应当敢于斗争，善于斗争，斗智斗勇直至取得最后的胜利。弘扬中华民族的传统美德，就要学习电视剧《青山绿水红日子》中的林老师，安贫乐道。孔子在《论语·卫灵公》中说："君子忧道不忧贫。"孔子在《论语·雍也》中称赞颜回："一箪食，一瓢饮，在陋巷，人不堪其忧，回也不改其乐。贤哉回也！"中国传统文化提倡节俭，"静以修身，俭以养德"。中国传统文化反对奢侈，"历览前贤国与家，成由勤俭败由奢"。奢侈往往是精神贫困的表现，因为，奢侈者"穷得只剩下钱了"。奢侈具有腐蚀灵魂的作用。

  贵州的反精神贫困，还必须高度重视发展教育事业。反精神贫困，必须反教育贫困，必须进行教育扶贫；因为，治穷必先治愚。有一些贵州题材影视剧，表现了教育扶贫的主题，涉及了三个方面。一是有些知识分子下乡支教，为贵州边远农村的基础教育提供了合格师资。贵州边远农村的中小学，交通不便，待遇很低，留不住老师。有些中小学师资奇缺，一所学校甚至只有两三个老师或者更少，以致一个老师需要教几个年级的学生。例如，电视剧《青山绿水红日子》中的那个小学，全校只有一个老师。林老师需要教几个年级的学生。所有年级的学生共用一间教室。林老师上完这个年级的课，这个年级的学生就开始写作业，另外一个年级的课又开始了。林老师用轮换法进行上课。这样的学校非常渴望支教老师的到来。支教老师，有的来自城市的学校，例如，影片《山村风云》中的柳菲，来自盘县县城的一所小学；有的来自特大城市的大企业，例如，电视剧《水家山寨的铃声》中的陈萍，来自深圳的一家大公司；有的来自机关，例如，影片《飞扬的青春》中的封政，是省城某机关的副处长。这些前来支教的老师，不管来自何处，都被乡村学校的贫穷落后所震惊，都感到前来支教的意义极其重要。因此，他们都全力以赴帮助学生学习科学文化知识，发自灵魂深处地增强了工作的责任心。他们直面现实，尽可能地改变现状，为提高乡村学校的教育质量毫无保留的贡献智慧与时光。他们切身体验了贫穷落后带来的痛苦。这种痛苦的感情促使他们忘记了自己的私利，怜悯那些学生，关注那些学生的健康成长，刺激了他们的人道主义情怀。因而，这些支教老师大都表现出了人性的温暖。二是积极动员各方面的社会力量，为贫困的乡村学校捐款捐物。影片《飞扬的青春》中，丁娇娇在《贵州日报》上发表文章，引起了社会贤达的高度关注。一些企业纷纷捐款捐物，支持这所贫困的小学。封政也联系了捐助者，慷慨解囊进行捐助。三是校舍建设明显进步。电视剧《青山绿水红日子》中，林老师在退休之前收到了被转为公办教师的通知。他告诉学生，下个学期他们的学校将搬迁到山下，将有新老师来教他们。影片《飞扬的青春》中，在各方力量的热心帮助下，新校舍终于破土动工，将大大改善办学条件。这些贵州题材影视剧，从师资、校舍、捐助三个方面表现了教育扶贫的重要举措。从这三个方面入手，贵州边远学校的办学条件必将得到大大改善，贵州的教育必定充满希望。教育扶贫，是反精神贫困的重要方面。十年树木，百年树人，今天的教育发展必将影响到几十年以后的经济社会发展状况。要高度重视基础教育的发展，要把教育放在优先发展的战略位置上，这些都是我国的既定政策。问题在于如何落实，如何取得实际效果，这些都还需要进行认真研究，并且要与实际情况相结合，才能拿出操作性强的发展措施来解决实际问题。

总之，贵州题材影视剧，从反物质贫困、反精神贫困两个方面谱写了贵州人民自力更生反贫困的壮美史诗，讴歌了党的扶贫政策。贵州题材影视剧，鼓励贵州人民独立自主，自力更生，艰苦奋斗，打破了"靠、等、要"的思想观念，变"输血"为"造血"，因地制宜，大力发展了经济生产，大大增强了反贫困能力。贵州题材影视剧，寄寓了扶贫必先扶智、治穷必先治愚的思想，体现了编导人员对反贫困问题的深刻思考。在"十三五"时期，所有贫困县要全部脱帽。因而，贵州反贫困的任务十分艰巨。贵州要实现后发赶超、同步小康的战略目标，必须充分自信，必须脚踏实地、真抓实干。只要贵州人民团结一致，发扬拼搏精神，自力更生，艰苦奋斗，就一定能实现既定目标。

第二节 义释当代女"孟获"

一 贵州匪患成灾的形象塑造

贵州题材影视剧，塑造贵州匪患成灾的形象，其故事叙述的时间都在中华人民共和国成立以前。

贵州题材影视剧，揭示了贵州匪患成灾的原因在于三个方面。一是因为贵州解放前极度贫困。"饥寒起盗心。"家庭入不敷出，饥寒交迫，所以，有些人就上山落草，依靠打家劫舍谋生。二是因为贵州多山，有利于聚啸山林。"官有万兵，我有万山。其来我去，其去我来。"聚啸山林者利用山区的复杂地形，巧妙地与官军周旋，牵着官军的鼻子走，把官军弄得晕头转向，肥的拖瘦，瘦的拖死。山区物产丰富，正所谓"靠山吃山"，山货足以养活聚啸山林者。山区能够提供充足的给养。三是因为阶级压迫深重。在阶级社会里，反动统治阶级对贵州的老百姓进行重重盘剥，灾荒之年照样催粮逼债，以武力管制老百姓，"防民甚于防寇"，因此，一些人不堪忍受，聚啸山林，对抗官府。在阶级社会里，阶级问题与民族问题紧密相连，阶级压迫与民族压迫合二为一。贵州居住了众多少数民族，遭受了统治阶级的民族歧视和民族压迫。在阶级社会里，贵州少数民族同胞遭到了阶级与民族的双重压迫，老百姓经常挣扎在死亡线边缘。官逼民反，一些平民百姓为了生存下去，所以占山为王，落草为寇，打家劫舍，劫富济贫，以武力反抗反动官府的摧残。

土匪的浪荡行为，令老百姓深感恐惧。影片《良家妇女》中，土匪在晚上打枪，老百姓吓得不敢出门。因为，枪子儿不长眼睛，时常误杀老百姓，胆小的人自然不敢去招惹土匪。影片《天堂有泪》中的土匪马大眼，烧杀抢掠，奸淫妇女，无恶不作，良民百姓无辜做了刀下鬼。民间对这些土匪怨气冲天，恨不得食肉寝皮，必欲剎之而后快。

"盗亦有道。"有些纪律严明的土匪，禁止强奸、调戏或虐待妇女。"兔子不吃窝边草"，为了争取本地百姓的同情和支持，有些土匪不去骚扰身边的父老乡亲。有些土匪制定了"十不抢"①的规矩，不能横行霸道，不能横推立压。占山为王的土匪，有他们的行事规则，有些土匪只与官府做对，只抢劫大户人家，不伤害老百姓。有时，他们还能够保护老百姓。因为，土匪来自老百姓，来自穷人，深刻体会到老百姓生活的艰辛，所以，这些土匪很可能被革命力量所改造，加入革命队伍中去，去从事人类的进步事业。电视剧《杀出绝地》的花豹子，因为受到大地主古嵘煊的迫害，不堪忍受虐待，所以，到青龙寨占山为王，发誓要报仇雪恨。花豹子与欧阳兰接触过很多次，思想逐步改变，渐渐走向革命。在中央红军黔东特遣支队政委欧阳兰的影响下，花豹子参加了红军，走上了革命道路。电视剧《红娘子》中，有一"黑"一"白"两股土匪势力，即黑龙山上的黑木蛟和孔雀山上的白孔雀。他们只与官府作对，与军阀马戎结下了血海深仇。在与马戎作斗争的过程中，这两股土匪受到了红军的革命影响，逐渐倾向革命。最后，这两股土匪势力与红军联合起来，彻底消灭了马戎的军阀势力，参加了红军，走上了革命道路。电视剧《风雨梵净山》的桃花寨主桃花杀死了十恶不赦的孙耀祖，率领桃花寨与红军合作，一步一步变成进步的力量。桃花寨倾力支持前线抗战，为雪峰山抗战胜利做出了巨大牺牲。电视剧《二十四道拐》的马帮山寨，被改造成为抗日力量，成为守桥护路、打击日本间谍的重要帮手。这些土匪势力，为了自身生存铤而走险，走上了与官府对抗的道路。但是，他们能够明辨是非，在关键时刻维护正义，为人类的进步事业而脱胎换骨。

然而，也有一些土匪，恶习不改，非但不能进步，反而掉入了十恶不

---

① "十不抢"指：一不抢喜车丧车，二不抢邮差，三不抢船老大，四不抢医生，五不抢赌博者，六不抢挑八股绳者，七不抢车店，八不抢道士、和尚、尼姑，九不抢鳏寡孤独者，十不抢单身夜行人。

赦的泥塘而不能自拔，最终变成社会的毒瘤。这是土匪中的邪恶力量，他们不遵江湖道义，不爱护一方百姓，无法无天，不仁不义，甚至向普通老百姓下黑手。因而，这些邪恶势力必定遭到老百姓的切齿痛恨，最终必定被人间的正义力量所惩罚。影片《天堂有泪》的土匪马大眼，在村庄里烧杀抢掠，抢的是普通百姓，杀的是良民，还强奸了吉祥的妈妈，生下了一个儿子名叫吉兆。最终，马大眼死于我军清匪反霸的枪口下，结束了罪恶的一生。电视剧《风雨梵净山》中，麻三刀盘踞梵净山几十年，尽干些残害百姓的事情。他逼迫老百姓种鸦片，以赚取不义之财。他草菅人命，杀人如麻，不种鸦片的老百姓都被他杀害。他帮助孙耀祖谋取铜仁商会会长的宝座，抢劫了张敬儒运送的官盐，而且杀掉了张敬儒一家老小几十口人。张敬儒惨遭灭门之祸。他心狠手辣，杀害了铜仁县县长吴经略。他成了一个血债累累的人。最可耻的是，他勾结日本间谍山崎一郎，劫掠抗日物资，成为地地道道的汉奸卖国贼。他劣迹斑斑，难以逃脱正义的惩罚。被孙如柏、张明堂包围之后，他饮弹自尽，结束了可耻的一生。孙如柏向麻三刀的尸体连射了十几发子弹，射得他满身窟窿，大有鞭尸之痛快。这些不讲江湖道义、民族大义的土匪，作恶多端，在人民、历史、正义面前犯下了滔天大罪，罪在不赦，人人得而诛之。

  西南地区解放前，贵州匪患成灾，对社会造成了严重恶果。匪患危及了社会的安定团结，给老百姓带来了恐惧。影片《天堂有泪》中，老百姓谈土匪而色变，关门闭户，躲避唯恐不及。不料躲在家中的百姓，也被无辜杀戮，真是惨无人道。土匪是社会动乱的制造者之一，动乱加剧了贫穷。尤为重要的是，匪患导致了匪气的蔓延。有些人对土匪的行事方式进行模仿，利用土匪的方式来解决矛盾和争端。匪气蔓延到民间，可能形成穷山恶水出刁民的局面。影片《行歌坐月》中，矛盾双方的当事人都利用匪徒的办事方式来解决矛盾，结果矛盾越来越激化。飞的爸在马路边用红砖建了一栋平房，被村长和搞旅游开发的肖总制止。肖总没有对飞的爸进行经济补偿，飞的爸执意不拆。当天晚上，肖总叫了一班人手执铁锤、钢筋把这一栋平房夷为平地。第二天，飞、飞的爸、飞的石叔见状大惊。飞当即就要找肖总玩命，被飞的爸拦阻了。晚上，飞与石叔趁着酒兴，放一把火烧掉了肖总在另一个地方兴建的一栋木房子，以此作为报复。双方都霸气十足，蛮横无理，把本可协商解决的小事酿成了大祸。刁民的处事方式并不高明，激化了社会矛盾，影响了安定团结，酿成的苦果只能由自己去品尝。村民大会上，飞被处罚为两年之内不得进入寨内。另外，土匪的存在，客观上起到了促进社会财富再分配的作用，有时也能维护公平正义。土匪以非法的手段劫富济贫，部分实现了财富从富豪到赤贫者之间的转移，能够微弱地缩小贫富差距。土匪以非法的手段杀贪官、惩罚为富不仁者，部分地维护了社会的公平正义。因此，土匪的存在，对于社会秩序的调节能发挥一定的作用。土匪的产生，往往是以社会失序为前提的。贫富差别越大，官僚越腐败，社会矛盾越尖锐，土匪就越多。中国历史上，每个朝代的晚期，土匪多如牛毛，往往成为推翻旧政权的重要力量。

匪患成灾，毕竟妨碍贵州的正常发展。贵州题材影视剧，提出了消除贵州匪患的办法。

消除贵州匪患的直接措施，就是军事手段。土匪与官府对抗，所以，官府必定不竭余力地剿匪。影片《天堂有泪》的土匪头目马大眼，被民国政府枪决。影片《苗岭风雷》《火娃》等，反映了1950年我人民解放军在西南地区清匪反霸的斗争生活，杀匪徒，除恶霸，保境安民，营造了西南地区的和平环境。

消除贵州匪患的间接措施，就是政治手段。收编土匪，是常用的办法。电视剧《风雨梵净山》中，铜仁县县长吴经略面临着桃花寨和麻三刀的威胁，因此收编麻三刀，以利用麻三刀去攻打桃花寨。吴经略做着鹬蚌相争渔翁得利的美梦，不料被麻三刀识破。麻三刀将计就计，从吴经略手中赚取了一批军火，摇身一变成为政府军，从此名正言顺地为所欲为。他的匪气一点也没有收敛，倒是变成了披着羊皮的狼，挂着政府军的名号，干着匪徒的事情，打着自己的小算盘。吴经略偷鸡不成蚀把米，最后反倒被麻三刀所杀害。让土匪内讧，静观其变，抓住时机改造土匪也是好办法。电视剧《二十四道拐》中，梅松故意放出黑三，让黑三回到马帮山寨。黑三在卫易的帮助下，夺回了寨主宝座，并且杀掉了何麻子。因为，何麻子阳奉阴违，表面上赞同抗日，暗地里打自己的小算盘，蝇营狗苟，为了小利而不顾大义。黑三恰恰相反，为人正直，重义轻利，在与日军间谍作斗争的过程中英勇可嘉。因此，梅松从抗战大局出发，快刀斩乱麻，放出黑三，帮助黑三夺回寨主宝位，让马帮山寨为抗战服务。这不失为一条好计策。清剿顽固分子，教育迷途知返者，宽大处理胁从者，开展政治攻势，加强思想引导，使土匪走上光明大道，这是我军清匪反霸的政治策略。实践证明，这是消除匪患卓有成效的政治措施。电视剧《最高特赦》中，这样的政治措施发挥了良好功效。

消除贵州匪患长远的战略措施，就是发展经济，消除贫困，让老百姓安居乐业，彻底打消聚啸山林的念头。贵州是多民族居住地，必须落实党的民族政策，要促进各民族平等、团结、共同繁荣。这样的政治局面只有在新社会才能实现。换句话说，只有新社会才能彻底消灭贵州的匪患。消除贵州的匪患，要归功于中国共产党的领导和社会主义制度的建立。贵州人民翻身得解放，才从根本上改写了贵州匪患成灾的形象。

二 义释程莲珍的传奇故事——讴歌民族政策

毛泽东片言释匪首，成就了"女孟获"程莲珍的一段佳话。这高度体现了老一辈无产阶级革命家宽广的胸怀、非凡的气度、长远的战略眼光，体现了我党对少数民族同胞的亲切关怀，折射了人民群众安边靖国、长治久安的强烈愿望。这是执行政策中原则性与灵活性相结合的典范，是具体问题具体分析的楷模。义释程莲珍的美丽传奇故事，热情讴歌了中国共产党的民族政策。

关于程莲珍的真实事迹，早已口口相传，传遍了整个贵州。程莲珍（1921~1998），女，布依族，乳名程幺妹，贵州省黔南布依族苗族自治州长顺县人。少女时代，她长得很漂亮，皮肤白嫩，面容清秀，身材高挑，风姿绰约，被称为"宜林山国第一美人"。她的美貌闻名遐迩，引得四邻八乡的官商子弟都竞相折腰。她与长顺县水波龙乡板沟寨的大地主陈正明情投意合，即便被纳为二房也甘心情愿。进入陈家后，她被尊称为陈大嫂。程莲珍生性好动，喜欢骑马射击，不喜欢待在家里做女红。没过多久，程莲珍练就了百步穿杨的好功夫，枪法更加娴熟，于是经常骑大马挎双枪奔驰在崇山峻岭之间打猎，仿佛一位久经沙场的老将。程莲珍与陈正明生育了唯一的女儿，取名为陈大莲。陈正明后来不幸病故。不料，陈正明尸骨未寒，他的近亲们就觊觎陈家的万贯家财、千顷良田。于是，他们纠集了一伙亡命之徒，强攻陈家府第，妄图打死孤儿寡母以瓜分家产。在这千钧一发之际，程莲珍挎双枪带领众家丁守卫陈家府宅，顽强打退了前来围攻的歹徒，当场击毙歹徒三名。暴徒们知道程莲珍早有防备，恐难取胜，就抬着三具尸体灰溜溜地撤退了。陈家的近亲们尝到了程莲珍的厉害，从此再不敢前来骚扰。此后，程莲珍更加盛名远播，成为乡亲们心目中的大英雄。虽然陈家亲戚再不敢前来骚扰，但是，陈家家大业大，吸引了地方实力派的密切关注，因而有些人接连不断地前来"分一杯羹"。程莲珍不得不想出一条有效的长久之计。为了更好地保护家产，程莲珍与罗绍铨攀亲结友。她希望借助国民党官军的枪炮来威慑潜在的威胁者以维护自身利益。罗绍铨当时是白日乡的乡长，兼任国民党军的一个营长。罗绍铨积极撮合弟弟罗绍凡与程莲珍结为秦晋之好。程莲珍在惠水县城买了一所住宅，并与罗绍凡过上了同居生活。他们经常双宿双飞，外出收租、料理事务，生活也算平静。1949年11月15日，我人民解放军二野的第五兵团解放了省城贵阳，成立了以杨勇将军为首的贵州省人民政府，震慑了贵州的国民党残余势力。不久后，刘邓大军解放了惠水县、长顺县，开展了激烈的清匪反霸斗争。但是，为了会攻成都，第五兵团把三个主力军调至四川，致使惠水县城守备空虚，只有几十个人留守。国民党残余势力纠集土匪武装，在1950年3月21日攻打惠水县城，为首的是董全和、韦殿初、罗绍铨等。罗绍铨、程莲珍率匪众攻打惠水县城北门，被解放军击退。土匪战败之后，在距离惠水县城五公里处的雅羊寨开会，打算在短暂休整之后再次攻打惠水县城。当地群众察觉了土匪的行动，将这些消息报告了解放军。守卫惠水的解放军将雅羊寨团团包围，聚而歼之，激战了两天一夜，土匪元气大伤，只剩下一百多人落荒而逃。罗绍铨、罗绍凡、程莲珍率老弱残兵逃到惠水、长顺两县交界之地继续负隅顽抗。他们不甘心失败的命运，继续招兵买马，妄图东山再起。他们时而集结，时而分散，在暗处行动，经常杀害解放军战士和人民群众，气焰十分嚣张，危害极其深重。在马脚坡战斗中，解放军击毙了匪首罗绍铨。其弟罗绍凡乔装改扮潜入贵阳，在贵阳挑河沙以挣钱糊口，最终被我公安人员抓获。程莲珍溃不成军，先还有一百多号人后来只有七八个追随者了，粮饷也不济。她自知大势已去，于是遣散匪众，独自流浪。程莲珍来到二戈寨，在她的姑妈龙三奶家躲藏了一段时间。后来,她嫁给了四方河的班永华,住了一段时间。听到风吹草动以后,程莲珍在一个雨夜,跑回龙三奶家。旋即,龙三奶把她藏到侄儿龙德稳家里。龙德稳当时住在龙里县混子场乡。她隐姓埋名,最终嫁给了龙里县大新乡的韦万书,打算消磨时光以度余生。龙里县公安局组织了"飞虎队",专门负责剿匪的侦查工作,也协助抓捕工作。1953年2月25日,程莲珍在韦万书的家中被"飞虎队"抓捕,并被押解到贵阳。关于如何处置程莲珍,解放军的一些干部战士意见不一致,有的主张杀无赦,有的主张不杀。为了慎重考虑干部战士的意见,贵州省军区召开了专门会议,意见仍然不一致。因此,贵州省军区将程莲珍的情况上报西南军区。西南军区副司令员兼参谋长李达行将去朝鲜参观访问,因此,他指示缓办程莲珍一案。1953年3月下旬,李达从朝鲜归国,在北京向毛主席汇报了一系列工作,谈到了程莲珍一案。李达说:"主席,这个女匪首,下面有的要杀,有的要放。"毛主席斩钉截铁地说:"不能杀!"毛主席点燃一支烟,慢慢吸烟,进入了沉思状态。李达静候毛主席的指示。烟卷燃到三分之一时,毛主席微笑地问道:"好不容易出了一个女匪首,又是少数民族,杀了岂不可惜?"李达试探地问:"主席的意思是?"毛主席徐徐指示:"人家诸葛亮擒孟获,就敢七擒七纵,我们擒了个陈大嫂,为什么就不敢来个八擒八纵?连两擒两纵也不行?总之,不能一擒就杀。"李达爽快地说:"主席,我们照您的指示办!"1953年4月,李达来到贵州省军区传达毛主席的指示。1953年6月5日,在惠水县城召开的审判大会上,程莲珍被当众释放。她山呼万岁,感谢毛主席的不杀之恩,感动得涕泪交横。程莲珍不愿意回长顺县居住,也不愿住在惠水县城,所以,政府在惠水的布依族村寨中给她安排了房子,还配备了日常生活用品。程莲珍在布依村寨居住了四五年之后,又回到惠水县城居住。程莲珍在家中摆设香案,天天在毛主席画像前行跪拜礼。程莲珍被当众释放,因而大伙称她为"女孟获"。为了立功赎罪,程莲珍主动要求参加清匪反霸工作。她现身说法大讲共产党的宽大政策,经常只身深入山洞以劝降匪首;还请匪徒的家属来劝降。她劝降的效果很显著,短短一个月时间,就有二十二名匪徒归顺了人民政府。对于拒不投降的匪首岑正学、陈老毛、陈登安,她带领解放军战士进山搜剿,终于将顽劣的匪首击毙。程莲珍为清匪反霸做出了很大贡献，因此，她在 1957 年被安排到惠水县城当工人。1960 年 7 月 4 日，程莲珍当选为惠水县政协委员。共产党、毛主席对程莲珍的恩情比山高、比海深，因此，她拼命储蓄钱币，以供去北京当面感谢毛主席之用。由于种种原因，程莲珍终未实现北京之行的强烈愿望。毛主席逝世了，程莲珍在家中设立灵堂，哭得昏倒了好几次。拍摄电视剧《蒙阿莎传奇》时，她建议剧组人员带她去毛主席纪念堂瞻仰毛主席的遗容。剧组人员答应了她。可是，即将成行时，程莲珍的胃部大出血，住进了医院进行治疗。1995 年 1 月 15 日，毛主席的唯一嫡孙毛新宇来到贵阳。程莲珍闻讯赶来，面见了毛主席的后代，表达了对毛主席的由衷感激之情。程莲珍担任惠水县政协委员期间，积极调研，热情地建言献策，提出了许多宝贵意见。因为，她信守着对毛主席的诺言，要为人民多做些事情。1998 年 10 月 21 日，程莲珍因病离开了人间。程莲珍去世后，贵州省政协为她开了追悼会，对她一生的是非功过进行了实事求是的评价。

程莲珍的身世成为美丽动人的传奇故事，激发了文人墨客的强烈兴趣。文艺界人士在真人真事的基础上，对程莲珍的传奇故事进行加工改造，创作了小说、电视剧等文艺作品，热情地讴歌了中国共产党的民族政策，有利于促进各民族平等、团结与共同繁荣。

贵州省布依族作家王廷珍对程莲珍的真实事迹很感兴趣，立志要把程莲珍的事迹加工成为纪实文学作品，以此永远纪念毛主席义释程莲珍的恩德。1989 年 8 月，王廷珍在四川的文学刊物《处女地》上发表了《毛泽东片言释匪首》，产生了较大的社会反响。紧接着，王廷珍把程莲珍的故事改写成电视剧本，并由中国人民解放军总政治部歌舞团电视部、贵州省委统战部合作，拍成了 4 集电视剧《蒙阿莎传奇》。这部电视剧由张殿贵导演，于 1990 年与观众见面。程莲珍故事的影响力进一步增强了。此时，程莲珍还健在，时年 69 岁，耳聪目明。程莲珍与剧组人员交换过一些意见，与剧组人员合影留念。因为胃出血，剧组人员未能带她去北京瞻仰毛主席纪念堂。在观看这部电视剧以后，她高度评价了这部电视剧，再一次感激毛主席的万丈深恩。程莲珍去世以后，王廷珍继续努力，把程莲珍的故事写得更加详细了。在 2003 年，他出版了中篇纪实文学《一个女匪首的传奇经历》。2005 年，王廷珍把程莲珍的故事描绘得更加精彩了。他与周唯一合著了《风雨莲花——被毛泽东义释的"女孟获"传奇》,这本书由解放军文艺出版社出版。这本书的女主人公名叫乔玉莲。

除了王廷珍以外,王思明对于程莲珍故事的传播也发挥了推动作用。王思明,曾经担任贵州省政协副主席。王思明是当年处理程莲珍问题的见证人之一,对程莲珍问题的来龙去脉拥有很大的发言权。因此,他为王廷珍出版的两部小说《一个女匪首的传奇经历》《风雨莲花——被毛泽东义释的"女孟获"传奇》欣然作序。不仅如此,王思明还为 10 集电视剧《剿杀令》提供真实素材。电视剧《剿杀令》,又名《布依女》《女匪首》,片头题词为"根据王思明提供素材创作",由王思明担任总顾问,由于立清担任总导演、制片人,由黎柳编剧,由伊琳导演,由贵州省委宣传部、中央电视台影视部、沈阳军区政治部电视艺术中心合作拍摄而成,于 2004 年与观众见面。电视剧《剿杀令》根据程莲珍的真实事迹改编而成。不过,这部电视剧把故事发生的地点改在黔东地区,女主人公名叫陆翠珍,她嫁给了莫志明。莫志明病死后,莫六姑妄图分走莫家的家产。其余重要的角色还有天台寨的熊山虎,解放军的排长覃天。

文艺界继续努力,立志于把程莲珍的传奇故事拍成鸿篇巨制。2009 年 7 月 3 日,陈大莲、王思明、王廷琛三人共同签署授权书,把程莲珍的故事授权给北京世纪神龙影视传播有限公司,以拍摄长篇电视连续剧《浴血莲花》。授权书是这样写的:

> 兹独家授权予北京世纪神龙影视传播有限公司负责拍摄制作根据"毛泽东义释女匪"及"一个女匪首的传奇故事"而改编的长篇电视连续剧《浴血莲花》(描写贵州解放前及解放初期发生在黔南地区的一个布依族女子程莲珍是如何由人变成匪,而新社会又是如何把匪变成人的一个真人真事的传奇故事。)
>
> 未经甲方授权的不论是个人、单位、公司和电视台不得再拍摄相同题材即根据毛泽东特赦女匪首程莲珍的故事改编的电视剧。如有此行为,一律视作侵权行为,授权方有权制止,并可以通过法律手段进行维权。
>
> 授权期限:自协议签订之日起三年内,具体日期二○○九年七月

三日至二〇一二年七月三日。

授权人：陈大莲、王思明、王廷琛
二〇〇九年七月三日①

需要补充说明的是，陈大莲是程莲珍与陈正明的女儿，王廷琛是王廷珍的弟弟。此时，作家王廷珍已经去世。

正当北京世纪神龙影视传播有限公司精心筹备拍摄电视剧《浴血莲花》时，浙江长城影视有限公司传来消息：根据程莲珍传奇故事改编的40集电视连续剧《最高特赦》（又名《大西南剿匪记》）已经杀青，并且于2010年6月19日由吉林都市频道首播，在11月2日进入上星频道播出。于是，长城影视占尽先机，将北京世纪神龙影视杀了个措手不及。原来，电视剧《最高特赦》的制片人，在2008年8月中国金鹰电视艺术节上见到了《浴血莲花》的故事大纲，但是没有与编剧达成合作意向。所以，他另外找了一些人进行编剧，而且改编的力度比较大，虚构的内容比较多。2009年夏天，电视剧《最高特赦》进入了火热的拍摄阶段。此时，陈大莲、王思明、王廷琛才刚刚与北京世纪神龙影视传播有限公司签署了授权书。由于准备时间比较早，所以，长城影视很顺利地拍成了《最高特赦》。于是乎，北京世纪神龙影视传播有限公司的《浴血莲花》拍摄计划就自然流产了。媒体上未见相关的版权官司。这两家影视公司的拍摄题材撞车事件表明：中国影视界的竞争是非常激烈的。如果动作稍微慢一点，就可能被人抢先而导致计划落空。

电视剧《最高特赦》的片头语，交代了其版权来源于李达同志家人的授予。这部电视剧的片头语为：

解放军西南军区副司令兼参谋长、开国上将李达参与领导了西南地区歼灭国民党残余武装力量和土匪，及争取和平解放西藏的工作。李达同志家人同意并独家授权给长城影视，将李达同志领导大西南剿匪的故事通过艺术创作改编成电视剧《大西南剿匪记》，在此谨表感谢。

---

① 《〈浴血莲花〉筹拍，"女孟获"后代授权书曝光》，腾讯娱乐，2009年7月29日。

本剧故事、地点和剧中人物已经艺术虚构和创作，如有雷同，纯属巧合，请勿对号入座。①

这些片头语有利于规避版权纠纷。片头语强调了李达同志的革命功勋，因而，这部电视剧加大了李达同志的戏份。历史上，李达只是在1953年4月带着毛主席的指示来到贵州，指导贵州省军区妥善处理程莲珍一案。他在贵州待的时间不多。可是，40集电视剧《最高特赦》中，李达同志的戏份贯穿了29集，从第11集到第39集都出现了李达同志。在第11集中，二野第五兵团攻打省城贵阳，是李达同志亲自部署。在第36集中，李达同志主持宣判大会，当场释放了女匪首程莲珍。一直到第39集，为了争取刘大卯反正，李达同志也做了精心谋划。电视剧《最高特赦》中，李达同志成为解放军的一号首长。突出李达同志的重要作用，是电视剧《最高特赦》的主要特征之一。

电视剧《最高特赦》，取景于贵州省青岩镇、雷山县的西江千户苗寨等地，也在浙江省横店影视城拍摄。这部电视剧以郑幺妹的视角进行叙事，穿插了郑幺妹的大量独白。主要角色有郑幺妹、刘大卯、徐子明、徐望达、曹山豹、蓝玉、刘二木、郑石仔、李达等，由马苏、柳云龙、申军谊、蒋林静、魏宗万等联袂主演。电视剧《最高特赦》是鸿篇巨制，投资较多。这部电视剧弘扬了主旋律，又运用了市场化策略，因而雅俗共赏，产生了较大的社会影响力。

关于程莲珍传奇故事的电视剧《蒙阿莎传奇》（1990）、《剿杀令》（2004）、《最高特赦》（2010），形成了一个系列：篇幅越来越长，虚构的内容越来越多，投资越来越大，出场的明星越来越多，市场化程度越来越高，商业气息越来越浓。当今的电视剧坛，历史被戏说，情节叙述中充斥着后现代浅薄无聊的因素，令观众感到厌烦。如果能够以严肃的态度进行创作，较大程度地揭示历史真实，并阐释对于历史的深刻见解，这样的电视剧往往能受到观众的嘉许。电视剧《蒙阿莎传奇》《剿杀令》《最高特赦》就是如此。这三部电视剧，尊重历史事实，创作态度很严肃，弘扬了

---

① 《最高特赦》（第1集），爱奇艺网高清视频在线观看。

主旋律，讴歌了民族政策，在真实故事的基础上进行合理虚构，大事不虚，小事不拘，较好地满足了观众对于历史的想象。这三部电视剧，在贵州题材影视剧中引人瞩目；反反复复地演绎程莲珍的传奇故事，让观众记忆尤为深刻。毛泽东义释程莲珍，早已成为一段佳话，其基本要义就是促进各民族平等、团结、共同繁荣的民族政策。这三部电视剧成为贯彻民族政策的集体记忆，必定产生深远的社会影响。

第五章　贵州题材影视剧建构贵州形象的体制机制环境

体制，指"国家、国家机关、企业、事业单位等的组织制度"。[①] 从管理层面来说，体制主要涉及机构设置、隶属关系、管理权限划分等组织形式和管理规范。其外延主要限于具有上下级关系的国家机关、企事业单位。体制涉及政治、经济、文化等各个方面。

体制与社会制度既相互联系，又相互区别。社会制度，是建立在一定的生产力水平基础之上的、由国家机关制定或认可并具有强制力的、调节社会关系的行为规范体系。社会制度体现了生产关系的特征，反映了社会的价值取向。按照性质和适用范围来分，社会制度可分为根本制度、基本制度、具体的规章制度这三个层次。社会制度体现一个社会的根本属性，体制是社会制度的具体表现形式和实施方式。社会制度决定体制的内容，决定体制的形成、发展及其变化。一种社会制度可以通过不同的体制表现出来。例如，社会主义制度可以采用计划经济体制，也可以采用市场经济体制。社会制度的自我完善和发展，可以通过体制改革的方式来实现。体制改革的目的，是为了巩固和完善社会制度，而不是要否定、改变社会的根本制度。改变社会的根本制度，往往诉诸革命的力量。

机制一词，源于希腊文，指"在正视事物各个部分存在的前提下，协调各部分之间关系以更好发挥作用的具体运行方式"。机制为制度、体制服务，侧重于社会运行等微观层面，具有可变性。机制又反作用于制度、体制，采取恰当的机制有利于增进制度、体制的活力。一定社会的制度、体制定型之

[①] 中国社会科学院语言研究所词典编辑室：《现代汉语词典》（第6版），商务印书馆，2012，第1281页。

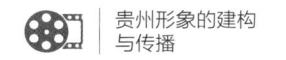

后，机制的选择具有灵活性。要根据实际需要采取相应的运行机制。

贵州题材影视剧建构贵州形象，处于一个逐渐变化的文化体制环境之中。文化体制环境逐渐发生变化，决定了贵州题材影视剧的生产与传播方式也要相应地发生变化。然而，塑造贵州形象的贵州题材影视剧的生产与传播方式，在某些环节和方面还不太适应变化了的体制环境，还存在一些突出的矛盾和问题。

贵州题材影视剧建构贵州形象，其机制问题也依然十分突出。

第一节　贵州题材影视剧建构贵州形象的体制环境

文化体制与经济体制息息相关，经济体制改革引发了文化体制改革。经济体制与文化体制都属于社会的上层建筑。经济体制改革，能够促进生产力的跨越式发展，进而带动生产关系的进一步革新。经济基础的发展变化，必定推动上层建筑广泛而深刻的变革。于是，经济体制改革引发文化体制改革就顺理成章了。

一　文化产业振兴与文化体制改革

（一）计划经济体制与文化事业发展

在苏联模式的影响下，在社会主义改造基本完成之后，计划经济体制得以确立。计划经济体制曾经发挥了积极作用：医治了战争创伤，遏制了经济的恶性波动；保证了国家财力的集中，有利于建立独立的工业体系和国民经济体系；奠定并巩固了公有制的主导地位，有利于宏观调控。但是，随着社会主义经济建设的日益深入发展，计划经济体制的弊端逐步暴露出来：政府对经济工作管得过多、统得过死；条块分割；农、轻、重比例严重失调，经济难以协调发展；排斥市场的作用，企业缺乏经营自主权，经济发展失去了生机和活力；政府包揽社会福利。

中华人民共和国成立以后，与计划经济体制相适应，我国的文化管理体制也以高度集中为显著特征，以国有国营为主要的管理方式。文化单位一律成为事业单位。文化单位与意识形态关系越紧密，国有国营的程度也越高。1948年11月8日，中共中央发布《关于新解放城市中中外报刊通讯社的处理办法》。这个办法指出：报刊与通讯社是阶级斗争的工具；对少数进步的报纸、刊物，允许发行；对大量私营的报刊、通讯社，均不予鼓励。依据这个文件精神，1949~1952年，新闻业进行了社会主义改造，确立了集中统一的管理格局，私营传媒迅速消失。1954年9月10日，出版总署发布《对于私营图书发行业进行社会主义改造的方针、步骤、办法和1954年工作要点》，图书出版发行业开展了社会主义改造。私营出版发行业迅速消亡。1952年12月26日，文化部颁布《关于整顿和加强全国剧团工作的指示》，强调必须加强对私营剧团的管理。因而，许多民间职业剧团被改组为国营剧团或集体所有制剧团。20世纪五六十年代，国营剧团或集体所有制剧团占据大部分比例，私营剧团大量减少。

  电影行业在社会主义改造中被收归国有。"到一九五一年五月为止，私营制片单位尚有十余家。除长江已经公私合营，昆仑为政府代管之外，其他还有文化、国泰、大同、兰心、东华、大中华、华光、大光明、新中华、惠昌等私营公司。"[①] 但是，社会主义改造基本完成后，计划经济体制得以确立，所有的私营电影公司全部被改造为国有、国营电影制片厂，形成一枝独秀的局面。国营电影制片厂，中华人民共和国成立时有东北电影制片厂、北京电影制片厂、上海电影制片厂三家。1957年，国营电影制片厂增加到十一家；1965年，增加到16家。"文化大革命"十年，电影行业盲目投资，重复建设，导致畸形发展，制片业几乎瘫痪。到1978年，国营电影制片厂只剩下十二家。这些国营电影制片厂，所有权和经营权都属于国家，设备均为国家所有，资金均为国家投入，生产要列入国家计划，盈亏均由国家负责。发行放映成为宣传工作的重要组成部分。这些国营电影制片厂仅需进行拍摄，无须关心影片的投入与产出。拍摄所需经费全由国家拨款。演职人员都有固定工资，表现优秀的可以获得一定数量的奖金。他们成为体制内吃商品粮的工作人员，其收入与行政级别紧密相关。全国电影的发行、放映业务由中国电影公司进行统一管理。中国电影公司"是

[①] 沈芸：《中国电影产业史》，中国电影出版社，2005，第145页。

电影行业的经济结算中心,担负着'电影银行'的资金融通任务"。①

中国电视诞生于"大跃进"运动时期,与生俱来属于国有、国营性质,是党和政府的"喉舌",成为重要的宣传工具。1958年5月1日,北京电视台开始试播;9月2日正式播出。北京电视台是中国的第一座电视台。此后,各省市相继建立电视台。1958年10月,上海电视台成立。1958年12月,哈尔滨电视台开播。1959~1961年,天津、广东、吉林、陕西、辽宁、山西、江苏、浙江、安徽、山东、湖北、四川、云南等省市先后创办了电视台。1961年底,全国建立电视台、实验电视台和转播台26座。1978年5月1日,北京电视台改名为中央电视台,英文缩写为"CCTV"。北京电视台更名为中央电视台以后,西安、哈尔滨、成都、太原、武汉、兰州、长春等电视台,先后改成以省份名称命名的电视台。1979年5月16日,北京电视台(北京市市级电视台)开播。在计划经济体制下,电视坚持新闻立台原则,突出宣传功能。电视节目制播一体,由于总量供不应求,所以,电视节目制作无须考虑如何迎合观众。中央和各省、自治区、直辖市创办电视台,形成了两级办电视台的格局。创办电视台,政府是唯一的出资者、管理者。各种节目的制作和播放,必须遵照计划行事,必须在意识形态的框架中进行。

总之,高度集权的计划经济体制,形成了集中统一的文化管理体制。在计划经济体制下,文化事业的发展具有强烈的意识形态功能,成为舆论宣传的主要工具。文化单位的国营性质,形成了管办一体、党政兼管的管理方式,导致其生产经营的自主权不足,产、供、销与受众需求严重脱节,文化单位失去了生机与活力,部分销蚀了文化生产力。

这种高度集权的文化管理体制是战争思维的延续,保留了革命战争年代的二元思维惯性。毛泽东在延安文艺座谈会上的讲话明确指出:"我们今天开会,就是要使文艺很好地成为整个革命机器的一个组成部分,作为团结人民、教育人民、打击敌人的有力武器,帮助人民同心同德地和敌人作斗争。"② 延安文艺座谈会上的讲话,是毛泽东文艺思想的集中体现,成为毛泽

---

① 《北京电影录》编纂委员会:《北京电影录》,北京出版社,1999,第47页。
② 毛泽东:《在延安文艺座谈会上的讲话》,载《毛泽东文艺论集》,中央文献出版社,2002,第49页。

东时代文艺工作的重要指针。集中统一的文化管理模式的优势在于能够掌握宣传舆论的控制权，集中文化资源，提高文化建设的效益；能够行使人事任免权，加强对文化活动主体的严格管理。高度集权的文化管理体制，在团结人民、教育人民、破除迷信、服务中心工作等方面，发挥了重要作用。

但是，高度集权的文化管理体制，对于文化活动管得过多过死，让文化活动失去了生机和活力，不利于文化工作的长远发展。专业文艺团体，层层设立，与行政级别一一对应，这样重复设置造成人财物的巨大浪费。文艺团体"吃皇粮"，由国家财政包养，实行单一的公有制，排斥了竞争。文艺团体"吃大锅饭"，分配上实行平均主义，很难调动文化工作者的积极性。文艺团体行政化机关化色彩浓重，冗员过多，机构臃肿，如同衙门，工作效率低下。因此，中国的文化管理体制必须进行改革。文化体制改革依托经济体制改革来推动，经济体制改革的深入发展终于把文化体制改革引上了康庄大道。

（二）市场经济体制与文化产业振兴

理论界对于市场经济的认识不断深入，逐步打破了陈腐观念，坚持实事求是、一切从实际出发、理论联系实际的思想路线，使理论发展符合客观实际。理论界解放思想，实事求是，使主观认识与客观情况相统一。虽然这经历了一个艰难的漫长过程；但是，一旦理论成熟便能极大地促进实践的发展。历史永远铭记着筚路蓝缕者的功劳。

1978年12月18日至22日，党的十一届三中全会胜利召开。这次会议决定把党的工作中心转移到社会主义现代化建设上来，实行改革开放，启动了农村改革的进程。1982年9月1日至11日，党的十二大在北京召开。邓小平在十二大致开幕词，第一次提出"建设有中国特色的社会主义"的论断。他说："把马克思主义的普遍真理同我国的具体实际结合起来，走自己的道路，建设有中国特色的社会主义，这就是我们总结长期历史经验得出的基本结论。"[①] 十二大提出了两个文明一起抓的思路。1984

---

① 邓小平：《在中国共产党第十二次全国代表大会上的开幕词》，载《邓小平文选》（第三卷），人民出版社，1993，第3页。

年 10 月 20 日，十二届三中全会召开，通过了《中共中央关于经济体制改革的决定》，明确提出我国经济是"公有制基础上的有计划的商品经济"。经济体制改革逐步激活市场，以促进商品流通。价格改革中出现了市场调节价。此后，市场在人们的经济生活中越来越重要。

对于市场的认识取得突破性进展，是在邓小平南方谈话以后。1992 年 1 月 18 日至 2 月 21 日，邓小平先后视察武昌、深圳、珠海、上海，发表了一系列重要讲话，解开了长久以来困扰人们的谜团，提出了新观点，阐述了新思想，开拓了新视野，科学地回答了社会主义建设中的若干重大问题，促进了邓小平理论的成熟。以往的人们总是把计划、市场与社会形态紧密绑定在一起，认为计划属于社会主义，市场属于资本主义。为了坚持社会主义道路，我国长期以来排斥市场的作用，认为发展市场经济必定会走上资本主义道路。关于计划与市场的关系，邓小平提出了新论断。邓小平深刻指出：计划和市场都是经济手段，不是社会主义与资本主义的本质区别；判断改革开放姓"社"姓"资"，标准应该主要看是否有利于发展社会主义生产力，是否有利于增强社会主义国家的综合国力，是否有利于提高人民的生活水平；社会主义的本质是解放生产力，发展生产力，消灭剥削，消除两极分化，最终达到共同富裕；发展才是硬道理。邓小平同志在东欧剧变、苏联解体之后，在社会主义事业经受严峻考验时期，坚持解放思想、实事求是，坚持一切从实际出发、在实践中检验和发展真理；因此，能够透过现象看本质，得出了合乎实际的认识。

1992 年 3 月 9 日至 10 日，中共中央政治局召开全体会议。会议完全赞同邓小平南方谈话。会议认为，必须坚持"一个中心、两个基本点"，必须抓住机遇加快发展，把经济建设搞上去；必须运用计划与市场两种经济手段，大力发展社会主义商品经济。

1992 年 10 月 12 日至 18 日，中共十四大在北京召开。十四大以邓小平理论为指导，确立了社会主义市场经济体制的改革目标。要建立社会主义市场经济体制，以抓住机遇加快经济发展，关键在于正确认识和处理计划与市场的关系。把社会主义基本制度与市场经济结合起来，建立社会主义市场经济体制，是一个伟大创造。

1993 年 11 月 11 日至 14 日，中共十四届三中全会在北京召开。全会通过了《中共中央关于建立社会主义市场经济体制若干问题的决定》。这个决定指出：市场经济体制与社会主义基本制度紧密结合在一起；要让市场在资源配置中起基础性作用；国有企业要转换经营机制，要建立产权清晰、权责明确、政企分开、管理科学的现代企业制度。

此后，我国开启了建立社会主义市场经济体制艰难而漫长的征途。国有企业率先进行改革，转换经营机制，面向市场，自主经营，自负盈亏，变成市场主体。政府转变职能，大的方面管住管好，小的方面放开放活，抓大放小，注重宏观调控，引导企业在市场竞争中求生存求发展，提高经济效益，促使国有资产保值增值。经过艰难地建设，我国社会主义市场经济体制的基本框架逐步成型。

21世纪以来，我党对社会主义市场经济的认识更加深刻，更加注重市场经济体制的完善。2003年10月11日至14日，中共十六届三中全会召开，通过了《中共中央关于完善社会主义市场经济体制若干问题的决定》。这个决定认为要统筹城乡发展，统筹区域发展，统筹经济社会发展，统筹人与自然和谐发展，统筹国内发展和对外开放，更大程度地发挥市场在资源配置中的基础性作用，为全面建设小康社会提供体制保障；要加快建设全国统一市场；要建立现代产权制度。这次全会为完善社会主义市场经济体制进行了深度思考和科学部署，极大地促进了我国的经济社会全面协调可持续发展。

2013年11月9日至12日，十八届三中全会召开。全会通过了《中共中央关于全面深化改革若干重大问题的决定》。这个决定提出：要使市场在资源配置中起决定性作用。这个决定标志着我党对市场作用的认识达到了一个新高度。以往的中央文件都写道：市场在资源配置中起"基础性"作用。"决定性"作用比"基础性"作用表述更准确，更加强调了市场的重要意义。

社会主义市场经济体制的建立与完善，带动了文化体制的深刻变革。文化市场逐步放开，文化产品逐步走向市场。文化产业初具规模，逐步发展壮大。文化界人士逐步树立产业观念，认清了文化产业发展的重要意义。

我国振兴文化产业，具有深厚的国际背景。美国、日本、德国、英国、韩国等资本主义发达国家，都致力于把文化产业建设成为国民经济的支柱产业。

美国的文化产业纵横全球，如火如荼。美国的第三产业已经占据其GDP的70%以上。其中，文化产业占美国GDP的20%左右。据统计，美国企业400强中有72家从事文化产业。以创意为核心的文化产业，优化了美国的经济结构，促使美国在世界经济产业链中居于高端地位。美国拥有超强的传媒集团：时代华纳集团、沃尔特·迪斯尼集团、维亚康姆集团、新闻集团等，在国际传播方面占有无与伦比的优势，牢牢把握了国际话语权，把美国文化精神渗透到世界的每一个角落。好莱坞电影征服了全球，在150多个国家和地区轮番放映，以视觉奇观强烈吸引世界各地观众的眼球，以类型化的故事满足世界各地观众的心理愉悦，演绎着美国梦，宣扬了美国的意识形态。美国在数字网络技术的开发方面一直居于世界领先地位，拥有占世界总数将近一半的互联网主机数量。美国在网络出版、网络音乐影视、网络游戏等方面占尽先机，雄霸世界网络文化产业市场。美国是世界上最大的软件生产国和出口国。知识产权业规模不断扩大，成为对外贸易重要的组成部分。

韩国成为大力发展文化产业的后起之秀。1993年，金泳三当选韩国总统，决定大力发展文化产业。1994年，金泳三指示在文化观光部内部设置文化产业局，专门负责文化产业发展规划。1998年，韩国制定了"文化立国"政策。1999年2月，韩国制定《文化产业振兴基本法》，以法律为文化产业保驾护航。2004年11月，文化媒体局成立，专门管理媒体事务。正因为韩国制定、完善了与文化产业相关的制度、法律，设立了相关机构，所以，韩国的文化产业发展迅速，形成了强劲而持久的"韩流"。敬业精神、重视创意、接受市场考验也是韩国文化产业火爆的原因。"韩国电视节目的创意，是从社会生活中寻找灵感，以社会现实作为节目背景。"[1] 韩国成为文化创意强国和文化产品出口大国。文化产业占韩国GDP的15%以上。韩国文化产业的发展是全方位的。韩国的动漫、游戏风靡全球。"流氓兔"受到世界各地漫画爱好者的欢迎。韩国的影视剧，十分引

---

[1] 吴闻博：《韩国电视节目为何在中国大热》，《中国文艺评论》2016年第4期。

人瞩目，涌现了《江汉怪物》《王的男人》《太极旗飘扬》《海云台》《实尾岛》等高票房电影和《蓝色生死恋》《冬日恋歌》《天国的阶梯》《大长今》等高收视率的电视剧。韩国影视剧以曲折动人的情节、俊男靓女的明星组合、迷人眼球的特效、成熟的类型，增强了对观众的吸引力，提高了其核心竞争力。韩国的文化产业，2012年居世界第十二位，2015年跃升为世界第七位。[①] 一个小国家能够取得如此骄人的成绩，实属不易。

资本主义发达国家大力发展文化产业的先进经验，值得学习，必须借鉴。文化产业指从事文化产品生产和提供文化服务的经营性行业。文化产业是朝阳产业，是第三产业的重要组成部分。文化产业资源消耗低，环境污染少，附加值高，市场需求强，发展潜力大，易与高科技融合。发展文化产业有利于经济结构的转型升级，有利于国家形象的塑造，有利于增强文化软实力。因此，我国必须高度重视发展文化产业。

我国理论界对于文化与市场之间关系的认识，经历了一个由浅入深的过程。1988年，文化部、国家工商行政管理局发布《关于加强文化市场管理工作的通知》，提出了"文化市场"的概念，明确了文化市场管理的原则、方针、范围和任务等。这个文件标志着文化市场正式进入了政府管控的范围。1989年，经国务院批准，文化部设立了文化市场管理局，负责管理文化市场，部署文化市场稽查工作。

由文化市场到文化产业，表明了理论界对文化与市场之间关系的理解逐步深化，对文化自身发展规律的认识越来越深刻。

在20世纪，我国理论界对文化的认识是片面的、肤浅的。理论界认为文化属于社会意识形态，是党和政府的"喉舌"，是宣传工具、思想阵地，是教育手段，或者是娱乐形式；文化仅仅只是"事业""工作"。21世纪伊始，理论界才认清文化的产业属性。2000年10月，十五届五中全会通过了《中共中央关于制定国民经济和社会发展第十个五年计划的建议》，第一次在中央文件里提出了"文化产业"的概念，并且要求完善文化产业政策，加强文化市场监管，以促进文化产业的发展。这个文件的出台，标志着我国理论界对于文化与市场之间关系的认识达到了一个新高度。

---

① 李忠辉：《韩国文化产业政策调整对我国的启示》，《文化软实力研究》2016年第4期。

社会主义市场经济的发展促进了我国文化产业的振兴。这个促进作用表现为逻辑与历史的统一。2003年9月，文化部发布《关于支持和促进文化产业发展的若干意见》指出："文化产业是社会生产力发展的必然产物，是随着中国社会主义市场经济的逐步完善和现代生产方式的不断进步而发展起来的新兴产业。"文化产业的振兴能够带动相关产业的发展，为市场经济的发展提供增长点。在2008年以来的金融危机中，文化产业发展逆势而动，在经济指数普遍下滑的情况下一枝独秀，这彰显了文化产业发展独特的生命力。2009年9月26日，新华社发表国务院通过的《文化产业振兴规划》，指出文化产业的重点门类涉及文化创意、影视制作、演艺娱乐、动漫等九个方面，强调"文化产业是市场经济条件下繁荣发展社会主义文化的重要载体，是满足人民群众多样化、多层次、多方面精神文化需求的重要途径，也是推动经济结构调整、转变经济发展方式的重要着力点"。

社会主义市场经济体制越完善，就越能推动文化产业的跨越式发展。文化产业发展势头越强劲，市场经济就越有活力。文化产业成为社会主义市场经济的重要组成部分。

（三）文化体制改革：建设社会主义文化强国的重要举措

社会主义市场经济体制的建立和完善，推动了文化体制的深刻变革。中国特色社会主义文化建设必须顺应市场经济发展的新环境，必须按照市场经济发展的新要求来调整格局。文化属于上层建筑，必须为经济基础服务。经济基础发生变化，上层建筑就必须做出相应调整，才能与经济基础相协调。文化体制改革的目的是解放和发展文化生产力。必须首先破除文化发展的体制机制性障碍，才能促进社会主义文化的大发展大繁荣。因此，文化体制改革是建设社会主义文化强国的必然举措之一。

1. 文化体制改革的必要性

社会主义市场经济体制建立以来，我国的文化建设虽然取得了令人瞩目的成就，涌现了一批经得起时间和人民检验的精品力作；但是，仍然存在一些体制性障碍。具体来说，这主要表现在以下四个方面。

第一，文化发展还跟不上社会主义市场经济的发展步伐。社会主义市场经济体制建立以来逐步走向完善，市场在资源配置中发挥了决定性作用。人们的生产生活深受市场环境的影响。市场决定论逐渐成为一种新观念。然而，国内还未建立健全文化市场体系，文化市场主体的实力普遍偏弱。甚至，有些该由市场决定的文化事务却还被政府行为操纵，政企不分，政事不分，政府职能未能真正实行转变，政府与文化市场的关系未能理顺。文化市场结构问题非常突出，文化生产很难真正以市场为导向。熟稔文化市场、懂经营会管理的复合型文化人才严重匮乏。对于我国的文化界人士而言，文化市场开发仍然是一个陌生的领域，满足文化市场需求还受到落后观念的左右。

第二，文化发展还未能满足城乡群众日益增长的精神文化需求。随着人们物质生活水平的普遍提高，城乡居民恩格尔系数不断下降，许多人的文化消费支出比例逐渐上升。文化消费增长能够刺激内需的增长。人民群众的精神文化需求逐渐呈现多样化、自主选择的特征。不同年龄段的群体，欣赏志趣大相径庭。文化程度不同，爱好也不同。经济水平不同，文化消费的方式千差万别。不同题材、风格、类型的文艺作品，吸引着不同群体的关注。但是，目前的文化产品还不能很好地满足人民群众的需求。在中西部地区，尤其是偏远的农村地区，公共文化服务体系远未形成。文化产业的结构失调，导致文化产品的有效供给不足，无效供给有余。文化产业发展中，有产业，无文化，有高原，无高峰，有"三俗"，无清雅，价值观扭曲，缺乏创意，模仿剽窃成风，这些问题降低了人民群众对国产文化产品的兴趣。文化发展要想满足人民群众日益增长的精神文化需求，必然要求文化市场发育成熟，文化服务、文化产品的供给丰富多样，既能迎合受众又能提高受众的欣赏志趣。

第三，文化建设现状与小康社会的总体要求还不相适应。小康社会是经济、政治、文化、社会、生态文明建设"五位一体"的以人为本、全面发展的社会。小康社会必将促进人的全面发展，人的全面发展必然要求提高精神文化素质。目前的文化发展状况还不能适应这些目标和要求。一些经营性文化单位，观念落后，不敢大胆开拓文化市场，难以出精品力作，经济回报少。为了谋求生存，一些经营性文化单位不惜牺牲社会效益。文化建设必须坚持把社会效益放在首位，坚持社会效益与经济效益相统一。忽略社会效益，长此以往必将降低经济效益，其结果是两个效益全部受损。文化市场主体普遍羸弱，导致我国文化产业发展缓慢。必须把文化市场主体做大做强，我国的文化产业才能上规模上档次。这将是一个艰难的漫长过程。

第四，文化发展与对外交流新形势还不相适应。随着经济全球化、政治多极化趋势的进一步发展，国际文化交流越来越密切。在国际文化交流中，如何保持中华文化的主体性，捍卫中国的文化安全，如何塑造中国和平、发展、进步的新形象，如何提高中国文化产品的核心竞争力，占领广阔的国际文化市场，这些问题越来越重要。目前的文化发展状况表明，我国的文化产品在国际文化市场上的占有率比较低，中国文化的跨文化传播效果甚微。西方国家对中国的了解欠真实、欠深入、欠全面，而且还要戴着"有色眼镜"观察中国，时常扭曲中国形象，时常恶意诋毁中国。因此，我国文化的对外传播必须注意时、效、度，加强国际传播能力建设，必须争夺国际文化领导权。

以上四个方面，充分说明了文化体制改革的必要性。必须进行文化体制改革，才能为发展社会主义先进文化、实现全面建成小康社会的奋斗目标奠定坚实的基础。

2. 文化体制改革的重要内容

理论界对文化的研究逐步深入，以文化事业和文化产业两个方面为抓手共同促进社会主义文化的深入发展。坚持"两手抓"，一手抓文化事业的发展，一手抓文化产业的繁荣；一手抓管理，一手抓繁荣。坚持把社会效益放在首位，坚持社会效益与经济效益相统一。文化体制改革，能够解放和发展文化生产力，促进社会主义文化大发展大繁荣。

一方面，必须继续发展文化事业。

社会主义文化具有鲜明的意识形态性，是建立在社会主义经济基础之上的上层建筑，其性质由社会主义经济基础所决定，并且为社会主义经济基础服务。

要加强公共文化服务体系建设。保障人民群众看电视、听广播、读书看报、参与大众文化活动等基本文化权益，纪念馆博物馆要免费开放，推进文化惠民工作。政府要增加财政投入，完善公共文化服务设施建设。努力推进全民阅读，加强图书馆、数字图书馆系统建设。

要深化文化事业单位改革。国家兴办的图书馆、博物馆、文化馆、科技馆、美术馆等为群众提供公共文化服务的单位，为公益性文化事业单位。党报、党刊、电台、电视台、通讯社、重要新闻网站、时政类报刊，少数承担政治性、公益性出版任务的出版单位，重要的社会科学研究机构，体现民族特色和国家水准的艺术院团，实行事业体制，由国家重点扶持。公益性文化事业单位由政府主导，由财政保障经费供给，必须突出社会效益，为全社会提供公共文化服务。事业单位要全面推行聘用制度和岗位管理制度，健全岗位目标责任制，进行合同化管理，并实行绩效工资制，按岗位定酬，按业绩定酬。实行政事分开，事业单位和行政机关不得混岗。其他艺术院团，一般的出版单位和文化、艺术、生活、科普类报刊社，新华书店，电影制片厂，影剧院，影视制作和销售单位，文化经营中介机构，都要转制为企业，成为自主经营、自负盈亏、自我发展、自我约束的文化市场主体。

要完善传统文化的保护与传承体系。要积极传承中华传统文化。诸子百家的文化典籍，五行八作的技艺，都要进行保护，鼓励传承。民族民间文化、区域文化，都有自由生存的理由，都能丰富和发展文化的多样性，都要一视同仁，积极传承。对于物质文化遗产，政府要划定保护区域，提供经费指定专人进行看管，严禁损毁。对于非物质文化遗产，政府可寻找传承人，以便开展保护和传承工作。可以推行开发式保护，让保护与开发并举，在开发中进行保护，在动态中传承。要利用先进技术对传统文化进行保护和传承。

要努力推进城乡文化一体化发展。要让城市文化滋润乡村文化，以城市带动乡村发展。要开展城乡一体化文化规划，促进城乡文化互动。城乡文化一体化发展，重点在城市，难点在农村。农村的部分地区，至今仍然是文化沙漠。对农村地区的文化建设规划，政府要予以倾斜，保障经费供给。要深入开展全民阅读、全民健身活动，推动文化、科技、卫生"三下乡"活动，推动科教、文体、法律、卫生"四进社区"活动，加强县级文化馆、图书馆、乡镇文化站、村文化室建设，建设农家书屋。加强农村电影放映。要让农民工享受城市市民的文化权利。要推进社会主义新农村建设，合理配置城乡文化资源，形成城乡经济社会一体化发展格局。

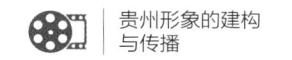

另一方面，必须大力发展文化产业。

要深化文化企业改革，建立现代企业制度，构建现代文化产业体系。要对文化企业进行资产重组，进行公司制、股份制改造，以现代企业制度为指导，完善法人治理结构，把文化企业推向市场，让市场成为文化企业资源配置的指挥棒。鼓励文化企业跨地区、跨行业、跨所有制兼并重组。发展文化产业集群，形成规模经济效益。推进文化产业结构调整，以市场需求为导向，提高有效供给的比例，促进文化产业结构转型升级。

要培育现代文化市场体系。统一、开放、竞争、有序的文化大市场在我国还未形成。文化资源和要素难以自由流动，市场壁垒林立，条块分割严重。因此，要鼓励金融资本、社会资本与文化资源相融合，切实解决文化产业融资难的问题。要建立多层次的文化产品市场、文化要素市场，完善文化经济政策。要形成公有制为主体、多种所有制平等竞争、共同发展的文化产业格局。要鼓励民营文化企业的发展，给予国民待遇，壮大民营文化企业的实力。要在公平的、激烈的市场竞争中壮大文化市场主体的实力，鼓励文化市场主体做大做强。文化市场主体要增强自主创新能力，提高经济效益。

要发展繁荣网络文化，提高文化传播能力。社会主义先进文化要依靠现代传播手段，才能提高传播效果。采编、发行、播发，要加快数字化转型，扩大覆盖面。要推进互联网、电信网、广电网三网融合，重点发展移动互联网技术。加强国际传播能力建设，努力打造国际一流媒体，把中国之声迅速传播出去。

要尽力扩大文化消费能力。要增加文化产品的有效需求，提高群众的文化消费水平。创新商业模式，拓展大众文化的消费市场，以特色文化刺激消费增长，提供个性化、分众化的文化产品和服务，满足文化市场的多种需求。提高基层、中西部地区、老少边贫地区的文化消费水平，为农民工的文化消费提供适当的补贴。大力发展文化旅游，以区域文化、民族民间文化吸引游客，在发展旅游的过程中保护和传承非物质文化遗产。

发展文化产业必须实行供给侧结构性改革。改革开放四十年了，人民群众的物质生活大大改善了，精神文化的消费需求逐渐扩大、转型、升级。因此，文化产品的供给结构应当紧紧跟上群众文化需求结构变化的步伐。供给结构必须适应需求结构的变化。要减少文化产品的无效供给和低端供给，扩大文化产品的有效供给和中高端供给，提高文化产业全要素生产率，增强文化产业供给结构对需求变化的适应性和灵活性。实施创新驱动发展战略，以创意驱动文化产业发展，不断推动内容创新、形式创新、业态创新、科技创新，为文化产业提供持久的动力。发挥市场在文化资源配置中的决定性作用，调整文化经济结构，使文化供给结构适应需求结构的新变化，刺激文化产业大发展，推动文化产业成为国民经济的支柱性产业。要创作经得起时间、人民、市场检验的文艺作品，推出精品力作，实现社会效益与经济效益相统一。

不论是发展文化事业，还是发展文化产业，都要高度重视文化管理体制的改革与创新。政府与市场是相辅相成的关系。市场能做好的事情，政府要少干预甚至不干预，要让市场在文化资源配置中起决定性作用。政府要实施公共管理，要做市场办不到或办不好的事情，不"越位"、不"错位"也不"缺位"。必须转变政府的文化管理职能。要减少和规范行政审批，充分发挥政府的政策调节、市场监管、社会管理、公共服务的职能。要推动政事分开、政企分开、管办分离，理顺政府与文化企事业单位之间的关系。为了促进政府部门履行管理职责走向规范化，必须加强文化法治建设，建立和完善文化管理的法律法规体系。继续开展"扫黄打非"，清除文化垃圾，净化文化环境，整顿文化市场秩序，为发展社会主义先进文化鸣锣开道。要推进文化综合执法工作，加大执法力度，严禁滥用处罚、以罚代法，切实解决执法滞后、执法不严等问题，以提高执行力。

开展文化体制改革，必须加强社会主义核心价值体系建设。社会主义核心价值体系是社会主义先进文化的精髓，决定文化体制改革的发展方向。要坚持以马克思主义为指导引领文化发展，坚定人民群众为中国特色社会主义奋斗的共同理想。要弘扬以爱国主义为核心的民族精神和以改革开放为核心的时代精神，增强民族自信心、自尊心、自豪感，与时俱进，开拓进取，永不自满，永不僵化，永不停滞。践行社会主义核心价值观：富强、民主、文明、和谐、自由、平等、公正、法治、爱国、敬业、诚信、友善。坚持依法治国和以德治国相结合，推进公民道德建设工程，形成男女平等、尊老爱幼、扶贫济困、扶弱助残、礼让宽容的人际关系。坚决反对拜金主义、享乐主义、极端个人主义，反对以权谋私、见利忘义。弘扬人文精神、科学精神，培育积极向上的社会心态，维护社会的公平正义。

开展文化体制改革，要科学处理文化"引进来"与"走出去"的辩证关系：既要积极吸收国外优秀文化成果，又要努力推进中华文化走向世界。时至今日，学习西方发达国家先进经验的进程远未结束。学习西方仍然至关重要。要坚持以我为主、为我所用的原则，学习西方发达国家的先进文化。引进西方发达国家的资金、技术、人才和智力资源，加强文化项目合作。促进对外文化交流，把政府交流与民间交流结合起来，参与世界文明对话，维护文化多样性，增强中华文化的感召力和话语权。实施文化"走出去"工程，开拓国际文化市场，培育一批具有国际竞争力的文化企业集团和中介机构，以文化精品参与国际竞争。塑造民主、文明、开放、进步的国家形象。切实维护国家文化安全。

3. 文化体制改革的性质、目标与意义

文化体制改革是社会主义文化制度的自我完善和发展，总目的是为了解放和发展文化生产力。

文化体制改革的具体目标有以下几方面。

一是要积极构建四个体系。要积极构建惠及全体公民的公共文化服务体系；积极构建统一、开放、竞争、有序的现代文化市场体系，充分发挥市场在文化资源配置中的决定性作用；积极构建文化创新体系，实施创新驱动发展战略；积极构建文化法律法规体系。

二是要建立和完善促进文化发展的体制机制。要建立和完善宏观文化管理体制；要建立和完善促进文化生产、文化服务的微观运行机制。

三是要积极营造两个格局。要营造以公有制为主体、多种所有制共同发展的文化产业格局；要营造推动中华文化走向世界的文化开放格局。

文化体制改革是发展社会主义先进文化的必然选择，是实现全面建成小康社会奋斗目标的必然要求。只有按照社会主义市场经济发展的要求进行文化体制改革，才能建设社会主义文化强国。

二 影视剧生产具有三重属性

社会主义市场经济体制的建立和完善，日益放大了影视剧的经济功能。从此，投资与回报成为关键词、赢利与增收成为影视剧创作的重要动机。这些目标倒逼创作观念的改进。

1. 影视剧的三重属性

在社会主义市场经济条件下，影视剧具有三重属性：意识形态性、经济性、文化艺术性。

第一，影视剧具有意识形态属性。

文艺作品属于一定社会的上层建筑，由一定社会的经济基础决定，并为一定社会的经济基础服务。文艺作品或显或隐地体现了一定的政治倾向、思想倾向，体现了一定阶级的利益。因为，艺术家属于一定的阶级，代表一定阶级的利益。艺术家的政治思想倾向、兴趣爱好，隐藏在文艺作品中，通过艺术语言、主题提炼、题材选择、形象塑造生动活泼地表现出来。文艺作品体现出来的思想情感倾向，能够感染受众，引起受众或赞同或反对的价值判断和或欢迎或拒斥的情感反应。

政治家历来重视文艺作品的思想情感倾向性及其宣传教育功能。列宁在接见卢那察尔斯基时说："在所有的艺术中，电影对于我们是最重要的。"列宁十分重视的是电影的宣教功能。毛泽东在《在延安文艺座谈会上的讲话》中指出，文艺从属于政治；政治标准第一，艺术标准第二。邓小平认为："文艺是不可能脱离政治的。任何进步的、革命的文艺工作者都不能不考虑作品的社会影响，不能不考虑人民的利益、国家的利益、党的利益。"[①] 江泽民指出："政治具体地存在于我们的社会生活中，存在于文艺工作者的思想感情中。特别是在面临西方国家经济、科技占优势的压力和西方意识形态渗透的情况下，所谓不问政治、远离政治，是不可能的。"[②]

---

① 邓小平：《目前的形势和任务》，载《邓小平文选》（第二卷），人民出版社，1993，第256页。
② 江泽民：《发展和繁荣社会主义文化》，载《十四大以来重要文献选编》（下册），人民出版社，1999，第2154页。

主旋律题材的影视剧，尤其是重大革命历史题材的影视剧，其意识形态性十分鲜明。与主旋律题材影视剧相比较，商业片的意识形态性要淡薄一些。但是，商业片同样具有意识形态性。好莱坞电影大多是商业片；但是，好莱坞电影的确是传达美国意识形态的良好工具。"不只是推广某种生活方式，'好莱坞制造'更是首先要强加给你一种思维方式。因为美国意识形态已经被彻底地植入好莱坞电影的形式和结构之中……政治权力始终对电影制作进行意识形态上的控制。这一切如何实现呢？依赖于审查，一方面是道德层面的审查（《海斯法典》），然后是政治审查（麦卡锡主义），最后是经济审查（电影分级制度）。"[①] 经济全球化时代，好莱坞电影征服了全球，全世界的每一个角落都在放映好莱坞电影。美国借助于好莱坞电影，把美国的生活做派、思维方式、价值观念、政治标准、理想追求等强加给不同肤色、不同种族的人们，妄图以美国文化统一全世界，把美国塑造成为人类的精神领袖，以实现建立世界文化霸权的目的。

正因为影视剧具有意识形态性，所以，我国的影视剧创作必须坚持社会主义先进文化的前进方向。要贯彻以人民为中心的创作理念，渗透社会主义核心价值观，把社会效益放在首位，强化艺术家的社会责任。要推动中华文化走向世界，维护国家文化安全，捍卫文化多样性。我国影视剧的传播要考虑公共文化服务均等化，要积极向老少边贫地区和中西部农村地区提供服务。

第二，影视剧具有经济属性。

与生俱来，影视剧就具有经济属性。影视剧经济成本高，从制片、发行到播放所形成的产业链很长。创意策划需要精心盘算，受众定位要精准。剧本写作要认真编造故事，以增强故事的吸引力。投资商一般都具有商业眼光，追求的是经济回报率。经济回报率越高，投资商就越热情。找到充足的资金以后，制片方就可以进行拍摄了。经过后期制作以后，影视剧就进入发行阶段，继而进入放映、播放阶段。此后，玩具、动漫、网游、主题公园等影视剧衍生产品被开发出来，逐渐进入售卖阶段。影视剧

---

① 〔法〕雷吉斯·迪布瓦：《好莱坞：电影与意识形态》，李丹丹、李昕晖译，商务印书馆，2014，第22页。

的产业链越长，其经济回报率就越高。这是一条普遍规律。因此，要想获得更多经济回报，影视剧生产者和经营者就要千方百计延长产业链。

趋利避害是影视剧生产者的思维定式。影视剧生产所需资金很多，产业链很长，所以，影视剧的产业风险也很高。一部电影、电视剧出现亏损给导演、制片人、影视企业带来灭顶之灾，这已经司空见惯。只有实现盈利，影视业才能进行扩大再生产，才能推进可持续发展。所以，影视剧的生产者首先必须规避影视剧的产业风险，进而不竭余力地追求利益的最大化。

在民国时期，中国电影多次出现了商业浪潮。1923年12月18日，《孤儿救祖记》在上海爱普庐影戏院试演，赢得交口称赞。"第二天即有片商登门以8000元巨资购买南洋地区放映权。"①《孤儿救祖记》轰动了中国，在上海、南京、武汉、天津等大城市连映六七个月，让面临倒闭的明星公司起死回生。导演郑正秋以苦情戏激活了中国电影市场，以家庭伦理题材迎合了市民阶层。1926～1931年，明星影片公司、大中华百合影片公司、天一影片公司、长城画片公司、神州影片公司等不断发展壮大，为电影商业竞争推波助澜，形成了"古装片""武侠片""神怪武侠片"三次商业电影浪潮，出现了《梁祝痛史》《白蛇传》《梁山伯与祝英台》《唐伯虎点秋香》《孟姜女》《火烧红莲寺》等高票房电影，掀起了电影市场上的一股股金旋风。影片《火烧红莲寺》是其典型代表。张石川导演的《火烧红莲寺》，从1928年到1931年接连拍摄了18集，可以连续放映27小时，是当时最长的影片，打破了当时国产电影的卖座纪录。拍摄《火烧红莲寺》1～3集，明星公司1928年的盈余为47393.59元；拍摄4～9集，明星公司1929年的盈余为25505.79元；拍摄10～16集，明星公司1930年的盈余为25505.94元；拍摄17～18集，明星公司1931年的盈余为19986.83元。②《火烧红莲寺》让明星公司大赚其钱，积累了足够的资金，购买了有声电影的器材，从而在有声片摄制方面捷足先登。

电检法的公布与电检会的成立，导致武侠神怪片式微。1930年11月，

---

① 朱剑、汪潮光：《民国影坛纪实》，江苏古籍出版社，1991，第23页。
② 范烟桥：《明星影片公司年表》，《明星》1936年第7卷第1期。

国民政府正式公布《电影检查法》，将电影检查权力收归中央。1932年，国民党设立了"中央电影检查委员会"，将电影审查权收于专门机构。这样，国民党通过检查制度禁止了武侠神怪片的拍摄和放映。1933年9月，国民党把电影检查权力集中到"中央宣传委员会"，并成立了"电影事业指导委员会"，下设"剧本审查委员会"和"电影检查委员会"，开启了电影剧本审查制度。国民党实行电影检查制度，目的是把电影变成政府的宣传工具，导致了商业电影退潮。

但是，20世纪三四十年代，国产商业电影以顽强的生命力再次崛起，主要表现为以下几方面。

一是类型的成熟。以《姊妹花》为代表的伦理片、以《化身姑娘》为代表的喜剧片、以《初恋》为代表的爱情片、以《新婚大血案》为代表的侦探片，以《夜半歌声》为代表的恐怖片、以《马路天使》为代表的歌唱片等，都掀起了观影热潮，获得了丰厚的经济回报。

二是电影公司开展商业运作。电影企业公开向社会发行股票以筹集资金，虽然效果并不理想，但是，此举却很有开创意义。明星公司一共进行了四次招股。

三是明星制开始形成。明星制是商业电影的重要标志。"明星属于表演者范畴。对明星来说，除了拍摄影片，他们还必须在电影的发行环节中扮演重要角色。明星劳动者还要参加数不清的行销活动，包括接受媒体访问、出席盛大首映礼等。"[1] 明星可以吸引投资，还能带来丰厚的利润。因此，影业公司不惜代价捧红一些明星。张石川千方百计捧红了王汉伦、杨耐梅、张织云、宣景琳。"一个影星直接影响一个电影公司的兴衰乃至生死存亡，在电影史上是屡见不鲜的。"[2] 明星的社会影响力很大。1933年，《明星日报》评选了"电影皇后"。胡蝶赢得了21334票，荣登"电影皇后"的宝座，提振了明星公司的声誉。天一公司的陈玉梅与联华公司的阮玲玉分列第二位和第三位。1932~1933年《电声日报》评选中国十大电影明星、外国十大电影明星、外国十佳影片。1934年，《大晚报》举办了

---

[1] 〔美〕保罗·麦克唐纳：《明星梦工厂——炒作好莱坞流行人物》，马斌、郑念祖译，台湾书林出版有限公司，2003，第15页。
[2] 饶曙光：《中国电影市场发展史》，中国电影出版社，2009，第113页。

"播音歌星竞选"。这些评选活动吸引了众多参加者，形成社会热点事件，提高了明星的影响力。明星对于电影市场的活跃产生了强劲的推动力。明星成为影视公司的摇钱树，明星的价码也不断攀升。胡蝶的最高片酬达到2500元大洋。明星公司为她配备了福士汽车以供出入之方便。"胡蝶在1974年接受访问时指出：她当时的2500元可相当于1974年的港币100000元。"① 1926年，阮玲玉进入明星公司，月薪是40元。1929年，阮玲玉与卜万苍跳槽到联华公司。联华公司为阮玲玉支付的月薪为2000多元大洋。可是，导演卜万苍的月薪只有300元。由此可见，当时的电影公司非常重视明星，因为明星能够为公司带来丰厚的商业利益。

四是商业电影理论开始形成。最有代表性的是"软性电影"论。1933年3月，刘呐鸥、黄嘉谟等创办了《现代电影》月刊，邀请孙瑜、蔡楚生、史东山等著名导演作为主要撰稿人，引进外国电影理论，观察电影动态。《现代电影》声明办刊宗旨是"研究影艺，促进中国影业"，强调"决不带什么色彩"。"软性电影"论者鼓吹电影的基本品质是"一种现代最高级的娱乐品"，认为"电影是给眼睛吃的冰激凌，是给心灵坐的沙发椅"。刘呐鸥等人发表文章，指责左翼电影是"内容偏重主义"的"畸形儿"，是"不自然的浅薄的宣传品"，"充满干燥而生硬的说教"。刘呐鸥等主张电影"应该毫不带副思想"，应该有"美的关照态度"，因为"真正的艺术家，根本是没有派别的"。《现代电影》创刊后，"软性电影"与"硬性电影"开展了激烈的争论。1933年6月以后，唐纳、夏衍、尘无、鲁思等发表文章，批评了"软性电影"论，批判低级趣味、粗制滥造风气，批判远离生活的倾向，提倡为现实、为民众的电影创作思想，宣传了进步思想。今天看来，不管是"硬性电影"论，还是"软性电影"论，都是各执一端的偏激之词，都不是电影理论的成熟状态。"硬性电影"论注重为政治服务而忽略了电影的艺术属性和商业属性，其"左"倾色彩一直影响到改革开放以前的中国电影。"软性电影"论因过分强调电影的商业属性而轻视电影的思想倾向性，呈现右倾色彩。理论上的偏颇必然导致实践上的不良倾向。实践上的畸轻畸重导致了理论的偏向。20世纪三四十年

---

① 钟宝贤：《香港影视业百年》，三联书店（香港）有限公司，2004，第65页。

代中国电影的商业潮流，孕育了"软性电影"论。

五是外国电影的大量输入，扩张了中国电影市场。从外国输入的电影，好莱坞影片占据了大部分比例。从20世纪20年代开始，好莱坞八大制片公司先后在上海设立发行机构以发行好莱坞影片。20年代的上海电影市场，事实上已经为好莱坞电影所控制。据夏衍的回忆，20世纪20年代的上海，"电影院里放映的90%是美国电影"；30年代的上海，"影院上映的影片有85%以上都是外国电影，主要是美国电影"。[①] 1935年，好莱坞八大制片公司在美国生产的电影数量为356部，在中国发行的电影数量为364部。[②] 由于一些旧片在继续放映，所以，1935年在中国放映的美国电影数量略多于好莱坞的年产量。大量外国电影的输入，尤其是好莱坞电影的强力冲击，以及外国人开办豪华影院的吸引力，都在客观上推动了中国电影经济的发展。但是，好莱坞电影传播的是美国文化，对中国观众产生了文化误导作用。对于这一点，当时的文化人士就保持了高度警惕。例如，梅朵先生对好莱坞电影进行了深刻批判："好莱坞电影是帝国主义的文化传播所……个人主义才是好莱坞电影的精神核心……个人主义，腐蚀我们的精神，瓦解我们对现实的认识与抗击的愿望与力量。"[③] 因此，对于电影经济背后的文化意蕴，我们必须进行清醒的辨识。

但是，中华人民共和国成立以后一直到党的十四大以前这段漫长时期内，中国电影和电视剧被纳入计划经济体制之中，其经济属性被遮蔽，商业功能被压缩。影视剧生产被视为文化事业，由政府主管且由政府主办。政府的指令性计划是影视剧生产的指挥棒。影视剧生产单位一律是事业单位，其生产者拥有事业编制，成为体制内的"吃皇粮"的人。影视剧生产者无须考虑投资与回报，因为盈利归国家所有，亏损也由国家承担。影视剧的盈利或者亏损，与生产者个人大多无直接的利益关系。即便影视剧盈利，生产者个人可能获得一些物质奖励，但精神奖励的意义更加重要。处于计划经济体制中的影视剧生产，排斥了市场的作用。影视剧生产者大多

---

① 林漫：《夏衍谈电影》，中国电影出版社，1993，第21、105页。
② 饶曙光：《中国电影市场发展史》，中国电影出版社，2009，第130~131页。好莱坞八大制片公司指：米高梅、福克斯、派拉蒙、哥伦比亚、环球、华纳兄弟、联美、雷电华公司。
③ 梅朵：《好莱坞电影究竟给了我们什么影响》，《影剧丛刊》（第二辑），1948年11月5日。

没有树立市场意识，往往受到主流文化和精英文化的引导，因而，其影视剧表现为强烈的政治色彩或者文化探索旨归。例如，第三代电影表现出强烈的政治性，第四代电影表现出强烈的纪实性和忧患意识，第五代早期电影表现出强烈的文化反思与文化批判色彩。尤其是第四代、第五代早期电影以改革开放初期的思想解放运动为文化背景，呼唤人性觉醒，批判传统文化的糟粕，积极追求文化的现代性，涌现出一批质量上乘的文艺片。这时的电影人，获得了广阔的自由空间，能够放开手脚大胆进行艺术探索。这时的电影人，虽然感悟了市场力量的存在，也开展了一些商业片的制作；但是，骨子里依然是主流文化、精英文化观念。当艺术与市场发生冲突时，他们在理性层面可能会选择市场，但在感性层面乃至潜意识深处却选择了艺术。当时，导演何群说过：他们"对艺术的追求和创新要远远大于对市场的欲望"。这样，就导致了电影的市场业绩乏善可陈，亏损也经常可见。有些影片发行的拷贝太少，成为亏损的经典案例。例如，《黄土地》只发行了30个拷贝，《猎场札撒》只发行了1个拷贝，《盗马贼》只发行了7个拷贝，《孩子王》只发行了6个拷贝，《远离战争的年代》只发行了8个拷贝，《女儿楼》只发行了26个拷贝，《大阅兵》只发行了40个拷贝。《晚钟》最初只发行1个拷贝，在1989年荣获第39届柏林国际电影节评审团特别奖之后，拷贝数量也只增加到19个。对于严重亏损的状况，导演们并不感到难过。相反，田壮壮爆出了豪言壮语："为二十一世纪拍片。"[①] 田壮壮、何群的言论，富有代表性，反映了当时电影人重艺术、轻市场的普遍心态。

  对于这时电影创作的偏向，有识之士多有批评。饶曙光深刻指出："在新时期电影的发展中，当一些不大重情节、主题、人物的影片出现以后，我们的某些理论批评囿于某种电影观念总结出'淡化情节'、'淡化人物'、'淡化主题'的模式，企图以此来建立某种电影'规范'，并冠之以'现代电影'的美称。这种'淡化'模式的电影固然可以作为电影的一种类型而存在，但绝不是现代电影的'规范'。因为，它是与制约电影生产的两种超自然的力量和电影作为大众文化的本性的要求相违背的。这种

[①] 杨平：《一个试图改造观众的导演——与青年导演田壮壮一席谈》，《大众电影》1986年第9期。

'规范'事实上也建立不起来。如果说真要有什么'淡化'的话,那也不是什么'淡化情节'、'淡化人物'、'淡化主题',而应'淡化'一下被强调到不适当地步的宣传功能和教育功能,强化它的感性娱乐功能,按电影'自律'的要求来生产电影。"①张卫在总结20世纪80年代艺术电影创作思潮的影响时,从电影体制角度指出这种电影生产方式的不可持续性。张卫说:"在计划经济条件下,不惜一切代价探索艺术没关系,企业赔了有国家继续拨款。但在市场经济条件下,电影产业赔了,电影也不复存在。皮之不存,毛将焉附?"②过度的艺术探索,强烈的个人色彩,极致的作者电影,让电影远离市场、远离观众,把电影变成了"沙龙"艺术。

建立和完善社会主义市场经济体制以来,中国电影开启了市场化、产业化进程。

1993年以后,中国电影进入市场化时代。电影制片厂、发行公司等开始面向市场,在经济体制转轨的过程中经历了一番艰难的阵痛。亏损成为20世纪末电影企业的常态,扭亏为盈成为电影制片厂重要的工作目标之一。国家对电影制片厂不再"包养",开始实行"断奶",政府果断地把电影制片厂推向市场,让电影制片厂到市场上去寻求生存和发展空间。电影制片厂失去了"靠山",只好自谋生路。1995~2002年,中国电影票房都在10亿元以下,呈现低位徘徊状态。1995年,全国电影票房减少到10亿元以内,电影生产数量小于100部。1999年,全国电影票房收入仅为8.1亿元,观众不足3亿人次。2000年电影票房仅为8.6亿元。2002年全国票房收入为9.5亿元。这一时期的进口电影票房都超过了国产电影票房。因此,中国电影的发展遭遇了前所未有的危机。

经过艰苦的打拼,电影制片厂逐步增强了适应市场的能力,增强了为观众服务的能力,开拓了广阔的发展空间。2002年,中国电影进行院线制改革,建立了跨区域院线或者省内电影院线。从此,中国电影步入产业化时代,发展电影产业成为电影人的自觉意识。好莱坞电影市场策略成为中国电影人学习与研究的重要内容,投资与回报成为中国电影人重要的关注

---

① 饶曙光:《论电影的感性娱乐功能》,《西部电影》1987年第2期。
② 张卫:《中国产业电影叙事思考——2003年中国电影市场上映作品叙事探究》,《电影艺术》2004年第3期。

点，高票房成为电影生产的追求目标，产业链的优化与延伸成为提高经济效益的重要抓手。高概念电影成为中国电影重要的发展策略之一：以观众需求为导向，以营销指导电影创意，对观众群体进行精准定位，主动适应观众；重用明星，甚至名导与明星强强联手；故事情节紧凑集中曲折动人，主题可凝缩为一句话；电影题材必须具备市场热度，要利用题材的市场热度进行充分开发，必要时开发系列电影；营造视觉奇观；以类型化推动产业化；进行狂轰滥炸式的营销宣传，营销主题单一、明确，必须多次重复以引起受众的高度关注；开发衍生产品，延伸电影产业链。

中国电影的产业化，是中国电影市场化的深入发展，是在发展文化产业的大环境中出现的必然现象。电影产业是文化产业的重要组成部分，是文化产业当之无愧的火车头、排头兵。2002年中国电影开展产业化改革以来，全国电影年度总票房数量呈直线飙升。2002年中国电影总票房为9.5亿元；2003年升为11亿元；2004年升为15.2亿元；2005年升为20.45亿元；2006年升为26.2亿元；2007年升为33.27亿元；2008年升为43.41亿元；2009年升为62.06亿元；2010年升为101.72亿元，突破了百亿元大关；2011年升为131.15亿元；2012年升为170.73亿元；2013年升为217.69亿元，突破了两百亿元大关；2014年升为296.39亿元；2015年升为440.69亿元，突破了四百亿元大关；2016年升为457.12亿元；2017年升为559.11亿元，突破了五百亿元大关。[1] 2002年以来，中国电影年度总票房稳步增长，彰显了中国电影产业化改革的实绩。中国电影市场已经成为世界第二大电影市场，市场规模大，开发潜力大，富有活力，吸引国外电影人艳羡。好莱坞电影把争夺中国电影市场作为重要的发展战略。在这种情形下，中国电影必须充分考虑坚守中国电影市场的相关问题。运用电影配额政策来保护中国电影的发展壮大，在长时期内仍然是十分必要的。

中国电影产业发展逐步走上了法制化建设轨道。《中华人民共和国电影产业促进法》的颁布，是中国电影产业史上的一件大事。《电影产业促进法》，于2016年11月7日在第十二届全国人民代表大会常务委员会第二

---

[1] 年度总票房数据均来自《中国电影报》。《中国电影报》每年都发布中国电影年度总票房数据。

十四次会议上，以146票赞成1票反对8票弃权表决通过，并于2017年3月1日起正式实施。这是中国文化产业领域的第一部法律，被誉为"文化产业第一法"。《电影产业促进法》分为六章，分别为总则；电影创作、摄制；电影发行、放映；电影产业支持、保障；法律责任；附则。《电影产业促进法》从法律层面确认了"电影作为产业"的属性，将为产业发展助力护航。《电影产业促进法》为文化产业立法积累了有益的经验，有利于政府简政放权、放管服相结合，有利于促进中国电影弘扬社会主义核心价值观，有利于中国电影供给侧结构性改革，有利于营造公平、有序、繁荣的电影市场环境，有利于保障少数民族地区群众的观影权利，有利于中国电影打造精品力作。总之，《电影产业促进法》有利于中国实现从电影大国向电影强国的华丽转身。要贯彻《电影产业促进法》的基本精神，落实相关措施，以开拓中国电影产业发展的新境界。"创作优秀影片是电影工作的首要目标，也是促进产业发展的核心任务。"当前，电影界必须"深化电影产业供给侧改革，推动'中国电影新力量'科学健康地蓬勃生长，从'高原'向'高峰'奋勇攀升，着力打造多品种、多类型、多样化的作品结构，进一步提高国产影片观众满意度"。①

改革开放之前的计划经济时代，电视剧是文化事业的组成部分之一。电视台是国家重要的宣传机构，实行事业管理体制，归属于中央广播事业局管理。电视剧生产要服从宣传、教育工作的需要，充当"喉舌""工具"，被纳入计划管理范畴之内。这个时期，我国电视机的拥有量相当少，电视事业还不发达，电视剧的竞争不激烈，收视率没有成为经济报酬的标尺。电视剧生产者与电视剧制作、播放之间的经济联系不紧密。这个时期的电视剧忽略了娱乐功能，只会教育观众不会适应观众，只会迎合政治形势不会适应市场，政治色彩强烈艺术特色却不鲜明。这些因素严重阻碍了电视剧艺术的发展。

中国大陆的第一部电视剧是《一口菜饼子》，于1958年6月15日在北京电视台（中央电视台的前身）播出，在演播室里进行现场直播。由于采

---

① 童刚：《贯彻落实电影产业促进法，由电影大国向电影强国迈进》，《现代电影技术》2017年第1期。

用直播方式，加上当时的技术条件极其简陋，所以，这部电视剧的音像资料无法被保存下来，流传至今的只有文字资料。这部电视剧根据《新观察》杂志上的一篇同名小说改编而成，叙述了一个节约粮食、忆苦思甜的故事，塑造了一个伟大母亲的形象。一个母亲，为了挽救女儿的生命，省下仅有的一口菜饼子给女儿吃，自己却活活饿死了。这部电视剧是为了紧密配合当时的"大跃进"宣传任务而制作的，具有强烈的意识形态性和鲜明的时代色彩。导演是胡旭、梅村，编剧是陈赓，演员来自中央广播实验剧团，主演是孙佩云、余琳、李燕、王昌明、李晓兰等。这部黑白电视剧时长只有二十多分钟，篇幅较短，镜头运用、拍摄角度的变化不能灵活自如，基本上是一部舞台剧。虽然《一口菜饼子》比较简陋，但是，其开创之功彪炳史册。

从1958年到1965年，全国一共播出电视剧两百部左右。其中，北京电视台播放的电视剧为九十部左右。这些电视剧都是黑白图像，一律采用直播方式播出。1966年，北京电视台开始使用电视录像设备。1973年4月，北京电视台开始播出彩色电视。录播方式和彩色电视的推广，增强了电视媒体的影响力，为电视剧的繁荣准备了条件。但是，由于电视剧受限于当时的体制环境，所以，电视剧发展的空间十分有限。这个问题到改革开放以后才得以解决。

改革开放以后，电视剧迎来了春天。1978年5月1日，北京电视台在运行二十周年的日子，正式更名为中央电视台。1982年5月，广播电视部[①]成立。吴冷西出任广播电视部第一任部长。与此同时，中央广播事业局被撤销。管理体制理顺之后，电视剧发展迅速。中央电视台播出的电视剧数量，1979年为18部，1980年为103部，1981年为117部，1982年为235部。全国拥有电视机的数量，1981年为1000万台左右，此后与日俱增。20世纪80年代中后期，电视机进入了寻常百姓家。普通家庭开始拥

[①] 1986年1月，广播电视部更名为广播电影电视部，把电影事业管理的职能合并进来。1998年3月，国务院机构改革，撤销广播电影电视部，组建国家广播电影电视总局，成为国务院直属机构。2013年3月，国务院将新闻出版总署、广播电影电视总局的职责整合，组建国家新闻出版广电总局。2018年3月，国务院机构改革，组建国家广播电视总局。原国家新闻出版广电总局被划分为三个独立部门：国家广播电视总局成为国务院直属机构，国家新闻出版署（国家版权局）和国家电影局由中央宣传部统一管理。

有电视机，电视机的普及率越来越高，这为电视剧的繁荣提供了必要条件。全国的电视观众越来越多。1981年，中央电视台播出了十集电视连续剧《敌营十八年》。这是我国大陆生产的第一部电视连续剧。此后，电视连续剧产量大增，成为电视剧的主要品种。电视连续剧对观众的吸引力，远远超过了电影。电视剧的两大奖项开始形成。飞天奖源于1980年开始的全国优秀电视剧评选活动。这个奖项在1983年被定名为飞天奖，采取领导、专家、群众三结合的评选办法。金鹰奖源于1982年的大众电视金鹰奖评选活动。浙江电视台旗下的《大众电视》杂志，响应读者的呼声，由读者直接投票，评选出优秀电视剧。此后，飞天奖成为政府奖的代表，金鹰奖成为民间奖的代表，二者成为中国电视的最高奖项。

改革开放以后，电视剧的经济属性日益凸显且越来越受到重视。电视剧的经济效益表现在广告上。1979年1月28日，上海电视台播发了中国大陆第一条电视商业广告。4月，广东电视台也播放了商业广告。11月，中宣部发出《关于报刊、广播、电视台刊播外国商品广告的通知》，对媒体刊播商业广告的行为予以支持。电视剧与广告联姻，以获取广告费来回收部分资金。广告为电视业带来了丰厚的经济收入，为优秀剧目的制作提供了资金保障。

电视剧的经营规模越来越大，资金来源越来越多元化，对计划经济体制形成强烈的冲击，客观上要求改革电视剧的经营管理体制。1987年，上海市广播电视局率先提出"只有发展产业，才能建设事业"的口号。上海电视台一分为二：上海电视一台负责新闻、文艺类节目，上海电视二台负责经济、体育、社教节目。上海市广播电视局还成立了上海电视剧制作中心、技术服务中心、生活服务中心。这些举措，加快了上海广播电视产业化运营的步伐。1988年1月，广东电视台提出实行企业化管理、自我积累、自我壮大的改革主张。1989年2月，广东省委正式批准广东省广播电视厅实行事业单位企业化管理的新体制。1991年，中央电视台实行财务预算包干管理的措施。上海、广东为广播电视管理体制改革积累了有益的经验，为广播电视的发展指明了正确方向。这些先进经验在我国建立社会主义市场经济体制之后得以全面推广。

社会主义市场经济兴起后，电视业的市场化改革步伐明显加快。1992

年6月,中共中央、国务院下发了《关于加快发展第三产业的决定》,明确地把电视业列为第三产业。电视业要向经营型转变,实行企业化管理。电视企业要面向市场,成为自主经营、自负盈亏、自我发展、自我约束的市场主体。电视企业积极探索改制、上市的产业化发展路径。1992年,上海市广电局创建了上海东方明珠股份有限公司,成功地在上海证券交易所上市。1998年12月23日,湖南电广实业股份有限公司在深圳证券交易所上网定价发行5000万A股股票。每股发行价格为9.18元,当日申购资金为1198亿元人民币。这是我国广电系统发行的第一只股票,其成功经验可资借鉴。组建广播影视传媒集团,也是改革的重要举措。1998年6月9日,无锡广电集团成立,开展多种经营,实行企业核算,自收自支,自负盈亏。这是全国第一家广播电视集团。2000年12月27日,湖南广播影视集团正式挂牌运营。这是全国第一个省级广电集团。组建大型传媒集团,实现媒介融合,提升核心竞争力,提升经济效益和社会效益,成为电视业的大势所趋。

社会主义市场经济时代,电视剧的经济属性日益凸显出来。

电视剧逐渐注重类型化:武侠剧、侦探剧、悬疑剧、穿越剧、谍战剧、青春偶像剧、家庭伦理剧、玄幻剧等。电视剧类型逐步成熟,多种类型走向融合。类型融合增强了电视剧的吸金能力。电视剧的题材范围不断扩展:重大革命历史题材、宫斗题材、帝王题材、传记题材、都市题材、农村题材、军旅题材、爱情题材等。为了吸引观众,电视剧的类型与题材不断丰富和发展。

明星的号召力不断增强,形成了"粉丝经济"。明星的片酬不断上涨,导致电视剧的成本大增。

电视剧的营销,成为提高经济回报率的重要环节。电视剧的营销,往往借助全媒体力量。营销活动多次重复以便引起受众的高度关注,期望促成受众的观剧行为。营销活动的目的,在于把潜在观众转变为现实的观众。

电视剧产业与互联网充分融合。"互联网+电视剧",开辟了电视剧发展的新境界,催生了"网络剧"这种新型业态。互联网的功能,在电视剧制作的全过程都得到了充分体现。在创意策划阶段,制作者可利用大数据充分调查观众的兴趣所在，可以根据观众的喜好来调整情节的设计方案，以便让电视剧更好地适应观众的情趣。在投融资阶段，制作者可利用互联网来开展众筹活动。众人拾柴火焰高，众筹可能吸引充足的资金。资金足够了，电视剧方可进行拍摄。在拍摄、后期制作阶段，制作者可以利用网络与受众进行交流与互动，及时对电视剧进行修改。在发行、营销阶段，制片方可以利用互联网吸引受众的高度注意，以积累人气效应。人气效应积累得越丰厚，就越可能提高收视率。必须注意，互联网、移动互联网已经成为重要的播放渠道，甚至一些电视剧可以单纯依靠互联网来播放。电视剧与互联网充分融合，目的是为了提高电视剧的经济效益和社会效益，提高电视剧的文化创造力和社会影响力。电视剧与互联网的融合，是一个新鲜话题，还需继续进行探索。

1997年8月11日，国务院颁布了《广播电视管理条例》，以行政法规的形式，对我国的广播电视活动进行规范化管理。这是我国广播电视工作中法律效力最高的行业性法规之一。

第三，影视剧具有文化艺术属性。

影视剧具有浓郁的文化艺术性。文化内涵通过艺术形式生动活泼地表达出来。深刻的文化内涵是影视剧传之久远的重要原因之一。一些经典的影视剧，哺育了一代又一代人，成为他们成长过程中宝贵的精神食粮。

有些人认为，影视剧难以表现深刻的思想文化。对于这个观点，我们必须进行一分为二的分析。一方面，影视剧的确难以表现抽象的概念。爱森斯坦想把马克思的《资本论》拍成电影。这只是一个美妙天才的设想，不仅他没有做成这件事，后人也没有做成这件事。因为，马克思的《资本论》太抽象，太高深。另一方面，影视剧与深刻的思想并非无缘。只要采取适当的艺术表现手法，影视剧同样能够表达深刻的思想。影视剧是运用画面、声音、剪辑等视听语言来讲述故事的艺术样式。影视剧中，深邃思想必定借助影视视听语言在故事的生动讲述之中来表达，必定依靠形象思维来表达。化抽象为具象，把概念、判断、推理转化为可感可知、可触可尝、有声有色、有香有味、动静相宜、虚实相生的物象，实现情景交融、主客观统一，这是形象思维的基本要求。只要遵循艺术规律，做好由抽象到具象的转化工作，影视剧就能够表达深邃的思想。不仅欧洲的文艺片能够表达深邃思想，而且好莱坞电影也能够表达深邃思想。影视剧表达深邃的思想，不仅要化抽象为具象，而且还要以观众的可接受程度为局限。如果表达深邃思想超过了观众的接受程度，那么，这样的影视剧将面临疏远观众的危险，在经济回报方面可能会一败涂地。影视剧的亏损直接影响其扩大再生产。

影视剧文化林林总总，体现了文化多样性。各国影视剧体现了各自的民族特色，各地影视剧融合了其地域文化。正如捍卫生物多样性一样，人类也应当捍卫文化多样性。好莱坞电影征服全球，凭借资本优势、技术优势传播美国的价值观念，反复叙说美国梦，不厌其烦地演绎美国的生活方式、思维方式，妄图全世界都学美国文化、走美国道路、奉行美国的发展模式。这是地地道道的文化帝国主义。因此，尽管好莱坞电影尽情地娱乐大众，但是，这种文化帝国主义是应当遭受批判的。迪布瓦说："好莱坞电影与一切电影作品一样，并不仅仅是消遣而已。它们提供一种建立在主观视角之上的、美国人的、西方人的、基督教徒的、男人们的、资本主义者的……对世界的认识……自二战以后，作为'美国生活方式'的橱窗的好莱坞电影，的的确确影响了我们欧洲社会的生活方式……如果说每一种文化推行自己的生活方式都是合情合理的，那么依托于一种侵略性的、类似于文化帝国主义式输出战略的好莱坞电影，则是应该受到谴责的。"[1] 基于对文化帝国主义的认识，法国在1993年关贸总协定的谈判中提出了"文化例外"原则，以保护本国文化的正常发展。后来，"文化例外"演变为"文化多元性"。2005年10月20日，联合国教科文组织第33届大会以148票赞成、2票反对、4票弃权通过了《保护文化内容和艺术表现形式多样化公约》，肯定了"文化多样性"主张，为各国捍卫文化安全、保护和传承本土文化提供了理论依据和制度保障。因此，中国的影视剧制作必须弘扬文化多样性，传承和保护中华文化，捍卫国家文化安全，坚持文化自信，走向文化自觉，进而把中华文化推向国外，在激烈的文化交流与竞争中争夺文化领导权，以赢得中华文化的话语权。中国观众对于好莱坞电

---

[1] 〔法〕雷吉斯·迪布瓦:《好莱坞:电影与意识形态》，李丹丹、李昕晖译，商务印书馆，2014，第161~162页。

影、美剧、韩剧、日漫等外国影视剧，要进行批判性接受，不能盲从其文化倾向。

在多样性的文化之中，我国影视剧必须弘扬社会主义先进文化。1913年，列宁写作了《关于民族问题的批评意见》，提出了"每一种民族文化中都有两种民族文化"的理论。他说："每个民族的文化里面，都有一些哪怕是还不太发达的民主主义和社会主义的文化成分，因为每个民族里面都有劳动群众和被剥削群众，他们的生活条件必然会产生民主主义和社会主义的思想体系。但是，每个民族里面也都有资产阶级的文化（大多数的民族里还有黑帮和教权派的文化），而且这不仅是一些成分，而是占统治地位的文化。"[1] 根据列宁的理论，我们对于任何一种民族文化，都不能兼收并蓄，不能全盘接受，而应当进行批判性吸收。我们对于中国传统文化，对于外来文化，都应该仔细进行甄别，取其精华，去其糟粕，去伪存真，去粗取精。以我为主，取中西之长而各去其短，学习先进文化，拒斥落后文化，这是我们秉持的文化态度。我国的影视剧，必须弘扬社会主义核心价值观，以先进文化引领创意。然而，我国一部分影视剧，为了迎合观众，为了获得可观的经济回报，竟然不惜以降低文化品位为代价换取影视产业的一时发展，以致形成了"有产业，无文化"的畸形发展状况。这无异于饮鸩止渴，必定造成影视产业的不可持续性。这些影视剧的创作，或者是盲目崇拜金钱、权力，或者是迷恋感官刺激玩弄感情游戏，或者是鼓吹暴力、血腥，或者是渲染人性的阴暗面，或者是宣扬奴性，或者是夸大封建迷信的怪力乱神……不一而足，传播了落后文化，导致了文化价值观的扭曲，引起了思想上的混乱。这样的影视剧，在产业上可能成功，在文化上却是失败的。影视剧不是普通的商品，而是特殊的精神产品。文化品位不能缺席，精神境界不能低俗。纸醉金迷不代表希望，文艺作品不能沾满铜臭味。"文艺不能在市场经济大潮中迷失方向，不能在为什么人的问题上发生偏差，否则文艺就没有生命力。"[2]

在发展文化产业的大背景中，影视剧时常营造影像奇观，促进了影视

---

[1] 列宁：《关于民族问题的批评意见》，载《列宁全集》（第20卷），人民出版社，1985，第15页。

[2] 习近平：《在文艺工作座谈会上的讲话》，《人民日报》2015年10月15日，第2版。

剧的观赏性。一般说来，营造影视剧的奇观效应与经济回报成正比，是影视剧吸引观众眼球的重要方法之一。这是影视剧在视觉文化时代的必然选择。

视觉文化崛起，刺激了眼球经济的兴起。海德格尔认为我们生活的时代是"世界图像时代"。海德格尔说："从本质上看来，世界图像并非意指一幅关于世界的图像，而是指世界被把握为图像了……世界图像并非从一个以前的中世纪的世界图像演变为一个现代的世界图像；毋宁说，根本上世界成为图像，这样一回事情标志着现代之本质。"[①] 文化的视觉化趋势，不可抗拒，导致"世界被把握为图像"。米尔佐夫说："视觉文化并不依赖于图像本身，而是依赖于将存在加以图像化或视觉化的现代发展趋向。这种视觉化使得现时代全然有别于古代和中世纪社会。这样的视觉化在整个现代时期是显而易见的，而它现在几乎已经变成强迫性的了。"[②] 图像传播引人瞩目。人们对事物的外观越来越重视。美化外观形态成为审美理念之一。人们对外观的偏爱是"注意力经济"的基本动力。日常生活的审美促使外观被格外重视。视觉技术的进步，为视觉文化的兴盛推波助澜。其中，虚拟现实的出现，意义非同凡响。鲍德里亚说："超现实展现了一个更高级的阶段。在这个范围内，它消除了现实的东西与想象的东西之间的对立。非现实的东西不再留存于梦幻或超越之物中，它就在现实的幻觉相似物之中。"[③] 鲍德里亚指称的"超现实"，就是人们常说的"虚拟现实"。虚拟现实技术的进步，即数码技术的进步，造成了真与假难辨难分，甚至是"假的比真的更真实"，"真实比虚构更令人陌生"。哈维所谓的"时空凝缩"，因为数码技术的进步而更加显著。

媒介竞争导致了电影日益走向奇观化。电影是用摄影机拍摄而成，电视多用摄像机拍摄而成。如果拍中景、近景、特写，摄像机与摄影机几乎没有差别。但是，如果拍全景、大全景、大远景、大场面，摄影机能够胜

[①] 海德格尔：《世界图像时代》，载孙周兴编《海德格尔选集》，三联书店，1996，第899页。
[②] Nicholas Mirzoeff, *An Introduction to Visual Culture* (London: Routledge, 1999), p.6.
[③] Mark Poster, ed. Jean Baudrillard: Selected Writings (Stanford: Stanford University Press, 1988), p.145.

任拍摄工作，拍摄出来的图像清晰度很高，摄像机却难以胜任拍摄工作，拍摄出来的图像会模糊不清。电影为了获得比较优势，倾力拍摄大场面、大全景，用奇观化的镜头来增强电影的吸引力，以便把观众吸引到电影院去。拍摄奇观化镜头，需要提高技术，也需要增加投资，因而，高概念电影应运而生。

电影的奇观化建立于丰厚的理论基础之上。德波说："在现代生产条件无所不在的社会，生活本身展现为景观（spectacles）的庞大堆聚。直接存在的一切全都转化为一个表象。"[①] 进而，他揭示了景观的本质："景观不是影像的堆积，而是以影像为中介的人们之间的社会关系。"[②] 按照德波的逻辑进行推断，奇观电影就是景观社会的必然产物。因为，"景观即商品"的现象随处可见。社会学家拉什认为："我的看法是，近年来的电影中——尤其是如果我们把奇观的定义扩大到包括有攻击性本能的形象上去的话——'奇观'不再成为叙事的附庸。即是说，有一个从现实主义电影向后现代主义电影的转变，在这个转变中，奇观逐渐地开始支配叙事了。"[③] 拉什揭示了电影艺术的发展趋势：从叙事电影向奇观电影迈进。这是合乎实际情况的。法国哲学家德勒兹认为电影可分为运动—影像范式和时间—影像范式。运动—影像范式的电影包含统一的叙事逻辑，故事发展体现出因果关系，注重展示时间的连续性，各部分被连缀成一个有机的整体。时间—影像范式的电影喜好跳跃式剪辑，轻视情节发展的连贯性，重视非线性思维，淡化因果关系，较多运用片段化、空间化的叙事方式，因而呈现为非整体化、非连贯性。[④] 运动—影像范式的电影强调时间的连续性，可以被认为是叙事电影的另一种表述。时间—影像范式的电影强调空间的跳跃性，可以被认为是奇观电影的另一种表述。"从叙事电影到奇观电影的转变，从小处说是电影自身发展的趋势；从大处说，乃是'视觉转向'或'图像转向'的某种表征。"[⑤]

---

① 〔法〕居伊·德波：《景观社会》，王昭凤译，南京大学出版社，2007，第3页。
② Guy Debord, *Society of the Spectacle* (New York: Zone, 1994). p. 37.
③ Scott Lash, *Sociology of Postmodernism* (London: Routledge, 1990). p. 188.
④ 〔美〕罗伯特·斯塔姆：《电影理论解读》，陈儒修、郭幼龙译，台湾远流出版公司，2002，第352页。
⑤ 周宪：《视觉文化的转向》，北京大学出版社，2008，第254页。

奇观电影把影像的视觉快感提升到重要地位，力求让图像产生"震惊"效果。喜新厌旧是人的本性，影视观众天然地具备猎奇心理。影视观众对日常生活中的寻常景观不是很感兴趣，久而久之逐渐产生餍足感。如果影视作品提供了观众不常见的景观，则能够大大提高观众的欣赏兴趣。如果这些景观持续的时间长了，观众习以为常了，则观众的欣赏兴趣会逐渐下滑。因此，影视作品必须不断地提供新的景观，以刺激观众提高欣赏兴趣。影视作品提供的影像奇观，呈现为新奇—陈旧—新奇的辩证运动过程，如此循环往复以致无穷。从长远的角度来说，观众的猎奇心理是无法满足的：对旧的景观感到厌倦之后，必定会产生新的心理期待。影像奇观只能短暂地、部分地满足观众的猎奇心理。影视公司要想不断地满足观众的猎奇心理，就必须不断地进行创新。只有不断地创造新的景观，才能使影视作品永葆强烈的吸引力，才能让影视公司保持长久的发展动力而立于不败之地。这就是影像奇观不断发展的内在逻辑。

有代表性的影像奇观可分为四类：身体奇观、动作奇观、速度奇观、场面奇观。[1]

一是身体奇观。明星成为大众情人之后，明星的身体也成为大众消费的对象。银屏上，女性身体成为男性欲望投射的对象，能够满足男性观众的窥视欲。穆尔维说："在一个由性的不平衡所安排的世界中，看的快感分裂为主动的/男性和被动的/女性。起决定作用的男人的眼光把他的幻想投射到照此风格化的女人形体上。女人在她们那传统的裸露癖角色中同时被人看和被展示，她们的外貌被编码成强烈的视觉和色情感染力，从而能够把她们说成是具有被看性的内涵。作为性欲对象被展示出来的女人是色情奇观的主导动机：从封面女郎到脱衣舞女郎，从齐格菲歌舞团女郎到伯克莱歌舞剧的女郎，她承受视线，她迎合男性的欲望，指称他的欲望。"[2] 穆尔维还强调了女性身体在电影奇观建构中的重要作用："电影为女人的被看开辟了通往奇观本身的途径。电影的编码利用作为控制时间维度的电影（剪辑、叙事）和作为控制空间维度的电影（距离的变化、剪辑）之间

---

[1] 周宪：《视觉文化的转向》，北京大学出版社，2008，第256~258页。
[2] 穆尔维：《视觉快感与叙事电影》，张红军编《电影与新方法》，中国广播电视出版社，1992，第212页。

的张力，创造了一种目光、一个世界和一个对象，因而制造了一个按欲望剪裁的幻觉。"① 穆尔维的阐述凸显了女性身体在影像奇观建构中的意义。此外，男性明星的身体对于影像奇观的建构也发挥了重要作用。男性身体成为阳刚的符号，成为力量的表征。史泰龙、施瓦辛格、成龙、李连杰、甄子丹等人的身体，是阳刚美的典型代表。总之，不管是女性明星还是男性明星，他们的身体对观众形成了吸引力，成为影像奇观的重要元素。

二是动作奇观。电影的本性就是动作。马尔丹认为电影是蒙太奇的艺术。他在阐述蒙太奇的创造作用时，把"创造运动"作为第一条。他说："蒙太奇是运动的创造者，也就是说，是蒙太奇创造了生命的运动和外观……一部影片的每幅画面都表现了人与物的静态特征，而这些画面的连续也就重新创造了运动和生命。"② 马尔丹认为创造运动是"电影首要的历史和美学任务"。这就是动作能够成为奇观的逻辑前提。观众在欣赏影视剧时，偏爱惊险的动作、奇特的动作、舞蹈的韵律、刺激的节奏。武打功夫片中有舞武表演，警匪片中有枪战的激烈，科幻片中有奇特的动作设计，西部片中有牛仔的打闹，喜剧片中有滑稽的动作。依靠动作的夸张性和刺激性营造动作奇观，可以吸引观众的注意力。动作的千变万化、新鲜而刺激，令观众血脉偾张、兴高采烈。

三是速度奇观。巴拉兹说："速度是电影最有趣和最重要的奥秘之一。"他运用对比的方法来阐释速度的重要性。他说："长时间目视的意义与匆匆一瞥的意义完全是两码事。长时间或短时间的场景不仅决定电影的节奏，而且决定电影的含义。"他还认为"细节的千变万化决定着电影场面的速度"。进而，他分析了决定速度的最终原因在于思想的节奏："速度最终仍然是由思想的节奏决定的。"③ 巴拉兹的认识是比较深刻的。现代社会是快节奏的。当前的年轻观众乐于观看快节奏的影像，要求镜头组接的节奏快，还要求画面内人、事、物的运动速度必须快。迟缓的、拖沓的、

---

① 穆尔维：《视觉快感与叙事电影》，张红军编《电影与新方法》，中国广播电视出版社，1992，第219~220页。
② 〔法〕马赛尔·马尔丹：《电影语言》，何振淦译，中国电影出版社，2006，第134页。
③ 〔匈〕巴拉兹·贝拉：《可见的人：电影文化、电影精神》，安利译，中国电影出版社，2003，第102~104页。

冗长的节奏不合时宜，可能让观众感到沉闷无聊。现代影视技术与传媒技术的进步，让观众领略到速度奇观的强烈吸引力。2001～2017年，《速度与激情》摄制组一共拍摄了8部电影，形成了一个系列，让速度成为消费热点，让观众陶醉在速度中。《生死时速》《极速飞车》等高票房电影，纷纷以高速度作为卖点，以满足观众对高速度的体验。

四是场面奇观。哈维说："电影毕竟是出于各种商业目的的各种形象最重要的制造者与操纵者，而很好地运用它的行为始终必须把复杂的日常生活故事变成没有深度的银幕上的一连串形象。"[1] 出于商业目的，构建场面奇观，以新奇的形象炫人眼球，吸引观众的注意力，让观众感到震惊。场面奇观包括自然奇观、人文景观、虚拟景观等。海洋波涛、戈壁沙漠、原始森林、瀑布、峡谷、雪峰等罕见的地理现象，形成了自然奇观。历史古迹、世界名城、文化遗产、民风民俗、名人故居等，形成了人文景观。经过数字技术合成的再现现实生活图景或者虚拟现实生活中不可能出现的图景，形成了虚拟景观。依赖于高技术条件制作的虚拟景观，产生了逼真效果，以至于假象比真实图景更逼真、更具有震撼力。《泰坦尼克》逼真地表现了沉船事故的详细状况，给人以惊心动魄的感受。《侏罗纪公园》系列电影，活现了古生物恐龙的生活状况，满足了观众对于恐龙的遐想。《星球大战》系列电影虚构了遥远的外层空间的图景，为观众带来全新的体验。虚拟景观挑战的是想象力，要求制作者必须大胆虚构、夸张，绞尽脑汁以创造新鲜的形象。虚拟景观必须以高超的技术为前提，以雄厚的资本为保障。虚拟景观的制作成为影视成本激增的重要原因，也成为吸引观众的重要法宝之一。

2. 努力实现影视剧的思想性、艺术性、观赏性相统一

影视剧具有三重属性，即：意识形态属性、经济属性、文化艺术属性。笔者为了论述的方便，对它们逐一进行了分析。分析之后尚需综合，逐条论述之后还需强调整体观念。因此，笔者需要强调的是：影视剧的三重属性是紧密相连的。笔者将结合影视剧发展中的一些问题来谈谈影视剧三性统一的重要性。

---

[1] 〔美〕戴维·哈维：《后现代的状况》，阎嘉译，商务印书馆，2003，第406页。

文化艺术界对影视剧的基本要求是实现三性统一，即：思想性、艺术性、观赏性相统一。三性统一的基本要求与影视剧的三重属性，形成了一一对应关系，即：思想性对应于意识形态属性，艺术性对应于文化艺术属性，观赏性对应于经济属性。因此，文化艺术界对影视剧的基本要求，扣紧了影视剧的三重属性，是从影视剧发展的内在规律出发提出的合理要求。

强调影视剧的思想性、艺术性、观赏性相统一，是切中时弊的，具有十分重要的意义。只有三性统一，才能保证影视剧文化沿着正确的方向阔步前进。只有三性统一，才能促进影视剧产业规模扩大和质量提升。只有三性统一，才能促进影视剧全面、深入、可持续发展。只有三性统一，才能推动我国影视剧发展的转型升级，实现从影视剧大国向影视剧强国的转变。

社会主义市场经济条件下，影视剧发展中最突出的问题就是片面强调市场回报率。电影产业片面强调票房，甚至出现了"唯票房论"。电视剧产业片面强调收视率，甚至出现了"唯收视率论"。经济效益被格外重视，影视剧被视为挣钱的工具；以牺牲社会效益为代价来换取影视剧产业的一时发展。具体说来，其主要表现为以下三个方面。

第一，片面强调观赏性，以观赏性的片面发展促进经济效益的提升。

张艺谋的《英雄》是其典型代表。张艺谋在《英雄》DVD 的"制作特辑"部分，坦言了他的电影观："过两年以后，说你想起哪一部电影，你肯定把整个电影的故事都忘了。但是，你永远记住的，可能就是几秒钟的那个画面……但是我在想，过几年以后，跟你说《英雄》，你会记住那些颜色，比如说你会记住，在漫天黄叶中，有两个红衣女子在飞舞；在水平如镜的湖面上，有两个男子在以武功交流，在水面上像鸟儿一样的，像蜻蜓一样的。像这些画面，肯定会给观众留下这样的印象。所以，这是我觉得自豪的地方。"[1] 张艺谋的《英雄》，情节并不惊心动魄，思想主题并不深刻，只有视觉冲击力足以震撼观众。张艺谋的《英雄》，就是拉什所谓"从叙事电影向后现代奇观电影转变"的典型个案之一。殊不知，强调

---

[1] 《英雄》DVD，广州音像出版社。

观赏性、视觉奇观固然重要；可是，电影的叙事功能即便在后现代文化环境中也丝毫不可忽视。观众对电影的第一要求就是要有一个好故事。好故事方能成就好电影。以观赏性伤害叙事性，以视觉奇观冲淡故事的起承转合，在理论上是偏颇的，在实践中必定误入歧途。故事性对于电视剧而言更加重要。电视剧篇幅很长，必须主要依靠故事的吸引力来感动观众，必须依靠叙事逻辑来支撑庞大的构架。如果说，电影越来越利用视觉奇观来获得观众的好感；那么，电视剧则主要依靠叙事张力来吸引观众。二者在观赏性与叙事性这两个方面可以有所侧重。但是，从总体上看，观赏性与叙事性、视觉奇观与故事叙述必须统筹开发，以达成理性的平衡。

第二，文化内涵空洞，价值观混乱，精神感染力苍白。

市场经济条件下，影视剧成为文化产品。文化产品具有使用价值，更具有精神价值。文化产品不同于一般的商品：不能仅仅在市场上追逐文化产品的交换价值，而且要寄寓其以精神品位。文化产品引起轰动效应，在市场上成为受众的"宠儿"，固然可以让生产者、经营者大赚其钱。但是，经过时间的积淀和市场的汰洗之后，只有文化内涵深、精神价值高的文化产品，才能传之久远，才能成为人们景仰的经典；否则，就只能成为金玉其外败絮其中的文化垃圾、绚丽的泡沫、随风而逝的过眼烟云。但是，当今的中国影视剧市场上，颇有一些电影、电视剧，思想内涵极为浅薄，价值观混乱，故事也不能生动感人，仅仅依靠迎合观众的欣赏趣味，依靠时尚的热门话题，依靠明星的"粉丝"效应，依靠影像奇观，依靠狂轰滥炸式的营销宣传，以博取观众的欢心，刺激了票房飘高和收视率节节攀升。从长远的眼光看来，这样的影视剧是缺乏核心竞争力的，是难以实现可持续发展的。一旦观众对这样的影视剧感到餍足，便是它们末日来临之际。因此，文化产业发展须提防误入"有产业，无文化"的歧途，文化产品在市场上喧嚣一时之后还须考虑能否传之久远。

第三，低俗化。

市场经济条件下，"阳春白雪"因为个性卓异而曲高和寡，"下里巴人"却因为通俗易懂而应者云集。就影视剧而言，文艺片的经济回报率大多不够理想，商业片的经济回报率大多比较高。类型电影大多票房高，类型电视剧大多收视率较高。实践证明，以类型化推进产业化是影视剧发展的重要法宝，通俗化是影视剧亲近观众进而获得理想的经济回报率的重要手段。因此，我国影视剧的生产者在20世纪90年代起就逐步培育了去雅从俗的思维方式。

然而，通俗要把握好适度原则。通俗之后再向前走一步就变成了低俗。正如习近平所说："低俗不是通俗，欲望不代表希望，单纯感官娱乐不等于精神快乐。"① 何谓影视剧的低俗化？影视剧的低俗化，指影视剧创作以窥视、煽情、解构的方式极力渲染暴力、色情内容来刺激人的感官愉悦和本能冲动以拉拢观众的不良倾向。低俗化导致了内容的浅白和同质化，并且背离政治法律制度、文化艺术传统、道德伦理规范。

市场经济条件下，观众成为影视剧低俗化的主导力量。市场在资源配置中发挥了决定性作用。影视剧是为观众服务的。观众是影视剧最后的裁判员。影视剧要想在市场上获得较高的经济回报率，取决于观众的欢迎程度。后现代文化环境，刺激了观众感官欲望的膨胀，强化了观众"以丑为美"的审丑心理，促使观众躲避崇高，放逐终极追求，转而把兴趣转向拼贴、反讽、重复、平面化、解构权威、瞬间体验。大众文化的负面价值在市场上被无限放大，且被当成时尚。尤其是一部分素质不高的观众，在后现代文化环境中逐渐养成了畸形的文化心理：视猥琐为伟岸，把病态看成妖娆，崇拜金钱、权力，放纵情欲、色欲、肉欲，鄙视勤俭节约、艰苦朴素、敬业奋斗、诚信奉献、甘于贫贱等传统美德，导致人生观、价值观极度扭曲。现代媒体把这些扭曲的人生观、价值观、审美观不加批判地传播开来，放大了其负面效应。影视剧低俗化是观众主导、媒体共谋的结果。

影视剧的低俗化危害极其严重。影视剧借助低俗化在文化市场上扩大传播以提高经济回报率，低俗文化借助畅销的影视剧扩大其影响力。二者互为影响。低俗文化的盛行让人们沉醉于感官刺激，放弃了深层次的思考。"人们感到痛苦的不是他们用笑声代替了思考，而是他们不知道自己为什么笑以及为什么不再思考。"② 低俗文化的泛滥，严重削弱了高雅文化的影响力。

---

① 习近平：《在文艺工作座谈会上的讲话》，《人民日报》2015年10月15日，第2版。
② 〔美〕尼尔·波兹曼：《娱乐至死》，章艳译，中信出版社，2015，第194页。

要想治理影视剧低俗化问题，首先要大力提倡社会主义核心价值观。影视剧的观众脱离了低级趣味，低俗化才能得到根治。这依赖于社会文化环境的优化。影视剧的生产者、接受者要远离拜金主义、享乐主义、官本位意识、原始欲求、本能性趣，才能遏制道德滑坡，才能净化银屏，才能提升影视剧的精神品位。其次，要强化影视剧的行业自律功能，强化大众舆论的自我调节、自我修复功能，要弱化行政命令手段。行政命令成为我国制约影视剧低俗化的常用方法。从短期来看，这样做收效明显。"长期来看很难摆脱'治乱循环'的结局。当政治话语凌驾于文化话语，文化坐标就可能发生混乱，且可能增加'权力绑架道德，政府滥用权力'的风险，沦为言论自由与文化繁荣的制约因素。"① 影视剧行业要加强自律，制定行业规则，明确行业标准，通过自我修正以拓宽发展空间。要遵循大众舆论的发展规律，强化媒体的社会责任与导向功能，以引导影视剧的去低俗化。再次，要做出长期的努力。影视剧的去低俗化，不可能一蹴而就。因为影视剧的观众不可能在短期内摆脱低级趣味，也因为影视剧的生产者不可能在短期内改变依靠大胆、出位以及媚俗的思维方式；所以，去低俗化是影视剧生产中艰巨的、长期的任务，只有长期努力方能奏效。

总之，要努力实现影视剧思想性、艺术性、观赏性相统一，促进市场经济条件下影视剧的良性发展，就要贯彻习近平总书记于2014年10月15日在文艺座谈会上的讲话精神，切实解决影视剧发展的方向性问题。

为什么要举办文艺工作座谈会？这是因为文艺工作具有重大意义。习近平从中华民族伟大复兴的高度来认识文艺工作的重要性："实现中华民族伟大复兴需要中华文化繁荣兴盛。"

习近平的讲话，具有明确的问题意识，直击市场经济条件下文艺发展过程中出现的主要问题。"在文艺创作方面，也存在着有数量缺质量、有'高原'缺'高峰'的现象，存在着抄袭模仿、千篇一律的问题，存在着机械化生产、快餐式消费的问题。"因此，在市场经济条件下，文艺工作一定"要解决好'为了谁、依靠谁、我是谁'这个问题"。习近平语重心长地告诫文艺界人士："文艺不能在市场经济大潮中迷失方向，不能在为

---

① 赵昱：《中国当代电视低俗化问题研究》，河南人民出版社，2012，第138~139页。

什么人的问题上发生偏差，否则文艺就没有生命力。""文艺不能当市场的奴隶，不要沾满了铜臭气。"

在市场经济条件下，如何推动文艺工作大发展？习近平认为：要"创作无愧于时代的优秀作品"，要出"精品"。"精品之所以'精'，就在于其思想精深、艺术精湛、制作精良。"怎样才能出"精品"？习近平强调了创作主体对于精品创作的重要性。只有作家艺术家德艺双馨、追求卓越、精益求精，才能出"精品"。习近平说："文艺工作者是灵魂的工程师。""不仅要在文艺创作上追求卓越，而且要在思想道德修养上追求卓越，更应身体力行践行社会主义核心价值观，努力做到言为士则、行为世范。"习近平要求文艺工作者要感应时代风气之先，文艺创作要体现时代精神："我国作家艺术家应该成为时代风气的先觉者、先行者、先倡者，通过更多有筋骨、有道德、有温度的文艺作品，书写和记录人民的伟大实践、时代的进步要求，彰显信仰之美、崇高之美，弘扬中国精神、凝聚中国力量，鼓舞全国各族人民朝气蓬勃迈向未来。"习近平非常重视创新："创新是文艺的生命。"只有创新，文艺工作才能开创新局面。创新是文艺工作的不竭动力。

什么样的文艺作品才算好作品？习近平认为："一部好的作品，应该是经得起人民评价、专家评价、市场检验的作品，应该是把社会效益放在首位，同时也应该是社会效益和经济效益相统一的作品。"这就提出了"好作品"的判断标准，也为科学处理"两个效益"的关系指明了方向。

文艺批评对文艺创作具有导向作用。当前的文艺批评受制于市场环境而产生了诸多问题。如何开展文艺批评？习近平针对文艺批评中出现的不良现象，深刻指出："要以马克思主义文艺理论为指导，继承创新中国古代文艺批评理论优秀遗产，批判借鉴现代西方文艺理论，打磨好批评这把'利器'，把好文艺批评的方向盘，运用历史的、人民的、艺术的、美学的观点评判和鉴赏作品，在艺术质量和水平上敢于实事求是，对各种不良文艺作品、现象、思潮敢于表明态度，在大是大非问题上敢于表明立场，倡导说真话、讲道理，营造开展文艺批评的良好氛围。"[①] 文艺批评健康发

[①] 习近平：《在文艺工作座谈会上的讲话》，《人民日报》2015 年 10 月 15 日，第 2 版。

展，文艺创作才能走上康庄大道。文艺批评走上歪路，文艺创作必定走上邪路。因此，必须高度重视文艺批评的导向功能，力促文艺批评的理性发展。

习近平在文艺工作座谈会上的讲话，为社会主义市场经济条件下如何推动文艺工作的大发展指明了正确方向，为解决文艺工作中产生的一系列矛盾和问题提供了科学的文艺观和方法论，是马克思、列宁、毛泽东、邓小平、江泽民、胡锦涛文艺思想的继承和发展，理论基础厚实，现实针对性很强，是当前和今后推进文艺工作必须长期坚持的原则和方法。

三 贵州题材影视剧与其体制环境的协调性问题

21世纪以来，贵州题材影视剧已经处于产业化的体制环境之中，因而，必须主动适应产业化的体制环境才能开拓广阔的发展空间。

贵州题材影视剧建构贵州形象已经成为一个显著现象。然而，贵州题材影视剧与其体制环境尚存在不协调问题。贵州题材影视剧的"经济性"弱于意识形态性、文化艺术性，"产业"绩效弱于"事业"绩效。政府行为明显，主旋律色彩浓厚，宣传目的显著。深层原因在于贵州影视界的"产业"观念弱于"事业"观念。这样的创作观念，很难全面激活影视剧市场，导致贵州影视剧市场发育不成熟。因此，贵州影视剧市场体系建设任重而道远，许多环节和方面急需完善。贵州影视剧创作必须贯彻落实文化体制改革的精神，以市场为导向，激发市场主体的积极性，提高质量，增强竞争力，争取在开拓文化市场方面取得光彩夺目的实绩。

第二节 建设多彩贵州民族特色文化强省

21世纪以来，我国坚持中国特色文化发展道路，促进社会主义文化的大发展大繁荣，努力建设社会主义文化强国。我国深入推进了文化体制改革，发展了文化事业和文化产业，加强社会主义核心价值体系建设，推动中华文化"走出去"，努力把文化产业建设成为国民经济的支柱性产业。

为了贯彻落实国家关于促进文化发展的一系列方针、政策，贵州省不失时机地提出建设多彩贵州民族特色文化强省的战略，打造贵州新型文化形象，促使贵州文化"走出去"，推动贵州地域文化、民族民间文化的大发展大繁荣。贵州的文化建设方兴未艾，取得了喜人的成就，也存在某些不足。贵州文化建设，前途是光明的，道路是曲折的。贵州文化建设仍然"在路上"。

一 "多彩贵州"形象设计及其品牌化

贵州重视形象设计的理论依据是什么？答案在于：形象即商品。"在某种意义上说，各种形象使自身变成了商品。"[①]

马克思分析了商品的使用价值和价值，分析了商品的交换价值，强调了等价交换的重要性。马克思分析了商品生产的过程，发现了剩余价值规律。马克思揭示了资本主义生产的剥削方式，揭露了阶级压迫的严重性，鼓舞无产阶级投身革命以推翻阶级剥削和压迫，建立无产阶级专政，实现人民的翻身解放。

在马克思看来，商品生产的目的是为了满足人们的物质需求。但是，在鲍德里亚看来，商品生产的目的主要是为了满足人们的精神需求。鲍德里亚认为，资本主义主要关注的是符号的生产，即形象的生产，而不是关注商品本身。

在哈维看来，形象建构在各方面竞争中具有十分重要的作用，其作用涉及企业、政府、知识分子等各个方面。良好的形象是顺利实现政治和商业目的的重要手段。哈维说："企业、政府、政治和知识分子领袖们，全部重视一种稳定的（却充满活力的）形象，认为这是他们权威和权力魅力的一部分。政治的媒介化现在已经变得非常普遍。实际上，这成了流变的、表面的和虚幻的手段，一个流浪者的个人主义社会凭借它们而提出自己对于公共价值的怀旧。这样一些持久性和权力之形象的生产与营销，要求引人注目的篡改，因为在保持形象的持续性和稳定性的同时，又必须强调适应性、灵活性，以及把无论是谁或无论什么东西都变成形象的推动力。此外，形象在竞争之中变得极其重要，不仅是通过识别名牌商品，而

[①] 〔美〕戴维·哈维：《后现代的状况》，阎嘉译，商务印书馆，2003，第359页。

且也因为各种各样的'高尚体面'、'品质'、'威望'、'可以信赖'和'创新'。形象建构交易中的竞争,成了公司内部竞争的一个至关重要的方面。成功就是如此明显地获取利润,以至于投资于形象建构(赞助艺术、展览会、电视制作、新建筑以及直接营销)就变得跟投资于新工厂和机器一样重要。形象服务于在市场上确立一种身份。这在劳动力市场上也是真实的。一种形象的获得(靠购买一种符号系统,如设计师的服装和合适的汽车)成了在劳动力市场上表现自我的一个奇特的重要因素,通过扩展,也成了追求个人身份、自我实现和意义所必需的。对这种给人娱乐却令人悲哀的符号的追求到处都是。"[1]

在哈维看来,资产阶级社会里,财富、权力、地位、名声都会成为某种象征,这种象征非常重要。这种象征发挥了"幻象"的作用。在资产阶级社会里,"幻象"的作用不断被强化。形象就是物质的"幻象",在很多方面与原物难以区分开来。形象制造者不断创造物质的"幻象",并运用现代媒介来推广,从而形成"形象生产工业"。形象的生产和再生产,必须依赖创造性方能奏效。形象制造者依靠创造性的劳动,在形象生产过程中将获取高额回报。因为,形象制造得越好,制造形象的大众市场就可能越大,回报率就可能越高。

这些理论阐述表明:形象即商品,形象的建构及其优化与市场回报率成正比。良好的形象设计可能带来高额的经济回报。相反,一旦形象受到损害,或者形象走向衰朽,那么,其经济回报也将相应地走低。这就是形象运行的内在规律。

根据形象运行的内在规律,我们可以揭示负面形象对贵州经济社会发展曾经产生了极大的危害。"天无三日晴,地无三尺平,人无三文银。"这就是贵州的"三无"形象。穷乡僻壤、好吃懒做、与世隔绝、穷山恶水多刁民。这些都是贵州的负面形象,凡此种种,不一而足。历史上的贵州,由于地形多山,交通不便,与外界的交往不多,贫穷落后;所以,贵州的形象建构处于"被表述"的状态,经常与贬义词联系在一起。往昔贵州的衰朽形象,导致了经济回报率持续走低。

---

[1] 〔美〕戴维·哈维:《后现代的状况》,阎嘉译,商务印书馆,2003,第360~361页。

实施西部大开发以来，贵州抓住了历史性机遇，深化改革，扩大开放，加快发展，大大改变了贵州贫穷落后的面貌。21世纪以来，贵州遵循形象运行的内在规律，设计了"多彩贵州"形象，体现了形象建构的创造性，抓住了贵州形象建构的主动权。社会现实的改变，为"多彩贵州"形象设计提供了必要的基础。"多彩贵州"形象建构，必将为贵州带来丰厚的经济回报，必将为贵州各行各业的发展大开方便之门。因此，贵州必须继续营造、优化"多彩贵州"形象，竭力促进"多彩贵州"的品牌化。

"多彩贵州"形象设计，促进了贵州经济社会的发展。实践证明，区域形象的建构与优化能够促进社会效益与经济效益的共同增长。贵州的形象设计，曾经被定位为国家公园省、文化千岛等。但是，这些形象设计最终被抛弃。2005年，经过一批知名专家的精心论证，贵州形象被定位为"多彩贵州"，凸显了贵州文化的多样性、贵州形象的立体性。"多彩贵州"形象设计被确定下来以后，其影响力与日俱增，所获得的经济回报不断增长。"多彩贵州风"成为贵州的一张文化名片，演出活动遍布全球，是贵州文化"走出去"的成功个案之一。"走遍大地神州，醉美多彩贵州"，响彻了长城内外、大江南北，借助中央电视台传播了贵州山美、水美、人更美的地域形象。多彩贵州文化产业发展中心自2005年成立以来，积极谋划，科学施策，推动"多彩贵州"品牌化，促进了贵州文化产业的发展；通过商标授权，推动演艺、工艺品、主题公园、酒、茶、文化旅游等企业的发展，形成了多彩贵州文化产业集群。"多彩贵州"的品牌化，增强了贵州形象的吸引力，刺激了贵州文化旅游收入的增长。2010年，贵州旅游总收入为1061.23亿元。2015年，贵州旅游总收入为3512.82亿元。在"十二五"期间，贵州旅游收入五年增长三倍。① 2016年，贵州省"接待游客5.31亿人次，旅游总收入达5027.54亿元，同比分别增长41.2%、43.1%，入境游客首次突破100万人次，入黔游客达到2.49亿人次，同比增长50.2%。"② 贵州开展旅游业供给侧结构性改革，努力发展全域旅游，提升旅游服务质量，运用"旅游+"多产业融合发展模式以迎接大众旅游

---

① 汤婷婷：《贵州旅游收入5年增三倍》，《经济信息时报》2016年5月18日，第3版。
② 赵林：《做强旅游长板 壮大旅游经济——2017年贵州旅游工作任务解读》，《贵州日报》2017年2月22日，第9版。

时代的到来。贵州旅游的井喷式发展，是"多彩贵州"形象建构与优化带来直接利益的典型个案之一。贵州旅游的发展，提高了贵州的知名度、美誉度，扩大了多彩贵州形象的传播。

二 建设多彩贵州民族特色文化强省战略

为了落实建设文化强国的任务，2015年11月，贵州省委十一届六次全会提出了建设多彩贵州民族特色文化强省战略。

提出建设多彩贵州民族特色文化强省的战略目标，具有必要性、重要性。第一，这是建设文化强国的必然要求。省是国的组成部分。强省方能强国，强国必须强省。建设多彩贵州民族特色文化强省，是谱写中国梦贵州篇章的重要内容。第二，这是贵州搞建设、谋发展的必然举措。贵州的建设，是经济、政治、文化、社会、生态文明建设"五位一体"的全方位建设，与党的建设一道形成了"六项建设"总格局。每一项内容都非常重要。建设多彩贵州民族特色文化强省，成为"五位一体""六项建设"的一个重要方面，对于提升贵州的文化软实力、促进贵州的全面发展，具有不可替代的意义。

贵州具有丰富多彩的地域文化资源，为建设多彩贵州民族特色文化强省提供了有利条件。"天人合一""知行合一"，是贵州文化的内在精神，多元和谐是贵州文化的外在表现。民族民间文化、红色文化、生态文化、阳明文化、屯堡文化、山地文化、"三线"文化，等等，共同组成了贵州文化的大观园，千奇百怪，争妍斗艳。这些文化元素，形成了多元融合、美美与共的局面。贵州地域文化，彰显了贵州特色和人文精神，承载了社会主义核心价值观，和于人，利于事，可为当代人所用。建设多彩贵州民族特色文化强省，必须充分利用现有的文化资源，开掘贵州历史文化的当代价值。

建设多彩贵州民族特色文化强省，在顶层设计方面，一系列举措出台了。加强公共文化服务体系建设，让全民共享文化服务。坚持文化发展与扶贫开发相结合，开展文化扶贫工作，在贫困地区、偏远乡村加强公共文化服务，让公共文化服务走进寻常百姓家，促进了公共文化服务的均等化。推动文化建设与大数据、大生态、大旅游深度融合。"多彩贵州风"

经常在国外巡回演出，扩大了贵州形象的传播范围。加强文化体制改革，加强文化市场的建设和监管，为文化产品的交易提供公平、公开的平台。在"十三五"时期，贵州省将实施十大文化工程，打造十大文化品牌。"文化建设的'十大工程'包括：一是实施文化传承脱贫工程，将文化遗产保护传承与脱贫攻坚有机结合；二是实施文化基础建设工程，完善省、市、县、乡、村五级公共文化基础设施；三是实施文化精品打造工程，打造一批有影响力、竞争力的文艺精品；四是实施文化服务大众工程，统筹好'种文化''送文化''养文化'；五是实施文化活动品牌工程，依托特色文化资源打造系列重要文化活动品牌；六是实施文化遗产保护工程，实现保护与利用双赢；七是实施文化数字建设工程，整合文化系统数字资源，建设文化大数据平台，加快文化科技发展；八是实施文化产业促进工程，培育新型文化业态和特色文化产业，促进文化与旅游融合发展，推动贫困地区群众就业、创业；九是实施文化交流提升工程，构建全方位、多层次、宽领域、高效率的对外和对港澳台文化交流格局；十是实施人才高地建设工程，完善人才培养、引进、使用、激励机制。'十大文化品牌'包括：一是打造以阳明文化为主的传统文化品牌；二是打造以遵义会议为核心的长征文化品牌；三是打造黔东南国家级民族文化生态保护实验区文化品牌；四是打造黔南好花红文化品牌；五是打造黔西南山地文化品牌；六是打造'藏羌彝文化产业走廊'毕节品牌；七是打造以六盘水为代表的'三线'文化品牌；八是打造梵净山佛教文化品牌；九是打造安顺屯堡文化品牌；十是打造贵安生态文化品牌。"[1] 这些举措，对于加强贵州的文化建设，必将起到强劲的推动作用。

目前，建设多彩贵州民族特色文化强省，尚存在一些问题。"我们认真梳理了一下，大概有几个方面：一是文艺环境、业态、格局深刻调整，创作、传播、消费深刻变化，新的文艺组织和文艺群体大量涌现，引导、管理、服务的体制机制、手段方法亟须改革创新。二是对文化凝聚力量、引领价值的重要性认识需要进一步提升。文化凝魂聚气的作用需要进一步

---

[1] 程丽仙、胡克非：《大文化助推大扶贫 打造多彩贵州民族特色文化强省——访贵州省文化厅厅长徐静》，《中国文化报》2016年4月6日，第1版。

发挥，以人民为中心的工作导向需要进一步确立，文艺精品的打造还存在数量不够多、质量不够高的情况，文化自觉自信需要进一步树立。三是大文化视野需要进一步树立，公共文化服务的统筹力度需要加强。部门联动机制需要建立健全，公共文化基础设施短板需要尽快补齐，标准化、均等化的任务还很繁重，服务手段、方式需要进一步创新，服务内容需要提升和更加具有实效性，群众需求反馈机制需要建立健全。四是文化遗产的保护与合理利用水平需要进一步提升，机制、平台建设需要加强，依托民族特色文化资源的现代创新转化力度不够，成果不多。五是文化开放带动作用需要加强，文化与相关领域、业态以及多元文化形态之间的融合不够，创新能力匮乏。六是理论对实践的指导还很薄弱。基层文化艺术研究机构还不健全，文化智库建设滞后，文化领域理论研究能力需要加强，立足全省文化建设的战略性、前瞻性、全局性研究还很薄弱。七是文化建设投入力度需要进一步加大，文化人才队伍建设需要加强，束缚文化建设的体制机制性障碍需要进一步清除。"[1] 在诸多问题之中，人才瓶颈和文化产业发展的体制机制性障碍，仍然是建设多彩贵州民族特色文化强省过程中的顽固性问题。如何治愈这些顽症，事关建设多彩贵州民族特色文化强省的质量和效益。这些问题的解决，不是短期所能奏效的。

总之，多彩贵州民族特色文化强省，重在建设，贵在实干。要继续保护和传承民族民间文化、地域文化，在保护中开发，在开发中保护，科学处理保护与开发的辩证关系，力争把文化资源优势转化为产业优势，把潜在生产力转化为现实生产力。走内涵式发展道路，以提高质量、效益为中心，以提升文化软实力为目标，努力推进贵州文化产业的转型升级。大力发展文化产业，实行差异化发展战略，集中力量创作文化精品，让文艺创作兴旺起来，让文艺人才脱颖而出。

三　提升产业化业绩：扩大传播贵州形象的必由之路

笔者认为：借助贵州题材影视剧来扩大传播贵州形象，必须把注意力

---

[1] 刘爱：《找准文化定位 明确文化担当 开启文化新路——"十三五"多彩贵州民族特色文化强省建设迈出坚实步履》，《贵州日报》2016年3月31日，第10版。

集中到影视剧的产业化上来，要依靠影视剧产业化业绩的提升来扩大传播贵州形象。

只有提升贵州题材影视剧产业化的业绩，才能扩大贵州题材影视剧的受众面。只有扩大贵州题材影视剧的受众面，才能提升贵州题材影视剧的产业化业绩。二者的关系是辩证的。其中，发生决定性作用的是受众的数量及其结构。受众的数量越多，代表性越广泛，贵州题材影视剧的产业化业绩就可能越好。那么，贵州题材影视剧建构和传播贵州形象的影响力就可能越大。因此，贵州题材影视剧建构和传播贵州形象，必须依靠产业化业绩的提升来提高影响力。

改革开放以来，影视剧的体制环境发生了显著的变化：从行政主导的体制转变为市场化、产业化体制，影视剧生产从听从行政命令转变为听从市场机制，影视剧生产单位从事业性质转变为企业性质，影视剧的生存与发展从主要依靠政府供养转变为依靠市场竞争的业绩。计划经济体制下，文化事业一枝独秀。市场经济体制下，文化产业后来居上，与文化事业形成争妍斗艳的二分格局。发展文化事业，政府责无旁贷。政府可以调动各种资源，充分保障全体公民享受各种文化权利，促进公共文化服务体系的均等化，推动国民素质的上升。发展文化产业，必须充分发挥市场在资源配置中的决定性作用，提升市场竞争力方为上策。根据《文化产业振兴规划》，影视制作被划入文化产业的范畴，而且被定为重点文化产业。[1] 在中共十七届六中全会的文件中，影视制作同样被定性为文化产业。[2] 既然认定影视制作是文化产业，那么，影视剧的发展，就必须具备市场思维方式，必须主要借助市场来配置资源，必须提升市场竞争力。

贵州题材影视剧传播贵州形象，其传播力度不强，主要导源于贵州题

---

[1] 国务院在2009年9月26日公布了《文化产业振兴规划》，把文化创意、影视制作、出版发行、印刷复制、广告、演艺娱乐、文化会展、数字内容、动漫列为重点文化产业，要加大扶持力度，促其跨越式发展。
[2] 2011年10月18日，中共十七届六中全会通过了《中共中央关于深化文化体制改革推动社会主义文化大发展大繁荣若干重大问题的决定》，明确表述："要在重点领域实施一批重大项目，推进文化产业结构调整，发展壮大出版发行、影视制作、印刷、广告、演艺、娱乐、会展等传统文化产业，加快发展文化创意、数字出版、移动多媒体、动漫游戏等新兴文化产业。"影视制作是传统文化产业。

材影视剧的产业化业绩普遍不理想。贵州题材影视剧建构和传播贵州形象，从总体而言，主要表现为政府行为。党政机关，尤其是宣传部门，经常直接出面进行生产规划，喜欢选择带有主旋律性质的题材，形成了选题狭窄、主题单调的毛病。投融资方面，政府投资、融资成为贵州题材影视剧的重要特色。党政机关尤其是宣传部门成为贵州题材影视剧生产中事实上的领头羊。贵州题材影视剧的生产与传播也便成为政绩工程的一部分。由此可知，贵州题材影视剧的生产与产业化的体制环境是格格不入的，违背了让市场在影视资源配置中发挥决定性作用的规律，因而其市场竞争力大打折扣。贵州题材影视剧总体上不能主动适应产业化的体制环境，不去主动适应市场，也不千方百计增强市场竞争力，因而在激烈的市场竞争中折戟沉沙也就理所当然了。其结果是，贵州题材影视剧只能与少量的观众见面，只有少量的观众关心其中的故事与人物塑造，只有少量的观众认同贵州题材影视剧传播的贵州形象。

观众的接受程度决定了影视剧的影响力。好莱坞电影征服了全世界的电影市场，迷倒了全球的电影观众。观众在享受好莱坞电影带来愉悦时，也接受了隐藏其中的美国文化价值观和美国形象。越来越多的观众接受了美国文化价值观和美国形象，引起了各国政府的恐慌。各国政府奋起捍卫本国的文化安全。这些情况深刻表明，好莱坞电影在传播美国文化、美国形象方面产生了巨大的影响力。好莱坞电影的巨大影响力，来源于强劲的市场竞争力，来源于观众的垂爱。好莱坞电影传播美国文化价值观与美国形象的成功经验，就在于遵循市场规律，主动适应市场需求，借助市场力量来实现隐含的政治目的。它山之石，可以攻玉。贵州题材影视剧建构与传播贵州形象，可以借鉴好莱坞电影传播美国文化价值观和美国形象的经验。

提高贵州题材影视剧的产业化水平，扩大受众面，才能增进贵州形象的传播效果。这可以分为以下四点来阐述。

第一，坚持需求导向，面向观众，推行供给侧结构性改革，以增加有效需求，减少无效需求，要适应观众的欣赏趣味。

要瞄准观众的影视消费热点、消费兴趣、消费倾向，结合贵州的风土人情来进行选题策划。要改变以宣传贵州景点为目的进行"命题作文"式的选题策划方法。这样做的后果是失去观众。影视剧变成了景点的宣传广告片，宣传景点的目的达到了，观众却不感兴趣。宣传广告式的影视剧很难吸引观众。其投资能否回收还是一个问题。这样的影视剧一般都依靠政府进行投融资，经济回报可以不予考虑。宣传广告式的影视剧，可能是无效需求，应该减少生产。

第二，坚持市场导向，借助市场力量来配置影视资源。

贵州题材影视剧的生产，不能只考虑社会效益，不能轻视经济效益，要努力实现社会效益与经济效益的统一。要让市场成为贵州题材影视剧生产的重要指挥棒。选题、创意、制片、发行、播放都要遵循市场规律，努力提高市场竞争力。影视生产之前，最好是开展市场预测。市场前景较好的，可以迅速投产；市场前景黯淡的，可以考虑压缩生产。要培育贵州的影视文化市场，市场主体要多元化。要壮大影视企业的实力，尤其是要壮大民间影视企业的实力。投融资、影视消费都要激活民间力量。要彻底改变贵州影视民间力量十分弱小的局面。

第三，坚持故事第一、创意制胜，营造视觉奇观效果。

观众对影视剧的第一要求就是要有好故事。好故事方能吸引观众纷至沓来，甚至形成"爆棚"的效果。没有好故事，观众难以买账。在视觉文化时代，影视剧的视觉效果是吸引观众的重要手段。营造奇观效应，刺激了影视剧成本的节节攀升，但也可能带来成倍的经济回报。贵州影视剧要在故事叙述和视觉奇观两个方面体现创意。因为，这是影视剧吸引观众的重要法宝。

第四，发展影视旅游，促进产业融合。

贵州正在大力发展文化旅游，因为，贵州的旅游资源十分丰富。贵州可以把影视产业与旅游产业紧密联系起来进行整体规划，促进产业融合，实现"1+1>2"的效果。放眼国内外，影视旅游方兴未艾，影视剧的火爆带动了旅游景点的火爆。二者互为条件、互相促进。在发展影视旅游方面，贵州虽然偶尔出现成功的个案，但是，总体而言，发展影视旅游并未成为自觉的观念，也没有认真地学习关于发展影视旅游的理论与实践经验。因此，贵州的影视界、旅游界都要慎重考虑影视旅游的发展问题，虚心学习，慎重谋划，推进贵州影视旅游的跨越式发展。

总之，运用贵州题材影视剧建构与传播贵州形象，必须重新审视政府与市场的关系，要弱化政府行为，强化市场力量，必须依靠市场业绩来提升贵州形象的传播力。贵州影视剧生产者首先要转变思想观念，积极学习市场经济理论，切实把影视制作当成文化产业的重点行业来规划，要让贵州题材影视剧到文化市场上去谋生存、求发展。

第三节 贵州题材影视剧建构贵州形象的运行机制

一 贵州题材影视剧的生产单位

贵州题材影视剧的生产单位，既包括贵州省内的影视剧生产单位，也包括贵州省外的影视剧生产单位。

绝大部分贵州题材电影是贵州省外的电影生产单位出品，因为，贵州长时期没有电影制片厂。北京电影制片厂、上海电影制片厂、长春电影制片厂、峨眉电影制片厂、八一电影制片厂，以及后来的中影集团、潇湘电影集团、重庆电影集团、北京天美地雅文化传媒有限公司、北京中视远图影视传媒有限公司、四维创意影视文化（北京）有限公司、欣欣然（北京）文化传媒有限公司等，先后生产了一些贵州题材电影。21世纪以来，贵州日报报业集团·黔森影视工作室、贵州报业集团·虎子传媒、贵州巨日影视公司、贵州阿幼朵文化传播有限公司、贵州盛世华映传媒公司等积极投入贵州题材电影的生产。由于电影生产力量薄弱，所以，贵州在电影生产方面几乎没有话语权。

2006年以前，贵州题材电视剧的生产单位主要是贵州省内的制作单位。因此，这个时期的贵州题材电视剧多为短制，只有《茅台酒的传说》为21集，其余的电视剧都在20集以内，尤以10集以内的居多。电视剧篇幅较短，与当时的时代风潮有关，更与资金、技术、人才等实力不足紧密相连。

2006年以后，贵州省外的影视制作单位纷纷加盟贵州题材电视剧的生产，而且其实力可观，阵容强大。例如，八一电影制片厂、中央电视台参与制作了电视剧《雄关漫道》《绝地逢生》《二十四道拐》《奢香夫人》《青山绿水红日子》等，北京世纪天缘国际文化传播有限公司参与制作了电视剧《杀出绝地》，浙江长城影视有限公司参与制作了电视剧《最高特赦》，北京世纪华融文化传播有限公司参与制作了电视剧《风雨梵净山》。又例如，电视剧《恩情无限》的全部制作单位为：贵州电视剧制作中心、北京世纪天缘国际文化传播有限公司、上海新文化传播有限公司、上海国亭文化公司，即贵州省内的制作单位为1家，省外的制作单位为3家。为了创作电视大剧，为了提振贵州电视剧的影响力，贵州的电视剧生产单位捉襟见肘，实力不足，只好借助省外力量进行生产。省外影视制作单位加盟贵州题材电视剧的生产，促进了贵州题材电视剧的成熟：篇幅变长了，动辄30集以上；资金、技术力量增长了，影视特效增多，经常出现影像奇观；影响力增强了，能占据中央电视台第一或第八频道，能荣获顶级的电视大奖。事实表明：贵州题材电视剧品质的提高与影响力的增强，与省外影视制作单位的加盟息息相关。

笔者认为，借助贵州题材影视剧来建构和传播贵州形象，必须主要依靠贵州影视生产单位的发展壮大。虽然合作拍片是影视剧重要的生产方法之一，合作拍片对于贵州来说具有必然性和重要性；但是，振兴贵州的影视剧生产单位，对于贵州影视产业的长远发展具有极其重要的意义。

因此，笔者需要把目光聚焦于贵州的影视剧生产单位。总体而言，关于贵州的影视剧生产单位需要注意三点：第一，贵州省的影视剧生产单位实力弱小，在影视剧市场竞争中居于劣势。目前，改变这种劣势的希望仍然很渺茫。第二，国强民弱的现象十分突出。即：隶属政府部门的单位，或者由事业单位转企改制而来的单位，由于与政府资源保持了千丝万缕的联系，因而力量相对强大；纯粹的民间影视制作单位，在资金、技术、管理、人才等方面都不占优势，因而创作业绩不理想。贵州的民间影视企业力量十分薄弱，成为贵州影视产业腾飞的重要障碍。第三，贵州的电影和电视剧的生产能力相比较而言，电视剧的生产能力稍胜一筹。因此，贵州文艺界对贵州电视剧生产信心大，早已把注意力集中到电视剧的生产之中，寄希望于贵州电视剧的崛起以扩大传播贵州形象。

贵州影视剧产业的发展壮大，首先要依靠本地影视生产单位做大做强。做大做强贵州的影视剧生产单位，有益于培养贵州的文化自信。

贵州历史上，贵州电影制片厂可谓昙花一现，倏尔远逝。贵州电影制片厂在1958年9月诞生于"大跃进"的时代风潮中。当时，每一个省筹办一个电影制片厂。时任贵州省委书记的周林为贵州电影制片厂题写厂名。时任贵州省文化局副局长的张世珠担任贵州电影制片厂的厂长。副厂长由彭鹏、李辉宝当任。一批新闻纪录片，例如《周总理和贵州各族人民同庆"五一"》《朱德委员长视察贵州》等，成为贵州电影制片厂的主要业绩。贵州电影制片厂与上海海燕电影制片厂进行了两次合作，于1960年合拍了黔剧电影《秦娘美》（黑白片），于1961年合拍了舞剧电影《蔓萝花》（彩色片）。这两部电影成为贵州题材电影中的重要作品。1961年，由于我国恰逢困难时期，贵州省委决定解散贵州电影制片厂，于1963年全部清理干净。在电影史上，贵州电影制片厂成为匆匆过客，留给后人的是几缕怀念、几丝叹惋！贵州电影制片厂的撤销让贵州电影生产失去了唯一阵地。

有一些单位，为贵州题材影视剧生产做出了重要贡献。贵州电视台、贵州电视剧制作中心做出了重要贡献。21世纪以来，黔森影视工作室勃然发力，创作了一些精品力作，产生了较大的社会影响力，为贵州电视剧增光添彩。这些单位可能承载贵州影视剧崛起的希望。

贵州电视台是贵州题材电视剧生产的一支劲旅。1968年7月1日，贵州电视台开播。开播以来，贵州电视台积极从事贵州题材电视剧的创作，或者与其他单位联合创作。贵州电视台单独或者参与制作的电视剧，比较重要的有：《茅台酒的传说》（1989）、《侗女贝仙》（1990）、《黄齐生与王若飞》（1994）、《粑粑坳情话》（1994）、《那年那月》（1995）等。2011年11月25日，贵州电视台与贵州人民广播电台合并为贵州广播电视台。贵州广播电视台继续参与贵州题材电视剧的制作。2016年，贵州广播电视台参与制作的知青题材电视剧《遥远的距离》，一共拍摄了48集，掀起了收视热潮，激起了知青一代的青春回忆和强烈共鸣。2017年，贵州广播电视台参与制作《娄山奇兵》和《血战独山》，传播贵州地域的长征文化和抗战文化。这两部电视剧目前正在紧张摄制之中。贵州广播电视台作为贵州省的主流媒体，拥有上星频道，成为我国重要的传播渠道之一，在打造贵州新形象、传播贵州文化方面，发挥了重要作用。

贵州电视剧制作中心是贵州题材电视剧生产的又一支劲旅。20 世纪 80 年代以来，贵州电视剧制作中心策划、生产或者参与生产的贵州题材电视剧数量比较多，影响力也比较大。贵州电视剧制作中心策划、生产或者参与生产的贵州题材电视剧主要有：《失落的梦》（1987）、《普通一官》（1989）、《二月天》（1991）、《难念的经》（1992）、《原情》（1996）、《遵义会议》（1996）、《误区》（1997）、《杨虎城的最后岁月》（1999）、《周恩来在贵阳》（2002）、《解放贵州》（2003）、《烽火不息》（2006）、《远山晴朗》（2008）、《杀出绝地》（2009）、《恩情无限》（2011）等。1983 年 10 月 18 日，中国电视剧制作中心正式成立，成为广播电视部管辖的正司局级单位，由中央电视台电视剧部、电视艺术委员会录制部和中国广播文工团电视剧团合并而成。2009 年 12 月 29 日，中国电视剧制作中心实行转企改制，更名为中国电视剧制作中心有限责任公司。贵州电视剧制作中心直属贵州省广电局，专门从事电视剧的生产。

贵州日报报业集团·黔森影视工作室，是一颗耀眼的新星，是贵州文化体制改革催生的贵州影视剧生产的后起之秀，创作了一批有影响力的电影和电视剧。黔森影视工作室生产或者参与生产的贵州题材电影主要有：《旷继勋篷遂起义》（2011）、《幸存日》（2011）、《云下的日子》（2011）、《不朽的时光》（2016）等；生产或者参与生产的贵州题材电视剧主要有：《雄关漫道》（2006）、《绝地逢生》（2009）、《风雨梵净山》（2011）、《奢香夫人》（2011）、《二十四道拐》（2015）等。黔森影视工作室成立于 2009 年 4 月，其领军人物是欧阳黔森。欧阳黔森是一位小说家，2006 年开始涉足影视创作，主要参与编剧、制片人、艺术总监等项工作，成为一名既擅长创作又懂市场运作的复合型人才。电视剧《雄关漫道》于 2007 年荣获中宣部第 10 届"五个一"工程奖，同年也荣获了"金鹰奖""飞天奖"，成为贵州省第一次接连荣获三大电视奖的电视剧。为了纪念长征胜利 70 周年，《雄关漫道》应运而生，歌颂了长征精神，引导观众体验了长征的苦与乐，因而受到观众的热烈欢迎，收视率最高达到 7%。《雄关漫道》描绘了红二、六军团长征的艰难历程，在题材上具有填补空白的意义，与电视剧《长征》形成了姊妹篇。电视剧《绝地逢生》荣获中宣部第

11届"五个一工程奖",荣获了"金鹰奖"和全国少数民族题材电视剧一等奖,歌颂了改造石漠、艰苦奋斗、勤劳勇敢的"盘江精神"。电视剧《奢香夫人》荣获中宣部第12届"五个一工程奖"、第26届金鹰奖的三项大奖,收视率达3.8%,促进了大方县旅游经济的火爆增长。电视剧《二十四道拐》荣获第30届"飞天奖"的剧目奖,为二十四道拐带来了许多游客。这些电视剧,都在中央电视台第一或第八频道播出,占据了高端播放平台,收视率很高,影响力很大。这些电视剧成为黔森影视工作室的成名作,推动了黔森影视工作室的品牌化。今天的黔森影视工作室,成为贵州影视产业的一个响亮的品牌,成为贵州文化体制改革取得的重大成果之一,成为贵州新形象的忠实传播者。黔森影视工作室的创作活力仍然很旺盛,还可继续叱咤风云。

贵州向黔进影视文化有限公司,是贵州省民营影视机构的重要代表。贵州向黔进影视文化有限公司成立于2012年,隶属于贵州遵义向黔进集团。目前,向黔进影视文化有限公司的董事长是潘新培,总经理是莫江涛。他们是向黔进影视公司的创始人。向黔进影视文化有限公司由向黔进投资公司和遵义市长征之窗文化产业有限公司组合而成,注册资金为3000万元。向黔进影视文化有限公司致力于营造"五个一拍片留景影视文化扶贫开发创新模式",即用"一流的编剧、一流的导演、一流的演员、一流的制作"达成"一流的效果",力争再花两三年时间把向黔进影视打造成为贵州第一、全国一流的民营影视公司,争取成为贵州第一家上市的民营影视公司。

向黔进影视文化有限公司投资于影视基地建设,先后投资建设了黔北记忆影视文化产业园区、晴隆古城、二十四道拐观景台、遵义古城等影视文化基地。向黔进影视文化有限公司制定了"一城三剧十村"扶贫创新计划:拍摄电视剧《巍巍大娄山》、《蹉跎岁月》和电影《海龙刀》三部影视剧,投资15亿元打造占地258亩的遵义古城影视文化园区,加速汇川区的10个贫困村农副产品、旅游文化开发步伐,推动遵义古城与汇川区的10个贫困村的交流与互动。

向黔进影视文化有限公司努力打造影视剧精品力作。2015年,向黔进影视公司投资5100万元拍摄了32集电视剧《二十四道拐》,这是贵州目前投资最多的电视剧;还投资拍摄了36集电视剧《突围·突围》、36集电视剧《第一伞兵队》。这三部电视剧都在央视一套和八套多次播放，掀起了收视热潮，成为向黔进影视公司2015年的"三朵金花"。2016年，向黔进影视公司投资拍摄了36集电视剧《十个连长一个班》和电影《先锋之那时青春》。2016年，向黔进影视公司还筹备重拍电视剧《蹉跎岁月》，筹备拍摄电视剧《娄山奇兵》、电影《海龙刀》。2017年，向黔进影视公司参与拍摄的39集电视剧《云上绣娘》、36集电视剧《突击再突击》都已在央视一套播出；36集电视剧《云雾街》已经完成后期制作；影片《极度危机》已经拍摄完毕；电视剧《伟大的转折》正在拍摄之中；电视剧《巍巍大娄山》已经举办了签约仪式。近年来，向黔进影视文化有限公司在影视剧制作方面大胆开拓，成果辉煌。

贵州日报报业集团·虎子传媒也值得一提。虎子传媒出品的贵州题材电影主要有：《水凤凰》（2009）、《炫舞天鹅》（2011）、《脸谱》（2012）等。虎子传媒依托贵州日报报业集团，是其非报产业的一部分。

贵州巨日影视公司，出品的贵州题材电影主要有《好花红》（2009）等，出品的贵州题材电视剧主要有《夜郎王》（2007）等。电视剧《夜郎王》，生动形象地演绎了夜郎文化的精彩魅力，深受观众欢迎。

阿幼朵文化传播有限公司，出品的贵州题材电影主要有《马红军》（2009）等。阿幼朵是贵州著名的歌星，也涉足拍摄影视剧，积极传播贵州少数民族文化。阿幼朵文化传播有限公司也开始拍电影，利用明星效应来开发影视产业。

二 贵州题材影视剧的主创人员

笔者将从编剧、导演和演员这三个方面来介绍贵州题材影视剧的主创人员；也将重点介绍贵州本土的主创人员和省外贵州籍的主创人员，对于其他的主创人员则一笔带过。笔者指称的贵州本土主创人员指长期在贵州工作的影视剧主创人员，包括贵州本地土生土长的主创人员，也包括长期在贵州工作的外省籍的主创人员。

介绍贵州题材影视剧的主创人员，其目的在于思考贵州题材影视剧创作中的人才问题。人才匮乏，尤其是既会创作又懂经营的人才非常少，这成为阻碍贵州题材影视剧发展的重要问题。为了绕过人才匮乏这个问题，贵州经常借助省外力量来创作贵州题材影视剧。借助外力,能够走捷径以提高创作质量;但是,失去了培养本土影视人才的良好机会。因此,笔者呼吁:要大力培养贵州本土影视剧人才,才能促进贵州题材影视剧的长远发展。

1. **编剧**

在贵州题材影视剧的主创人员中,贵州本土的编剧渐成气候,在全国有一定的影响力。唐佩琳、欧阳黔森、蔡葵、李俊、犹学忠、肖培才等,构成了贵州题材影视剧的本土编剧队伍。

唐佩琳是编剧界的老前辈之一,创作了很多贵州题材电视剧,为贵州题材电视剧的发展立下了汗马功劳。唐佩琳编剧的贵州题材电视剧主要有:《情留此山中》(1987年,6集);《茅台酒的传说》(1989年,21集);《普通一官》(1989年,4集);《难念的经》(1992年,15集);《那年那月》(1995年,2集);《误区》(1997年,4集);《周恩来在贵阳》(2002年,2集);《烽火不息》(2006年,8集)。其中,电视剧《普通一官》荣获西南五省区电视作品一等奖;《周恩来在贵阳》荣获中国电视金鹰奖。中国第一部电视连续剧是王扶林导演的《敌营十八年》。电视连续剧《敌营十八年》的编剧是唐佩琳。唐佩琳在1980年创作了《敌营十八年》的剧本,运用悬念、惊险等元素,描写了谍战生活,开启了中国电视剧娱乐化的先例。唐佩琳生于1932年,江西人,1949年随军来到贵州工作。改革开放以后,唐佩琳长期在贵州电视剧制作中心从事编剧工作,曾任贵州电视艺术家协会常务副主席兼秘书长。唐佩琳编剧的电视剧《邓小平在1950》(2001年,6集),荣获中宣部"五个一"工程奖、中国电视剧飞天奖、中国电视金鹰奖。唐佩琳在中国电视界久负盛名。唐佩琳于2011年11月逝世。他的逝世,是贵州电视界的一大损失。

欧阳黔森是贵州的金牌编剧。欧阳黔森编剧的贵州题材电影主要有:《幸存日》(2011),《云下的日子》(2011)等。欧阳黔森编剧的贵州题材电视剧主要有:《雄关漫道》(2006),《绝地逢生》(2009),《风雨梵净山》(2011),《奢香夫人》(2011),《二十四道拐》(2015)等。其中,《雄关漫道》荣获中宣部第10届"五个一"工程奖、金鹰奖、飞天奖;《绝地逢生》荣获中宣部第11届"五个一"工程奖、全国少数民族题材电视剧一等奖;《奢香夫人》荣获中宣部第12届"五个一"工程奖、金鹰奖;《二十四道拐》荣获第 30 届电视剧飞天奖"剧目奖"。这些电视剧都曾在中央电视台第一或第八频道播放,占据了高端播放平台,产生了较大的影响力。欧阳黔森是深入生活、扎根人民的践行者。他经常走进农村、走向基层、深入群众去体验生活,自觉地开展"采风"活动,从乡风民俗、名山大川中择取素材吸取创作灵感。接地气是他创作的显著特色。向实践学习、向生活学习的深厚功力体现在他的作品之中。欧阳黔森涉足影视创作之后,有力推动了贵州影视产业的发展。2009 年 4 月,贵州日报报业集团成立了黔森影视文化工作室。欧阳黔森从事影视编剧的理念是:唱响主旋律,宣传贵州新形象,力争社会效益与经济效益双丰收。强化市场意识,坚持市场调研与预测,注重选题创意,这成为黔森影视工作室进行影视项目策划的金科玉律。黔森影视工作室的影视制作方式是"借船出海":"影视制作方面,我们立足本地的原创题材,制作技术则接轨国内国际,以灵活的市场机制,把国内外一流的制作团队为'贵州戏'所用,借助名编、名导、名演员的聚合效应,搭上产业发展和对外宣传的快车。贵州人的风采、贵州的山水通过一部部精彩的影视剧在全国立体亮相。"[①] 欧阳黔森与黔森影视工作室,抓住了贵州影视产业发展的机遇,打造了一批精品力作,效果显著,成就卓越。

李俊是贵州题材影视剧的重要编剧,是一位学者型剧作家。李俊生于 1969 年,现任贵州省电影家协会主席、贵州师范大学文学院教授、硕士生导师。李俊曾获贵州省"德艺双馨"艺术工作者、贵州省"十佳"电视艺术工作者、贵州省师德标兵等荣誉称号。作为一名学者,李俊出版了《影视文学论纲》等五部学术著作,发表学术论文三十多篇,在影视美学、写作学等方面开展了深刻地研究。李俊创作了贵州题材电视剧《杨虎城的最后岁月》(1999),《这方水土·这方人》(2005),《夜郎王》(2007)等。其中,电视剧《杨虎城的最后岁月》荣获中国电视"飞天奖"、贵州省"五个一"工程奖、贵州省政府文艺奖。

犹学忠是贵州题材影视剧的资深编剧。犹学忠编剧的贵州题材电影主

[①] 明江:《探索贵州特色的影视道路——对话欧阳黔森谈作家与影视制作》,《文艺报》2011 年 3 月 30 日,第 5 版。

要有：《扬起你的笑脸》（2001）等。影片《扬起你的笑脸》，荣获中国电影华表奖"优秀儿童片奖"，第九届中国电影童牛奖"优秀故事片奖""优秀女演员奖""三辰杯奖"，中宣部"五个一"工程奖。尤其可贵的是，其剧本荣获第四届夏衍电影文学奖二等奖，当时的一等奖空缺。1934年，犹学忠出生于贵州桐梓。1983年以来，犹学忠在贵州省话剧团担任专业编剧，以撰写话剧剧本为务。犹学忠写了一些电影剧本：《林中迷案》（1985），《业余警察》（1986），《谋生奇遇》（1992），《替身传奇乐翻天》（2010）等。犹学忠编剧的儿童剧《特殊作业》，讲述了五个家庭的孩子完成了"为父母洗脚"的特殊家庭作业，弘扬了孝道文化，于2012年2月11日在中国儿童艺术剧院公开演出，此后在全国各大城市巡回演出。犹学忠的话剧剧本、电影剧本创作，有助于推出编剧的贵州品牌。

蔡葵也是贵州题材影视剧的资深编剧之一。蔡葵编剧的贵州题材电影主要有：《山寨火种》（1978），《少年邓恩铭》（2011）等。蔡葵编剧的贵州题材电视剧主要有：《解放贵州》（2003），《地下使命》（2004）等。蔡葵，1941年9月生，是贵州省电影家协会会员。

肖培才是一位执着地从事贵州题材影视剧创作的剧作家。他是贵州省作家协会会员、贵州省电影家协会理事。他写过一些长篇小说、影视剧本、诗歌、散文。他在镇远旅游局供职，对镇远的风土人情颇有研究。肖培才的写作题材，主要是选择以镇远为中心的贵州人、贵州事，具有鲜明的地域特色。他勤奋踏实地为镇远作宣传。根据肖培才的小说《镇远镖局》改编的同名电视剧，于2009年与观众见面。肖培才担任编剧。这部电视剧投资1200万元，聘请贵州镇远籍的演员聂远来主演，为镇远古镇作了一次极好的旅游宣传。这部电视剧采用武侠剧的类型，深受观众欢迎。肖培才编剧的电影《支书肖春良》于2016年与观众见面。这部电影以镇远县江古镇蚂塘村支书肖春良带领群众致富奔小康的先进事迹为主线，表现了推进"四在农家"加强社会主义新农村建设的新生活。肖培才花了两年时间创作了这个剧本，深入开展调查采访，挖掘了大量生活素材，体现了他对艺术的执着精神。肖培才在中国文联出版社出版了一本30集的电视剧本，题目是《四在农家》。这个剧本描绘了余庆县花山苗族乡青年申紫燕、满夷、熊胜辉曲折动人的爱情故事，表现了以"四在农家"活动推进社会主义新农村建设所取得的辉煌成果，讴歌了党的新农村建设政策。这个剧本的撰写历时一年多，堪称电视连续剧《青山绿水红日子》的姊妹篇。

总之，关于贵州题材影视剧的本土编剧人才，笔者认为有三点值得注意：第一，贵州本土的编剧人才队伍实力比较雄厚，创作成果比较丰硕，作品的影响力比较大。单就编剧这个小行当而言，贵州的编剧比其他地方的编剧毫不逊色。这一点必须充分认识。第二，贵州的编剧力量比较雄厚，有利于贵州题材影视剧原创力的发挥。原创力的旺盛，是贵州题材影视剧的发展优势。继续保持贵州题材影视剧的编剧原创力，是贵州题材影视剧向纵深发展的必备条件。第三，大部分贵州本土编剧的产业化观念不显著，类型化创作不成熟，心中没有观众，影响了贵州题材影视剧产业化的业绩。贵州本土的很多编剧，过多地考虑如何宣介贵州，较少考虑如何扩大受众面，其结果是使一部分贵州题材影视剧成为自说自话的表达，降低了其影响力；因此，务必要更新观念，强化产业化观念。只有尽量扩大贵州题材影视剧的受众面，才能提升贵州形象的传播效果。

贵州省外的编剧也为贵州题材影视剧创作了大量剧本，田雁宁是重要的代表之一。田雁宁创作的贵州题材电影有：《美丽的黑蝴蝶》（2007）等，创作的贵州题材电视剧有：《杀出绝地》（2009）等。其中，电视剧《杀出绝地》在中央电视台第八频道播放，收视率为中央八台2009年的第四名，后来又在中央台和地方台多次重播。田雁宁是四川的作家、编剧，兼任中视万象天润（北京）国际传播有限公司艺术总监。

2. 导演

贵州题材影视剧的主创人员中，贵州本土的导演明显居于劣势，散兵游勇，很难形成导演阵容。这是一个严重的问题。对于贵州本土导演，笔者拟介绍陶明喜、丑丑和毕赣三人。

陶明喜尽心尽力导演了一批贵州题材电影。1979年10月17日，陶明喜生于贵州省黄平县浪洞乡，少年时代开始习学武术，后来成为武术演员、影视剧的武术指导，并逐渐拿起了导筒。陶明喜导演的贵州题材电影主要有：《旭日》（2008），《飞翔的爱》（2009），《铁血警魂之卧槽马》（2009），《马红军》（2010），《火中凤凰》（2011），《女兵还乡》（2011），

《飞扬的青春》（2012），《神马都是浮云》（2012），《嗨起，打他个鬼子》（2013），《剑河》（2014），《致永不消逝的青春》（2015）等。陶明喜有时也兼任编剧、武术指导。陶明喜导演电影，比较重视类型化，偏爱武侠片、警匪片、喜剧片等电影类型。因为他是一位武术运动员，所以喜欢武侠类型。武侠、警匪、喜剧是吸引观众的重要类型，常常能造就高票房。在陶明喜看来，贵州是一个"天然的取景区"，因而，陶明喜热情地把贵州的人文、风情摄入镜头，用电影推介贵州的美好形象，把镜头定格在贵州形象塑造上。他的电影，喜欢摄取贵州的原生态景物，例如，黄平的飞云大峡谷、习水的丹霞地貌等，喜欢摄入贵州的风土人情、地域文化。陶明喜电影成为贵州形象建构与传播的重要载体。陶明喜对电影艺术有执着的追求，他的导演水平不断提高。陶明喜成为贵州题材影视剧的代表性导演之一。

丑丑是贵州题材影视剧的重要导演。丑丑导演的贵州题材电影主要有：《阿娜依》（2006），《云上太阳》（2010），《侗族大歌》（2015）等。其中，影片《云上太阳》在2011年2月14日美国第17届塞多纳国际电影节上荣获最佳外语片奖、最佳摄影奖、观众最喜爱影片奖三项大奖。丑丑，原名欧丑丑，她的身上流淌着苗侗两族的血脉。苗侗生活成为丑丑进行电影创作的重要题材源泉。丑丑的作品可谓"原生态"电影，展现贵州原生态风物、原生态的生活状态成为她进行电影创作的重要理念。丑丑的电影作品描绘了神奇多情的土地、人与自然的和谐相处、粗犷俭朴的田园生活、真挚热情的人际关系。丑丑的电影，画面唯美纯净，质朴自然，为观众提供了一片清纯的世界，能够产生净化心灵的艺术效果。在国际传播中，丑丑的电影激发了外国人对天堂般纯净美丽的贵州风景的强烈兴趣，为后现代社会中浮躁的人们提供了灵魂栖息地，以促进心灵的救赎。有些外国友人表达了要来贵州接受灵魂洗礼的强烈愿望。正因为丑丑电影的这个特点，所以，影片《云上太阳》被国家广播电影电视总局、文化部定为2011年度对外宣传影片。丑丑的电影，对于传承贵州民族民间文化、建构和传播贵州形象产生了重要意义。

毕赣是贵州题材影视剧创作的导演新秀，有极大的创作潜力。1989年6月4日毕赣生于贵州凯里，苗族人，2011年毕业于山西传媒学院广播电视编导专业。毕赣创作的贵州题材电影主要有：《路边野餐》（2016），《地球最后的夜晚》（2017）等。其中，《路边野餐》荣获第52届台湾地区电影金马奖最佳新导演奖、第68届洛迦诺国际电影节当代电影人单元最佳新导演银豹奖、第37届南特三大洲电影节最佳影片金热气球奖、第7届中国电影导演协会年度青年导演奖。影片《路边野餐》于2016年7月在电影院放映了十天，累计票房为647.70万元。相对于一百万元以内的总成本而言，这个票房成绩可以确保盈利。国外获奖推高了国内票房，毕赣的成功之路与第六代早期电影如出一辙。但是，与暑期档的商业大片相比，其收益是比较惨淡的。原因在于中国缺乏艺术院线，中国的电影生态是极不平衡的。中国文艺片生存困难的问题不是短期内能够解决好的。《路边野餐》是毕赣的电影处女作，获得了众多奖项，足以证明他才华横溢。

在贵州题材影视剧的主创人员中，创作成果丰硕、影响力大的贵州本土导演实在不多。这种局面在短期内很难改变。因此，贵州题材影视剧的创作，只好求助于省外的知名导演。省外的知名导演，为贵州题材影视剧创作立下了汗马功劳，为贵州题材影视剧积累了名导效应。笔者拟介绍张玉中、陈健、闫然、孙文学、宁敬武、朱一民等著名导演创作贵州题材影视剧的简要情况。

张玉中导演的贵州题材电视剧主要有：《雄关漫道》（2006），《二十四道拐》（2015）等。其中，《雄关漫道》荣获中宣部第十届"五个一"工程奖、金鹰奖、飞天奖。《二十四道拐》荣获第三十届电视剧飞天奖"剧目奖"。张玉中是八一电影制片厂的导演，担任八一电影制片厂故事片部导演室副主任。

陈健导演的贵州题材电视剧主要有：《奢香夫人》（2011）。《奢香夫人》荣获中宣部第十二届"五个一"工程奖、第二十六届金鹰奖的三项大奖。陈健，江苏高邮人，回族，凭电视剧《亮剑》声名鹊起。陈健在2004年导演的《亮剑》荣获第二十三届中国电视金鹰奖优秀长篇电视剧奖，第二十六届中国电视剧飞天奖优秀长篇电视剧一等奖。执导《亮剑》之后，陈健每年都有新作问世。其中，电视剧《革命人永远是年轻》《勇士之城》等，都是精品力作。出身于八一电影制片厂的陈健，擅长拍摄战争题材剧和谍战剧。

闫然导演的贵州题材电影主要有：《幸存日》（2008），《云下的日子》（2009），《凤凰台》（2012），《不朽的时光》（2013）等。闫然，祖籍山东青岛，1974年在吉林出生。闫然的注意力主要放在文艺片方面。因此，他导演的电影在国际国内的电影节展上获得了许多奖项，在票房业绩方面却鲜有惊人之举。例如，影片《不朽的时光》，口碑很好，好评如潮，在2016年荣获北京青年影展评委会大奖、第二十届北京放映优秀影片展映奖，在2017年荣获第34届迈阿密国际电影节华语电影最受关注传媒大奖等诸多奖项。但是，其票房仅为72.85万元。在当下，文艺片的生存堪忧。口碑与票房不相匹配，甚至票房与口碑成反比，成为当前中国电影产业的怪现状之一。

孙文学导演的贵州题材电视剧主要有：《杀出绝地》（2009），《和平村》（2010）等。其中，电视剧《杀出绝地》，在央视八台播出，深受观众欢迎，有4.8亿人次收看了，在2009年度央视八台收视率中名列第四。孙文学，1961年1月13日生于大连市，毕业于上海戏剧学院导演系。孙文学从戏剧导演变身为影视导演，执导了一批有影响力的作品。

宁敬武导演的贵州题材电影主要有：《滚拉拉的枪》（2008），《鸟巢》（2008）等。宁敬武，1966年生，河北人，1996年毕业于北京电影学院导演系，属于中国第六代电影导演。他创办了北京一声春雷影视文化公司。宁敬武高度关注贵州省黔东南州从江县的岜沙苗族村寨。岜沙苗族，穿着奇特，秦时发式汉时装，保留着古代的风俗习惯。影片《鸟巢》《滚拉拉的枪》表现了岜沙苗族人真实的生活状态，体现了"原生态"理念，带有纪录风格。岜沙苗族是一个被政府允许佩带枪支的部落。男孩成年时有权利拥有一把枪。成人礼仪式的一声枪响，标志着一个男孩长大成人了。岜沙苗族人的"树崇拜"观念十分显著。一个人出生时，家人为他栽一棵树，这棵树成为他的生命树。等到这个人去世时，这棵树被砍下来用作棺木。安葬以后，家人为他栽一棵树，这棵树凝聚着这个人的在天之灵。宁敬武深深地被岜沙苗族文化所吸引，曾深入岜沙苗寨采风。他的这两部电影，保护和传承了岜沙苗族文化，成为承载文化多样性的重要影像资料。

朱一民执导的贵州题材电影主要有：《扬起你的笑脸》（2001），《小等》（2013）等。朱一民是中央电视台的著名导演。影片《扬起你的笑脸》

荣获 2000 年度中国电影华表奖"优秀儿童片奖";第九届中国电影童牛奖"优秀故事片奖""优秀女演员奖""三辰杯奖";中宣部精神文明建设"五个一"工程奖。其剧本荣获第四届夏衍电影文学奖二等奖。朱一民导演的《扬起你的笑脸》,为贵州题材电影增添了若干亮色,扩大了其影响力。

通观贵州题材影视剧的导演,情况表明:贵州本土的导演实力弱小,创作的精品力作微乎其微。因此,为了贵州题材影视剧的长远发展,为了贵州影视产业的转型升级,贵州影视界应当着力培养好导演人才。打造一支精干的导演队伍,才符合贵州影视产业跨越式发展的需要,才符合贵州的长远利益。

3. 演员

贵州题材影视剧,使用了一批贵州本土的演员。

例如,阿幼朵,在影片《卧槽马》中扮演女警察张岚,在影片《马红军》中扮演一个苗家姑娘。阿幼朵,1977 年 4 月 29 日出生于贵州省黄平县,是著名的苗族歌唱家,国家一级演员。阿幼朵出演贵州题材电影,提高了影片的亲和力。她演唱的《苗岭飞歌》等,多次穿插在一些影片中,成为显著的贵州符号。

贺祝平,在影片《扬起你的笑脸》中,扮演夏令营的营长。贺祝平是国家一级演员,贵州大学艺术学院副院长,长期从事表演工作。她曾就读于上海戏剧学院表演系,曾在铜仁地区文工团、贵州省话剧团担任专业演员多年,曾在近百部影视剧、话剧、歌剧中扮演重要角色,荣获了 7 项表演大奖。

雷艳,在影片《飞歌的夏天》中扮演了代课教师阿妮、歌手阿妮、导游阿妮三个角色。雷艳在 1987 年 7 月 12 日生于贵州黔东南州施秉县。雷艳是"多彩贵州风"的主演,苗族的歌唱家,主要演唱贵州"原生态"的民族歌曲。

贵州题材影视剧,使用贵州本土演员来出演主要角色,为贵州题材影视剧增添了地域特色、民族特色,有利于建设贵州本土的表演队伍,有利于贵州影视产业的长远发展,具有积极而深远的意义。

但是,随着影视产业的深入发展,明星阵容、粉丝经济成为贵州题材影视剧的重要现象。贵州题材影视剧，热衷于明星组合，以明星的号召力来吸引观众。影片《天堂有泪》由吴孟达、范明、徐少强等主演。《少年邓恩铭》由张一山、蒲巴甲、午马、何赛飞、吴军等主演，还请苏有朋来客串。《炫舞天鹅》请童星戴佳佳来主演，还请爱新觉罗·启星扮演舞蹈教师。《幸存日》请老戏骨倪大红来主演。尤其是贵州题材电视剧，更是如此。例如，《奢香夫人》由宁静、吕良伟、王思懿、张桐等主演。《最高特赦》由柳云龙、马苏、蒋林静、申军谊等主演。《风雨梵净山》由胡海峰、王力可、许还幻、王奎荣、午马等主演。《红娘子》由王珞丹、刘威、王绘春、史可等主演。《杀出绝地》由王亚楠、郭金、杜雨露、盖丽丽、张岩等主演。《二十四道拐》由刘小锋、甘婷婷、冯恩鹤、三浦研一等主演，组成了一个国际化明星阵容。

关于贵州题材影视剧使用明星，笔者拟谈论四点。第一，明星阵容、粉丝经济，是不可抗拒的时代潮流，贵州题材影视剧只能因势利导。第二，明星阵容有助于增强贵州题材影视剧的吸引力，增强了贵州题材影视剧的影响力。第三，使用明星，必定增加贵州题材影视剧的成本，提高了其产业风险。这就需要贵州题材影视剧的制片方权衡利弊，以尽量降低产业风险为宜。第四，使用明星以刺激粉丝经济的发展，并不是贵州题材影视剧发展的治本之策。影视剧根本上要依靠创意、内容与质量的提升来实现产业的转型升级。依靠明星阵容和狂轰滥炸式的营销宣传来掩饰内容的"贫血"与精神的"缺钙"，这恰恰是当前中国影视剧产业发展中的致命问题之一。贵州题材影视剧的主创人员对这个问题必须保持清醒的认识。

三 贵州题材影视剧建构贵州形象的运行机制及其问题

贵州题材影视剧建构贵州形象的运行机制，笔者拟谈论两点：一是政府主导，二是借船出海。

政府主导机制，指在贵州题材影视剧建构和传播贵州形象的过程中，党政机关发挥了策划、组织、协调作用，在贵州题材影视剧中贯彻了政府意志，唱响了主旋律，使贵州形象的传播按照政府的意志运行。

对于贵州题材影视剧的制作，以贵州省委宣传部为首的党政机关，高度关注，积极谋划，多次带领队伍到北京等大城市与颇具实力的影视企业洽谈，寻求合作，以促进贵州题材影视剧的制作、播放。例如，2009年6月12日，时任贵州省委常委、宣传部部长的谌贻琴专程去北京召开贵州重点影视题材座谈会。应邀出席会议的知名导演、编剧、影视企业老总等一共有16人，在北京万达索菲特大饭店为贵州题材影视剧的生产献计献策，还签订了影视剧制作的有关协议。又如，2011年5月18日，贵州省在"十二五"时期规划的六部重点电视剧在贵阳举办投拍签约仪式。六部电视剧是《伟大的转折》《二十四道拐》《磅礴乌蒙》《蓝色乌江》《春晖》《大歌》，一共有176集。总投资为1.18亿元。时任宣传部部长谌贻琴出席签约仪式，并发表了重要讲话。此举的意义在于推介地方文化、打造贵州新形象。① 贵州省委宣传部采取了如此热情的行动，直接带动了各地州市委宣传部工作的积极性。上行下效，各地州市委宣传部也与外地紧密联系，多方促进贵州题材影视剧的制作。这样的举措，大大推动了贵州题材影视剧的生产。这样的政府行为，取得了立竿见影的效果。贵州题材影视剧生产的数量呈直线上升，质量也有显著提高。21世纪以来，尤其是2006年以来，贵州省委宣传部、各地州市委宣传部、各地州市人民政府、各县政府及宣传部等党政部门的名单，屡次出现在影视剧的开头或结尾部分，成为出品单位、协助单位、鸣谢单位。某些党政机关成为一些贵州题材影视剧事实上的总策划者和组织者。

政府主导机制的形成主要基于两个原因。一是政府对贵州新形象的建构与传播产生了深刻的认识，高度重视这方面的工作，并且出现了急于求成的行为。戴维·哈维说，形象即商品。建构良好的区域形象，能够促进区域经济的迅猛发展。贵州的各级政府对此达成了共识，因此，共同致力于打造贵州新形象。经过多方论证，"多彩贵州"形象成为贵州人民的共同选择。借助贵州题材影视剧的制作来促进多彩贵州形象传播，成为贵州各级政府的必然选择。建构开拓进取的贵州形象、现代化的贵州形象、多种文明交融发展的贵州形象、社会和谐的贵州形象、生态宜人的贵州形象，成为贵州各级政府的强烈愿望。只有建构"多彩贵州"形象，才能为贵州的进一步发展、实现同步小康提供正能量，才能消除外界人士对贵州

---

① 《我省6部重点电视剧签约投拍 总投资1.18亿》，金黔在线，2011年5月19日。

的负面印象。二是贵州的民间影视力量异常弱小，贵州的影视市场主体不足以担当配置影视资源以构建和传播贵州形象的重任。民间影视力量弱小，建构和传播贵州形象的重任只好依赖政府来完成。政府可以调配各种资源，加强贵州题材影视剧的生产。

政府主导机制左右着贵州题材影视剧建构贵州形象的全过程，积极意义在于可以集中优势资源在短期内取得实效，其消极意义在于短平快的做法不利于贵州影视产业的长远发展。

在长时期内，政府主导机制可能还将继续存在，这是由贵州影视剧生产的实际情况决定的，也是贵州新形象建构与传播的长期任务所决定的。"多彩贵州"形象传播，要想取得理想的效果，必须久久为功，方可奏效。在这个马拉松式的过程中，政府还将高度关注、积极参与。

"借船出海"机制，就是一部分贵州题材影视剧，被贵州的政府部门、影视生产单位确定为选题并立项后，主要借助省外的影视生产单位来拍摄、后期制作、营销宣传。这些影视剧，选题、策划在贵州，生产、营销在省外。

中央电视台、八一电影制片厂、北京世纪华融文化传播有限公司、中视星程（北京）文化传媒有限公司、北京中视远图影视传媒有限公司、北京艾美斯特影视文化有限公司等北京的国有、民营影视企业，多次成为贵州题材影视剧的主创单位。由此可知，贵州题材影视剧生产具有"北京情结"。因为北京是我国的艺术之都，在影视制作方面具有得天独厚的优势，所以，贵州题材影视剧生产倾向于与北京的影视企业合作。

"借船出海"的原因主要在于两个方面。一是贵州缺乏打造影视剧精品的人才和技术条件，需要借助外力才能生产影视剧精品。二是贵州题材影视剧生产受到政府行为的支配，政府希望借助贵州题材影视剧来建构和传播贵州新形象，而"借船出海"是终南捷径。

"借船出海"的积极意义在于短期内便能出成果，消极意义在于忽视了贵州省内影视生产能力的培养，对贵州影视市场主体的培育极为不利。

第六章　贵州题材影视剧建构贵州形象的思想内核

贵州题材影视剧的思想内核，是国族认同思想和现代性思想。国族认同思想在贵州题材影视剧中不断地被强化。贵州是少数民族人口比较多的省份之一，又地处我国的西南边陲，因而，巩固民族团结非常重要。为了长治久安，影视作品需要把少数民族同胞的民族认同引导到国家认同的高度上去，才能达到加强精神文明建设的目的。贵州题材影视剧描绘了贵州经济社会日益现代化的发展过程，勾勒了贵州人民思想观念日益现代化的变化过程，塑造了贵州开放、发展、进步的新形象。

第一节　国族认同：建构贵州形象影视剧的核心思想

一　国族认同是建构贵州形象影视剧的核心思想

贵州题材影视剧，高度体现了国族认同思想。国族认同，就是人民群众对国家、民族在理智上认可，在情感上热爱，在文化上皈依。国族认同可以分为国家认同与民族认同两个方面。

1. **国家认同**

国家认同可以分为文化认同和政治认同两个方面。

第一，文化认同具有长久的稳定性，可以超越时间的阻隔、地域的界限、阶级的偏见。文化认同可以产生强大的精神力量，促使人们形成对于自己祖国的强烈归属感。

中华文化是维系全体中国人的精神纽带。五千年的中华文明，促进中国历史吐故纳新，推动中国社会从低级向高级永不停息地发展。"天人合一"的宇宙观,让人们学会敬畏自然,向大自然学习生存之道,以天为衣以地为裳,与野兽毒虫为友,寄身于山水林泉之间,依靠天地万物怡情悦性。"和谐"的社会观,让人们学会了兼容并包,不断吸纳新的文化元素以促进中华文化自我扬弃永葆活力。"和为贵",追求系统内外的和谐,远离纷争,不作无谓的牺牲,不搞无价值的冲突,维护社会运行的正常秩序,构建良好的社会环境以利人类。中国人信奉"中庸"思想。"中不偏,庸不易。"统筹兼顾,温文尔雅,绵里藏针,不温不火,不好走极端,不一棍子打死,不偏激,不钻牛角尖,游刃于两极之间,体现了辩证法思想,能够处理好矛盾和斗争。中庸思想促进了社会和谐,有利于长治久安。家国一体观,教导人们让家庭利益服从国家利益,个人利益服从集体利益。国就是一个大家庭,需要和谐,需要忍让为国,需要老成谋国,需要全体人民努力建设国家。国强盛不衰,家必定兴旺发达。国积贫积弱,家必定惨遭涂炭。家就是一个小国。"家有千口,主事一人。"家也具备科层化的治理结构,家长的权力不容置疑。家兴旺发达,每一个成员必定丰衣足食,扬眉吐气。"修身,齐家,治国,平天下",这是旧时士人的崇高理想,为家庭为祖国贡献智慧与力量被视为无上光荣。"忠"是对祖国尽义务,"孝"是对家庭尽义务。不忠不孝者则被视为败类。忠大于孝,忠孝不能两全,宁取"忠"而弃"孝"。祖国利益高于一切,国家认同占据了上风。

"大一统"思想是国家认同在文化上的集中体现。中国历史上,统一成为主流,分裂割据只是短暂的现象。秦灭六国统一天下,结束了春秋战国时期诸侯割据局面。秦始皇建立了中央集权的封建国家,国家的最高权力集中于皇帝,皇帝成为国家的象征。秦始皇统一了文字、货币、度量衡,开启了"书同文,车同轨"时代。秦始皇统一中国,结束了战乱硝烟,保持了和平稳定,有利于老百姓安居乐业,有利于国家安定团结,有利于经济发展、社会和谐。统一大业,功勋卓著,千百年来人们都交口称赞。后来,两汉、西晋、隋唐、元明清,都建立了统一的多民族的中央集权制国家。国家统一的时期,也就是国力强盛的时期。大秦帝国、汉唐盛世、大明帝国、大清帝国,中国历史上的这些强盛时期,都导源于国家的统一、民族的团结。这些时期,老百姓生活在太平盛世,安心生产,发展经济，生活比较富足。这些时期，中国成为世界上名副其实的领头雁，万国来朝，许多小国愿意接受中国的册封和保护。中国一向践行和平发展，与外国积极发展经贸友好往来。丝绸之路的开辟，郑和下西洋，都是以强大的国力作为后盾的。国家统一造就了国力强大。今天的"一带一路"，就是建立在丝绸之路、郑和下西洋的基础之上的，同样需要以国家统一、国力强盛为保障。

相反，分裂割据时期虽然短暂，但是，老百姓饱受战乱之苦，无法正常进行经济生产，导致国家贫穷、百姓处于水深火热之中。春秋战国时期、三国时期、东晋十六国时期、南北朝时期、五代十国时期、辽宋夏金时期、近现代时期，中国历史上的这些分裂割据时期，干戈四起，狼烟遍地，军阀混战带给人们的是惨不忍睹的杀戮、此起彼伏的恐怖、无穷无尽的掠夺。"白骨露于野，千里无鸡鸣。"大量人口死于战争，从事生产的劳动力急剧减少。男丁忙于打仗，女人到田间务农。生产停滞不前，经济凋敝，导致国力弱小，中国经常受到外族、外国的欺凌。分裂割据时期，中国经常被迫接受不平等条约，割地赔款成为家常便饭。从澶渊之盟到靖康之变，从《中英南京条约》到《何梅协定》，从鸦片战争到抗日战争，每一次赔款都转嫁给老百姓，老百姓越发生活艰难了。每一次打败仗、每一次割地赔款，带给老百姓的都是无穷无尽的灾难。

国家统一是百姓之福，分裂割据是祸乱之源。因此，我们必须珍惜今天安定团结的政治局面，倍加珍惜国家统一、百姓安居乐业的社会环境，倍加珍惜来之不易的幸福生活。

中国历史以国家统一为主流，导源于"大一统"思想。"大一统"思想由来已久。最早提出"大一统"这个词语的是《公羊传》。《公羊传·隐公元年》说："何言乎王正月，大一统也。"竭力推崇"大一统"思想的首推董仲舒。他说："《春秋》大一统者，天地之常经，古今之通谊也。"他认为"大一统"是天地古今的常态，不能改变；只有河山统一，政令畅通，才能治理好国家。

其实，"大一统"思想可以追溯到更加久远的三代时期。夏商周三代时期，统治者形成了模糊的"大一统"思想。所谓"普天之下莫非王土，率土之滨莫非王臣"，便是以"王"为中心的朴素的政治意识。在国都的选址上，三代的统治者注重选择中原地区作为理想的行政区域，居"中国"而服四夷，主宰中原就能威慑四方。这是"大一统"思想在地理上的表现。

春秋战国时期的分裂割据，造成生灵涂炭，民生凋敝，触动思想家积极思考如何尽快结束纷乱的政治局面以改善民生。思想家们大都主张加强王权以形成一元化统治。孔子主张"礼乐征伐自天子出"，要求建立"君君、臣臣、父父、子子"等级森严秩序井然的社会。孟子认为"天无二日，民无二王"，主张天下"定于一"。荀子认为"天地生君子，君子理天地"。此处的"君子"，即民众的父母官。地位最高的父母官就是国君。治理天下的权力要赋予国君。墨子认为天下百姓与天子保持高度一致才能避免纷争。他说："上之所是，必皆是之；所非，必皆非之。""天下之百姓，皆上同于天子。"老子从大自然的规律巧设譬喻，强调"大一统"的重要性。他说："道生一，一生二，二生三，三生万物。"老子强调"一"才是世界的本源，"一"才合乎"道"，只有统一才合乎道家精神。韩非子分析了春秋战国致乱的原因在于"一栖两雄""一家两贵""夫妻共政"。《吕氏春秋》说："王者执一，而为万物正。一则治，两则乱。"儒、墨、道、法、杂家的著名思想家都异口同声倡导天下一统，认为君主专制的一元化统治才能保证天下太平，才能保证百姓有主心骨；而臣强君弱、诸侯争霸是乱局之源。

"大一统"思想成为中华文化的基因之一。千百年来，中国人信奉"大一统"思想，盼望祖国统一，憎恨诸侯争霸、军阀混战；珍视和平，仇视战争。由"大一统"思想派生的许多观念，成为中国人的重要精神资源。

第二，政治认同是百姓对政权的拥护，是对政治体制、制度的信心，是一定时期百姓与政府利益共谋达成的精神契约。

政治认同决定于政府的政治表现。政府能够维护百姓的利益，就能激发百姓强烈的政治认同。政府违背了百姓的利益，就会阻碍百姓的政治认同。政府与百姓达成了利益上的媾和，政治认同就会持续下去。百姓的政治认同能否形成，取决于他们的利益能否实现。百姓政治认同的程度，取决于他们利益的实现程度。政治认同中，政府是主导方，百姓是被动方。

政府能否代表、维护百姓的利益，决定了百姓对政府的认同程度。百姓是政府行政活动的基础，也是行政活动的对象。阶级社会里，政治认同具有阶级性。百姓最关心的莫过于物质利益，只要百姓能够安居乐业他们对政府就会心存好感。一旦百姓无法正常生存，他们对政府将产生怨恨之情。怨恨之情发展到极致，就会爆发起义、军事斗争乃至社会革命。因此，开明的政府大力维护百姓的利益，千方百计改善民生，让百姓有饭吃、有衣穿、有田种，调整阶级关系，缓和社会矛盾，实现长治久安。

政治认同与文化传统紧密相连。尊重文化传统才能提高政治认同的程度。文化传统不同，百姓对政府的认同方式就会不同。一旦思想文化发生变革，政治认同的内容就会发生变化。政治认同随着思想文化的变革而变化。秦朝以前，百姓认同分封制。天子分封诸侯，共管天下。分封制直接导致诸侯争霸，干戈不息，百姓常年罹患战乱之苦。春秋战国的思想家呼吁废除分封制，改行中央集权制。于是，秦始皇建立了统一的中央集权的封建国家。中央集权制一直沿用到今天，成为中国政治的习惯思维。中国百姓的政治认同对中央集权制形成了精神依赖。秦始皇建立的君主专制，一直延续到清朝末年。由于西方政治思想的引入，百姓开始厌恶君主专制，转而拥护民主共和制。民主共和制取代君主专制，是人类历史的巨大进步。那些复辟帝制者，例如袁世凯、张勋、溥仪等人，逆历史潮流而动，注定要被历史的滚滚车轮碾碎。少数民族同胞习惯于自我管理，不愿意接受汉人的流官制度。例如，西南地区的少数民族，元朝时形成了完善的土司制度。"以土官治土民"，土司可以世袭。由于土司世袭罔替，成为当地的土霸王，对抗中央，欺压百姓，所以，明朝中期开始，中央逐渐推行改土归流；可是，效果甚微。清朝的雍正帝、乾隆帝下定决心要实行改土归流。朝廷派重兵镇压，血洗土司，虽然实现了改土归流，但是欠下了累累血债，留下了无穷的后患。中华人民共和国成立后，实行民族区域自治政策，才真正废除了土司制度，又满足了少数民族同胞自治的愿望，因而获得了少数民族同胞的政治认同。

中华人民共和国代表人民的利益，把维护、发展人民的利益放在首位，全心全意为人民服务。这是百姓对新中国政权具有高度政治认同的重要基础。新中国的政府是人民的政府。人民政府除了人民的利益之外，没有自己的利益。人民政府尊重我国的文化传统，采用中央集权制、民主共和制来组织政府，采用民族区域自治政策来保障少数民族的自治权，采用民主集中制来收集社情民意以制定顺乎民意的政策。政府官员越是深入群众、深入基层，体察百姓疾苦，为百姓鼓与呼，就越能提高百姓对现行政府政治认同的程度。如果政府官员脱离群众，作威作福，不顾百姓的死活，搜刮民脂民膏，大肆贪污腐败，买官卖官，吃喝嫖赌，横行霸道，那么，百姓就会仇恨他们，进而质疑政府。"水能载舟，亦能覆舟。""民心向背关天下。"为了提高百姓政治认同的程度，政府必须严厉制裁官员的不良行为。党的十八大以来，"老虎""苍蝇"一起打，一批贪官污吏被投进监狱面壁思过，一批玩忽职守无所作为的官吏被问责，公款送礼、吃喝嫖赌、乱发补助、拉帮结派、阳奉阴违等歪风邪气被查办。政府官员反省自责，改变工作态度，培养优良作风，树立理想信念，关心百姓疾苦，促进政风向有利于百姓的方向转变。因此，百姓对政府的政治认同有了很大提高。如果政府能够在保障社会公平正义方面再拿出实际成效，那么，百姓的政治认同必定进一步提高。百姓听其言，观其行，最终要看实际效果。百姓的眼睛是雪亮的，百姓的呼声是最实在的。只有诚心为民且成效显著，政府才能取信于百姓，百姓才会信服政府。

2. 民族认同

民族认同是个体在接受本民族的历史、文化、语言基础上形成的民族归属感和忠诚度。民族认同产生的基础是接受本民族的文化传统，进而培养本民族共同的心理素质。

民族认同导源于民族文化。民族文化是一个民族的灵魂，是联结民族成员的精神纽带。民族文化是一个民族区别于其他民族的内在标志。学习本民族文化，有助于认祖归宗；虽然远离本民族生活的共同地域，但是，思想上、文化上、心理上却仍然表现出寻根认祖的强烈倾向。民族文化通过口口相传或者以文字传给后人，延绵不绝。保护和传承本民族文化体现了高度的民族认同，是一个民族延续精神生命的重要途径。

民族认同与共同的宗教信仰紧密相关。宗教对某些民族的形成和发展产生了重要作用。宗教信仰促成了某些民族的成员具备相应的宗教文化心理。宗教信仰可以巩固民族认同。宗教问题与民族问题紧密联系在一起。

民族认同表现为生活在共同地域,接纳本民族成员却排斥其他民族的成员。在共同地域生活的民族,形成稳定的共同体。民族成员的生活呈现群体特征,互相帮助,相互依存,产生了深厚的情感,建立了亲密的友谊。生活在共同地域的民族,保守本民族的利益,防御外民族的侵犯。对其他民族的这种防御心理,在某种条件下可以激发民族主义情绪,严重的时候还可以发展为民族利己主义、民族分裂主义,以极端的行为抗拒外来力量。

与全球化深入发展相伴相随的是各民族之间利益的相互碰撞。民族冲突时有发生,民族认同得到强化。民族认同的强化,导源于民族交往的加强。民族认同从来不会孤立存在,要在民族交往中才能形成。民族交往日益频繁,民族认同也可能得以强化。全球化深入发展,各民族之间的交往不断加深。在与其他民族的比较之中,各民族成员通过其他民族反观自己的民族文化,审视自己民族的长处与短处,从而加深了对自己民族的认识,激发了民族自豪感、民族自信心,增强了民族认同的深度和广度。在与其他民族的矛盾斗争之中,各民族成员深刻认识到维护自己民族利益的重要性、紧迫性,从而苏醒了民族意识,坚决为捍卫民族利益而奋斗。因此,分析民族认同,要把民族认同放到民族交往的场域中进行,切忌孤立化。

在全球化背景下,增强民族认同具有双重意义。一方面,增强民族认同有利于加强民族团结,有利于增强民族自尊心、民族凝聚力。另一方面,民族认同强化到一定程度,可能走向民族利己主义、民族分裂主义,导致民族争端、民族冲突,危及地区的稳定与和平;还可能导致民族认同与国家认同之间的矛盾,把民族利益置于国家利益之上,借口维护民族利益来损害国家利益,对抗中央政府,最终分裂祖国。国际的民族冲突有巴以冲突、印巴冲突、库尔德问题,等等,国内的民族矛盾有西藏、新疆问题,等等。因此,如何处理民族认同与国家认同的关系,成为一个重要的理论问题和实践问题。这关系我国的长治久安,关系各民族共同繁荣。

民族认同要与国家认同统一起来,要进行一体化建构。"民族问题的核心是国家认同问题。多民族国家解决民族问题的核心任务是将国民对各自民族的忠诚转变为对国家的忠诚,在尊重多元的民族认同基础上建构国家认同……'民族问题的核心是国家认同问题'的观点,要求我们解决民族问题的基本原则和制度安排必须及时回应国家一体化建构与民族文化多元发展的互动态势。"①

3. 国家认同与民族认同的一体化

"全球化重构了民族,带来了民族分化。"② 全球化背景下,经济一体化、政治世界化运动轰轰烈烈,争先恐后。民族主义者在民族自由主义的鼓动下,运用民族自决权、民族自主权来对抗国家的权威。民族主义思潮兴起,在多民族国家中少数民族的民族认同得以强化。民族主义的强化,可能导致国家观念的淡化。民族认同与国家认同的关系趋于紧张。

怎样调节民族认同与国家认同的紧张关系?常见的办法有同化和多元化两种。

同化就是国家以主流文化、政治权力优势,迫使少数民族接受国家主流意识形态的改造,向着有利于国家认同的方向转变,以加强国家管理。比较有代表性的有:"1867年以后匈牙利推行的'匈牙利化'","在亚历山大三世和尼古拉斯二世统治下的沙皇俄国实行的'俄罗斯化'",③ 加拿大的"盎格鲁化",法国的"布列塔尼模式",美国的"大熔炉"政策。同化成为一种普遍使用的方法。"除瑞士外,几乎所有西方国家都曾试图通过同化或排除其内部民族而将自己变成单一民族国家。"④ 同化的办法,意欲消弭少数民族、外来移民的文化身份,违背了自由精神、民主思想,因而遭到强力抵制,致使同化的效果不理想。"遗憾的是,各种同化都无济于事,都无法使这个多元文化的社会完全融入成单一的文化,熔炉危机已经成为不争事实。"⑤

多元化以价值多元论为理论基础,要求尊重民族文化、承认少数族群

---

① 沈桂萍:《民族问题的核心是国家认同问题》,《中央社会主义学院学报》2010年第2期,第53页。
② 〔英〕安东尼·吉登斯:《全球时代的民族国家:吉登斯讲演录》,郭忠华编,江苏人民出版社,2010,第11页。
③ 〔英〕休·希顿·沃森:《民族与国家——对民族起源与民族主义政治的探讨》,吴洪英、黄群译,中央民族大学出版社,2009,第200页。
④ 〔加〕威尔·金里卡:《多民族国家中的认同政治》,《马克思主义与现实》2010年第2期。
⑤ 董小川:《美利坚民族认同问题探究》,《东北师范大学学报》(哲社版)2006年第1期。

的平等权利。价值多元论者认为："没有唯一的价值或有限范围的价值总是压倒其他的价值，也没有唯一的价值或有限范围的价值能够代表或公度所有其他的价值。"① 文化只有高雅与通俗之别，没有优劣之分。"少数民族一直抵制融入共同文化，相反却在通过巩固自己的社会文化，寻求保护自己的独立存在。"② 在联合国教科文组织大力倡导文化多样性的今天，少数民族传承与保护民族文化，是十分合理的。像生物多样性一样，文化天然就是多姿多彩的。但是，刻意强调差异性，可能导致文化保守主义、狭隘的文化偏见，形成各民族的文化本位主义，严重时还可能引发文化分裂主义。"文化共性促进人们之间的合作和凝聚力，而文化的差异却加剧分裂和冲突。"③ 文化差异将导致政治差异，文化分裂将导致政治分裂、社会动乱。片面强调文化多元化可能走向文化相对主义。缺乏共同的价值观念，没有建构核心价值体系，一个国家的文化建设就将失去向心力。因此，文化多元化在理论上存在缺陷，在实践上面临挑战。"如果按照多元文化主义的思路发展，必将使公民对国家的政治认同陷入危机，由此也必然削弱国家的凝聚力。这不能不引起西方一些思想家和组织对多元文化主义的抵制和否定。"④

由此可见，同化和多元化都很难协调民族认同与国家认同的紧张关系。笔者认为，建构"国家民族"，可以统筹国家认同与民族认同的一体化建设，可以协调二者的紧张关系，从而化解国家认同的危机，最终促成国家认同。

"国家民族"是"想象的共同体"，是把一个国家想象成为一个大民族。认同这个大民族，就是认同这个国家。把一个国家说成一个大民族，早已成为事实，例如，中华民族、美利坚民族、法兰西民族、大和民族、

---

① 〔英〕乔治·克劳德：《自由主义与价值多元论》，应奇、张小玲、杨立峰、王琼译，江苏人民出版社，2006，第8页。
② 〔加〕威尔·金利卡：《多元文化的公民身份——一种自由主义的少数群体权利理论》，马莉、张昌耀译，中央民族大学出版社，2009，第116页。
③ 〔美〕塞缪尔·亨廷顿：《文明的冲突与世界秩序的重建》，周琪、刘绯、张立平、王圆译，新华出版社，2002，第133页。
④ 常士訚：《超越多元文化主义——对加拿大多元文化主义政治思想的反思》，《世界民族》2008年第4期。

德意志民族，等等。中华民族就是我们想象的国家民族，是包括汉族和各少数民族在内的共同体。认同中华民族，就是认同中华人民共和国。实现中华民族的伟大复兴，就是振兴中华人民共和国。建构"国家民族"，就可以协调民族认同与国家认同的紧张关系，就可以实现等量代换："民族认同"等于"国家民族认同"等于"国家认同"。"国家民族"在"民族"与"国家"之间发挥了桥梁作用，把"民族认同"吸引到"国家认同"的目标上去。

如何建构"国家民族"？笔者认为要做好三点。第一，要凸显中华民族的文化精神，加强中华文化价值体系建设，增强中华文化的凝聚力。以自强不息、勤劳勇敢、爱好和平、团结统一的中华文化基因凝聚各民族同胞的智慧与力量，以中华文化整合各个民族的思想意识，促进文化的一体化建设，对于增进国家民族认同具有重要意义。第二，承认各民族的平等地位，促进各民族共同繁荣。各民族不分众寡、强弱，都是中华民族的平等成员。不能以优劣、贵贱、高低、等级来评论各民族，不存在民族同化、主体民族化、少数民族边缘化的趋势，要消除蔑视、仇恨、对抗心理。各民族要相互尊重、包容，加强团结，增进交往，共谋发展。第三，尊重差异，包容多样。由于历史与现实原因，各民族的经济水平过分悬殊，各民族文化呈现多样性。建构国家民族，就要客观对待差异性、多样性，不能要求整齐划一，不能强求同质化。鄙视落后、排斥异端，将会加剧民族隔阂，引发民族纠纷。各民族要相互学习，共同进步。

文化一体化是"国家民族"认同的重要内容，是促使民族认同向国家认同发展的着力点。"'一体化'的核心是民族国家的文化一体化，关键是通过各个民族文化的整合形成代表国家民族的新文化精神。由此，各民族对共同文化精神的认同，即国家民族的认同，就重合于国家的认同。"[①]

二 贵州题材影视剧关于国族认同思想的表述

贵州题材影视剧以生动的故事情节和优美的画面，从五个方面表述了

[①] 陈茂荣：《"民族国家"与"国家民族"——"民族认同"与"国家认同"的紧张关系何以消解》，《青海民族研究》2011年第4期，第42页。

国族认同思想。

1. "大一统"思想

国家的统一，民族的振兴，全国各族人民的大团结，是中国人民的福祉。鸦片战争以来一直到中华人民共和国成立，国家四分五裂，军阀混战，狼烟四起，干戈不息，中国人民饱受战争之苦。抓丁拉夫，精壮劳力走上战场，田地大片荒芜，经济一片萧条，民生堕入困顿。百姓逃避战争，许多人死于乱枪之下。百姓盼望马放南山刀枪入库以实现河山一统，河山一统才能带给百姓以休养生息，休养生息才能发展经济以改善民生，改善民生才能促进富国强兵，富国强兵才能让百姓幸福安康。中华人民共和国的成立，结束了旧中国四分五裂的局面，实现了和平民主。国家建设如火如荼，人民的生活红红火火，幸福指数与日俱增。

贵州地处西南，经济文化水平比较落后，少数民族同胞占人口比例比较大。因而，处理好边远地区与发达地区之间的关系、少数民族与汉族的关系，意义十分重大。少数民族同胞，要高度认同本民族的文化，大力保护和传承民族文化遗产；同时，要把民族认同上升为国家认同，只有这样，才能正确处理民族与国家的关系，才能实现民族、国家一体化建设。要反对大汉族主义，反对民族歧视，反对侵犯少数民族权益。要反对地方民族主义，反对民族分裂主义。各民族不分大小、强弱、先进与落后，一律平等，都是中华人民共和国的平等成员。和平稳定对每一个民族都有利，动乱不安对每一个民族都有害。因此，每一个民族都要增强大局意识，自觉维护来之不易的稳定局面，消弭民族隔阂、民族仇恨，消除动乱因素，把动乱事件扼杀在萌芽状态，加强民族沟通，促进民族交流，增进各民族间的友谊。民族团结是各民族之福，民族分裂是各民族之祸。各民族同胞精诚团结，共同建设中华民族大家庭，国家必定前途光明。

电视剧《夜郎王》表达了学习汉族先进文化、归附汉政权以促进民族地区经济社会发展的思想。汉朝使者唐蒙将军访问夜郎，在夜郎古国掀起了轩然大波。有人看到了夜郎国发展的前途，有人担心汉朝将会吞并夜郎。众人议论纷纷。为了看个究竟，公子多同决定微服私访汉朝。一进入汉朝的地盘，多同就为汉朝的先进技术、先进思想所倾倒，认为夜郎如果紧跟汉朝的发展步伐必将走向光明的未来。多同的抉择是非常英明的，有利于夜郎古国的发展进步，也有利于大汉的统一大业。多同的所作所为，认同了汉民族的先进文化，把民族认同上升为国家认同，希望实现民族与国家的一体化建设。在大臣盛览的引荐下，多同拜见了汉武帝，为夜郎古国的发展开启了新的篇章。多同继位以后，学习并推广汉朝先进的农耕技术、手工业生产技术，与唐蒙合作修筑驿道。多同采用了一系列汉化政策，推行汉化教育，以汉族文化引领社会改革。多同的改革举措，引导夜郎古国大踏步前进，促进夜郎古国迅速由奴隶社会向封建社会转变，具有历史进步意义。多同的改革举措遭到了以乌达君长为首的保守主义和分裂主义的阻挠。乌达君长兴无名之师，反叛夜郎政权，想置多同于死地。多同晓以大义，多方规劝乌达君长悬崖勒马，但是，乌达君长仍然执迷不悟。多同以高超的智慧、果敢的行动，彻底歼灭了反叛集团，恢复了夜郎国的统一。元鼎六年（前111年），多同携王妃钰儿拜见汉武帝，受封汉侯夜郎王，为祖国统一、西南地区的稳定做出了重大贡献，为夜郎的发展争取了光明的前途。

电视剧《奢香夫人》表达了顺应统一大势、拥护祖国统一的思想。元朝统治者把全国人民分成四等：蒙古人、色目人、汉人、南人。实行民族歧视政策，制造了民族隔阂，常引发民族仇恨。元朝虽然形式上统一了全国，但是，野蛮的统治经常引发民族冲突。元朝历时九十八年，非常短暂，与民族分化政策紧密相关。元朝统治者采用民族分化政策，非常不得人心，激起汉族人和其他民族的共同反抗。民族分化政策加速了元朝的灭亡。民族分化政策让各族人民认清了民族团结的重要意义，从而倍加盼望民族平等、民族团结。这种想法在元末明初形成一股社会思潮，这股社会思潮成为明朝迅速统一全国的思想基础。奢香夫人是顺应这股社会思潮的重要代表。奢香喜欢学习汉族文化，识汉字，读汉书，熟悉汉族的典章制度、文化习惯，运用汉族的思维方式去认识世界、改造世界。汉族文化引领了奢香的精神世界。在元末明初，汉族文化就是先进文化，学习汉族文化能够促进彝族地区的社会进步。奢香主政贵州宣慰府以后，开办汉学堂，延请汉学大儒讲授汉学经典。奢香夫人的这项举措具有历史进步意义，认同汉族文化有利于国家统一。但是，奢香开办汉学遭到大总管果瓦的反对。大总管果瓦叫人殴打汉学老师，阻挠汉学的传播。果瓦的行径是排外主义造成的。思想狭隘、保守，拒绝学习先进文化，必然导致贫穷落后。治贫必先治"愚"。为了洗刷贫穷落后，首先必须加强学习，虚心学习外来的先进文化，才能提高劳动技能、创业能力，才能大步前进、后发赶超。高度认同汉族文化，积极学习汉族文化，是奢香夫人具备远见卓识的重要表现。奢香夫人高瞻远瞩，明辨是非，果断拒绝梁王巴扎瓦尔弥的威逼利诱，坚定地选择与大明政权交好，借道给明军以消灭残元。这一英明的抉择，为百万彝家谋取了一条光明的出路。明智地选择新生力量，道路就会越走越宽。坚定地拥护祖国统一，就会前程似锦。拥护统一，反对分裂，成为这部电视剧的主题。奢香夫人艰难地挫败了两次分裂行径。一次是格宗的叛乱。格宗一直觊觎贵州宣慰使的宝座。奢香夫人就任贵州宣慰使之后，格宗对奢香怀恨在心。格宗与那珠合谋陷害奢香的儿子陇弟。奸计不成，那珠自杀身亡。格宗还不死心，又去挑唆乌撒部土司诺哲，举兵叛乱。奢香夫人亲率大军，平定了叛乱，维护了彝族地区的和平统一。另一次是马烨的挑衅。马烨有勇有谋，为明朝统一西南地区立下了汗马功劳，但是，明朝统一西南地区以后，马烨不顾西南地区少数民族的自治意愿，顽固主张改土归流，歧视少数民族，并且制造事端。马烨对奢香夫人实施裸背鞭刑，意在逼迫彝族同胞造反，以便奏请朝廷派兵消灭反贼、铲除少数民族自治政权，实现改土归流的最终目的。马烨的行径，是大汉族主义造成的，蔑视了少数民族，不利于国家的长治久安。要实现长治久安，就必须放弃大汉族主义，平等对待各少数民族，尊重少数民族差异化发展的权利，保障少数民族的自治权，促进少数民族地区的繁荣稳定。奢香夫人从西南地区长治久安的大局出发，揭露了马烨的阴谋，进行有理有利有节的斗争。奢香夫人制止了土司们以暴制暴的打算，顾全大局，忍辱负重，毅然冲破重重关卡进京告御状。朱元璋明察秋毫，批判了马烨居心叵测，并且赐马烨以毒酒；表彰了奢香夫人深明大义维护了民族团结、维护了国家和平稳定，赐奢香三品衔，封奢香为大明顺德夫人；赐陇弟安姓，世袭贵州宣慰使。奢香的所作所为，体现了彝汉一家的思想，把民族认同与国家认同高度统一起来，促进了民族、国家一体化建设。对中华文化的高度认同，促成了奢香的国家认同。奢香的光辉思想和智勇行为，至今没有过时，今后也不会过时。这部电视剧的意义，就在于为观众提供了巩固民族团结、促进祖国统一的杰出范例,希望人们学习奢香精神,为建设社会主义祖国、促进少数民族地区经济社会发展而不懈奋斗。

2. 抵御外来侵略,捍卫民族独立,维护国家利益

日本帝国主义发动了全面侵华战争,中国处于亡国灭种的危急关头,激发了中国人民的国族认同。只有顽强抵抗外来侵略,才能保家卫国,才能捍卫民族独立,才能让各族人民免遭蹂躏。亡国奴的命运极其悲惨,在日军的刺刀下讨生活丧失了尊严!"兄弟阋于墙,外御其侮。"为了抵抗日本帝国主义,国共两党实行停战,一致对外,建立了抗日民族统一战线,充分发动群众,实行全面的全民族的抗战,谱写了一曲划时代的英雄壮歌。

21世纪以来,小泉纯一郎、安倍晋三等先后就任日本首相,都曾以首相身份参拜靖国神社,助长了日本右翼势力的嚣张气焰,严重挫伤了亚太地区人民的感情。日本右翼势力蠢蠢欲动,在钓鱼岛事件上不断制造麻烦,并且与美国相互勾结,在亚太地区经常挑衅中国利益。日美的军舰、飞机经常入侵中国的领海、领空。日本文部省主持修改历史教科书,否认日本帝国主义侵略中国及亚太地区的历史,继续鼓吹"大东亚共荣"。日本右翼势力的倒行逆施,大有山雨欲来风满楼的势头,引起了亚太地区的高度警觉。

21世纪以来,抗日题材的影视剧明显增多。这是日本右翼势力倒行逆施引起的必然现象。抗日题材影视剧引导观众对抗日战争史进行了一次又一次集体回顾,体验了抗日战场上惊天地泣鬼神的英雄壮举,刺激了反日情绪的高涨,增进了观众的民族情感,顺应了中国人民打倒日本帝国主义的心理需求。中国人民反抗日本右翼势力的倒行逆施,形成社会心理。这种社会心理支持了抗日题材影视剧的创作。

贵州题材影视剧中,抗日题材的电视剧有《二十四道拐》《风雨梵净山》,抗日题材的电影有《嗨起,打他个鬼子》。这些影视剧形象地表现了贵州人民对抗战做出的重要贡献,唤醒了民族认同和国家认同。贵州人民自告奋勇,牺牲个人、牺牲家庭幸福,以保存民族的血脉、保卫国家的尊严。因为,保卫祖国才能延续民族血脉,才能保护家庭。舍小家为大家,体现了贵州人民同仇敌忾的抗敌决心和崇高的精神境界。

电视剧《二十四道拐》永远铭记着二十四道拐为抗日战争立下的不朽功勋。这部电视剧采用《好花红》作为片尾曲，体现了民族认同思想。歌曲《好花红》是布依族群众集体创作的，来自毛家苑乡辉岩寨，几百年来传唱不衰。1998年12月，贵州省成立了布依族学会，确定《好花红》作为会歌、刺梨花作为会徽。布依族、苗族是二十四道拐所在地晴隆县的重要民族。电视剧《二十四道拐》较多展现了布依族、苗族的服饰、建筑、家具、生活习惯、民情风俗。马帮山寨尽情展现了苗族风情。而且，电视剧《二十四道拐》浓墨重彩地表达了国家认同思想。第一，这部电视剧站在全国抗日大局的高度来认识二十四道拐的重要性，凸显了守桥护路的重要意义。二十四道拐虽然地处中国西南地区的崇山峻岭之间，但是，对于中国的抗战胜利却具有非同寻常的作用。日本偷袭珍珠港以后，控制了太平洋的交通要道。美国的援华物资只有通过"驼峰航线"空运到缅甸，然后经过滇缅公路运到昆明，再沿着滇黔公路抵达重庆和抗日前线。二十四道拐成为中印缅交通大动脉上的一个关键点。守住了二十四道拐，就守住了滇缅、滇黔公路，就能把美国的援华物资源源不断地送到抗战前线。如果二十四道拐失守，日本就掐住了美援的咽喉，中国抗战必定失去有力的支援。二十四道拐对于中国抗战胜利具有不可替代的重要作用。正因为二十四道拐极其重要，所以，国军总参谋长何应钦才亲自部署，派出亲信梅松前来守桥护路。二十四道拐，是"史迪威公路"的形象标识，是一条抗战"生命线"，关系抗战的全局。正因为二十四道拐极其重要，所以，日本间谍才长期潜伏下来伺机搞破坏，日本航空兵也前来轮番轰炸。二十四道拐成为中日双方争夺的重点，守桥与炸桥的斗争异常惨烈。第二，这部电视剧表现了守桥护路的英雄壮举，歌颂了爱国主义精神。以梅松为代表的军警宪进步力量，以秦县长为代表的地方官僚，以戈国华为代表的民间力量，联合美军工兵营，组成了守桥护路统一战线。他们奋不顾身，严防死守，坚信一定能够完成历史使命。以黑三为代表的马帮山寨，自觉加入斗争，从匪帮转变为抵抗日本间谍破坏活动的一支重要力量。民族大义感召了他们，促使马帮山寨发生了质的转变。电视剧展现了戴安澜将军灵柩经过盘江大桥时人民群众的悲痛之情，凸显了民族精神的伟大感召力。戴安澜将军为国捐躯，成为民族英雄，是抗日军民学习的楷模。戴安澜将军

第六章　贵州题材影视剧建构贵州形象的思想内核

誓死抗战到底的精神，激励着守桥护路军民同心同德，尽职尽责，毫不妥协地与日寇作斗争。爱国主义精神成为激励守桥护路军民的强大力量。第三，这部电视剧表现了日本帝国主义的种种罪恶，时刻提醒我国人民要警惕日本右翼势力的复活，牢记落后就要挨打的教训，加倍努力建设社会主义祖国，为实现中国梦而不懈奋斗。警钟长鸣，不忘国耻。只有国家强盛，才能维持长久和平。前事不忘，后事之师。要以史为鉴，绝不能让帝国主义侵华史重演。

电视剧《风雨梵净山》中，日军的入侵改变了主人公们的命运。他们先后捐弃前嫌，携起手来，共同走上雪峰山抗日前线，共同抵抗日军的进攻。张明堂、桃花寨主等联合起来，清剿了汉奸麻三刀的反动势力，巩固了后方。孙如柏带领国军兄弟，投入雪峰山抗日战场，英勇杀敌。张明堂带领民间力量，往雪峰山抗日前线运送物资，支援抗战。在与日军白刃格斗的一个场合中，我国军民奋不顾身，以血肉之躯挡住了日军的前进步伐，张明堂、孙如柏面对前来增援的日本兵，拒绝投降，砸碎枪支，双双跳下万丈山谷，为祖国壮烈捐躯。

影片《嗨起，打他个鬼子》，表现了班家寨村民消灭日军一个小分队的惨烈故事。日军计划建设一个军用机场，派一个小分队选择地盘。这个小分队闯入了班家寨。日军的野蛮行径激起了班家寨村民的反抗。班家寨村民利用山地巧妙地与敌周旋，在贵阳派来的手枪队的支援下，全部消灭了这个日军小分队。班家寨牺牲了几十口人。他们死得其所，无限光荣。他们的英勇行动，粉碎了日军妄图在班家寨附近建立机场的阴谋，打击了日军的嚣张气焰。

中国军民以血肉之躯构筑了钢铁长城，坚强抵御了日军疯狂的进攻。抗日战争中，国家观念深入人心，捍卫民族尊严，保卫每一寸土地，成为每一位中国人的明确意识。在日本右翼势力挑衅中国的今天，中国人民以更加饱满的精神状态，以更加昂扬的斗志，勇敢地接受挑衅，坚信一定能够维护祖国的一切权益，一定能够保卫万里海疆，寸土不让，寸权必争，针锋相对，绝不向日本人低头，大胆对日本右翼势力说"不"。抗日题材影视剧发挥了良好的社会效益，鼓舞了斗志，提振了精气神，增强了国族认同。

3. 推翻旧社会，为建立新中国抛头颅洒热血

贵州题材影视剧的国家认同思想，首推贵州人民对于中华人民共和国的认同。新中国的建立，获得了贵州百姓的高度认同。新政权来源于新思想、新主义。新思想、新主义的正确性，新政权、新中国的合法性，都直接来源于人民性。代表劳动人民的根本利益，代表绝大多数人的意志，成为人民群众高度认同新思想、新主义、新政权、新中国的终极原因。

鸦片战争以后，中国开始沦为半殖民地半封建社会。第二次鸦片战争、中法战争、甲午战争、八国联军侵华战争、日俄战争以及一系列不平等条约，荼毒生灵，割地赔款，把中国人民陷于水深火热之中。19世纪末20世纪初，帝国主义掀起了瓜分中国的狂潮。为了救国救民，仁人志士前仆后继，为国家、为民族积极探索光明的前途，也做出了巨大牺牲。林则徐、魏源"睁眼看世界"，撰写《四洲志》《海国图志》，提出"师夷长技以制夷"，积极学习西方文化。曾国藩、左宗棠、李鸿章、张之洞发起洋务运动，创办军工企业、民用企业，以图富国强兵。康有为、梁启超、谭嗣同倡导维新变法，推行改良主义，却遭到以慈禧太后为代表的顽固派势力的屠杀。太平天国运动，以拜上帝教发动农民起义，波澜壮阔，势力发展到十八省，却被中外反动势力联合绞杀。义和团运动，扶清灭洋，轰轰烈烈，沉重打击了帝国主义的嚣张气焰，由于慈禧太后"借师助剿"，最终也被中外反动势力联合绞杀了。以孙中山为代表的资产阶级革命派，发动了辛亥革命、二次革命、护国运动、护法运动，奉行"三民主义"，建立了资产阶级政权。但是，由于蒋介石叛变革命，大肆屠杀革命人民和劳动群众，资产阶级政权最终走向人民利益的对立面。这些仁人志士不屈不挠为救国救民而奋斗，建立了丰功伟绩。由于时代的局限、阶级的局限，这些志士仁人发动的社会运动都未能从根本上担负起拯救中国人民的历史重任，也不可能实现民族复兴。救国救民、实现民族复兴的重任必然落到了中国工人阶级的肩上。

中国工人阶级是中国社会的新力量。中国共产党是中国工人阶级的先锋队。中国共产党坚定地代表中国人民的根本利益，获得了人民群众的衷心拥护。人民群众高度认同中国共产党及其政权，认同中华人民共和国，认同共产党人的政治主张，并且时刻与共产党人比肩战斗，共同反对封建主义、官僚资本主义。人民群众在激烈的阶级斗争中与共产党人建立了深厚的感情。

影片《少年邓恩铭》展现了旧社会的黑暗现实。反动的县太爷与日本人相互勾结鱼肉百姓。日本人肆无忌惮地在中国的土地上杀人。爱国学生抗议"二十一条"却遭到官府的压制。教师传播先进思想却被官府定性为危险分子。帝国主义、封建主义联合压榨百姓，暗无天日的社会迫使邓恩铭远走他乡去寻求救国救民真理。最终，邓恩铭选择了马克思主义，成为中国共产党的缔造者之一。

土地革命时期，贵州人认同了马克思主义，认同了共产党领导的革命战争，关心革命进程的发展，支持革命活动和革命者，参加革命队伍，为人类的进步事业抛头颅洒热血。影片《旷继勋蓬遂起义》再现了旷继勋的明智抉择和英雄义举。1929年6月，在革命处于低潮时期，为了打破国民党的白色恐怖，旷继勋毅然率部起义，以机智的军事行动和果敢的政治勇气，成功地策划了武装暴动，创建了中国工农红军四川第一路军和蓬溪县苏维埃政府。诞生于贵州思南县的旷继勋，是中共早期卓越的军事领导人之一，为土地革命立下了不朽功勋。电视剧《遵义会议》《雄关漫道》《杀出绝地》《红娘子》等，表现了贵州百姓对红军长征的鼎力支持。由于红军代表老百姓的利益，与老百姓心连心，所以，贵州的老百姓高度认同红军的政治主张，为红军提供粮食、药品、兵源，给红军带路、侦察地形。红军长征路过贵州时，有两万多贵州人参加了红军，壮大了红军队伍。贵州为扩红做出了重要贡献。影片《突破乌江》《山寨火种》展现了红军与贵州百姓并肩战斗的血与火的生活。红军到达了黄家村，以黄大发、黄大爷、罗小光为代表的贵州百姓冒着生命危险帮助红军探路，制造了双层竹筏，偷偷地爬到敌人的背后发起攻击，才取得了强渡乌江的胜利，才有后来的红军占领遵义、桐梓，才有遵义会议的胜利召开，才开启了长征的新局面。贵州百姓与红军一道，打土豪分田地。红军离开了贵州，却留下了革命的火种。这些革命火种，到了解放战争时期，又熊熊燃烧起来了。

解放战争时期，贵州又点亮了革命火种，照耀革命者前行的道路。电视剧《烽火不息》生动再现了革命者坚定的革命意志、不屈不挠的革命精神、对新政权的高度认同。张露萍、罗世文、车耀先等共产党员,在息烽集中营与国民党当局展开不妥协的斗争。杨虎城、马寅初等社会贤达为争取民族独立、人民解放进行了可歌可泣的斗争。张露萍等七名共产党员牺牲在国民党徒的枪口下,但是,她们宣告了国民党政权末日的来临。人民的革命行动加速了旧政权的败亡。新政权的建立合乎人民的意愿。电视剧《解放贵州》表现了人民解放军解放贵州的丰功伟绩。建立人民的政权与葬送国民党政权,都是百姓选择的结果。这是"民心向背关天下"的生动演绎。

贵州解放后的清匪反霸时期,中国共产党执行了正确的民族政策,吸引了一部分误入歧途者弃暗投明,认同共产党,认同人民政权。电视剧《最高特赦》是以程莲珍的真实故事改编而成。郑幺妹被抓捕之后,得到了毛主席的特赦,感激涕零。郑幺妹把毛主席的画像贴在神龛上,每天进香谢恩。她认同了毛主席,也就是认同了共产党、认同新政权、认同新中国。共产党的民族政策具有亲和力、感召力,促成了以郑幺妹为代表的老百姓的国家认同。

电视剧《黄齐生与王若飞》讴歌了王若飞一生的杰出贡献。王若飞在黄齐生的影响下,崇尚真理、追求进步,不断提高本领,终于成长为我党的卓越领导人。王若飞满怀革命理想,以民族独立、人民解放为己任,具有坚定的共产主义信念。在艰难的条件下,王若飞以苦为乐,为党努力工作,做出了卓越贡献。崇高的理想、坚定的信念,造就了以王若飞为代表的革命志士。王若飞的故事,留给后人的是革命的信仰、精神的鼓舞。

漫长的、激烈的阶级斗争过程,锻造了一批又一批意志坚定的无产阶级英雄。血与火的斗争生活,增长了英雄们的智慧,成就了英雄们的功勋。他们在今人无法想象的艰苦条件下坚持斗争并从胜利走向胜利,其勇气与力量来自崇高的理想、坚定的信念。人吃人的旧社会必定灭亡,新政权必定胜利。革命的理想信念高于天。英雄辈出的革命年代留给后人的不仅是卓越的功勋,更是无价的理想信念。

4. 积极从事乡村振兴,为实现中国梦不懈奋斗

改革开放以来,中国的经济水平节节攀升,目前已经成为世界第二大经济体,与美国的差距越来越小。中国的生产力水平跃上了新台阶,综合国力不断增强,国际影响力逐步提高。中国正处于从大国向强国的转变阶段。21世纪以来,中国的贫富差距逐步拉大,基尼系数长期在0.45~0.49高位徘徊,大大超过预警线。区域之间、行业之间的发展极端不平衡。总体发展不平衡、部分地区部分行业发展不充分,成为经济社会发展中极其突出的问题。这就导致中国社会的主要矛盾由人民日益增长的物质文化需要同落后的生产力之间的矛盾转变为人民日益增长的美好生活需要同不平衡不充分的发展之间的矛盾。因此,实现平衡发展,促进落后地区与落后行业的充分发展,成为今后工作的主要任务。补短板极为迫切。加强宏观调控,促进结构调整,推进供给侧结构性改革,深化西部大开发,实施创新驱动发展战略、乡村振兴战略等,都是行之有效的办法。

贵州地处西南一隅,由于历史、地理等各方面原因,一直十分落后。21世纪以来,贵州的GDP总量在全国各省级行政区的排名处于倒数第三名至倒数第六名,贵州的人均GDP在全国各省级行政区的排名稳居倒数第一名。贵州贫困人口多,精准扶贫任务最为艰巨。直到目前,贵州的城乡差别非常悬殊。贵州的农村特别贫穷,因而,实施乡村振兴战略意义十分重要。

贵州题材影视剧非常关注贵州农村的振兴,为贵州农村鼓与呼。

电视剧《绝地逢生》表现了蒙幺爸带领盘江村村民因地制宜发展副业致富奔小康的动人情景。盘江村石漠化非常严重,被专家视为一块"绝地",村民需要整体搬迁。可是,蒙幺爸与村民对这块土地感情深厚,不愿搬迁。整治石漠化,有成功,也有失败。蒙幺爸发动村民大量种植花椒,加工花椒油,还发展多种经营,最终把盘江村这块"绝地"变成了"宝地"。《绝地逢生》故事讲述的时间是从改革开放以前一直延伸到21世纪,横跨了三四十年,谱写了一部中国农民的心灵史诗。这是贵州农村脱贫致富的典范,其特征是觉悟早,起步早,思想观念先进,行动措施得力。

电视剧《青山绿水红日子》,以贵州新农村建设为背景,讲述了林心竹发动村民采矿办厂,带领村民致富奔小康的故事。凤凰村的两位副村长林心竹与罗金福之间的矛盾冲突,推动了情节发展。林心竹虽是女性,却敢想敢干,脚踏实地,很有威信。罗金福有魄力,有眼光,会干事,正义感强，却争强好胜，性情急躁。他们两人之间的矛盾冲突，并没有对他人、对集体产生危害，反而激发了各自对集体的热爱、对农村经济的贡献。最终，二人各自进行反思，调整了心态，达成了相互理解和支持。罗金福在凤凰村绿色旅游公司担任总经理，成为林心竹的得力助手。凤凰村在他们的带领下，朝着富学乐美的方向奋勇前进，促进了农业开发，实现了整体搬迁，盘活了一批实体经济。百姓富，生态美，在凤凰村变成现实：凤凰村红红火火，绿水青山依旧在。如此振兴农村才符合未来的发展趋势。

乡村振兴，不仅要加强物质文明建设，而且要加强精神文明建设。影片《女兵还乡》体现了两个文明一起抓的思想。远山村从一个贫困村变成了一个富裕村，年人均收入达到一万元。电视、广播、报纸纷纷报道远山村的巨大变化。村长赵家贵为全村的物质文明建设做出了重大贡献。但是，远山村的精神文明却没有建设好：封建迷信盛行；眼睛只盯着钱袋，却荒废了脑袋；重男轻女……退伍女兵柳华回到乡村担任团支书以后，加强了精神文明建设：设立了村图书室，鼓励村民多多读书学习；接通了电视信号，让村民看上电视；倡导科学、健康的生活方式，大力破除迷信；开发文化旅游产业。由于多管齐下，村民的文明素质有了很大提高。远山村实现了物质文明与精神文明两翼齐飞，呈现新气象。

乡村建设是我国社会主义建设的薄弱环节。振兴乡村，必须统筹兼顾：既要加强物质文明建设，也要加强精神文明建设；既要百姓富，也要生态美；既要脱贫致富，也要扶志扶智；既要"输血"，更要"造血"。

5. 认同民族文化，促进共同繁荣

认同民族文化，展现文化多样性，弘扬民族文化的主体性，是在经济文化国际化、全球化大背景下坚持文化自信的重要表现，是走向文化自觉的重要条件。贵州题材影视剧传承和保护了贵州民族民间文化，讲述了各民族同胞"接地气"的故事，体现了认同民族文化、促进各民族共同繁荣的理念。

贵州题材影视剧践行了"原生态"的创作理念。贵州题材电影《阿娜依》《阿欧桑》《开水要烫，姑娘要壮》《滚拉拉的枪》《水凤凰》《云上太阳》《阿妹戚托》《草海恋歌》《行歌坐月》《侗族大歌》等，堪称"原生态"创作的典范。"原生态"一词，本指未经人类开发的大千世界的本来面貌。"原生态"也被用来指称存在于民间的、乡土气息浓郁的、未经雕琢的文艺现象。在大众文化盛行的当今时代，"原生态"文化保存了民俗文化、民族民间文化的真与纯，钩沉了人们的文化记忆，有利于在文化上认祖归宗、不忘本来。张艺谋导演了《印象·刘三姐》，以桂林山水作为真实布景，让当地居民尽情歌舞，让人们领略了"原生态"艺术的感人魅力，让艺术家们竞相仿效。杨丽萍主演并编导的《云南印象》，将云南的乡土歌舞、民族歌舞淋漓尽致地展现在观众眼前。此后，以"印象"命名的"原生态"文艺作品如雨后春笋般蓬勃发展，形成一个"印象"系列。"原生态"艺术逐渐变成一个"热"词，影响力越来越大。原汁原味，不加修饰；原始自在，回归乡土，返璞归真；质朴清新，风韵独存，地域色彩鲜明。这就是"原生态"艺术的基本特征。

贵州题材影片"原生态"创作理念表现在五个方面。一是原生态的自然风景。这些影片把镜头对准贵州农村的旖旎风光，真实再现了贵州的大自然原貌，展示了贵州"八山一水一分田"的地形特征。这些影片产生了风光纪录片的效果。影片的摄制人员深入贵州的山山水水，摄制原生态山水影像，向外部世界展示了生态公园、绿色贵州的形象，优化了贵州的旅游形象，增强了贵州对于外部世界的生态吸引力。二是原生态的文化。这些影片展现了原汁原味的贵州民族民间文化。影片《侗族大歌》的编导走访了四十多位侗族歌师，采用交响乐团现场录音的方法，真实记录了侗族大歌多声部、无指挥、无伴奏、自然和声的歌舞盛况。2009年，侗族大歌被收入世界人类非物质文化遗产代表作名录。影片《侗族大歌》向观众展现了贵州民间歌舞艺术的诱人魅力。影片《阿欧桑》是一部原生态音乐电影，展示了诸如《嫁衣》《多祝福》《当归》《芦笙情歌》《苗岭飞歌》等原生态苗族歌曲，也展示了贵州黔东南苗族的艳丽服饰、饮食习惯、婚恋习俗、建筑风格等。影片《滚拉拉的枪》保存了岜沙苗族文化的真实影像。岜沙苗族是中国唯一的带枪部落。男孩长到十五岁，父亲将要送给他一把猎枪。成人礼上鸣枪祝贺，标志一个小男孩已经长大成人。岜沙苗族还崇拜"树文化"。一个人出生时，家人栽上一棵"生命树"。这棵树要等到这个人去世才能砍下来做成棺木。一个人下葬后，家人在其坟头上栽上一棵树，象征灵魂不死。由于崇拜树文化，黔东南地区森林覆盖率很高。影片《云上太阳》展示了苗医文化的神奇功效、锦鸡舞和古法造纸技术。苗医治好了法国画家波琳的怪病。用芦笙伴奏，沿逆时针方向跳锦鸡舞，影片用长镜头表现了其生动场面。影片多处详细地表现了古法造纸的工艺流程，让观众产生了身临其境的感受。《云上太阳》拍摄于丹寨。丹寨的古法造纸、苗族锦鸡舞已被国务院列入国家级非物质文化遗产保护名录。这些影片具有保护和传承贵州民族民间文化的功能，让观众领略了贵州非物质文化遗产的风采。三是原生态的故事。这些影片讲述了贵州故事，活现了贵州人的所见所闻、所思所想、快乐与烦恼，体现了贵州的文化特征，表现了贵州人民面对现代化潮流所产生的心灵震荡。这些影片的情节设计，没有强化矛盾冲突，不讲究在剧烈的矛盾冲突中塑造人物性格和推动情节发展，而是以冷眼旁观的方式静静地展示生活的自然流程。类似于"生活流""零度叙事"的故事叙述方式，客观冷静地展现生活的本来面目，拒斥"做戏"的成分。这样就提高了"原生态"叙事的保真度。四是原生态的表演。这些影片，对抗明星制，也很少使用专业演员，表演者主要是非职业演员。选择贵州的当地居民充当表演者，讲贵州方言，不使用化妆，演他们身边的故事，按照贵州人民的日常行为方式来表演故事，这样就远离了表演的做作习气，让表演更接近于人们的日常生活。五是原生态的拍摄方式。拍摄多使用自然光效，一般不使用美工、道具、布景，也不搭台。拍摄往往不择时择地，多拍摄长镜头，不讲究场面调度，不刻意追求画面的美观，因而拍摄臻纯至美，增强了真实效果。这五个方面紧密结合，密不可分。在"原生态"理念的支配下，这些影片总体上呈现纪录片风格，成为具有纪录风格的故事片，比较真实地记录了贵州的风土人情与贵州人民的生存状态。

贵州题材影视剧，主人公高度认同少数民族文化，把个人发展与少数民族文化紧密结合在一起。甚至于，少数民族文化成就了个人梦想，改变了个人命运。例如，影片《阿欧桑》中的欧桑，从一位农村姑娘华丽转身为一位苗语歌唱家，实现了人生美梦。苗族文化造就了欧桑的艺术潜质，欧桑借助苗族文化实现了社会流动，从底层社会跻身上流社会。功成名就之后的欧桑，更加热爱苗族文化，倾尽全力让苗族文化传遍全省全国乃至海外国外。

贵州题材影视剧认同民族文化，还表现在塑造了一批从事乡村振兴事业的优秀青年形象。影片《好花红》《酥李花盛开的地方》《女兵还乡》等就是如此。影片《好花红》的阿秀，是布依族的百灵鸟，善于唱歌，极有天赋。由于偶然机遇，阿秀进入北京的一家音乐学院深造。阿秀的歌唱天才震惊了几家唱片公司，唱片公司计划为她出版专辑。阿秀的歌唱天才获得了老师的高度赞赏，老师决定把她留下来。阿秀的歌唱天才引来了虔诚的追求者，他就是富商之子周艺心。周艺心千方百计获取阿秀的芳心，为阿秀举办个人演唱会，联系媒体大肆宣传，联系唱片公司准备出专辑。然而，阿秀毅然回到贵州的小县城，进入县文化馆整理民间音乐，准备为传承和保护贵州的民间音乐而奋斗终生。这成为阿秀与罗亮的共同事业与感情基础。阿秀念念不忘生于斯长于斯的故乡，沉醉于歌以养心的布依族文化，表现出崇高理想和高风亮节。贵州需要这样的有志青年来建设。影片《酥李花盛开的地方》，李花大学毕业后，在大城市拥有一份理想的工作。作为城市白领的李花，欣然回到家乡音寨来开发旅游，以至于把金海雪山建设为美誉度极高的著名景点。影片《女兵还乡》的柳华，退伍后被安排在县城工作。可是，她却选择回到乡村从事新农村建设。这些影片通过阿秀、李花、柳华的形象塑造，表达了认同民族文化、振兴乡村经济的思想，对于有志青年产生了强烈的感召力。阿秀、李花、柳华的共同点是能力很强、才华出众，已经冲出了贵州农村且实现了个人的飞黄腾达。但是，她们都以故乡为最后归宿，以建设家乡为最高理想。她们的崇高理想，源于对民族文化的高度认同、对家乡的无比热爱。建设好自己的家乡，功在当代，利于千秋，能够有效传播民族文化，能够提高家乡的经济水平和社会影响力。

贵州题材影视剧认同民族文化，还表现在主人公在国际文化交流中积极推介贵州少数民族文化。影片《扬起你的笑脸》中，安小杰和安妮两兄妹在中外少年夏令营活动中，积极向外国友人介绍中国文化，尤其是重点介绍苗族文化。因为安小杰的爸爸在贵州民族学院专门研究苗族文化，所以，耳濡目染了苗族文化的魅力。安小杰如数家珍地向外国友人介绍苗族习俗，让外国友人在吃喝玩乐中处处感受到苗族文化的温馨，从而有效地传播了苗族文化。

三 家族叙事：贵州题材影视剧表达国族认同思想的重要叙事策略

家族文化是特定历史环境的产物，仅仅与一定社会的历史阶段相联系。"家族文化的产生和发展有一定的社会政治、经济和心理根据。中国宗法制社会的嫡长子继承制，君君、臣臣、尊卑上下的等级秩序，率土之滨，莫非王土，普天之下，莫非王臣的君主家长专制是家族文化产生的社会政治土壤。中国长期以来自给自足的小农经济的主导地位，重农抑商的经济政策使家庭既是一个生物组织，又是一个社会生产组织，家庭作为一个基本的生产单位，要求家庭成员在家长的指挥下互相配合，人们聚族而居、安土重迁，家庭成为人们获得生存资料的主要来源。这是家族文化历经朝代更替、动乱和战争的冲击而得以延续和发展的经济原因。人们对安全感的祈求，对血缘联系的天然亲近，对群体的认同感是家族文化经久不衰的情感心理原因。"[①] 家族文化既具有积极意义，也具有消极影响；既体现了中华民族传统美德，又与保守、自大、盲从等国民劣根性紧密相连。因此，今天的人们既要吸收家族文化的精华，大力弘扬优良的家教家风；又要摆脱家族文化的负面影响，抛弃家族文化施加的心理重负；要建设具有中国特色的现代化的家庭文化。

显赫的家族必有杰出人物，杰出人物方能造就显赫的大家族。保守财产安全、维护自身利益成为大家族考虑一切问题的出发点。大家族往往成为维护社会稳定的重要力量，在改朝换代之际却常常表现出保守性、落后性。家族永远处于发展变化的过程之中，家族的兴衰取决于人为的因素。时代潮流，浩浩汤汤。逆之者亡，顺之者昌。社会的风云变幻潜藏于家族琐事之中，家族的裂变预示着社会的变迁。社会运动与家族裂变相互影响。家族如果紧跟时代步伐则可能昌盛，如果逆时代潮流而动则可能衰亡。

贵州题材影视剧，深刻表达了国族认同思想。一些电视剧，采用了家

[①] 曹书文：《中国传统家族文化新论》，《中州学刊》2005年第2期，第162页。

族叙事的方式来表达国族认同思想。家族叙事策略，是贵州题材影视剧表达国族认同思想的叙事形式之一。

国族认同合理置换为家族叙事，导源于中国"家国一体"的文化基因。家国一体，自古而然，绵延至今。国，就是一个大家庭、大家族。家，就是一个小国、国中之国。国，凝聚人心，有家的温暖，有强烈的亲和力。家与家族，等级森严，有完善的权力结构。家有千口，主事一人。家长决断家务，族长统率整个家族。国有国法，家有家规。家规与国法都是人们的行为规范，违反者必遭制裁。家族就是以血缘关系为纽带结成的亲属集团，是社会的基本单位。中国具有源远流长的家族文化，姓氏文化、家谱文化是其典型代表。家族文化是具有中国特色的文化形态。中国人自古以来就把家族文化与国族认同统一起来了。"修身、齐家、治国、平天下"成为中国人的崇高理想。

政治伦理化的文化渊源，催生了家族叙事模式的形成。社会风云的家族伦理化，在家族内部与家庭之间的冲突中全面深入地展现社会风云。这样就把家族叙事巧妙地置换为国族叙事，以家族叙事为依托合理表达了国族认同思想。家族叙事成为中国文学艺术的宝贵传统。戏曲《赵氏孤儿》，小说《金瓶梅》《红楼梦》《四世同堂》《家》《财主的儿女们》《京华烟云》《白鹿原》《古船》等，电视剧《闯关东》《走西口》《下南洋》《大宅门》等成为家族叙事的瑰宝。这些文学艺术作品的家族叙事，为贵州题材影视剧的家族叙事提供了宝贵的艺术经验。

贵州题材电视剧出现了家族叙事策略。家族叙事合理表达了国族认同思想。

王族的走势决定国家的发展方向，王族的大事成为国家大事。因为王族是一个国家中最显赫的家族，王族在国内的影响力是最大的。描绘夜郎古国的发展趋向，镜头聚集到王族的抉择。民众唯王族马首是瞻。电视剧《夜郎王》，借助家族叙事表达了国族认同思想。王族对前途的抉择决定了国家的命运。汉使唐蒙造访夜郎国，掀起了轩然大波。夜郎国何去何从，与大汉朝是战还是和，这些问题摆在夜郎统治集团面前。为了探明究竟，王子多同不顾个人安危，潜入大汉朝微服私访。他领略了汉朝先进的生产方式和先进文化，在司马相如的引荐下，多同会见了汉武帝。汉武帝对边地政权实行招抚政策，派人修路以加强与边地政权的联系。多同心悦诚服，决定紧跟汉朝的发展步伐，以推进夜郎国的发展进步。多同亲政以后，亲近大汉政权，把夜郎引入康庄大道，也引起乌达君长的恐慌。这样，王族的纷争导致了国家的分裂。乌达君长是多同的岳父，反对夜郎与汉朝和好；而且还怀有篡位的野心。乌达君长利用娥娘作内奸，以图里应外合发动兵变。篡位的阴谋败露以后，乌达君长唆使黑纳起兵叛乱。此时，多同忍无可忍，只好起倾国之兵平定叛乱。以武力解决王族的纷争之后，王族的一统带来国家的安定团结。外戚乌达部自取灭亡，王族归于一统。王族的一团和气给夜郎百姓带来了福音。蒙玛死于叛乱者之手，成为外戚叛乱的牺牲品。多同与钰儿喜结连理，而钰儿本姓刘，系汉室宗亲。男女两人的婚配，成就了两国的友好交往。情节发展至此，家族叙事与国族认同完全融合起来了。元鼎六年，趁钰儿回汉朝省亲之机，多同也在未央宫受封汉侯夜郎王。夜郎王族归顺大汉朝给夜郎古国带来了生机，把夜郎古国引向光明的前途。

贵州题材影视剧，把反动阶级的覆灭凝缩为一个保守家族的灭亡，通过描绘一个家族的衰亡史来演绎一个阶级的覆亡史。这是典型化的艺术手法，这个家族具有本阶级的共性，也有其个性，是共性与个性的统一。家国一体的思维方式把家族叙事与国族想象巧妙地融合在一起。家族的悲欢离合折射了社会的风风雨雨，政权的沧海桑田转化为家族的兴衰荣辱。电视剧《杀出绝地》描绘了赤水河地区古家大院的兴衰史。土地革命时期，古家是豪强地主，家资巨富。古嵘煊是赤水河地区的恶霸，表面上吃斋念佛心如止水，实际上欺男霸女无恶不作。妻子去世之后，他娶了年轻貌美的二姨太。他霸占了李铁杆的妈妈，却把李铁杆母子俩扫地出门。霸占自己的儿媳，导致儿媳自杀身亡。衣冠禽兽古嵘煊，残酷而隐蔽地剥削当地百姓，使得古家的产业连续扩大。古嵘煊是封建地主阶级的代表。红军来到赤水河地区开展革命工作时，作为反动政权的重要代表古月贵，也回到赤水河地区。为了维护古家的利益，古月贵用古家的钱组建了民团，与红军抗衡，还进攻青龙寨的义军。黔军营长彭大头率军进驻赤水河地区，与古月贵产生了矛盾。古月贵收买了黔军的副官，杀掉了彭大头。古月贵利用家里的秘密地窖作为军火库，囤积了大量军火。李铁杆带领红军战士成功炸毁了古家的军火库，彻底毁灭了古家大院。苦心经营了一生的古嵘煊，精神失常，一把火烧掉了残存的古家大院。古月贵彻底惨败，开枪自杀。煊赫一时的古家终于消失得无影无踪，预示着它所隶属的阶级终将彻底惨败并迅速消失。李铁杆等红军战士，迎着朝阳，离别了赤水河地区，踏上了新的征程，预示了他所隶属的阶级必将从胜利走向胜利。电视剧《最高特赦》的粮商徐望达，号称黔南王，家大业大，富甲一方。贵州省主席谷正伦不得不仰仗徐家以"反共救国"。徐家与保安司令曹山豹、保密局少校蓝玉等互相勾结，一起负隅顽抗。徐家虽然拥有军火库，但是，在人民解放军摧枯拉朽的强烈攻击下，家大业大的徐家顷刻土崩瓦解。解放军开展土改运动，彻底摧毁了徐家所隶属阶级的存在根基。徐家的败亡，是徐家所隶属的反动阶级彻底覆灭的典型代表。这些电视剧，展现了一个显赫家族的败亡过程，揭示了其隶属阶级的反动本质。保守家族的败亡与其隶属的反动阶级的覆灭同样是不可避免的。显赫家族成为反动阶级的殉葬品。这样的家族叙事以阶级、国家的兴亡作为历史背景，阶级、国家的发展趋向潜存于家族的命运之中，家族叙事与国族叙事合而为一。马克思说，无产阶级不能简单地利用旧的国家机器，而必须砸碎旧的国家机器才能锻造新的国家机器。旧的国家机器指与封建主义、专制主义紧密相连的官僚制度和常备军。进行彻底革命，消灭反动的官僚集团和军事集团，才能建立新政权。旧家族往往成为反动官僚集团和军事集团的一部分。因此，旧家族的覆亡，成为新政权诞生的前提，也成为新政权合法性的基础。于是乎，家族叙事的手段达成了国族认同的目的。

　　贵州题材影视剧的家族叙事，凸显了中华文化强大的凝聚力。不管家族之间明争暗斗有多么激烈、深仇大恨有多么刻骨铭心；一旦到了国家、民族生死存亡的紧急关头，家族之间的矛盾往往自觉降格为次要矛盾，不同家族的子孙常常能捐弃前嫌为捍卫国家利益挺身而出、为维护民族尊严而马革裹尸。《诗经·小雅·棠棣》说："兄弟阋于墙，外御其侮。"覆巢之下无完卵，国破山河碎，家族必遭蹂躏。中华民族的利益至高无上。各大家族的利益都要服从和服务于中华民族的整体利益。电视剧《风雨梵净山》淋漓尽致地展示了张、黄、孙三大家族之间的悲欢离合，以及铜仁地区的风云变幻。三大家族家大业大，势均力敌，共同主宰铜仁地区的命运。张氏家族声望较高,实力相对更强。父亲张敬儒是铜仁商会会长,诚信经营,掌管盐业经营权,收入颇丰,令人垂涎三尺。儿子张明堂是黔军军官,手握重兵,回铜仁扩充驻军,以防御红军。黄氏家族为人厚道。父亲黄占山很有人情味。女儿黄菲儿与张明堂是青梅竹马。孙氏家族是剧中的反派。父亲孙耀祖是土匪出身,匪气难改,与梵净山土匪麻三刀沆瀣一气。儿子孙如柏不学无术,是一个十足的纨绔子弟。女婿吴经略出任铜仁县的县长,掌管地方上的重大事务。因此,孙家黑白通吃,成为铜仁一霸。张、黄、孙三大家族是铜仁地区的名门望族,但是,三大家族面和心不和,终于由暗斗走向明争。维护家族利益是基本出发点。孙耀祖觊觎铜仁商会会长的宝座。只要当上商会会长,他就可以得到盐业经营权,可以得到更丰厚的收入。孙耀祖伙同麻三刀,伏击张敬儒的商队,实施杀人越货的勾当。素来恪守诚信的张敬儒,向黄占山借巨资赔偿给小商贩,宁愿严重亏损也不失道义。由于孙如柏的告密,张明堂被逮捕,罪名是"通匪"。张明堂进了监狱后,孙耀祖一不做二不休,派人把张敬儒家所有人都杀光以绝后患。孙耀祖在剧中是施动者,倒海翻江卷巨澜,积累了仇怨,激化了矛盾冲突,推动了情节快速向前发展。三大家族之间的平衡关系从此被打破,家族的争斗日益走向白热化。张明堂被桃花寨主救出监狱,此后栖身桃花寨。张明堂亲手枪杀了灭门仇人孙耀祖,对孙如柏却不忍下手。已经当上军官的孙如柏却对杀父仇人张明堂切齿痛恨。孙如柏娶黄菲儿为妻。后来,吴经略被麻三刀杀害。三大家族只剩下黄家一枝独秀了。黄占山后来出任铜仁商会会长、铜仁县的县长。三大家族的斗争暂告一段落。不料,一波未平另波又起。日本间谍潜入铜仁地区,土匪麻三刀投靠日本人当了汉奸。雪峰山抗战的烽火波及铜仁地区。能否把日军挡在雪峰山以东,关系陪都重庆的安全,关系抗战大后方的稳定。在国家、民族生死存亡的紧急关头,三大家族捐弃前嫌,携起手来,共同抗战。孙如柏率领黔籍子弟兵参加雪峰山抗战,张明堂发动群众捐款捐物并且组织队伍把物资送到雪峰山前线。在一次战斗中,孙如柏与张明堂并肩作战,打退了日军的疯狂进攻,战斗到粮尽弹绝的时刻,二人面向贵州大地双双跳崖,为国壮烈捐躯,从而把家族叙事的丰富多彩凝铸成国族认同的崇高。在国家危难的紧急关头,家族之间的恩怨情仇都不足挂齿,民族大义消弭了家族的恨意。捐弃家族的冤仇，共赴国难，为捍卫国家和民族的利益慷慨赴死，成就了孙如柏、张明堂等人的英雄形象，凸显了国族认同思想，体现了中华文化的感召力。

四 表达国族认同思想的意义

贵州题材影视剧表达国族认同思想，其意义主要表现在两个方面。

一方面，有助于强化国家意识、民族意识，促进国家的统一、民族的团结和各民族的共同繁荣。贵州人要把国家意识、民族意识内化于心外化于行，坚决抵御外来侵略，坚决不做有损国家利益和民族尊严的任何事情；在任何时候都要积极捍卫国家利益和民族尊严，维护良好的国家形象。

另一方面，有助于建构贵州人的公民身份和重塑贵州的文化身份。在中国历史的某些时期和某些方面，贵州人被歧视，贵州文化被贱视。贵州人和贵州文化都成为"他者"，这是中国历史的不公。表达国族认同思想，就必然要求把贵州人当成中国公民来平等对待，以建构贵州人的公民身份。贵州人是中国人的重要组成部分，贵州人与其他人同样都是中国公民的平等成员，必须受到公平对待。要颠覆逻各斯中心主义，弘扬文化多样性，平等对待每一种文化形态，让贵州文化实现从边缘到中心的位移，以构建平等的文化身份、享受平等的文化权益。在全球化的大背景中，要高度重视文化的本土化。因此，必须坚定文化自信，走向文化自觉。

第二节 建构贵州形象影视剧的现代性思想

一 现代性的主要内涵

20世纪90年代中期以来，现代性成为中国理论界关注的热门话题之一。因为改革开放以来，中国社会的现代化进程加快，人们开始关注思维方式、价值理念、行为习惯的现代转型。"理论先于观察。"现代性的理论成为人们观察现代社会的一个重要视点。

众多理论家对现代性做出了多种阐释。现代性的含义因为阐释的众多而逐渐纷繁驳杂，意义的不同来源于阐释角度的差异。吉登斯着重从制度层面来理解现代性，把现代性大致等同于"工业化的世界"与资本主义制度。现代性促成了社会的制度性转变。全球化、个人主义的思想行为是现代性带来的必然结果。哈贝马斯把现代性看成一项"未完成的设计"。个人自由、主体性、理性精神成为现代性的要义。福柯把现代性阐释为一种态度，对时代进行"批判性质询"，体现了一种批判精神。

现代性在哲学家眼中呈现多义性。马泰·卡林内斯库认为，现代性呈现为五副面孔：现代主义、先锋派、颓废、媚俗主义和后现代主义。艾森斯塔特在反思现代性时认为，现代性是多元的。"现代性应当被视为一种独特文明，具有独特的制度和文化特征。根据这一观点，现代性的核心是对世界的一种或多种阐释方式的成形和发展……空前的开放性和不确定性是其核中之核。"[1] 英国社会学家霍尔认为，现代性是一个交互作用的复杂进程，至少可分为四个层面：政治现代性、经济现代性、社会现代性、文化现代性。

总之，现代性是指启蒙时代以来逐渐孕育的合目的性的进步的时间观念和价值理念。现代性与人类的发展进步紧密相连，推动了人类的大踏步前行，促进了现代民族国家的建立和发展。现代性也导致了人类的畸形发展，在某些方面对人类也造成了伤害。现代性的内涵是多元化的，表现在多个方面、多个层次。现代性渗入现代社会的方方面面，清晰而又模糊，有迹而又无形，具体而又抽象。

二 贵州题材影视剧的现代性思想

贵州题材影视剧，以具体生动的影像阐释了现代意识，表现了观念的更新、人的进步、经济社会的发展，展现了贵州的新气象、新形象。贵州题材影视剧表述的现代性思想，可以从政治现代性、经济现代性、社会现代性、文化现代性等方面来分析。同时，贵州题材影视剧的视听语言也表

---

[1] 〔以色列〕S.N.艾森斯塔特：《反思现代性》，旷新年、王爱松译，三联书店，2006，第7页。

现了鲜明的现代性。

(一) 政治现代性

贵州题材影视剧呈现的政治现代性内涵，主要表现为对于现代国家的想象、民族独立的想象。建立现代的民族国家，按照政治理性的原则来组织政府、服务民众，推翻封建专制，废除独裁统治，还政于民，组建"民有、民治、民享"政府，让政权为大多数人服务，建立民主制度，培育民主观念；消灭剥削，消除两极分化，实现共同富裕；破除等级制度和等级观念，培育人人平等的观念；培育法治观念，提倡法律面前人人平等，抑制人治的随心所欲。这些都是现代政治的追求目标。

关于现代国家的构想，资产阶级思想家提出了很多论断，可以作为有益的借鉴。卢梭提出了"社会契约论"。国家起源于契约，现代社会是契约社会。社会契约论体现了理性的正义原则。社会契约体现了全体人民的共同意志，规范了人们的行为必须符合公共意志。社会契约是对封建专制的彻底否定，把个人从"臣民"变为"公民"。康德接受了"依据原始契约的观念"，认为共和制是最合理的国家体制。共和制可以防止专制主义，保障人们的自由权利。康德认为国家的实质是"大众在正义的法律之下的联合体"。康德提出"道德政治的原则：一个民族应该根据自由和平等这一唯一的权利概念而结合成一个国家"。[①] 总之，康德认为，人民享有财产权、平等权、自由权、生存发展权等各项权利，才是建立现代国家的必要性与合法性的源泉。康德关于现代政治的思想，建立在理性与自由的基础之上，以人民的权利为核心。卢梭、康德等人的思想，对后世影响颇深。

马克思主义关于无产阶级专政的理论，成为近现代中国仁人志士关于政治现代性想象的最佳选择。无产阶级不能简单地利用旧的国家机器来建立新的国家机器，必须首先砸碎旧的国家机器，才能建立新的国家机器。这是巴黎公社失败的惨痛教训。因而，中国人民以马克思主义为指导，展开了艰苦卓绝的斗争，推翻了三座大山，建立了新中国和社会主义制度，

---

① 康德：《永久和平论》，康德：《历史理性批判文集》，何兆武译，商务印书馆，1991，第137页。

实现了关于政治现代性的美好想象。

贵州题材影视剧，描绘了贵州人民群众关于政治现代性的美好想象，表达了对于建立现代民族国家的强烈愿望。影片《少年邓恩铭》，展现了风雨如磐的中国社会状况：官僚怕洋人，军阀混战，民不聊生。邓恩铭远走山东，寻求救国救民的真理，希望建立独立、自由、平等的新中国。影片《旷继勋篷遂起义》，再现了旷继勋在中国革命低潮时期，弃暗投明，向往革命，为人民幸福、为建立新政权毅然发动起义，表现出强烈的革命信念。影片《山寨火种》《马红军》和电视剧《遵义会议》《雄关漫道》《杀出绝地》等，表现了土地革命时期红军艰苦卓绝的斗争生活。虽然生活非常艰苦，斗争异常激烈；但是，他们具有崇高的信仰、坚定的意志，随时准备为革命事业牺牲生命，为了推翻旧制度、建立新政权而奋斗终生，体现了高度的政治觉悟。影片《嗨起，打他个鬼子》和电视剧《二十四道拐》，表现了中国军民同仇敌忾打击日本侵略者的坚定决心和英雄气概。只有彻底打败外来侵略者，才能实现民族独立。电视剧《解放贵州》《最高特赦》和影片《火娃》等，表现了人民解放军解放贵州以后带领人民群众开展清匪反霸工作的艰难情形。捍卫新政权，体现了军民的政治理性。

为老百姓服务，维护百姓的利益，体现了民本思想，这是新中国政权合法性的源泉。打破封建思想、专制思想，推翻不平等的社会制度，建立代表人民利益的新政权，让政权为老百姓服务，还老百姓以公道，让老百姓平等、自由地发展各项事业。这就是贵州题材影视剧体现的政治现代性思想。为了让老百姓翻身做主人，为了建立人人平等、自由的社会制度，无数仁人志士甘愿抛头颅洒热血，誓与一切反人类的势力作毫不妥协的斗争，最终取得了历史性胜利。维护老百姓的利益才是人间正义，具有历史进步性。这就是志士仁人的政治理性，也是他们的革命理想。

（二）经济现代性

经济现代性主要表现为全力以赴加强经济建设的思想观念以及提高经济效益所依赖的科技创新与体制制度创新。新时期以来，经济建设成为中心工作。中国已经成为世界第二大经济体，在不久的将来必定成为全球第一大经济实体。发展是第一要务,解决一切问题首先要依靠经济的发展。经济建设是发展各项事业的前提和基础,因为经济基础决定上层建筑,巩固上层建筑必须夯实经济基础。科学技术就是生产力。提高科技水平才能促进经济效益的上升。体制制度创新才能解放生产力。全面深化改革是体制制度创新的重要动力。社会主义市场经济体制的建立和完善,极大地解放和发展了生产力。进入21世纪以来,中国经济面临着转型升级的艰巨任务,结构调整迫在眉睫。结构性矛盾主要表现在供给方面,因此,必须切实推进供给侧结构性改革,才能形成新的供需结构平衡。必须奉行创新、协调、绿色、开放、共享的发展新理念,才能大大促进经济健康、协调、可持续发展。经济现代性,与时俱进,与创新并行,与改革相伴。经济现代性的持续深入发展,成为新时代最显著的特征之一。

贵州题材影视剧,贯彻了新时期以来的经济现代性思想,讲述了贵州发展经济的好故事,展示了贵州经济发展取得的丰硕成果,歌颂了贵州人民发展经济的卓著成效,赞扬了贵州人民发展经济的昂扬斗志。

贵州题材影视剧表现了贵州人民对于现代城市的美好想象。

改革开放以来,贵州农民向城求生,农民工流入大城市,流入东部沿海地区,促进了城市的发展和经济的繁荣。影片《山雀儿》中,山雀为了还清债务,来到贵阳,在一位教授家当保姆。在城市生活,她见到了大世面,思想观念有明显进步。她善于学习,帮助教授抄写书稿,提高了文化水平。山雀是改革开放之初的农民工,塑造山雀的形象具有开时代风气之先的意义。此后,贵州题材影视剧塑造的农民工形象越来越多。农民工队伍逐步壮大,成为改革开放以来引人瞩目的社会现象之一,具有中国特色。21世纪以来,由于国际经济形势逆转和沿海地区经济结构的转型升级,农民工返乡成为显著特色。电视剧《青山绿水红日子》中,一批农民工从沿海地区返乡,进入了凤凰村创办的农业合作社就业。想赚更多的钱以求生存求发展,这是农民工的真实诉求。从离乡、打工到返乡、创业,这就是改革开放以来农民工的发展轨迹,体现了农民工的经济理性。

城市化是经济现代性的集中表现之一。现代经济的主导力量来源于城市经济的发展壮大。工业革命以来,人类开启了漫长的城市化进程。城市像磁铁一样吸引了越来越多的人口,城市成为人们的理想归宿。当今的西方发达国家的城市化率大多在百分之六七十以上。这些国家的城市化经历了一百多年时间才达到今天的规模，即便城市化速度较慢也曾出现了"城市病"。自近代以来，中国踏上了城市化征程。很多破产的农民只好进城求生。老舍笔下的骆驼祥子就是破产农民进城谋生的典型。但是，新中国成立后到改革开放以前，中国实行了反城市化的政策，鼓励知识青年"上山下乡"便是反城市化的典型举措。当时，城市出现了就业困难，政府没有积极应对"城市病"，只是简单地把知识青年下放到"广阔天地大有作为"的农村去，结果延宕了中国的城市化进程。治标不治本的举措当然无益于社会问题的解决。党的十一届三中全会以来的方针政策，顺应了人类发展的城市化大趋势。让知识青年回城工作，是顺应城市化趋势的英明抉择。因为，大城市更需要高素质的人才去发展现代的工业、教育、科技及各项事业。大城市才是知识分子的广阔天地，知识分子与现代化相结合才会大有作为，知识分子在大城市才会感到如鱼得水。影片《云下的日子》中的丁晓娅，在"上山下乡"的时代逆流中从北京来到贵州插队落户，怀揣建设偏远农村的理想在山旮旯里生活了十多年。偏远山村没有成就她的丰功伟绩，反而让她看清了时代的骗局。在20世纪80年代第一春，丁晓娅毅然与贵州的丈夫离婚，决然抛开孩子，不顾一切阻挠，踏上时代的潮流，回到了魂牵梦绕的北京，翻开了人生新的一页。影片《青红》中，青红的父亲宁愿不要户口、不要工作，也要把青红带回上海。来到贵州，是青红的父亲最后悔的事情。青红的父亲，禁止青红与贵州男青年谈恋爱，以便走得无牵无挂。影片《与你同在的夏天》中，李明馨的妈妈最终逃离了贵州，跑到了大城市定居。后来，李明馨认同了她妈妈的"出格"行为，也决心通过高考冲出大山的包围。李明馨向往大城市，不料，她的大学录取通知书被暗恋她的孙宏伟扣留了，造成了人生的遗憾。李明馨的很多同学，或高考或参军或招工，先后到大城市学习或工作。这就说明20世纪80年代初期，人们就已经充分认同城市化了，把自己的前途命运系于大城市的发展，相信大城市必将给自己带来好运。影片《阿欧桑》中，欧桑依靠城市谋发展，在城市中实现了自身价值，生活水平有很大提高。现在，许多新生代农民工产生了依靠城市求生存的强烈愿望。他们不愿回到农村去，因为农村的经济水平很低，发展机会很少，"梁园虽好非久恋之乡"。影片《行歌坐月》中的杏与飞，告别侗寨，依靠城市求生存，这是对生存方式的理性选择，具有时代特色。在城市发展得顺畅的新生代农民工，经济水平达到了较高层次，他们可以在城市买房定居，变身为市民。总之，城市成为现代人的理性选择，城市让人们生活更美好。城市意味着较高的经济水平、较好的现代化公共服务、配套设施齐备的生活环境。贵州题材影视剧表现了人们对于现代城市的美好想象。

贵州题材影视剧表现了贵州人民对于现代交通的美好想象。现代交通促进了货通天下，人们互通有无的速度加快。要想富，先修路。交通不便必定成为经济发展的瓶颈，交通发达必定刺激经济水平的提高。发展现代交通对于贵州经济腾飞具有十分重要的意义。贵州改善交通条件的难点在乡村。乡村路桥的改造任重而道远。影片《好花红》表现了交通不便带来的灾难性后果。村妇难产，情况非常危急。可是，山路弯弯，河流阻隔，村民抬着难产的村妇经过九曲十八拐之后，还没有到达医院村妇就一命呜呼了。贵州多山，多小河，修路极端困难，修路搭桥的成本相当高，这样的地形特征导致了交通极为不便。为了改善交通，罗亮的爸爸带领村民，战天斗地，发扬愚公移山的精神，不惜一切代价也要修好通往山外的公路。罗亮不分昼夜，坚守在修路的工地上，表现出坚定的决心。经过艰苦的努力，那条公路终于修好，偏僻的山村终于可以联通山外的世界了。罗亮的爸爸在修路时，不幸被砸断了一条腿，但是他无怨无悔。由此可见，贵州人民对修路搭桥十分重视。在贵州题材影视剧中，修路搭桥成为千古不变的永恒话题。这在历史剧中表现得十分明显。电视剧《夜郎王》中，汉使唐蒙修路搭桥，沟通汉朝与夜郎的联系。电视剧《奢香夫人》中，奢香夫人筑道路，设驿站，修建了龙场九驿，把贵州的驿道纳入全国的驿道网络，沟通了贵州与周边地区的联系。电视剧《二十四道拐》中，盘山公路二十四道拐与盘江大桥成为关系抗战成败的战略要地，抗战前线所需物资依靠这条交通要道来运输。守桥护路的任务极其艰巨，斗争的激烈程度丝毫不亚于抗战前线。历史已经证明，贵州的路桥为抗战胜利立下了不朽功勋。影片《不朽的时光》中，桥梁工程师鲁建平在"文革"中被揪斗，在20世纪80年代则成为人民的功臣。设计和建造桥梁是他的本职工作，把天堑变成通途成为他的理想。修文县的红崖山大桥建成通车后，修文到贵阳的时间由七天缩短为两天，修文与外界的距离越来越近了。贵州的路桥建设成果卓著，得益于鲁建平之类的工程师，更是得益于改革开放和西部大开发的好政策。从现实题材影片《阿欧桑》《飞翔的爱》《酥李花盛开的地方》《女兵还乡》和电视剧《青山绿水红日子》等呈现的影像来看，贵州乡村的交通条件大为改善了，乡村公路从泥巴路变成了水泥路、沥青路，重要桥梁大多变成了钢筋水泥结构，村民出行感到了便利。千百年来，改善交通条件成为贵州人民的美好心愿。近年来，贵州在西部地区率先实现了县县通高速公路的目标，贵阳成为西部地区的高铁枢纽中心，航空支线建设大大提高了空运能力。贵州的交通今非昔比，现代化程度大大提高了。

贵州题材影视剧表现了贵州人民对于现代工业的美好想象。无农不稳，无工不富。发展农业可以让人们吃饱穿暖，能保持社会稳定。发展工业可以让产品极大地丰富起来，相对较高的工业利润让人们富得流油。大江必有大城，大城必有大厂。现代大工业依托于现代化大城市而发达，现代化大城市依靠大江大河而兴旺。这是普遍规律。由于贵州多山，多小河，所以，水资源难以汇聚成大江大河。这制约了贵州城市规模和企业规模的扩大，也造成了贵州生态环境的脆弱性。贵州的生态环境一旦被破坏，将比其他地方更加难以修复。因此，贵州的经济建设必须严格守护生态和发展两条底线，绝不允许以牺牲生态环境为代价换取经济的一时发展，不能走先污染后治理的老路。贵州必须强化环境责任，控制污染源，降低排污指数，加强环境治理和监控；必须大力发展无污染企业。影片《地下的天空》《幸存日》表现了煤矿生产的情形。贵州的煤炭储量大，开采煤炭曾经成为贵州重要的经济来源之一。为了节能减排，人们可以寻找替代品来减少煤炭的使用。因此，煤炭的需求量大为减少，煤炭行业产能过剩、收入锐减。贵州题材影视剧展现了食品加工工业的发展状况。食品加工工业的污染比较小，如果适销对路则发展前景比较好。酿酒工业成为贵州的主导产业之一。茅台酒产于贵州茅台镇，名满全世界，成为中国高端白酒之一。电影《国酒》和电视剧《茅台酒的传说》，讲述了发生在美酒河畔的美丽动人的故事。关于茅台酒的故事都是地道的贵州故事，因为离开赤水河就没有茅台酒。影片《国酒》，讲述了茅台酒在1915年巴拿马万国博览会荣获金奖之后茅台酒业烧坊的代表曹、程两家悲欢离合的故事。曹、程两家共享金奖殊荣，致力于酿制好酒、诚信经营。影片的叙事，将酒业兴衰寓于时代风云，传播了中华文化精神，表面上讲述酿酒之道，深层次上讲述了为人之道、革命之道，表现了中华儿女的爱国之情。"国酒传人"曹怀仁，痴迷酿酒技艺，胸怀家国天下，支持人类的进步事业，体现了儒商精神。茅台酒坊支持了文通书局的开办，酒香涵泳着文脉。茅台酒支持了红军三渡赤水，见证了重庆谈判，成为新中国开国第一宴的专用酒。影片《国酒》思想积极，故事生动，还邀请黄奕、赵文瑄等众多明星加盟；但是，却遭到市场的冷遇。影片《国酒》于2016年1月15日在全国上映，还在央视电影频道举办了盛大的首映礼。可是，《国酒》的排片比仅为0.09%，全国仅上映一百多场，最终票房仅为1021.42万元。《国酒》在电影市场上铩羽而归，映照出中国电影市场的严重问题和中国电影产业的畸形发展状态。中国缺乏文艺片院线，市场结构不合理，必将影响中国电影产业的持续深入发展。虽然影片《国酒》的市场回报率低，但是，值得肯定的是这部影片表达了贵州人民对茅台品牌的高度认同和对现代工业的美好想象。演绎酿酒工业故事的影片还有《云下的日子》和《铁血警魂之卧槽马》。影片《云下的日子》中，前进酿酒厂被定为扩大企业自主权的试点单位，引入了市场调节机制以提升市场竞争力，引进了先进设备以提高生产技术。前进酿酒厂还打破大锅饭，按照生产质量与数量来核定职工的收入，实行责权利相结合的考核办法。这些举措在20世纪80年代第一春是十分振奋人心的。以改革促发展，体现了经济现代性，促进了现代经济体制的建立和健康运行。影片《铁血警魂之卧槽马》，主题是打击制假售假以保护保健酒的知识产权。现代经济是法制经济，必须严厉制裁制假售假活动才能保障正常的经济秩序。贵州是酒乡，仁怀是中国酒都。贵州的每一种酒都具有品牌价值。保护品牌才能实现可持续经营。保护贵州酒的品牌，首先必须从诚信经营做起。只有诚信经营，贵州酒才能畅行于天下。电视剧《绝地逢生》讲述了花椒油生产的故事。蒙幺爸坚持创办工厂，把花椒深加工成花椒油以投入市场。农产品的深加工，能够提高产品的附加值。这就是农业发展的大趋势，贯彻了农业发展的现代思维。贵州的农产品加工工业已经创造了品牌效应，例如陶华碧的"老干妈"系列产品，名扬海内外，在2014年跻身中国最有价值品牌500强榜单。贵州题材影视剧表明，贵州的食品加工工业前景光明，可以为贵州形象加分。贵州题材影视剧还为"三线"建设留下了难忘的记忆。影片《青红》《闯入者》和电视剧《三线人》等表现了三线建设者的献身精神和艰苦奋斗精神，也反映了留守贵州的三线建设者的艰苦生活条件。三线建设可谓红色年代的西部大开发。大量工厂从东部沿海地区迁到西部地区，促进了工业布局的合理化，也有利于国防工业的安全生产。三线建设是特定时期的明智选择，在当时是必要的也是重要的。但是，改革开放以后，国家重新调整了工业布局，许多工厂从西部地区迁回去了。三线建设成为历史记忆。影片《闯入者》展现了留守贵州的三线建设者绵延至今的艰苦生活。小男孩是留守贵州的三线建设者的后代，因生活艰苦去北京打工，因挣钱不多而抢劫杀人，最后因逃避警察追捕从窗户坠亡。曾经热闹非凡的三线建设厂房，现在人去厂空芳草萋萋，大量建筑窳败不堪。三线建设的留守者沦落为社会底层，生活依旧凄苦。影片向世人呼吁，以引起公众的注意。社会向现代化目标奔腾前行，不能忘记曾经为它做出重要贡献的人。步入小康社会，不能落下贫困者。总之，贵州题材影视剧对于贵州的工业形象呈现得还不够；尤其是高科技企业，几乎没有出现在贵州题材影视剧中。这样必将形成传播的偏向，可能会误导观众。观众可能会认为贵州没有高科技企业。贵州题材影视剧，今后应当全面展现贵州的工业形象，尤其是无污染、高科技企业的形象。

贵州题材影视剧表现了贵州人民对于现代农村的美好想象。贵州农村的现代化，首要任务就是脱贫，脱贫是走向现代的先决条件。贵州农村非常贫穷，因而反贫困的任务异常繁重。电影《好花红》《村支书何殿伦》《情系喀斯特》和电视剧《绝地逢生》等表达了贵州农民反贫困的坚定决心，干部群众艰苦奋斗，采取多种多样的办法，谱写了反贫困的一曲壮歌。这些反贫困的办法因地制宜、因时制宜，针对性强，取得了反贫困的实际效果。其中，开发乡村旅游、发展旅游经济，是一条脱贫致富迅速走向现代化的重要法宝。影片《酥李花盛开的地方》中，音寨利用当地的地理资源和文化资源，运用先进理念开发乡村旅游，把观光旅游升级为休闲旅游，建成了"金山雪海"旅游景点，取得了显著的经济效益。贵州已经把景点旅游升级为全域旅游，把吃喝玩乐与休闲度假充分结合起来，实现了旅游开发的观念变革。因而，贵州乡村到处充满旅游开发的机遇，只要条件许可的地方皆可被开发成旅游景点，只要提升服务质量皆可招徕大批顾客。贵州乡村面临着前所未有的大好机会，可以把旅游开发与脱贫致富结合起来进行筹划。在脱贫攻坚的基础上，贵州题材影视剧畅想了贵州的社会主义新农村建设，为贵州农村描绘了一幅现代化图景。电视剧《青山绿水红日子》展现了富学乐美"四在农家"的发展模式。贵州农民创造了这种符合实际且成效显著的发展模式，值得推广。凤凰村村民整体搬迁，建成了现代化的集镇，让村民共享了发展成果。现代化改造了凤凰村，凤凰村在现代化的康庄大道上大步前进。影片《女兵还乡》告诉观众，贵州农村的现代化，必须坚持"两个文明"一起抓的策略，不能富了"口袋"穷了"脑袋"。大力开展精神文明建设，促进农民群众思想观念的现代化，养成科学、健康、理性的生活方式，抛弃封建迷信，打破陈规陋习，这是社会主义新农村建设的题中之义。

对于贫穷落后的贵州而言，大力倡导经济现代性，大力发展经济，意义十分重大。贵州欲与全国实现同步小康，当务之急是进行扶贫攻坚。贵州人民可以充分利用后发优势，充分借鉴先进经验，进行科学发展、充分发展，提高经济效益，增长经济总量。贵州人民可以发扬愚公移山的精神，致力于创新、创业活动，依靠大数据、互联网等信息化高新技术，运用创新、协调、绿色、开放、共享等新发展理念，迎头赶上中东部地区，实现后发赶超。

（三）社会现代性

人类社会步入现代以后，社会的运行机制、组织形式等日益现代化了。社会现代性的基础是现代化。现代化重建了社会秩序，重构了社会心理。建立在社会现代化基础之上的观念形态，就是社会现代性。社会是人类生活的共同体，是人类通过各种关系结成的比较固定的组织形式。社会是由经济、政治、文化三个方面构成的统一整体。经济、政治、文化的发展变化，推动了社会的发展变化。但是，社会发展本身也具有其规律性。过去的人们考察社会转型，较多地从经济、政治、文化三个方面来综合分析，较少考察社会本身的变化规律。这是偏颇的。人们必须从现代社会的运行过程来认识社会本身的发展规律。加强社会建设，培育服务意识，创新社会治理，改革社会管理方式，推进国家治理体系和治理能力现代化，提升社会运行的科学化水平，这是时代赋予的使命。

贵州题材影视剧，表达了社会现代性思想，寄托了关于和谐社会的美好想象。社会和谐，就是人与人、人与组织、人与自然的和谐相处，包括人们在民主法治、公平正义、诚信友爱、安定团结、生态保护等方面的诉求。自古以来，人们在文艺作品中大量使用诸如太平盛世、世外桃源、夜不闭户路不拾遗、河清海晏、朗朗乾坤等词语来形容社会的和谐状态。可见，社会和谐早已成为人们的理想。社会和谐，不是一蹴而就的，更不是一劳永逸的。要消除社会的不和谐音，和谐的音符才会越奏越响亮。要付出艰辛的努力，要经历剧烈的斗争，匡扶正义，以正压邪，才能达成社会和谐的局面。人们总是相信正义终将战胜邪恶、光明终将赶走黑暗；但是，其间的艰难复杂往往超出人们的想象。付出沉重的代价，往往成为社会和谐的前提条件。

贵州题材影视剧展开了关于民主法治的想象。城乡居民自治制度，是基层民主制度的重要内容。村民可以自由选举能干的人来担任村官。但是，有些人私下里贿赂选民，利用不法手段拉选票。破坏村民选举就是社会的不和谐音。影片《山村风云》中，司机老六为煤老板华春山买选票。下乡支教的教师柳菲大胆揭露，县政府派人前来查处违法行为。这迫使华春山制止了老六的不法行为。后来，华春山改变了煤矿的巷道，确保了春山小学的安全，慷慨捐资助学，最终赢得了村民的信任，被选为村长。食品行业制假售假是令人头痛的社会问题，必须重拳出击才能保证食品行业的正常秩序。影片《铁血警魂之卧槽马》的警察张岚、雷子，一明一暗，与王大海集团展开了惊心动魄的机智斗争，最终将假酒制造者王大海缉拿归案。由此可见，民主、法治是来之不易的，只有打击破坏民主法治的言行，才能保障民主、法治运行在康庄大道上。

贵州题材影视剧大力倡导仁爱精神。"仁者爱人。"[①] 仁爱精神是中华

---

① 语出《孟子·离娄章句下》："君子所以异于人者，以其存心也。君子以仁存心，以礼存心。仁者爱人，有礼者敬人。爱人者，人恒爱之；敬人者，人恒敬之。有人于此，其待我以横逆，则君子必自反也；我必不仁也，必无礼也，此物奚宜至哉？其自反而仁矣，自反而有礼矣，其横逆由是也；君子必自反也，我必不忠。自反而忠矣，其横逆由是也。"朱熹：《四书集注》，岳麓书社，1985，第372页。

传统美德之一。爱自己，也爱别人，是推己及人的人文关怀。仁爱是社会的润滑剂，有利于社会的安定团结。影片《云上太阳》中，苗寨村民用神圣的锦鸡为法国画家波琳治病，苗医挽救了她的生命，苗寨的温情让她放弃了自杀的念头。中国人的仁爱精神拯救了她的灵魂与生命。她在苗乡坚持作画，以优秀的画作回报人间温情。电视剧《红娘子》中，玉屏的梅家大药房慷慨解囊，抢救罹患鼠疫的玉屏百姓。梅家大媳妇王小红把购买金银首饰的钱用于购买药品，救治了芸芸众生。梅家老爷梅乙鹤潜心钻研医术，借鉴梅家家传秘方炮制了特效方剂，又花费大量金钱购买了中草药，最终控制了鼠疫的蔓延。医者仁心、仁术，积德行善，成为玉屏百姓的大恩人。影片《美丽的黑蝴蝶》的女法官蒋庆，热情帮扶失足青年。她帮助失足青年找工作，有时还提供经济上的帮助。她鼓励失足青年振作精神，重新设计人生蓝图，让失足青年萌生了生活的理想，认真改造自己的同时为社会做出了有益的贡献。贵州题材影视剧，还把镜头对准边缘人生、底层人生，静静地关注他们的生存状态。例如，影片《地下的天空》《高原阳光》《路边野餐》，等等。关注边缘人、底层人的生活，唤醒世人向他们伸出援助之手，体现了编导人员的仁爱精神，有利于增进人与人之间的理解，有利于社会和谐。

　　贵州题材影视剧较多地关注贵州的教育状况，有利于促进教育发展、增进教育公平。城镇教师、志愿者以及其他有志青年下乡支教，缓解了贵州偏远乡村的"教师荒"，充实了贵州乡村的教学实力，增进了教育公平。影片《山村风云》中的柳菲，从盘县县城小学来到偏远的春山小学支教，解决了困扰校园安全的难题。影片《飞扬的青春》中的封政、丁娇娇，从省城贵阳来到偏远的乡村小学，改善了教学条件，为贫困学生提供了物质帮助。丁娇娇是省委领导丁清明之女，延续了上一代人下乡支教的心愿。二三十年之前，丁清明与王琦从省城来到这所小学支教。最终，王琦永远留在了这所小学，当了校长，一干就是一辈子，而且积劳成疾，为乡村教育奉献了毕生精力。这部影片是献给两代支教人的颂歌，表彰了他们扎根乡村教育、艰苦奋斗乐于奉献的伟大精神，感人至深，令人景仰。电视剧《水家山寨的铃声》中，来自深圳的有志青年陈萍，果敢地来到她爷爷曾经战斗过的三都县支援乡村教育。克服了重重困难，她把简陋的校园环境加以改善，耐心细致地教导每一位学生，赢得了村民的尊重。村子里年龄最大的长辈亲自为她献上家酿的米酒，这是村民的最高礼节。村民日夜盼望高素质的人才来到乡村教育学生，为学生点亮智慧之光。这些有志青年自愿来到贫穷偏远的乡村小学支教，体现了艰苦奋斗的作风，为偏远乡村提供了精神资源，有利于教育资源的公平配置。加强城乡教师的交流，让城镇教师到乡村支教，这是促进社会和谐与教育公平的重要举措，是符合时代发展需要的。贵州题材影视剧还塑造了农村教师的光辉形象。他们坚守农村教育岗位，是乡村教育的中流砥柱，体现了崇高的精神境界。他们为乡村教育默默奉献，是新时代的无名英雄。社会的阔步前行，需要有名英雄的鼎力推进，更需要大量无名英雄的默默奉献。无名英雄力量的总和，必定远远超过有名英雄的贡献。有名英雄是社会的脊梁，无名英雄则是培育有名英雄肥沃的土壤。影片《水凤凰》中的卢荣康老师，在三都水族自治县的边远乡村坚持跪教二十多年，苦口婆心劝学，把辍学儿童拉回课堂。学生毕业了一批又一批，成为各条战线上的建设者，而卢老师依然是一位民小教师。卢荣康老师不计个人名利，一心扑在工作上，为学生传输知识，以学生的成才为最大的欣慰。这种专心致志培育学生的精神，是难能可贵的。电视剧《青山绿水红日子》中的林老师，在条件艰苦的山村小学教学了一辈子，在即将退休的时候被转为公办教师。退休之后，他被学校留下来担任图书管理员。换一种方式为学生服务，林老师乐也陶陶。贵州的乡村教育，条件之艰苦往往超出人们的想象，经费之短缺也是无法比拟。许多教师不堪煎熬，纷纷逃离乡村教育岗位而另谋高就。这是普遍的事实。然而，有王琦校长、卢荣康老师、林老师之类的坚守者，有柳菲、丁娇娇、封政、陈萍之类的支教者，贵州山村教育才得以维持下去。他们成为贵州山村教育和谐发展的重要推动力量。贵州的山村教育，还存在一些不和谐因素，诸如：经费太少，办学条件艰苦；教师待遇低，教师队伍不稳定；师资力量薄弱；山路弯弯，交通不便；等等。解决这些问题之后，贵州的山村教育才能真正实现和谐发展。教育发展是社会发展的重要基础，要把教育放在优先发展的地位，教师工资要不低于公务员的工资。这些都不应仅仅成为口号。总之，贵州题材影视剧为贵州山村教育的和谐发展大声呐喊，以引导人们拿出建设性态度切实解决实际问题，以谋求贵州山村教育向现代化方向阔步前进。

贵州题材影视剧表达了人与自然和谐相处的诉求。人与自然和谐相处，成为社会和谐的重要内容。在雾霾肆虐的今天，生态保护成为当务之急。贵州在生态环境方面素来拥有优势，为社会和谐创造了良好条件。贵州题材影视剧，大量运用空镜头，表现了贵州山水的灵韵、蓝天白云的清净。贵州的森林覆盖率很高，2016年达到52%。其中，赤水市的森林覆盖率最高，2016年达到82.85%。森林成为贵州题材影视剧的重要景象，成为贵州题材影视剧表达原生态理念的重要手段。原生态的自然景象成为人与自然和谐相处的最好阐释。例如，影片《云上太阳》，尽情展现了丹寨山水的独特魅力，原生态的自然景物构造了影片唯美的画面，纯美自然，清新朴实，无怪乎国家广播电影电视总局、文化部把它选为2011年度对外宣传影片。贵州的森林覆盖率很高，离不开护林员的日夜守护。电视剧《青山绿水红日子》中的疙瘩爷，是一位义务护林员，日夜守护着森林的生态平衡。即便是他的孙子石娃偷猎野山鸡去卖钱，他也严惩不贷。疙瘩爷之类的护林员，严防森林的动植物受到破坏，为贵州的生态保护做出了杰出贡献。桃李不言，下自成蹊。贵州的大地永远铭记着护林员的不朽功德。

贵州题材影视剧的一些作品，运用逆向思维，从反面质疑了社会治理的实际效果，挖掘了社会不和谐的某些原因，以引起公众的注意，表现了编导人员的勇气和睿智。影片《人山人海》，以发生在贵州六盘水的一件真实事件为素材改编而成。导演蔡尚君在《南方周末》上看到了关于这件事的详细报道，下决心把它拍成一部电影。影片的主人公是老铁。老铁安于现状，在贫困中逍遥度日。他的弟弟依靠开摩的挣钱养家，不幸被歹徒萧强杀害，摩的也被抢走。萧强抢劫杀人之后，逍遥法外。警察迟迟不能破案，刑侦工作毫无进展。老铁对如此低效率的刑侦工作彻底丧失了信心，于是，他骑着摩托车浪迹天涯，发誓要亲手逮住凶手。跑遍了贵州、重庆、内蒙古、山西，终于发现了萧强的踪迹。老铁把黑煤窑炸塌，引得警察蜂拥而至，让矿工重获自由。最终，萧强未能逃脱法网。影片的结局服从于意识形态的需要，也满足了电影审查机构的要求。其实，作为素材的那个真实事件的结尾，警察没有逮住凶手。真正逮住凶手的是死者的哥哥。尽管结局严重理想化，影片仍然以巨大的勇气揭露了社会不和谐的某些事实和某些原因。某些警察慵懒怠慢，办案能力低下，即便是杀人案也迟迟不能破案。刑事侦查反应迟钝，效率低下，存在严重问题，是社会不和谐的极大隐患。这部影片对当地的警察工作提出了质疑。警察工作乃至整个的司法体制必须进行改革，否则不能适应建设和谐社会的要求。影片中还出现了假警察诈骗事件、黑煤窑打死人的事件。这些事件是社会不和谐的具体表现。蔡尚君采用了纪实美学手法来拍摄《人山人海》：以冷静的方式叙说故事，使用自然光效、长镜头，让演员说贵州方言，采用实景拍摄而不用舞美设计，克制人物的情感而不编织戏剧冲突，力图表现日常生活的真实状况而反抗类型化，增强了写实效果，凸显了影片的现实意义和人文关怀。由于影片具有强烈的批判现实主义色彩，所以，国家广播电影电视总局迟迟不予审核通过。影片尚未通过国家广播电影电视总局的审查就以香港电影的名义参加了威尼斯电影节，并且荣获了第68届威尼斯国际电影节最佳导演银狮奖。获得了这个重量级奖项之后，国家广播电影电视总局不得不批准这部影片在国内放映，条件是必须进行严格修改。一些第六代电影在国外获奖之后才获准在国内放映。影片《人山人海》又一次重走了这条老路。这充分暴露了当今电影审查制度的严重弊端。

21世纪伊始，我国人民才充分认识到社会和谐的重要性，才把社会现代性作为一个独立单元来统筹安排。加强和创新社会治理，构建和谐社会，推进国家治理体系和治理能力现代化，对于中国的未来发展至关重要。只有做好和谐社会的顶层设计，消除不和谐因素，和谐社会的目标才能顺利实现。贵州题材影视剧表现社会现代性思想，是从正反两个方面入手的。一方面，倡扬有利于社会现代性发展的举措，表彰和谐精神。另一方面，揭露有害于社会现代性发展的弊端，批判陈规陋习，呼吁消除不和谐的因素。二者相反相成，殊途同归，目的都是为了促进社会现代性的持续深入发展。

（四）文化现代性

文化现代性就是现代性在文化方面的质的规定性。现代性理论的两大支柱就是理性、主体性。现代性在文化方面的要求就是必须造就适应现代社会发展要求的现代"人性"。要造就现代"人性"，必然要反对"单面人"，必须以现代的思想观念、行为习惯、精神气质培育自由发展、充分发展、全面发展的"现代人"。文化现代性建设的目的就是要培养现代人优良的心性秩序。诚如卢梭所说:"人的心灵之所以有其特点,正是由于观念形成的方式。能够按照真正的关系形成观念的心灵,便是健康的心灵;满足于表面关系的心灵,则是浅薄的心灵;能看出关系真相的人,其心灵便是有条理的;不能正确判断关系真相的人,其心灵便是混乱的。"[①] 现代社会的文化最终作用于人的精神生活。正如英国文化学者英格尔斯所说:"文化是为社会的精神生活提供和甄别道德标准的。"[②] 文化现代性建设有助于拯救现代人的心灵世界。

文化现代性建设的必要性来自现代性自身不可避免的深刻矛盾,即工具理性与价值理性的矛盾。启蒙主义、工业革命等把人类带入了现代社会,激发了人们经济理性的高涨。科学技术大大推动了生产力的发展,使得社会发生了急剧变革。人们越来越依赖科学技术的威力,进而怀疑人文修养的功效;人们越来越凭借金钱、物质来衡量成功的程度,而放松了精神价值的追求;人们越来越关注外在的物质世界的丰富多彩,而越来越荒废了内在的心灵世界。在"时间就是金钱"等观念的支配下,现代人"穷得只剩下钱"了。孤独、焦虑、无所适从、急功近利等成为现代人严重的心理征候。运用科学技术开采自然资源,进行大规模的工业生产,造成大面积的环境污染、全球气候变暖、某些物种濒临灭绝。大量事实表明:工具理性过度张扬,物欲追求过盛,已经伤害了人本身。马克斯·韦伯反对单向经济决定论,反对人类社会的这种"工具化"。卡尔·马克思批判了人类社会的"异化"。卢卡奇也批判了人类社会的"物化"。人本主义哲学开始反思现代人的生存困境。为了纠正工具理性狂热的偏执,一些思想家提出了"人是目的"而不是手段的理念,开始关注人类精神世界的优化,指出了要把"以人为本"作为人类改造客观世界的基本原则,提出了以"诗意的栖居"作为人类的生存目标。于是,理论界开始追求价值理性,叩问人类的生存价值,以期抑制工具理性的过分张扬。只有构建人类生存的价值理性,才能减轻人类生存的精神痛苦,才能促进人的全面发展。

[①] 〔法〕卢梭:《爱弥尔》,李平沤译,商务印书馆,1976,第276页。
[②] 〔英〕英格尔斯:《文化》,韩启群等译,南京大学出版社,2008,第39页。

文化现代性是社会现代化的结果，而不是其原因。法兰克福学派颠倒了二者的关系，这是不对的。正如福柯所言："在某个意义上，批判是在启蒙运动中成长起来的理性的手册；反过来，启蒙运动是批判的时代。"① 对于西方学说的某些观点，批判是必要的。

贵州题材影视剧，积极支持文化现代性建设，关注个体的精神世界，建构自由、平等、旷达的人生态度，思考价值理性，提倡独立意志、自由精神，追求"诗意的栖居"，批判了"异化""物化""工具化"现象，大力倡导精神文明。

贵州题材影视剧，表现了人的主体性的觉醒与增长。改革开放之初，文艺理论界标举人的主体性，倡扬人的价值，具有积极的启蒙意义。刘再复倡导在文艺创作中凸显人的精神价值："把笔下人物当成独立的个性，当成不以作家意志为转移的具有自主意识和自身价值的精神主体，而不应以物本主义和神本主义的眼光，把人变成任人摆布的玩物和没有血肉的偶像。""创作要尊重读者的审美个性和创造性，把人还原为充分的人，而不是简单地把人降低为消极受训的被动物。"② 改革开放之初，刘再复的言论具有广泛的代表性和深刻的影响力，成为一个时代的号角。贵州题材影视剧的创作，积极响应了刘再复的观点。1985年出品的影片《良家妇女》，是应和时代精神的代表作之一，极具文化反思意义。影片以"女"字、"妇"字的演变过程开始，控诉了女性在中国古代遭受的重重压迫，交代了故事发生的文化背景。影片以阴森恐怖的声音象征女性的哀号，用石头上的浮雕记录了女性生殖、劳作的艰辛，表明千百年来女性的慷慨付出与所受尊重不相匹配，揭示了影片反封建、反压迫的主题，为女性热情呼唤自由平等。十八岁的余杏仙嫁给六岁的易少伟，这是典型的封建婚姻。让一个如花似玉的少女守活寡，这是反人性之举。与开炳交往，杏仙春心荡漾。杏仙不顾三嫂等封建卫道士的羞辱，大胆宣布要与少伟离婚，将与开炳结合。编导人员在改革开放的时代春风中编写了这个故事，凸显了影片主人公主体性的增强。影片《山雀》也张扬了个性，让主人公独立自由地

---

① 〔法〕米歇尔·福柯：《什么是启蒙？》；汪晖、陈燕谷：《文化与公共性》，三联书店，1998，第428页。
② 刘再复：《论文学的主体性》，《文学评论》1985年第6期。

选择自己的人生道路。妈妈把山雀许配给刁强二,这是封建的包办婚姻。山雀大胆反抗,宁愿赔偿彩礼钱也要嫁给心仪的铁头。山雀来到省城打工,思想观念日益现代化了。可是,铁头的思想观念依然很落后,虽然他发家致富了。山雀又一次反悔了。迫于农村的舆论压力,山雀最后还是坐上了铁头的花轿。这部影片表现了在农村保守的文化环境中主人公自由选择的艰难。影片《良家妇女》《山雀》都是从爱情婚姻角度表现主人公自主选择人生道路。独立抉择,自由决断,过上有尊严的生活方式,这是现代人应该培育的思想观念,具有历史进步性。影片《青红》中青红的爸爸、《云下的日子》中的丁晓娅、《与你同在的夏天》中李明馨的妈妈,这些人在改革开放初期都苏醒了主体性,大胆地重新选择人生道路。这些人曾经响应"上山下乡"、建设"大三线"等伟大号召,来到偏远的贵州工作了很长时间。改革开放以后,他们决定回到大城市去。他们抛弃户口、工作以及临时家庭等,以决绝的姿态告别痛苦的昨天,期盼开创美好的未来。这些影片形象地展示了改革开放初期人们主体性觉醒的艰难历程。随着改革开放的发展,随着现代化建设高潮的到来,主体性日益深入人心,逐渐成为人们日常生活的一部分。

贵州题材影视剧通过女强人形象的塑造,表达了男女平等的思想观念。电视剧《绝地逢生》的禄玉竹、韦号丽、黄九妹,是盘江村的三朵金花。她们是女强人,巾帼不让须眉,各自以艰苦奋斗干出了一番事业,奉献了各自的智慧与力量,赢得了人们的尊重。禄玉竹是盘江村有知识的女青年,在村办小学教书,兼任大队的团支部书记,办事踏实勤恳,工作务实高效,被领导看中后多次提拔,最终成为女县长。禄玉竹成为盘江村的骄傲。韦号丽泼辣、能干,能歌善舞,是盘江村的"百灵鸟"。她不顾个人声誉,还未成家就领养了牛娃,发扬了人道主义精神,受到了乡邻的交口称赞。大面积栽种花椒以及克服困难开办花椒油加工厂,表现了她出色的智慧。最终,她接替了蒙幺爸,成为盘江村的党支部书记。黄九妹的身世颇为曲折。因为家庭贫穷,她被迫远嫁他乡。因为丈夫早亡,她被夺去土地而回到娘家。天下有情人终成眷属,她与蒙大棍结合后,努力劳动,大力栽种花椒,成为勤劳致富的模范。这三朵金花,成为建设盘江村的重要力量,撑起了盘江村的半边天。这三朵金花,在艰苦的岁月中担负了重任,体现了可贵的担当精神,与盘江村的男性建设者同舟共济,共同描绘了盘江村的美好蓝图。这三朵金花,为盘江村的女性赢得了社会的尊重,成为人们竞相仿效的模范,激励着盘江村的青少年奋发向上,为开创美好未来而不懈奋斗。电视剧《青山绿水红日子》,运用了比较视角,刻画了林心竹与罗金福的形象,表达了男女平等的思想。东坪村与西坪村合并成凤凰村。林心竹、罗金福是凤凰村村委会的副主任。林心竹来自东坪村,系女性。罗金福来自西坪村,系男性。罗金福性格强悍,有时欺负林心竹。林心竹绵里藏针,不甘示弱。面临村委会主任选举,二人各显神通,大有一山不容二虎之势。最终,林心竹占了上风,担任凤凰村村委会主任。因为,她办事踏实、公道、细心,追求实效,善于团结群众一道前进。罗金福因为小舅子宋二毛倒卖国家级珍稀动物的事件而引咎辞职。罗金福去沿海地区打工半年多以后,回到凤凰村,担任凤凰村绿色旅游公司总经理,成为林心竹的得力助手。这部电视剧没有宣扬女性制服男性的思想,而是表达了男女平等的思想。林心竹为了建设凤凰村,尽职尽责,勤奋工作,开动脑筋想出了很多切实可行的办法,促进了凤凰村的发展。林心竹对于罗金福的一些狭隘的思想行为进行了有效抵制,但她没有出格的言行。她的所作所为,是光明正大的,因而获得了群众的称赞。林心竹当上村委会主任,是公平竞争使然。林心竹赢得群众信任的事实表明:女性只要尽心尽力,不懈奋斗,同样能够成为社会的栋梁。因此,女性要增强信心,富有理想,艰苦奋斗,务求实效,干好本职工作,争取更大进步。女性主义文艺,曾经出现了让女性压制男性的创作偏向。这种带有颠覆性质的创作思潮,是非理性的。女性主义文艺创作,可以反抗男性压制女性,但是不能鼓吹女性压制男性。男女关系要走向和谐,不能从一个极端走向另一个极端。极端主义往往是错误的。男性压制女性,是封建主义,是千百年来遗留的社会毒瘤。女性压制男性,是一部分女权主义者的复仇幻想,是极不健康的。男女平等、和谐共处才是处理男女关系的理想状态。

贵州题材影视剧,讴歌了坚强、乐观的人生态度,鼓舞了现代人加强心灵的净化以实现"诗意的栖居"。影片《炫舞天鹅》中的李晶晶,不懈追求舞蹈梦想,勤奋练习跳舞,即使身体严重伤残也没有放弃理想。李晶

第六章　贵州题材影视剧建构贵州形象的思想内核

晶的追梦过程，体现了她的勇敢与坚强、善良与乐观的人生态度。影片《致永不消逝的青春》中的肖丽，虽然身患绝症，但是，仍然对生活满怀憧憬。为了圆梦高考，她在医护人员的帮助下走完了高考全过程。她的高考分数超过了一本分数线，被贵州大学录取了。生命不息，奋斗不止，肖丽被网友称为"最坚强的高考女孩"。影片《扬起你的笑脸》，有一句台词是"扬起你的笑脸，把影子留在身后"。这句台词体现了乐观的人生态度。工具理性让现代人产生了诸如孤独、焦虑、隔膜、颓废、悲观、绝望等心理病症，把现代人引入精神荒原。自杀成为现代人解脱精神苦闷的不归路。现代社会带给人们丰裕的物质享受，却又带给人们精神的苍白。贵州题材影视剧，反思了现代人的精神现象，净化了心灵世界，把人们引向乐观、坚强的人生态度，让人们笑看人生，提升了思想境界，弘扬了价值理性。这种创作倾向必将产生有益的社会影响。

贵州题材影视剧体现了浓郁的怀旧意识。影片《少年邓恩铭》《旷继勋蓬遂起义》、电视剧《黄齐生与王若飞》《奢香夫人》等怀念贵州的英雄人物。电视剧《遵义会议》《雄关漫道》、影片《勃沙特的长征》《马红军》等怀念长征时期的革命理想与艰苦奋斗精神。影片《不朽的时光》回忆了20世纪80年代高考的美好时光。怀旧话语的勃兴，个体性与集体性交织在一起。怀旧记录了个体成长的心路历程，也成为社会的文化景观。怀旧的时间流程是导向过去的，却深刻影响了现代人的日常生活。怀旧是心理学上的重要现象，更是社会学上的重要现象。怀旧以现代人的恋旧、思乡等为情感表征，以不满现实为思想驱动力，是现代人为弥补生活的不连续性而采取的自我防御机制。现代社会为现代人提供了无比丰盈的物质生活，也提供了无比开放的生活空间。但是，现代人的生活漂泊不定，不确定性成为现代生活的基本特征。现代人失落了家园、疏离了家。"家只存在于想象中……怀旧意指童年的家和童年的丧失……怀旧是成年人的生存状况。"[1] 饱经沧桑又满怀焦虑的成年人经常怀旧。在特定情境中，怀旧才能发生。"怀旧不是一种反历史的永恒不变的事物，不是这样一种对任

---

[1] Roberta Rubenstein, *Home Matters: Longing and Belonging, Nostalgia and Mourning in Women's Fiction* (New York: Palgrave, 2001), pp. 3–5.

何时间的任何人的潜在的感情,而是只在某些特定的时间和地点才有可能。"① 现代性造成了现代人的两难处境,现代人感到了自身的分裂性。怀旧是现代人寻求灵魂归属感以维护心理平衡的情感倾向。"从生存意识来看,速度控制了人,施加给人巨大的压力,改变了人的生存意识;从生存经验来看,距离感的重心转移,人与人之间的心理疏离及其造成的个体生存的不确定性、不安全感和孤独感成为困扰现代人的重大问题;从生存状态来看,现代人的本真性被消解,碎片化生存成为人的日常生存。归根结底,正是这三方面的变动根本动摇了人的传统理念,也正是对此变动的'困惑不解'催生了现代怀旧。"② 距离产生美,时间、空间距离的拉大,改变了现代人的心理体验。怀旧是心理现象,存在于人类的精神领域。怀旧是对过去的渴望,认同过去提供的种种框架,体现了人文精神。怀旧建立在对现实的否定和对过去的肯定的基础之上,是对过去的想象性重构,是根据当代人的某种需要对历史进行再创造,是把传统进行净化处理而非历史原貌的叙述。怀旧是两种异质文化之间的冲突,例如,现代文明与传统文化、城市文化与乡村文化、异域文化与本土文化、成人文化与童年文化等。怀旧关乎现代人的社会属性,例如,文化身份、文化信仰、民族情感、生活空间等。怀旧是一种普泛的文化情怀,是一种审美体验,包含了反思意识。怀旧具有文化救赎功能,是一种心灵疗伤、心理修复的手段。怀旧成为现代人生活的一部分。总之,贵州题材影视剧的怀旧,具有积极的文化意义。怀念贵州历史上的英雄人物,有利于以英雄人物为楷模,激励人们奋勇前进,创造出无愧于伟大时代的伟大业绩,推动贵州的跨越式发展。怀念革命岁月,有利于人们回归为人民大众谋幸福的革命出发点,不忘初心,牢记使命,汲取革命精神和革命斗志,时刻保持纯洁而高尚的理想信念,努力提高为人民服务的本领,像革命志士一样为人民的利益不懈奋斗,谱写新时代的壮丽篇章,向人民交上一份合格的答卷。怀念20世纪80年代的往事,有利于人们重回改革开放起跑线,以自我革命的精神,提振刮骨疗毒、壮士断腕的决绝勇气,打破

---

① Keith Tester, *The Life and Times of Post–modernity* (London: Rouledge, 1993), p.64.
② 周宪:《文化现代性与美学问题》,中国人民大学出版社,2005,第8~9页。

利益固化的樊篱,疏浚淤泥沉渣,荡涤一切浑汁浊水,努力推进改革开放新征程,迎来河清海晏、朗朗乾坤,尽心尽力为建成社会主义强国而继续奋斗。

贵州题材影视剧,批判了工具理性,弘扬了价值理性,彰显了人文精神。影片《女兵还乡》,批评了村长赵家贵片面的经济建设思想。作为远山村的村长,千方百计带领村民致富奔小康,无疑是正确的。但是,他禁止村民放电影,禁止建图书室,禁止搞文娱活动……凡是要花钱的事情,都在禁止之列。他的目的是让村民的年人均收入突破一万元,以便向上级邀功请赏。这是片面的经济建设思想。殊不知,村民虽然富裕起来了,但是,观念依然落后,迷信依然盛行,重男轻女依然严重,文盲依然很多。赵家贵把村民当成了挣钱的工具,只重视收入的增长,忽视了人的精神世界的改造。赵家贵成了地地道道的"单向度的人",是工具理性锻造出来的畸形的人。康德说:"人是生活在目的的王国中。人是自身的目的,而不是工具。人是自己立法自己遵守的自由人。人也是自然的立法者。"① 因此,经济建设必须以人为本,要以促进人的全面发展为目的。赵家贵片面的经济思想具有一定的代表性,是极其错误的。女兵柳华退伍还乡以后,纠正了赵家贵的错误。柳华倡议建图书室、放电影,开展文娱活动,得到年轻人的响应。她还规劝中老年人停止迷信活动,相信科学,学习科学知识。她还倡导移风易俗,改变陈规陋习。柳华以先进文化教育了村民,以现代文化引导村民走向小康社会,产生了良好的社会效益。

中国的文化建设任重而道远。如何塑造公民的心智,至今仍然是中国社会面临的重要问题。因为,"普遍粗鄙化"至今仍然是弥漫于精神生活中的一种沉疴重症。正如邵燕祥先生所言:"粗鄙化的背后,是官僚气、市侩气、流氓气的沉滓一气(唯独没有'士气'即体现文化命脉的正气),弥漫在官场、商场、市井以至穷乡僻壤。"② 加强文化现代性建设,培育公民优良的心性秩序成为迫切任务。"对于自鸦片战争以来,

---

① 〔德〕康德:《实践理性批判》,韩水法译,商务印书馆,2003,第95页。
② 邵燕祥:《普遍粗鄙化:当代的社会病?》,《书摘》2001年第1期。

包括中国在内的一直在寻求自己当下以至未来历史新坐标原点的民族国家来说，首先面临着的，是长期以来因'现代性'发育不足所产生的一系列复杂艰深的、多少带有'混沌性'的理论难题。要引导中国社会及早摆脱业已并不断扩散着的精神生活之严重的'粗鄙化'现实，仅靠本质上已陷入'无力自救'境地的中国知识界单方面的努力显然是捉襟见肘的。为着一个公序良俗社会中民众之普遍的优良心性/心灵秩序的化育和养成，为着一种尊贵、体面和优雅的精神生活质态的生成，我们需要一种致力于'天道'与'人道'有机合一的公民性实践伦理规制与制度性努力。"[1] 只有如此，才能净化精神生活，走向文化自觉，促进文化现代性建设。

（五）影视美学的现代性

考察贵州题材影视剧的现代性思想，必须考察艺术本体层次。影视美学的现代性，在此主要涉及贵州题材影视剧中现代性思想的艺术本体内容。笔者拟从日常生活的美学、数字美学、贵州影像的现代新质这三个方面，来阐释贵州题材影视剧中影视美学的现代性。

贵州题材影视剧，运用了日常生活的美学来观照贵州人的现实生活。影片《与你同在的夏天》《地下的天空》《小等》《路边野餐》等，强调表现"生活流"，比较真实地记录贵州人的生存状态，体验人们的悲欢离合。影片《阿娜依》《阿欧桑》《行歌坐月》《云上太阳》《侗族大歌》《滚拉拉的枪》《姑娘要壮，开水要烫》等，展现了贵州生活的"原生态"，编织着贵州人"诗意的栖居"的美丽梦幻。这些影片没有编织尖锐复杂的矛盾冲突，淡化了情节，只是多用长镜头冷静地记录人生百态、家长里短、自然风物；不用布景，不用明星，多用自然光效、非职业演员饰演他们身边的人、常见的事。这些影片把巴赞、克拉考尔等人的纪录美学发挥到极致，一切都有生活本身的隽永，平淡如水又甘之如饴。这些影片带给观众的是返璞归真的感受，把观众引向一个远离虚夸的静谧空间，让心灵享受片刻宁静。20世纪的美学，发生了"日常生活转向"。日常生活在现代性

---

[1] 袁祖社：《"文化现代性"的实践伦理与精神生活的正当性逻辑——现代个体合理的心性秩序吁求何以可能》，《思想战线》2014年第3期，第79页。

语境中彰显了真实性。胡塞尔提出了"向生活世界还原"的思想。海德格尔把此在的日常生活看作"常人"的生存方式。海德格尔提出用"诗性"的尺度来衡量生存质量的高低。他认为："安居之度本真的测度，是建筑的原始形式。诗首先让人的安居进入它的本质。"[1] 人们学会用诗性的尺度来度测世界时，"诗意的栖居"就能很快变成现实了。日常生活的审美化致力于消弭日常生活与艺术的界限。杜尚的小便器、安迪·沃霍尔的汤罐头、惊世骇俗的行为艺术，都在日常生活的引领下进入了审美的范畴。先锋派的艺术实践、日常生活的符号化、大众文化等都是日常生活美学的生动诠释。审美的日常化拓展了美学研究的范畴，教导人们以新的审美方式去思维。日常生活的审美推动了人类社会向前发展。贵州题材影视剧运用日常生活的美学，有利于发现平凡人生的存在意义，有利于展现贵州山水风物之美，有利于开掘生活的诗意，收到了平中见奇的艺术效果。

贵州题材影视剧运用了数字美学，营造了奇观效果。影片《扬起你的笑脸》《天堂有泪》《铁血警魂之卧槽马》等，电视剧《二十四道拐》等运用了数字技术，营造了特效镜头。虽然这样的镜头很少见，但也表现了贵州题材影视剧的现代美学思想。德波提出了"景象即商品"的论断。德波认为，消费社会中视觉文化逐渐流行起来，"物"包围"人"其实就是影像包围人。德波说："商品拜物教的基本原则——社会以'可见而不可见之物'的统治，在景观中得到绝对的贯彻，在景观中真实的世界被优于这一世界的影像的精选品所取代。然而，同时这些影像又成功地使自己被认为是卓越超群的现实之缩影。"[2] 大量事物转向了外在的表征。这种逻辑导致影视艺术出现了虚拟现实和奇观化效应。由电脑软件设计虚拟情境、虚拟画面，把观众带入一个亦真亦幻的缥缈世界。弗兰克·巴奥卡说："虚拟现实在我们面前展现为一种媒体未来的景观。它改变了我们交流的方式，改变了我们有关交流的思考方式。关于那种我们可望而不可即的媒体有许多说法：电脑模拟、人造现实、虚拟环境、扩展的现实、赛博空间

---

[1] 〔德〕马丁·海德格尔：《人，诗意地安居》，郜元宝译，广西师范大学出版社，2000，第77页。

[2] 〔法〕居伊·德波：《景观社会》，王昭凤译，南京大学出版社，2007，第13页。

等等。随着技术的未来展现出来，很可能会有更多的术语被创造出来。"① 鲍德里亚认为，现代文化已经进入模拟阶段，模拟和仿像应运而生。"今天，整个系统在不确定性中摇摆，现实的一切均已被符号的超现实性和模拟的超现实性所吸纳了。如今，控制着社会生活的不是现实原则，而是模拟原则。"② 现代媒介改造了现代人的日常生活，现代人越来越依赖现代媒介而生存。人们创造了现代符号系统，形形色色的符号成为人们相互联系的主要通道。这样就模糊了符号世界与现实世界的界限。人们被一个符号世界所包围，生活在一个由仿像所构成的世界中。这个世界的主要特征就是"假的比真的更真实"。现代媒介制造的图像，不再是现实世界的真实复制，而是越来越走向虚拟性。因此，现代社会中，符号与现实的关系发生了深刻变化，迫使人们建构新的思维范式来应对文化的急剧变迁。虚拟现实对影视剧生产的重要影响是增加了成本、增强了视觉吸引力、经济回报率大大提高。但是，贵州题材影视剧的成本普遍偏低，所以，影视特效用得非常少。如果增加成本，贵州题材影视剧就可以考虑用特效镜头来增强观赏性了。

贵州题材影视剧中，贵州影像具有现代气息，彰显了贵州经济社会发展的现代性。马尔丹说："画面是电影语言的基本元素。它是电影的原材料。但是，它本身已经成了一种异常复杂的现实。事实上，它的原始结构的突出表现就在于它自身有着一种深刻的双重性：一方面，它是一架能准确、客观地重现它面前的现实的机器自动运转的结果；另一方面，这种活动又是根据导演的具体意图进行的。"③ 电影画面呈现的内容具有客观性，也具有主观性，是客观与主观的统一。贵州题材影视剧，呈现了贵州经济社会发展的现实图景。这些画面见证了贵州的发展与进步。影片《不朽的时光》呈现了现代化的大桥形象。这座大桥通车后，缩短了修文县与省会贵阳之间的距离。从修文开车去贵阳，原来需要七天，现在只要两天。这

---

① Frank Biocca and Mark R. Levy, eds. Communication in the Age of Virtual Reality (Hillsdale: Lawrence Erlbaum, 1995), p. 4.
② Mark Poster, eds. Jean Baudrillard: Selected Writings (Stanford: Stanford University Press, 1988), p. 120.
③ 〔法〕马赛尔·马尔丹：《电影语言》，何振淦译，中国电影出版社，2006，第 1 页。

座大桥成为赞颂现代化的重要物象。影片《云下的日子》,展现了贵州日益现代化的生动图景:农村要分田到户以促进农业生产;城市要振兴企业,企业要扩大经营自主权。影片最后展现的一组画面,展现了改革开放的巨大成果,表明了导演的意图——歌颂现代化给贵州带来的实惠。城市最先走向现代化,是现代化的最大受益者。影片《扬起你的笑脸》《阿欧桑》《飞翔的爱》《炫舞天鹅》等,电视剧《恩情无限》等,呈现了21世纪以来贵阳、安顺、凯里等现代城市的形象。这些影视剧中的城市,现代化气息扑面而来,昭示着贵州在前进。展示现代化伟大成就的画面,成为贵州题材影视剧中影视美学现代性的重要依托。

三 贵州题材影视剧表达现代性思想的意义

贵州题材影视剧表达现代性思想,其意义主要表现在以下三个方面。

第一,建构了发展、进步的贵州新形象。

贵州题材影视剧,展示了改革开放以来贵州经济社会日益现代化的丰硕成果,建构了贵州现代化的形象,建构了贵州走进新时代、逐渐与国际接轨的形象。建构贵州新形象,有助于打破人们对贵州的"刻板印象",有助于消弭人们对于贵州的神秘感,有助于让贵州形象走向大众、传遍全球。哈维说:形象即商品,形象即市场身份。那么,贵州新形象的建构,必将促进贵州在市场经济中获得更大的竞争优势。

第二,激励贵州经济社会实现跨越式发展。

发展仍然是第一要务。解决复杂的矛盾和问题,首先要依靠发展。目前,贵州面临着艰巨的脱贫攻坚任务。所以,贵州仍然需要大力发展经济和社会事务,仍然需要为跨越式发展付出艰辛的努力。贵州的发展可以充分发挥后发优势,借鉴东部地区的先进经验,坚持科学发展,坚持创新驱动,提高发展的质量与效益,促进产业的转型升级。贵州人需要不懈奋斗,永不满足、永不停滞,开启贵州改革开放新征程,开辟贵州发展新境界,以实现"百姓富、生态美"的美好愿景。贵州题材影视剧,为贵州的跨越式发展摇旗呐喊,传输了强劲的精神动力,发挥了巨大的鼓舞作用。

第三,传播"以人为本"的理念,有利于人的全面发展。

人是"目的"而不是"手段"。社会的发展进步必须有利于人本身。

要弘扬价值理性，激励人们更加关注人本身的生存状态，促进人的全面发展。贵州在发展经济的基础上，还要提升百姓的幸福指数。要推动公共设施建设，扩大公共服务的覆盖面，提高公共服务的质量，让老百姓在生活的一点一滴中感受到幸福指数的上升，让老百姓有更多的获得感。贵州题材影视剧传播了现代理念，引导人们培育现代观念，必将促进贵州人更好地融入现代社会、实现全面发展。

第七章　贵州题材影视剧建构与传播贵州形象的问题及策略

贵州题材影视剧的传播效果不理想，原因在于贵州题材影视剧建构贵州形象尚存在一些严重问题。为了解决这些问题，笔者以好莱坞电影建构美国形象、云南题材影视剧建构云南形象为借鉴，简要地提出一些策略。

第一节　贵州题材影视剧建构与传播贵州形象的主要问题

贵州题材影视剧建构了贵州形象。1948年，拉斯韦尔在《传播在社会中的结构和功能》一文中提出了"5W"命题："描述传播行为的一个方便的方法，是回答下列五个问题：谁/说了什么/通过什么渠道/对谁/取得了什么效果？"[1] 贵州形象传播，是一些传播主体在特定的传播环境中，把贵州题材的内容通过一些传播媒介传达给广大受众的系统化过程。传播效果是贵州形象传播的重要依托。效果良好才是贵州形象传播的目的。笔者拟从考察贵州题材影视剧传播贵州形象的效果入手，反观贵州题材影视剧传播贵州形象的全流程问题。

一　贵州题材影视剧建构贵州形象的传播效果述评

1. 贵州题材电影传播效果述评

21世纪以来，贵州逐渐重视运用电影这种艺术形式来建构与传播贵州

---

[1]〔英〕丹尼斯·麦奎尔、〔瑞典〕斯文·温德尔：《大众传播模式论》，祝建华、武伟译，上海译文出版社，1987，第16页。

形象。贵州省委宣传部有计划地组织各方面力量，精心策划，精心选题，精心制作了一批贵州题材电影。民间电影人也积极参与，多方筹集资金，全力投入拍摄，为建构和传播贵州的美好形象贡献了智慧与力量，表现了积极的担当精神。

21世纪以来，贵州题材电影大部分是文艺片。这些文艺片，主要在中央电视台电影频道、各省级电视台影视频道以及网络上进行传播。电视台、网络公司按照既定的价格进行收购，或者根据收视率、点击率的高低付给相应的报酬。

贵州题材电影，只有一小部分影片有幸进入院线发行，然后进入电影院进行放映。由于中国缺乏艺术电影院线，所以，文艺片在影院放映中明显处于不利地位。大多数文艺片成为影院的匆匆过客，"一日游"或者几日游之后匆匆下线，而且排片率很低。这样导致票房极低。

笔者考察了21世纪以来进入影院放映的贵州题材电影的票房业绩，如表1所示。

表1 21世纪以来贵州题材电影票房业绩

影片名称	出品年代	票房（单位：万元）	所获奖项
《地下的天空》	2008	6.22	2008年荣获法国里昂国际电影节评审团最高奖，哥伦比亚波哥大国际电影节最佳导演、最佳影片奖；2009年荣获法国多维尔电影节评审团大奖
《云上太阳》	2010	21.59	国家广播电影电视总局、文化部2011年度对外宣传影片；美国第17届塞多纳国际电影节荣获最佳外语片、最佳摄影、观众最喜爱影片奖三项大奖
《幸存日》	2011	47.30	
《云下的日子》	2011	42.18	
《最美的时候遇见你》	2015	156.45	
《先锋之那时青春》	2016	8.06	
《炫舞天鹅》	2011	45.03	余治林获第16届洛杉矶国际家庭电影节最佳新人导演奖
《飞扬的青春》	2012	5.05	

续表

影片名称	出品年代	票房（单位：万元）	所获奖项
《人山人海》	2012	119.53	第68届威尼斯电影节最佳导演银狮奖；第33届法国南特三大洲国际电影节热气球银奖
《神马都是浮云》	2012	88.00	
《行歌坐月》	2012	3.35	
《嗨起，打他个鬼子》	2013	1.10	
《落经山》	2013	9.20	
《剑河》	2014	24.85	
《诺苏之鹰》	2014	445	
《闯入者》	2015	1003.60	第8届亚太电影大奖的"最佳女主角"奖；2015年度华语十佳影片
《国酒》	2016	1021.42	
《不朽的时光》	2016	72.85	
《路边野餐》	2016	647.70	第37届法国南特三大洲国际电影节最佳影片"金气球"奖；第52届台湾地区电影金马奖最佳新导演、国际影评人费比西奖；第68届洛迦诺国际电影节当代电影人单元最佳新导演银豹奖；第15届土耳其伊斯坦堡独立电影节金奖；第16届西班牙加纳利群岛拉斯帕尔马斯国际电影节金奖；第7届中国电影导演协会年度青年导演奖
《山那边有匹马》	2016	26.78	
《侗族大歌》	2017	16.99	2016年荣获第22届加拿大维多利亚国际电影节组委会特别大奖"新文化浪潮电影大奖"；第49届美国休斯敦国际电影节最佳导演奖、最佳艺术指导奖；第6届北京国际电影节民族影展"最佳影片奖"；第11届法国巴黎中国电影节最佳民族电影导演奖、最佳女主角奖、最佳新人男演员奖

这些影片表现出以下两个重要特征。

一是票房极低。即便是在国外荣获大奖以后进入国内影院放映，也没有逃脱票房低的命运。例如，影片《人山人海》，荣获了重量级奖项——

第68届威尼斯电影节最佳导演银狮奖;可是,票房只有119.53万元。即便借助品牌效应和明星效应,也没有在票房上取胜。例如,影片《国酒》,借助茅台酒的品牌声誉,邀请黄奕、赵文瑄等明星加盟,票房也只有1021.42万元。即便进行类型化制作,也没有刺激票房增长。例如,影片《神马都是浮云》运用喜剧类型,票房只有88万元。影片《剑河》运用武侠类型,票房只有24.85万元。这些影片如果只有票房收入,将会面临入不敷出的风险。例如,影片《幸存日》的投资为1400多万元,票房只有47.30万元。据导演闫然说,影片《幸存日》与《云下的日子》的总投资将近3000万元。但是,这两部影片的总票房为89.48万元。影片《侗族大歌》于2017年11月17日才在全国院线上映,票房只有16.99万元,还免费放映了三百多场。这些影片通过多种方式筹集资金,在电视、网络上播放,收回成本是有可能的,有可能避免亏损。但是,票房极低是普遍现象。

二是口碑极好,获奖较多,奖项的级别也较高。这些影片的个人化色彩浓厚,创新性强,具有深刻的思想内涵,贴近现实,直面社会问题,视听语言和拍摄方式风格化。因而,网络上的评分很高,在国内外的电影节展上经常获奖。

总之,贵州题材电影的总体特征是以文艺片居多,进入院线发行放映的很少,严重依赖于电影频道播放和网络传播;票房极低、口碑很好,票房与口碑极不相称。大部分贵州题材电影具有清醒的现实主义精神,能够及时反映贵州丰富多彩的社会生活,能够保护和传承贵州民族民间文化,内容驳杂而充实,形式灵活而风格化,制作精良,体现了主创人员的匠心,收到了良好的社会效益。一些影片堪称艺术精品,成为贵州题材电影的骄傲。但是,大部分贵州题材电影缺乏观众意识;其故事情节远离当今时代的热点话题,尤其是远离当今"80后""90后""00后"年轻人的日常生活;那些带有纪录片风格的故事片,叙事节奏缓慢,很难适应年轻观众的需求;投资较少,很少邀请明星加盟,难以形成粉丝效应,很少使用特效镜头,难以提高视觉吸引力。因此,贵州题材电影惨遭观众的冷遇就具有某种必然性。贵州题材电影票房业绩不足挂齿,至今还未产业化。

2. 贵州题材电视剧传播效果述评

笔者认为,贵州题材电视剧的传播效果比贵州题材电影的传播效果要好得多。贵州电影制片厂昙花一现，1958年创办，1961年便解散了。贵州题材电影长期以来缺乏竞争力。贵州题材电影的生产没有得到高度重视。

贵州文艺界高度重视贵州题材电视剧的生产。贵州电视台自创办以来一直致力于电视剧的创作。贵州电视台成立了电视剧制作中心以专门负责创作电视剧。后来，贵州电视剧制作中心从贵州电视台独立出来。贵州电视剧制作中心隶属于贵州省广电局，成为贵州电视台的平行单位。贵州电视台、贵州电视剧制作中心曾是贵州题材电视剧的重要生产单位，与贵州日报报业集团·黔森影视文化工作室形成三足鼎立之势，为贵州题材电视剧的发展繁荣提供了重要保障。

在20世纪后期，在人们的日常生活中电视的影响力是最大的。贵州电视台在贵州区域内牢牢把握了传媒话语权，与百姓的关系最亲密。这个时期的贵州题材电视剧，在贵州电视台以及其他电视台播出以后，深受观众欢迎。其中，电视剧《普通一官》《侗女贝仙》《二月天》《难念的经》《黄齐生与王若飞》《遵义会议》《民办老师》《杨虎城的最后岁月》等产生了广泛的社会影响。20世纪，我国处于短缺经济时期，电视剧是供不应求的，观众对于电视剧的选择余地不大。这些贵州题材电视剧及时满足了观众的欣赏需求，对于传播贵州文化发挥了积极作用。

表2 20世纪贵州题材电视剧荣获国家级电视奖项一览

电视剧名称	出品年代	集数	所获奖项
《普通一官》	1989	4	1990年获西南五省区优秀电视节目一等奖
《侗女贝仙》	1990	1	1990年获第三届全国少数民族题材电视艺术"骏马杯"三等奖
《难念的经》	1992	15	中宣部"五个一"工程奖提名奖
《黄齐生与王若飞》	1994	14	1994年荣获中宣部第四届"五个一"工程奖
《遵义会议》	1996	8	荣获中宣部第六届"五个一"工程奖；第17届"飞天奖"的中篇电视连续剧二等奖
《民办老师》	1997	4	1998年获中国少数民族题材电视艺术"骏马奖"三等奖
《杨虎城的最后岁月》	1999	8	荣获中国电视"飞天奖"

以上荣获国家级奖项的贵州题材电视剧，都在中央电视台和省级电视台播放过，有的还重播过。这些电视剧，以短制为特点，说明这个时期贵州题材电视剧的生产能力十分有限。

21世纪以来，我国由短缺经济时期过渡到过剩经济时代，电视剧由供不应求转变为严重过剩。经济环境急剧变化，市场竞争异常激烈。传媒环境急剧变化，电视剧之间的竞争异常激烈。为了推动贵州经济社会的跨越式发展，贵州越来越重视运用电视剧来建构与传播贵州的良好形象。

21世纪以来，贵州的官方与民间逐步认清了贵州形象建构与传播的重要意义。贵州文艺界积极创作贵州题材电视剧以建构与传播贵州形象，推动了贵州经济社会的跨越式发展。

表3　21世纪以来贵州题材电视剧荣获国家级电视奖项一览

电视剧名称	出品年代	集数	所获奖项
《周恩来在贵阳》	2002	2	2003年荣获第21届中国电视金鹰节短篇电视剧提名奖
《雄关漫道》	2006	20	2007年荣获中宣部第10届"五个一"工程奖；荣获"金鹰奖""飞天奖"
《绝地逢生》	2009	20	2009年荣获中宣部第11届"五个一"工程奖；获"金鹰奖"、全国少数民族题材电视剧一等奖
《奢香夫人》	2011	30	2012年荣获中宣部第12届"五个一"工程奖、第26届金鹰奖
《二十四道拐》	2015	32	2015年荣获第三十届电视剧"飞天奖"剧目奖

这些荣获国家级电视奖项的贵州题材电视剧，堪称精品力作。贵州题材电视剧接连三届荣获中宣部"五个一"工程奖，形成了贵州电视剧发展史上的一个高峰，有力地传播了贵州形象。

21世纪以来，贵州题材电视剧的发展呈现以下五个特点。

一是篇幅扩容，生产能力增强。20世纪的贵州题材电视剧，多为10集以下，超出10集的实属凤毛麟角。21世纪的贵州题材电视剧，多为20集以上，超过30集的也很多。篇幅加长，有利于发挥电视剧的人气积聚效应，能吸引观众的注意力。篇幅加长，表明贵州题材电视剧的生产能力增强。篇幅加长，让贵州题材电视剧告别了"小器"阶段，开启了"重器"

模式，丰富了贵州题材电视剧的内容，提高了其表现力。

二是贵州题材电视剧传播能力大大增强，多次出现了收视率很高、美誉度很高的电视剧。2015年1月1日，"一剧两星"政策正式实施，播放平台的竞争更趋激烈，倒逼电视剧提高质量。在电视剧竞争激烈的大背景下，一些贵州题材电视剧能够在央视一台、央视八台进行播放，实在是难能可贵。电视剧《雄关漫道》，在央视一套播放，收视率最高达到7%，在纪念长征胜利70周年的活动中发挥了重要作用。电视剧《绝地逢生》，2009年3月5日在央视一台播放，收视率很高，并且引起了热议。电视剧《杀出绝地》，2009年2月14日在央视八台播出，大约有4.8亿人次收看了这部电视剧。其收视率在央视八台年度收视率中排名第四。电视剧《风雨梵净山》于2011年10月12日在北京卫视首播，在央视也播放过。电视剧《奢香夫人》于2011年11月10日开始在央视一台播放，平均收视率达3.8%。这部电视剧的发行价格每集超过100万元，发行收入超过3000万元。电视剧《二十四道拐》于2015年9月9日在央视八台播放，于2015年10月18日在央视一台播放，后来又重播了。一些贵州题材电视剧在高端平台播放，有效传播了贵州形象，让全国观众不得不正视贵州，并且对贵州产生好感、产生了浓厚的兴趣。观看贵州题材电视剧以后，许多观众产生了到贵州走一走、瞧一瞧的想法，推动了贵州旅游业的发展，增加了贵州的旅游收入。例如，电视剧《奢香夫人》播放以后，前来大方县的游客大量增加。看贵州宣慰府，吃大方豆腐，赏大方漆器，成为游客的爱好。电视剧《二十四道拐》播出以后，前来二十四道拐参观旅游的人成倍增加。早晚时分，二十四道拐上出现了火把长龙。贵州题材电视剧传播能力的增强，有利于贵州形象的广泛传播，有利于提高人们对贵州的关注度，有利于提高贵州的美誉度。

三是核心企业、领军人物发挥了重要作用。贵州电视台、贵州电视剧制作中心、贵州日报报业集团·黔森影视文化工作室，是贵州题材电视剧生产的核心企业。欧阳黔森、唐佩琳、李俊等是贵州题材电视剧生产的领军人物。核心企业、领军人物组织各方面力量，共同致力于贵州题材电视剧的制作。贵州本土的核心企业、领军人物之形成，是来之不易的。核心企业、领军人物的出现，是贵州文化体制改革取得成效的重要表现。核心企业、领军人物所发挥的重要作用，表现为贵州题材电视剧经济效益与社会效益的提升。有无核心企业、领军人物，是20世纪与21世纪贵州题材电视剧制作的重要区别。有了核心企业、领军人物，贵州题材电视剧的发展就有了主心骨，从此步入了繁盛时期。

四是与省外电视剧生产单位的合作更加密切。20世纪，贵州题材电视剧的制作只是偶尔与省外电视剧生产单位合作。进入新21世纪，贵州题材电视剧的制作全方位地与省外电视剧生产单位开展合作。在人才、资金、技术、管理等各个方面，贵州题材电视剧的制作与省外电视剧生产单位进行深入合作，大大提高了贵州题材电视剧的生产能力。事实表明，这种"借船出海"的策略已经收到了立竿见影的效果，可以继续推行。中央电视台、八一电影制片厂和中视星程文化传媒公司、上海国亭文化公司等北京、上海的一些民营影视企业，为贵州题材电视剧的制作带来了先进技术、尖端人才、雄厚资本等，大大提高了贵州题材电视剧的创意策划水平、技术水平、营销水平，也让贵州题材电视剧的生产队伍经受了高水平的锻炼。这些都有益于贵州题材电视剧的生产与再生产。

五是产业开发意识逐渐明确，发展前景十分可观。贵州文艺界充分认识到贵州题材是电视剧创作的"富矿"，因而，以弘扬主旋律为主，全方位开发贵州题材。贵州拥有多彩的民族民间文化、厚重的历史文化、瑰奇的生态文化，能够为贵州题材电视剧的创作提供丰富的文化资源。这些文化资源在很长时期内都没有得到很好地开发利用，所以，在21世纪开发这些文化资源显得十分迫切。充分开发这些文化资源，成为贵州题材电视剧创作的重要任务。21世纪以来，文化产业发展渐成气候，文化产业对经济发展的贡献率越来越大，各地政府千方百计大力发展文化产业。贵州的党政领导层高度重视发展文化产业，先后好几次大规模进行电视剧拍摄的策划，与省内外影视企业协同规划，制作了一批有影响力的贵州题材电视剧。贵州充分发挥了后发优势，积极借鉴省外的先进经验，充分调动各方面力量的积极性，充分运用各种资源。因而，贵州题材电视剧发展前景光明。

3. 贵州题材影视剧荣获中宣部"五个一"工程奖情况述评

21世纪以来，贵州逐渐重视运用贵州题材影视剧来建构与传播贵州新形象。贵州省委宣传部,已经成为贵州题材影视剧制作的重要策划者、组织者、管理者。贵州省委宣传部多次有计划、有组织地组团去北京等地与国内外知名影视企业、影视业界精英洽谈拍摄事宜,强力推动了贵州题材影视剧的生产与营销。例如,2009年6月12日,时任贵州省委常委、宣传部部长的谌贻琴,率贵州代表团去北京,在北京万达索菲特大饭店召开贵州重点题材影视创作座谈会。来自中宣部文艺局、中央电视台影视部、知名影视企业的负责人和知名导演、编剧、制片人等,深入探讨了25个重点题材的拍摄,为贵州题材影视剧的制作把脉支招。而且,双方还签订了一些协议,为拍摄影视剧做了有益的准备工作。贵州省委宣传部作为思想文化方面的领导机关,对于贵州题材影视剧的创作必定会提出思想政治方面的高标准严要求,规范着贵州题材影视剧沿着社会主义方向前进,贯彻马克思主义文艺观进行创作,为中国特色社会主义伟大事业鼓与呼;以社会主义核心价值观引领创作,倡导社会主义精神文明,表现伟大的中国梦。

正因为贵州省委宣传部"耍龙头",所以,贵州题材影视剧呈现显著的主旋律色彩。而且,贵州题材影视剧一些知名的编导人员也明确表示:要突出主旋律的创作倾向。例如,欧阳黔森就非常强调主旋律创作。欧阳黔森参与制作(包括编剧和制片人的工作)的电影《幸存日》《云下的日子》等和电视剧《雄关漫道》《绝地逢生》《风雨梵净山》《奢香夫人》《二十四道拐》等,都是弘扬主旋律的精品力作。其中,《雄关漫道》《绝地逢生》《奢香夫人》这三部电视剧接连三届荣获中宣部"五个一"工程奖。

这些情况表明:贵州题材影视剧具有主旋律情结。按照如此的内在发展逻辑推断:贵州题材影视剧在表现主旋律方面可能继续大有作为。主旋律文艺创作有一个重要的发展平台,这就是中宣部"五个一"工程奖。中宣部"五个一"工程奖是扶持主旋律文艺创作的重要平台,也是检阅主旋律文艺创作成果的重要方式。因此,笔者将考察贵州题材影视剧荣获中宣部"五个一"工程奖的状况,目的在于从中宣部"五个一"工程奖的获奖情况入手,了解贵州影视剧主旋律创作状况,并且积极挖掘贵州题材影视剧建构与传播贵州形象的相关问题。

表 4 中宣部"五个一"工程奖历届影视奖及贵州影视获奖情况

	获奖电视剧（片）总数	获奖的贵州电视剧（片）数量	获奖电影总数	获奖的贵州电影数量
第 一 届	15	0	7	0
第 二 届	16	0	6	0
第 三 届	26	0	8	0
第 四 届	28	1	10	0
第 五 届	29	0	11	0
第 六 届	30	1	16	0
第 七 届	56	0	26	0
第 八 届	64	1	23	1
第 九 届	11	0	5	0
第 十 届	37	1	22	0
第十一届	33	1	26	0
第十二届	33	1	26	0
第十三届	30	0	27	1
第十四届	14	0	13	0
合 计	422	6	226	2
百分比（%）	100	1.42	100	0.88

表 4 表明：中宣部"五个一"工程奖已经评选了十四届，获奖的电视剧（片）一共有 422 部，获奖的电影一共有 226 部。其中，获得中宣部"五个一"工程奖的贵州电视剧（片）有 6 部，占获奖电视剧（片）总量的 1.42%；获得中宣部"五个一"工程奖的贵州电影有 2 部，占获奖电影总量的 0.88%。

贵州影视剧荣获中宣部"五个一"工程奖的比例是大还是小，只有通过比较才能得出结论。笔者选取广东、江苏、河南、湖南、四川、云南这六个省份来与贵州相比。因为贵州不是自治区、直辖市，所以笔者不选自治区、直辖市来进行比较。广东、江苏，一南一北，代表东部发达地区。河南、湖南，一北一南，代表中部地区。与贵州毗邻的四川、云南，代表西部地区。因而，所选对象具有广泛的代表性。

第七章　贵州题材影视剧建构与传播贵州形象的问题及策略

表5　部分省份荣获中宣部"五个一"工程电视剧（片）奖情况

	总数	广东	江苏	河南	湖南	四川	云南
第 一 届	15	0	1	1	0	1	0
第 二 届	16	1	1	1	0	0	0
第 三 届	26	1	1	1	0	1	1
第 四 届	28	1	1	1	1	1	0
第 五 届	29	2	1	0	1	1	0
第 六 届	30	1	1	1	1	1	0
第 七 届	56	1	3	1	2	1	1
第 八 届	64	3	2	1	1	1	2
第 九 届	11	1	0	0	0	0	0
第 十 届	37	1	3	1	1	0	0
第十一届	33	1	1	1	1	1	1
第十二届	33	2	2	1	1	1	2
第十三届	30	2	2	1	1	1	3
第十四届	14	0	1	0	1	0	0
合　　计	422	17	20	11	11	11	10
百分比（%）	100	4.03	4.74	2.61	2.61	2.61	2.37

表5昭示这六个省份荣获中宣部"五个一"工程奖的电视剧（片）的数量和占比关系。这六个省份获奖的电视剧（片），数量在10~20部，占比在2.37%~4.74%。贵州获奖电视剧（片）的数量为6部，占比为1.42%。这项比较表明，在中宣部"五个一"工程奖的获奖电视剧（片）中，贵州电视剧（片）的数量偏少，占比偏低。

表6　部分省份荣获中宣部"五个一"工程电影奖情况

	总数	广东	江苏	河南	湖南	四川	云南
第 一 届	7	1	0	0	1	1	0
第 二 届	6	0	0	0	1	1	0
第 三 届	8	0	0	0	1	0	0
第 四 届	10	1	1	0	0	1	0
第 五 届	11	1	1	0	0	0	0
第 六 届	16	1	0	0	0	1	1

357

续表

	总数	广东	江苏	河南	湖南	四川	云南
第 七 届	26	2	1	0	2	1	0
第 八 届	23	1	1	1	1	1	0
第 九 届	5	1	0	0	0	0	0
第 十 届	22	1	1	1	1	0	1
第十一届	26	1	1	1	1	0	0
第十二届	26	0	2	1	1	1	1
第十三届	27	1	1	1	1	2	1
第十四届	13	0	0	0	0	1	0
合 计	226	11	8	5	10	10	4
百分比（%）	100	4.87	3.54	2.21	4.42	4.42	1.77

表6昭示这六个省份荣获中宣部"五个一"工程奖的电影的数量和占比关系。这六个省份获奖的电影，数量在4～11部，占比在1.77%～4.87%。贵州获奖电影的数量为2部，占比为0.88%。这项比较表明：在中宣部"五个一"工程奖的获奖电影中，贵州电影的数量偏少，占比偏低。

综上所述，在中宣部"五个一"工程奖的获奖影视剧（片）中，贵州的影视剧（片）落后于这六个省份，数量明显偏少，占比明显偏低。这从一个角度可以说明：贵州影视剧的发展尚处于落后状态，其现状不容乐观！

二 贵州题材影视剧建构与传播贵州形象的主要问题

考察贵州题材影视剧建构与传播贵州形象的全流程，笔者发现问题主要集中在以下这些方面。

1. 故事问题

影视剧故事吸引力的大小决定着传播力的强弱。观众对影视剧的第一要求就是故事必须具有强烈的吸引力。丰富的故事内容与精彩的叙述手法，可以拉近观众与影视剧之间的距离。因此，故事是影视剧的生命。

罗伯特·麦基认为，故事是电影的第一要素。好故事方能成就好电影。他在谈论电影编剧技巧时，把故事要素摆在首位。他出版了《故事

——材质·结构·风格和银幕剧作原理》一书（以下简称《故事》），牢固地树立了"故事第一"的理念。这本书成为编剧理论的经典著作之一。虽然故事的数量不可胜数，但是，古往今来，人类对故事的欲望总是无穷无尽的。人们对故事从来没有满足感。正如肯尼斯·伯克所说："故事是人生必需的设备。"人们通过讲故事来洞察人生真谛，或者达到娱乐的目的。"一个好故事使一部好影片成为可能。"糟糕的故事必然给影片带来"灾难"。既然故事如此重要，那么，人们必须高度重视讲故事的艺术。但是，现实情况却恰恰相反。人们讲述故事的"总体质量却在每况愈下"。这种状况引起了麦基的尖锐批评和深沉担忧。麦基深刻指出，故事的艺术"正在衰竭"，必然导致叙事作品的"堕落与颓废"。在电影艺术中，由于叙事的虚假、浮华和漏洞百出，所以，编导人员只好用"诡异"取代"真实"，用影像"奇观"来取代"诚实而强有力的故事"，其结果是把影片变成用金钱"堆砌而成的炫目噱头"。麦基认为，导致"故事衰竭"的深层原因在于价值观、人生观的"腐蚀"，表现为玩世不恭、相对主义、主观主义等。健康而高尚的人生观、价值观，是艺术的"灵魂"。麦基提出必须深入"挖掘生活"，寻找"价值和意义"，才能创造出好的"故事载体"，用好故事表达对世界的"解读"。"把好故事讲好"，便是电影、电视剧编导人员的主要任务。麦基认为，好故事就是"值得讲"且"世人愿意听"的故事。拥有"天赋的创造力"，才能发现好故事，才能把材料巧妙地组织起来。麦基认为，"故事是生活的比喻"，好故事来源于生活，体验生活对于讲好故事具有决定性意义。麦基还强调，掌握"故事技巧"对于讲好故事也很重要。[①]《故事》这本书，花费大量篇幅介绍了讲故事的原理：故事的结构图谱、故事的设计原理、讲故事的常见问题与解决方法，等等。总体来讲，《故事》这本书从宏观与微观两个方面，阐述了"故事第一"的理念，强调了体验生活的重要性，解说了好故事的标准、讲好故事的技巧。《故事》哺育了众多影视编剧，产生了深远影响。

悉德·菲尔德非常重视故事的构造。他认为"剧本的主题是动作和人

[①] 〔美〕罗伯特·麦基：《故事——材质·结构·风格和银幕剧作的原理》，周铁东译，天津人民出版社，2014，第4~24页。

物"。他把故事与人物有机统一起来,在戏剧情境的构建之中协调处理人与事的关系。他强调"寻找各种方式"在剧本中"制造紧张的局势"。① 他重视运用"戏剧冲突"来推动故事情节向前发展,在尖锐复杂的矛盾冲突中塑造人物形象。显然,悉德·菲尔德的主张,是好莱坞经典叙事模式的延伸。悉德·菲尔德对于电影故事编写的独特贡献,就在于建构了"三幕剧作结构"的范式。他把范式定义为"一个模型、一个样本或一个概念模式"。菲尔德所言的"三幕剧作"包括开端、中段和结尾这三个段落。好莱坞电影的时长一般是 120 分钟,剧本的长度一般为 120 页,也就是大约每分钟一页。第一幕是开端,从开场镜头开始,到第一幕结尾处的情节点 I 为止,剧本长度为 20~30 页。第一幕的主要任务是"建置"故事,也就是构建贯穿整个影片的矛盾冲突,并以这个矛盾冲突推动情节向前发展。菲尔德认为情节点是"一个偶发事变、插曲或事件"。情节点的作用是"钩住"情节,并且促使情节发生"陡转""突变",将情节转向"另一个方向"。第一幕要让主要人物尽量出场,要创建戏剧性情境。场景、对白、描写、镜头、特效等,都必须为情节的发展做好充分准备。第二幕是中段,主要任务是详尽地表现"对抗",也就是让冲突、阻碍、抗衡、征服的戏份详细具体地展现出来。剧本长度为 50~60 页,从情节点 I 开始到情节点 II 为止。在电影剧本中,中段是内容最充分最详细的部分。激化并表现矛盾冲突成为中段的亮点,能够紧紧抓住观众的注意力,让观众产生欲罢不能的感受。菲尔德认为:"所有的戏剧都是冲突。没有冲突就没有行为动作。没有行为动作就没有人物。没有人物就不会有故事。而没有故事,你就不会去写电影剧本。"菲尔德的言论,揭示了好莱坞电影征服全球的根本原因——依靠紧张激烈的情节抓住观众的注意力。全球观众对好莱坞电影的强烈兴趣,直接来源于这种注意力。这种注意力,刺激了建立在好莱坞电影叙事基础之上的"注意力经济"的发展。这种注意力,成为好莱坞电影产业长盛不衰的内在动力。第三幕是结局,主要任务是把故事讲完整,让故事有头有尾。剧本长度为 20~30 页,从情节点 II 开始一直

---

① 〔美〕悉德·菲尔德:《电影剧本写作基础》(修订版),钟大丰、鲍玉珩译,世界图书出版公司北京公司,2012,第 64~65 页。

到剧本终点。所有的矛盾冲突都要了结,所有的悬念都要解开。在"三幕剧作结构"范式中,菲尔德非常强调四点:结尾、开端、情节点Ⅰ、情节点Ⅱ。要根据结尾来写开端,结尾没有设置好就难以写好开端。情节点Ⅰ和情节点Ⅱ关乎故事情节的起承转合,在戏剧性情节脉络中至关重要。菲尔德认为,建置、对抗、结局是电影剧本的结构基础,能够对一系列"偶然事变、插曲和事件"进行"线性安排",并且引导出一个戏剧性的结局。① 这三个部分是有机统一的整体,构成了故事情境的逻辑发展脉络。

贾内梯高度重视故事的多重意义。他说:"一个故事可以是许多东西。对一位制片商来说,它是有某种票房价值的财产。对一位作家来说,它是一个电影剧本。对一位电影明星来说,它是一种工具。对一位导演来说,它是一种艺术媒介。对一位类型片评论家来说,它是一种可以分类的叙述形式。对一位社会学家来说,它是公众感情的一种标志。对一位精神病学家来说,它是对隐藏的恐惧或共同的理想的一种本能的探索。对一位电影观众来说,它可能是所有这一切,甚至更多。"② 电影是集体创作出来的,电影故事往往由制片人、编剧、导演、演员共同讲述。讲故事是"信息发出者"与"信息接收者"的信息交流形式之一。贾内梯认为,在现实主义电影中,故事情节通常按照时间顺序自然展开,设置悬念和冲突以吸引观众的兴趣。在形式主义叙述中,编导可以从主观角度来叙述故事,为了突出主题思想而打乱时间顺序。因此,从时间流程来说,故事叙述呈现为线性叙事和非线性叙事两种。线性叙事诞生了叙事的经典模式。电影叙事的经典模式脱胎于舞台剧,形成了一系列叙事程式。按照因果联系来组合各个行动单元,故事的开端、发展、高潮、结局依次排列,冲突在高潮时被深度激化,悬念在结局中被解开。在好莱坞制片厂制度时代,经典模式被运用得出神入化。线性结构强调连贯性、整体性,能够满足观众对流畅叙事的渴求。尤其是在电影观众低龄化的当今时代,叙事节奏必须加快。现代社会锻造了年轻人生活的快节奏,所以,他们对慢节奏叙事非常不满意。快节奏的线性叙事成为争夺观众的有效手法。

---

① 〔美〕悉德·菲尔德:《电影编剧创作指南》(修订版),魏枫译,世界图书出版公司北京公司,2012,第34~48页。
② 〔美〕路易斯·贾内梯:《认识电影》,胡尧之等译,中国电影出版社,1997,第228页。

高概念电影也非常重视故事的吸引力。高概念电影要求题材与先前流行的"畅销前例"紧密挂钩。"畅销前例"早已打响了名气，形成了题材的品牌效应，广为受众知晓。这些受众知晓度高的题材或故事，经过长期的市场预热，积累了超高人气，早已蓄势待发。一旦这些著名的题材被拍成电影，很可能形成万人空巷的"轰动效应"。因此，从制造轰动效应这个角度说，开发陌生题材往往不如对著名的旧题材进行翻新，题材的原创有时反而不如"旧瓶装新酒"。题材、故事本身拥有的知名度，成为商业潜力的重要来源之一。受众对题材或故事的知晓度越高，通常其商业价值就越大。二者呈正比例关系。这个原因促成了改编、翻拍以及系列片、续集的火爆。一个经典故事，被反反复复地拍摄、翻拍，拍成系列电影、电视剧的续集，这是当今时代屡见不鲜的现象。一旦某个题材轰动一时，马上就会形成"跟风"现象。雷同、拼贴、抄袭等百病丛生。这样的状况，是原创力不足的直接表现。"高概念"也加剧了这些现象的泛滥。高概念电影还要求故事情节要简明清晰，可以用"一句话"来概括。故事情节的简明清晰，不等于故事情节的简陋和寒碜，也不意味着叙事手法的苍白，而是说叙事要顺应观众的"期待视野"，叙事方式要照顾观众的欣赏水平，要尽量让观众看得懂，而不能故作高深，更不能故弄玄虚。在观众的可接受范围内，编导有很大的发挥空间，足以挥洒叙事才能。贾斯汀·怀亚特提出的"高概念"电影，被中国的国产大片所接受和运用，成为振兴中国电影产业的重要法宝。另外，一些中小成本电影，也可以借鉴高概念电影策略。例如，《疯狂的石头》不自觉地运用了高概念电影策略，获得了成功。刘德华作为影片的投资人，在营销、宣传上发挥了很大作用。影片的故事情节简单明晰，一块石头牵动了各方力量，讲述的是关于"笨贼"的故事。一句话可以概括故事主题。影片向《两杆老烟枪》致敬，使用《嘻唰唰》的手机铃声、"千手观音"的歌舞表演、《2002年的第一场雪》的乐曲，实现了与"畅销前例"的紧密结合。"草根文化"的运用，提高了观众对题材的知晓度。投资300万元的《疯狂的石头》，获取2000多万元的票房，成功的原因之一就在于借鉴了高概念电影策略。

综上所述，从理论上看，影视剧故事的吸引力与传播力成正比。提升故事吸引力的常用方法有：深入"挖掘生活"，寻找"价值与意义"，表达健康的人生观、价值观；树立"故事第一"的理念；采用好莱坞经典叙事模式，把故事讲得有头有尾、起伏跌宕，依靠情节点"钩住"观众的欣赏兴趣；与"畅销前例"挂钩，提高观众对题材或故事的知晓度；多采用线性叙事，叙事主题简明清晰；设置悬念，引人入胜；激化矛盾冲突，依靠矛盾冲突推动情节发展；三分钟一个小高潮，五分钟一个大高潮，高潮迭起，此起彼伏；加快叙事节奏，适应快节奏的现代生活；灵活运用多种讲故事的技巧……

纵观贵州题材影视剧，笔者认为，贵州题材电视剧的故事叙述总体上优于贵州题材电影的故事叙述。贵州题材的一些电视剧，例如，《黄齐生与王若飞》《遵义会议》《夜郎王》《最高特赦》《风雨梵净山》《奢香夫人》《二十四道拐》等，其故事叙述可圈可点，能够刺激观众的欣赏兴趣，能够抓住观众的"注意力"，因而，收视率比较高，传播力比较强。

笔者拟分析电视剧《奢香夫人》故事叙述的可圈可点之处。

一是题材与"畅销前例"挂钩，观众对题材的知晓度比较高。奢香夫人是贵州的女政治家、女英雄，六百年来深受人们景仰。黔剧舞台反复上演了奢香夫人的故事。1985年，浙江电影制片厂由陈献玉根据同名黔剧导演了影片《奢香夫人》。奢香夫人的形象早已活跃在历史文献、戏剧、电影之中，感动过一定数量的读者和观众。奢香夫人题材拥有旺盛的"人气"，在文艺市场上产生了预热效果。曾经接触过奢香夫人题材并且对奢香感兴趣的受众，都是电视剧《奢香夫人》的潜在观众。这些潜在观众通过传统媒介和现代媒介影响更多的人，在人际传播中扩大了奢香故事的影响力。这种影响力达到一定的程度，就可能促成电视剧《奢香夫人》形成"轰动效应"。这就为电视剧《奢香夫人》的"轰动效应"准备了条件。"轰动效应"对影视剧的经济回报率将产生重要影响。影视剧的生产者都千方百计营造氛围以催生"轰动效应"。选择具有"畅销前例"的题材进行再创作，是催生"轰动效应"的重要方法之一。后来，电视剧《奢香夫人》形成了"轰动效应"，收视率达到3.8%，还吸引了大量游客去大方县旅游，游奢香故里，赏贵州宣慰府，吃大方豆腐，买大方漆器。这种盛况证实了选择拍摄有"畅销前例"的题材具有可行性。

二是采用了流畅的线性叙事。电视剧《奢香夫人》的故事叙述有头有

363

尾，起承转合，流畅自然。中国的观众对于故事的连贯性、整体性产生了强烈的偏爱。电视剧《奢香夫人》从蔼翠邂逅奢香为开端，主人公迅速出场进入故事情境，可谓是单刀直入开门见山。蔼翠的迎亲队伍遭到残元兵马袭击，有惊无险，奢香顺利来到水西。成婚以后，蔼翠身体日渐衰弱，奢香帮助蔼翠处理政务，表现了一定的政治才能。蔼翠逝世以后，奢香被推举为摄政。奢香当政以后，归顺大明政权。这是明智的抉择。她发展生产，修筑驿道，兴办汉学，宵衣旰食，为造福百姓尽心尽力。她还运用智慧平定了内乱，协调了各部关系，营造了安定团结的政治局面。奢香夫人识破了马烨妄图挑起彝族叛乱以图实现改土归流的狼子野心，与马烨进行了有理有利有节的斗争。奢香夫人的良苦用心，得到了朱元璋的表彰。奢香夫人为西南少数民族的团结进步繁荣做出了杰出贡献。电视剧《奢香夫人》遵循奢香的生活逻辑，按照时间顺序来叙述故事。叙事线索清晰明了。情节的关节点交代得清清楚楚，叙事的详略关系处理得当，重点突出，有利于人物形象的刻画。这部电视剧采用了全知全能的叙事视点，也就是从观众的视角来叙事，拉近了故事与观众的距离。线性叙事符合中华民族的审美心理。中华民族在叙事文学上成功创造了章回小说的叙事方式。电视连续剧的叙事方式接近于章回小说的叙事方式，符合中华民族的审美习惯，深受中国观众的喜爱。电视剧《奢香夫人》采用了类似于章回小说的叙事方式，进行首尾连贯、严丝合缝地叙述故事。这成为电视剧《奢香夫人》深受观众欢迎的重要原因。

  三是情节起伏跌宕，尽情渲染了矛盾冲突。在尖锐复杂的矛盾冲突中推动情节发展，紧紧抓住了观众的欣赏兴趣。高潮迭起，做到了三分钟一个小高潮，五分钟一个大高潮，紧锣密鼓地推动情节的快节奏发展。电视剧《奢香夫人》善于抓住矛盾冲突来刻画人物形象、推动情节发展。矛盾是普遍存在的。水西政权与大明政权、残元势力之间具有深刻矛盾。奢香夫人力主水西部归顺大明政权，表面上假装与残元势力保持和气，暗中又不得不提防残元势力的破坏。蔼翠行将就木，传位于儿子陇弟，令奢香摄政。这就激化了格宗与奢香的矛盾。格宗一心想争权夺位，不惜分裂水西，召集一部分头人发动叛乱，甚至与乌撒部落媾和以对抗奢香摄政。这个矛盾冲突的戏份很足，占用了很长的篇幅。这个矛盾冲突，揭示了格宗自私自利、阴险狡诈的性格，凸显了奢香忍让为国、顾全大局的高贵品质。蔼翠迎娶奢香，激化了那珠与奢香的矛盾冲突，二人顿时变成情敌。那珠与格宗联合反对奢香，不惜绑架年幼的陇弟作为要挟，显示出狭隘的胸怀和心狠手辣的性格。奢香兴办汉学，延请大儒来水西教授汉文，激起了大总管果瓦的强烈反对。因为某些原因，果瓦不相信汉人，更反对学习汉文，成为狭隘的民族主义者。果瓦被马烨以辱师罪杀害。兴办汉学，凸显了奢香学习先进文化的决心和敏锐的眼光。梁王巴扎瓦尔弥的两个儿子巴和木与巴根产生了深刻矛盾。巴和木胸无韬略，却想执掌大权。他对巴根实施迫害。马烨为了实现改土归流、一统西南的政治野心，不惜制造混乱以逼反彝族同胞。他杀了果瓦，却未能激起民变。于是，他对奢香夫人执行裸背鞭刑，激起了彝民的强烈不满。他盼望彝民举兵反明以造成分裂局势。然后，他就师出有名，请求朝廷发兵平定叛乱，最终设置流官统一西南地区的军事和民政。可是，奢香夫人以政治家的敏锐眼光识破了马烨的阴谋诡计，忍常人所不能忍，安定了大局。奢香夫人进京告御状，得到了朱元璋的表彰。马烨被赐毒酒自尽。这个矛盾冲突，刻画了奢香夫人忍辱负重的艰难历程，表彰了她高瞻远瞩、忍让为国、宅心仁厚的精神品质。奢香夫人力挫马烨，是活学活用汉文化的结果。这个矛盾冲突包含了丰富的汉文化意蕴。电视剧《奢香夫人》抓住了这些主要矛盾来勾连情节，主要矛盾中又勾连了一些次要矛盾。主要矛盾与次要矛盾交织在一起，形成了复杂的蛛网式叙事结构，增加了内容的厚度，多层次多角度地表现了社会生活。表现紧张激烈的矛盾冲突与表现舒缓的日常生活相结合，使得叙事节奏有快有慢，张弛有度，体现了艺术辩证法。紧张与舒缓、高潮与低潮错落有致，情节发展如波浪式前进，起伏跌宕，吸引了观众的兴趣。

　　四是叙事主题简洁明晰，价值观念正确、健康，符合观众的"期待视野"。一言以蔽之，电视剧《奢香夫人》的主题思想是赞扬奢香夫人为民族团结、祖国统一做出了杰出贡献。叙事主题如此简洁清晰，有利于观众的理解、接受，有利于营销宣传，符合"高概念"的内在要求。奢香夫人的性格特征，主要是善良、仁慈、忍让、干练、理智、勤奋好学、胸怀宽广、深明大义、高瞻远瞩、有担当精神等。重点刻画奢香夫人的这些性格特征，符合社会主义核心价值观。歌颂奢香夫人的历史功勋，满足了观众

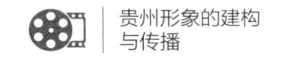

的英雄主义情结。

总之，电视剧《奢香夫人》的叙事态度非常诚恳。编导老老实实讲述了贵州故事，传递了贵州声音，不拖泥带水，不故作高深，灵活运用了叙事技巧，收到了良好的表意效果。

然而，贵州题材电影的故事叙述大部分很难令人感兴趣，导致了传播力不强，主要问题表现在讲述什么故事和怎样讲述故事这两个方面。

讲述什么故事，事关电影传播力的大小。讲述许多观众共同关注的故事，能够引起观众的强烈"共鸣"，在日常生活中甚至在网络上能够形成密切的"互动"，乃至形成一段时期内关注度颇高的"话题"，那么，讲述这样的故事很容易形成"轰动效应"。当今的畅销电影，大多具有浓郁的"中产阶级"情调，大多讲述中产阶级的爱与恨、苦与乐、生与死、寂寞与忧愁、消费与狂欢。帝王将相、才子佳人、"鸳鸯蝴蝶"重新回到银幕的中心。"朝为田舍郎，暮登天子堂"重新成为人们的幻想。"五四"时期所反对的，现在大部分又回来了。这当然不需要重复20世纪的经典故事，而是需要在21世纪创造观众喜闻乐见的故事。这些故事需要适合当今时代人们的精神需求。在市场经济激烈竞争的环境中，符合人们精神需求的电影，可能造成万人空巷的局面；否则，就将造成"狗不理"的局面，甚至会造成"自己拍电影给自己看"的局面。电影院的观众出现了低龄化倾向，18～35岁的年轻人成为院线电影的主体观众，是他们贡献了大部分票房，推动了中国电影产业的节节攀升。因此，电影需要讲述"80后"、"90后"、"00后"年轻人关心的话题，讲述他们关心的人和事，顺应他们的文化心理，表达他们的生活志趣，充当他们的代言人。一言以蔽之，得年轻人方能得天下，年轻人喜欢的电影可能增强传播力。畅销电影大多采用都市题材。现代化大都市贡献了大部分票房。城市经济的发达程度与电影票房数量成正比例关系。每一年的全国电影票房报告都揭示了这一现象。[1] 在经济发达的中心城市，电影放映活动很繁盛，电影院的收入很高，

---

[1] 2017年，全国电影票房前五名的省市依次是：广东、江苏、浙江、上海、北京。全国电影票房前50名的电影院，北京有14家，上海有7家，广州有6家，深圳、武汉各4家，成都有3家，杭州、南宁、南昌各2家，南京、珠海、青岛、石家庄、兰州、昆明各1家。电资办：《2017年度全国电影票房年报（含服务费）》，http://WWW.chinafilm.com，2018年1月3日。

买票看电影的观众很多。到电影院看电影成为都市白领的生活方式之一。相反，在经济欠发达的中西部中小城市中，影院观众的总量不多，上座率也不高，囊中羞涩阻断了人们与影院的联系。人们宁愿在家"打开电视看电影"，或者在网络上观看电影，也不愿去电影院支付"昂贵"的观影费用。人们是否产生影院观影行为，很大程度上由经济水平决定。为上流社会服务似乎成为电影生产的秘诀。因此，电影题材与故事的选择，要合乎上流社会的志趣，才可能获得丰厚的回报，才能提升传播力。

然而，21世纪以来的贵州题材电影，以讲述农村地区的故事居多，远离了都市生活；以讲述贵州民族民间的故事居多，远离了"80后""90后""00后"年轻人的志趣，远离了"中产阶级"的生活情调，导致题材的知晓度不高；以讲述陌生化的故事居多，远离了"畅销前例"，导致人们对故事反响不强烈；以讲述主旋律故事居多，远离了人们的常态生活，显著的宣教理念、生硬的说教方式在某种程度上遭到人们的反感。当前的中国电影市场上，农村题材电影、少数民族题材电影大多很冷落，文艺片大多孤芳自赏。贵州题材电影大多属于这三种情形，因而，在文艺市场上遭受冷遇也就具有必然性。故事选择的偏执，局限了贵州题材电影传播力的扩张。

怎样讲述故事，对电影的传播力也有很大影响。采用观众喜闻乐见的讲述方式，能刺激观众的欣赏兴趣。贵州题材电影，大都采用线性叙事，按照时间流程交代故事的发生发展过程，因而能顺应观众的审美期待。但是，有些影片沉醉于线性叙事，却产生了平铺直叙的弱点。贵州题材电影很少运用设置悬念的技巧，比较直白，让观众直视无碍，以致看到开头就能预料结尾；"陡转""突变"的技巧用得很少，难以收到意料之外情理之中的效果。有些影片叙事节奏较慢，戏份不够充分，表现矛盾冲突不激烈，不曲折，不惊心动魄，矛盾冲突很少贯穿始终。有些影片故事性不强，几乎变成了风光纪录片，所产生的吸引力较小。

总之，贵州题材电影的故事问题，主要集中在讲述什么故事的问题，也就是影片的选题创意问题。选择既切合贵州社会生活又能激发观众欣赏兴趣的故事来拍电影，必定能产生"轰动效应"，能引起广泛的社会关注。当前的贵州题材电影，在切合贵州社会生活方面做得很成功；但是，在激发观众欣赏兴趣方面缺乏探索。当前，贵州题材电影讲述了许多具有深厚文化意义的贵州故事，取得了良好的社会效益。故事的文化价值高，能合理表达社会主义核心价值观，能反映贵州开放、进步、日益现代化的时代特征，在思想意义上是积极的、昂扬向上的，能给人以温暖，能令人振奋。但是，贵州题材电影在开发经济效益方面，仍需努力；在提高传播力方面，仍需积极作为。

2. **类型化问题**

郝建说："类型电影是按照观众熟知的既有形态和一整套较为固定的模式来摄制、欣赏的影片。具体的电影类型是按照叙事模式、主题领域、场景、视觉风格来划分的，电影类型是外部形式与内在观念场域的结合……人们最常见的故事片类型有：西部片、爱情片、喜剧片、强盗片、侦探推理片、惊险片、动作片、音乐歌舞片、灾难片等。"[1]

类型电影并非一成不变。类型电影既遵循程式，也呼唤创新。贾内梯非常强调类型片的"变化"。他认为，类型片的特征在于风格、题材、价值观念等方面具有"特殊的程式"。"当社会条件发生变化时，类型片往往随之而变化。"因此，艺术家对类型片可以做出"独特贡献"，在特定情况下可以发挥聪明才智去改变类型片"预先确定的程式"。[2]

类型化是提高影视产业绩效和传播力的重要方法之一。好莱坞类型电影在全球电影市场上独领风骚，成为提高票房号召力和文化传播力的重要法宝。借鉴好莱坞类型电影的发展经验，1926～1931年，中国的类型电影渐成气候，提高了电影的商业价值。这个时期产生了古装片87部、武侠神怪片227部，捧红了张织云、胡蝶、阮玲玉等电影明星，奠定了中国类型电影发展的坚实基础。天一、联华、明星等电影公司掀起了拍摄类型电影的高潮，依靠这些类型片而大赚其钱。新中国成立以后，好莱坞类型电影模式逐渐被清除，类型电影逐渐销声匿迹，"票房价值"论被打压，"政治标准"第一，计划经济体制管控着电影制作。一直到改革开放以后，类型电影才重回中国影坛。21世纪以来，类型电影逐渐成为振兴中国电影产业的主要支柱，类型化的重要性逐渐得到广泛认同。中国电影终于回到了以

---

[1] 郝建：《类型电影教程》，复旦大学出版社，2013，第32页。
[2] 〔美〕路易斯·贾内梯：《认识电影》，胡尧之等译，中国电影出版社，1997，第223～226页。

类型化推动产业化的康庄大道。当前，拍摄高质量的类型片以促进中国电影产业的稳步发展，意义非常重要。"要有效地推动商业电影的生产与创作，必须遵循世界通行的电影产业运作规律，在制度层面、运作层面、技艺、技巧、技术等层面建立起保障商业电影创作的体制机制，并有效地建构能满足当下中国观众的观赏期待和观赏快感的主流商业电影类型，形成一定数量的批量生产能力。"① 同样道理，拍摄高质量的类型化电视剧对于振兴中国电视剧产业具有十分重要的意义。

但是，贵州题材影视剧的类型化程度不高，编导较少运用类型化思维，拍摄了很多反类型化的影视剧，降低了贵州题材影视剧的产业绩效和传播力。笔者将比较影片《人山人海》与《追凶者也》来阐述类型化思维对于贵州题材影视剧的重要性和迫切性。

两部影片具有一些相同点。一是两部影片的题材来源相同。这两部影片都取材于2007年贵州六盘水水城县吊水岩杀人事件。吊水岩有六兄弟，摩的司机、六弟代天云惨遭杀害，凶手杀人劫车、扬长而去。可是，警察怠惰破案缓慢，凶手逍遥法外。其他五兄弟主动承担破案重任，骑着摩托车跑遍大半个中国，历时一年零四十八天，最终，代家老三代成富在广西一家砖厂找到凶手，用铁链绑住凶手，将凶手缉拿归案。2008年底，这件事情的始末被《南方周末》详细报道出来，引起了轰动。蔡尚君邀请顾小白和顾铮写剧本，根据真人真事，拍摄了影片《人山人海》。张天辉、阳建军在2010年前去贵州六盘水采访案件始末，得知蔡尚君在一个月前已经光顾吊水岩了。后来，曹保平导演了影片《追凶者也》。张天辉署名为编剧。同宗同源的题材，被拍出了风格各异的两部影片。二是两部影片都是小成本制作。影片《追凶者也》的成本为600万元，影片《人山人海》的投资则只有200万元左右。三是两部影片都使用了方言。影片《人山人海》使用贵州方言。影片《追凶者也》使用云南方言。影片中使用的贵州方言与云南方言都属于北方方言区的西南官话。因此，两部影片使用的方言是相同的。四是两部影片都邀请明星出演。影片《人山人海》邀请了陈建斌、吴秀波、陶虹加盟。影片《追凶者也》邀请了刘烨、张译加盟。五

---

① 饶曙光：《中国类型电影：历史、现状与未来》，中国电影出版社，2013，第113页。

是两部影片都荣获了大奖。影片《人山人海》在 2011 年荣获第 68 届威尼斯电影节最佳导演银狮奖、第 33 届法国南特三大洲电影节银奖。影片《追凶者也》在 2016 年荣获第 19 届上海国际电影节最佳男演员奖、第 8 届澳大利亚国际华语电影节最佳导演奖，在 2017 年荣获第 5 届"十大华语电影"奖。相比之下，影片《人山人海》荣获的奖项更具有国际影响力，也更具争议性。影片《人山人海》在参加威尼斯电影节时，还没有通过国家广播电影电视总局的审查，还没有拿到"龙标"，只好以香港电影的身份参加电影节。在威尼斯电影节上，影片《人山人海》饱受争议，赞赏者有之，否定者亦有之。最终，由于影片的思维方式、拍摄风格符合欧洲人的审美习惯和对于中国的想象方式，影片荣获了最佳导演银狮奖。对于中国电影而言这个奖项非常荣耀，因而这个奖项的分量非常重。此后，国家广播电影电视总局不得不赠予"龙标"。不过，国家广播电影电视总局要求影片《人山人海》的结局要变得"光明"一些。蔡尚君做出了妥协，影片出现了"光明"的结尾。显然，影片《人山人海》之所以能在内地公映，主要是因为荣获了威尼斯电影节最佳导演银狮奖。否则，影片可能遭遇另一种命运。

两部影片也具有一些不同点。一是电影观念不同。影片《人山人海》执行的是欧洲电影路线：反类型化，反好莱坞，拍摄文艺片；淡化情节，弱化冲突，人物性格符号化；运用长镜头，进行跟拍，使用固定机位，长久地"凝视"，叙事节奏缓慢，使用自然光效，追求纪实效果，成为带有纪录片风格的故事片；连肉带血批判社会现实，揭露伪善、虚空、黑暗，不留些许希望，叫人看不到一丝光明；深度挖掘人性，解剖人性的恶毒基因，辛辣嘲讽现实世界，揭示了现实生活的残酷；表现了温情的人文关怀，具有深刻的现实意义。影片《追凶者也》按照好莱坞类型电影的思路进行拍摄：拍成了黑色幽默悬疑片，且融合了喜剧类型；迎合市场，考虑观众的接受状况，体现了商业意识；进行多线索平行叙事，多条线索最终交织在一起，运用了蒙太奇手法巧妙剪辑；强化冲突、设置悬念以增强情节的吸引力；叙事节奏张弛有度，体现了艺术辩证法的魅力；反映社会问题，批判现实，反思人性，具有一定的思想深度。二是故事改编幅度不同。影片《人山人海》比较忠实于原新闻事件，为了追求纪实效果，改编幅度不大。只不过，影片比原新闻事件更加暴露了社会的黑暗、人心的险恶。影片《追凶者也》改编的幅度比较大，原新闻事件只成为影片故事的引子，故事情节、人物形象、叙事背景都有很大程度的改动。如此改编体现了强烈的商业目的，增强了影片的传播力。三是拍摄地点不同。影片《人山人海》在六盘水拍摄以交代案发的经过。拍摄六盘水的自然风景、风土人情能够为故事发生提供真实的社会环境。至于追凶的过程，则与原新闻事件有很大出入。影片《追凶者也》的拍摄地点与原新闻事件毫不挂钩。影片在云南省取景拍摄，大约80%的镜头摄于云南省昆明市东川区。因此，影片《追凶者也》属于云南题材电影，而不属于贵州题材电影。四是票房绩效有很大差异。影片《人山人海》戴着威尼斯国际电影节最佳导演银狮奖的光环在内地公映，票房收入仅为119.53万元。影片《追凶者也》的票房为1.36亿元。

这两部影片的比较可以表明：类型化对于产业化有直接的促进作用，反类型化可能降低产业绩效。蔡尚君拍摄影片《人山人海》，运用的是艺术电影思维方式，有强烈的个人表达色彩，符合欧洲人的艺术思维习惯，因而荣获了银狮奖。但是，票房很低。小众电影难以在电影市场上令人瞩目，传播力难以提升。曹保平拍摄影片《追凶者也》，运用类型化思维方式，尊重原新闻事件又跳出原新闻事件，扩展了想象空间；尊重观众的欣赏趣味，因而得到了观众的高票房回报，提高了影片的传播力，获得了票房与口碑双丰收。

笔者并不是说类型片比文艺片更优越，也不是说票房高的电影才是好电影；而是针对贵州题材影视剧类型化严重不足的实际情况提出了补救办法。贵州题材电影，大部分属于艺术电影，类型化思维严重缺位，结果是大部分电影上不了院线，即使上了院线也是影院"一日游"或者几日游，排片率极低，票房极低，竞争力极低，传播力极低。贵州题材电影中，只有陶明喜导演的影片《铁血警魂之卧槽马》《剑河》《神马都是浮云》《嗨起，打他个鬼子》等露出了类型电影的光芒。大部分贵州题材电影至今沉醉于艺术电影的思维方式之中，这是冷峻的现实。试问：贵州题材电影可否借助类型化思维来加以改造和提升？贵州题材电视剧，在叙事方面比较擅长，依靠严丝合缝的叙事有力地吸引了观众。但是，长于叙事是所有电视剧的共性，也是电视剧制作的必然要求。贵州题材电视剧在类型化方面，依然乏善可陈。在市场竞争异常激烈的今天，贵州题材电视剧继续保持叙事的长处，又借助类型化思维来改进创作，则必定会增强竞争力。

总体上看，贵州题材影视剧的类型化思维严重缺位，导致了产业绩效大打折扣，传播力不强。因此，借助类型化来推动贵州题材影视剧的产业化发展以提升传播力，是贵州题材影视剧发展的迫切任务之一。

3. 传播主体问题

21世纪以来，贵州题材影视剧建构与传播贵州形象，党政机关及其传媒机构成为占主导地位的传播主体。因此，贵州题材影视剧的生产与传播，具有强烈的意识形态色彩。主流意识形态成为贵州题材影视剧建构与传播贵州形象事实上的指挥棒，甚至于一些影视剧的拍摄成为地道的政府行为。党政机关及其传媒机构作为占主导地位的传播主体，左右着贵州形象按照主流意识形态运行，在某些方面难免产生粉饰现实的弊病，也可能使贵州形象呈现单向度发展趋势。

贵州的民营影视企业力量弱小，在建构与传播贵州形象的活动中所发挥的作用十分有限。民营影视企业缺乏资金、人才、技术、先进设备，难以生产出有影响力的贵州题材影视剧。因此，壮大民营影视力量，让贵州民间的影视机构在建构与传播多元化的贵州形象的伟大事业中发挥重要作用，是极其迫切的任务。

4. 传播渠道问题

影视剧必须借助强势媒体才能增强传播效果。传播渠道是影视剧传播争夺的重点之一。好莱坞洞悉了其中的奥秘。"美国六大影视产业集团公司中，五家集团公司都拥有这样的广播电视传媒集团……有线电视及无线电视网都需要大量的电视节目……影视集团制作的产品是有出处的。"[1] 好莱坞六大影视公司都隶属于其母公司，其中，五家母公司都是大型跨国传媒集团公司。[2] 大型传媒集团公司为影视产品提供了传播通道，影视公司

---

[1] 陈焱：《好莱坞模式：美国电影产业研究》，北京联合出版公司，2014，第21~22页。
[2] 派拉蒙电影公司隶属于维亚康姆公司，华纳兄弟影视娱乐公司隶属于时代华纳集团，迪斯尼影视集团公司隶属于华特·迪斯尼公司，20世纪福克斯电影公司隶属于21世纪福克斯公司，NBC环球影视娱乐公司隶属于康卡斯特公司。这五家母公司都是大型跨国传媒集团公司。只有索尼影视娱乐有限公司隶属于索尼公司，不是传媒公司，而是一家生产数码产品的大型跨国集团公司。

为传媒集团提供了内容产品，二者共创利润，增进收益，形成了良性互动关系。

在影视剧相对过剩的当今中国，传播渠道的争夺更趋激烈。国家新闻出版广电总局把"一剧四星"政策改为"一剧两星"政策以后，加剧了传播渠道的紧张程度。因此，占据高端传播平台，成为影视剧传播的关键环节。

但是，贵州省内的媒介工具，大多不是强势媒介，传播力不强，影响力不大，给贵州题材影视剧的传播带来了极大困难，降低了贵州形象的传播力。

"借船出海"的生产与传播方式，一方面促进了贵州题材影视剧的生产与传播；另一方面，让贵州题材影视剧的生产与传播受制于人，在一定程度上影响了贵州形象建构与传播的主体性。因此，从短期效应来说，"借船出海"这种策略是有效的，但是，从长远发展来看，贵州题材影视剧建构与传播贵州形象，要依靠贵州自身的力量来推行，才能体现贵州形象建构与传播的主体性。

加强贵州传播媒介建设，促进媒介融合，提升贵州媒介的传播力，打造强势传媒集团，有利于贵州题材影视剧建构与传播贵州形象。

5. 适应观众问题

观众是贵州题材影视剧的接受者。只有经过观众的接受，贵州题材影视剧才能实现传播价值。观众越多，传播价值就越大。

1953年，艾布拉姆斯在《镜与灯》中谈到，文学创作是世界、作品、作家、欣赏者四个要素组成的相互作用的活动。他特别强调欣赏者的重要作用："欣赏者，即听众、观众、读者。作品为他们而写，或至少会引起他们的关注。"[①] 20世纪60年代，德国的接受美学、美国的读者反映批评引领西方文论从作者中心论、文本中心论转向了读者中心论。后来，传播学研究越来越重视受众的价值，把传播学研究从传者本位转向了受者本位。经济学研究越来越重视消费者的消费需求、兴趣爱好、价值取向，把经济学研究从生产者中心论转向了消费者中心论。这就形成了"三个转

---

① 〔美〕M.H.艾布拉姆斯：《镜与灯：浪漫主义文论及批评传统》，郦稚牛等译，北京大学出版社，2004，第4页。

向":作者→读者、传者→受者、生产者→消费者。这"三个转向"引领影视剧研究从创作中心论转向观众中心论。

影视剧生产必须贯彻以观众为中心的理念。影视剧只有被观众欣赏、理解、阐释之后,才具有"意义",才能实现社会效益和经济效益。观众与影视剧"文本"是平等的"对话"关系。观众与影视剧"文本"进行"交流"与"互动",才能构成影视剧生产与消费的整个流程。影视剧"文本"的价值,既不孤立地表现在"文本"上,也不孤立地表现在审美主体上,而是表现在创作主体、文本、接受主体之间"交流"与"互动"的循环往复的过程之中。正如伽达默尔所说:"理解其实总是这样一些被误认为是独自存在的视域的融合过程。"[1] 可见,"融合"方能产生"意义",方能实现"意义"增值。

受众具有主体性,这成为影视剧必须适应观众的理论基础。观众能够发挥能动作用,可以主动对影视剧进行"选择""阐释"。观众在文化市场上可以自由"选择"符合自己兴趣爱好、欣赏习惯、思想理念的影视剧进行观赏;然后,可以自由地"阐释"影视剧的思想内涵,进行个性化的"理解"。无视观众的主体性,是理论的偏颇。法兰克福学派"瞧不起下里巴人式的大众文化,并对大众阶级乐趣中的直率与真诚缺乏同情"。[2] 法兰克福学派批评大众文化,漠视了受众的主体性,认为文化工业培育了受众的兴趣、鉴赏力,受众在大众文化消费市场上是被动的、无能为力的。法兰克福学派的这种偏见,来源于其精英主义的文化立场。在文化市场上,受众根据自己的文化修养、兴趣爱好随心所欲地选择文化产品,这是显而易见的事实。这种"选择"体现了受众的主体性。这种选择,不是单向性的,而是双向性的:一方面,文化产品为"隐含受众"服务;另一方面,受众在选择义化产品之前就具备了"期待视野"。因而,受众对文化产品的选择表现为文化产品选择"隐含受众"和受众根据"期待视野"选择文化产品的双向互动过程。"隐含受众"一词来源于伊瑟尔的"隐含读者"

---

[1] 〔德〕汉斯·格奥尔格·伽达默尔:《真理与方法》(上卷),洪汉鼎译,上海译文出版社,1999,第393页。
[2] 〔英〕迈克·费瑟斯通:《消费文化与后现代主义》,刘精明译,译林出版社,2000,第2页。

概念。"隐含读者""这一术语运用了本文潜在意义的先结构和读者通过阅读过程使这种潜力现实化"。① 隐含读者不是实际的读者，而是理想的读者、潜在的读者。期待视野是指受众在欣赏作品之前产生的对作品内容与形式的推测与期盼。期待视野来源于受众的生活经验和审美经验。姚斯说："一部文学作品，即便它以崭新面目出现，也不可能在信息真空中以绝对新的姿态展示自身。但它却可以通过预告、公开的或隐蔽的信号、熟悉的特点或隐蔽的暗示，预先为读者提示一种特殊的接受。它唤醒以往阅读的记忆，将读者带入一种特定的情感态度中，随之开始唤起'中间与终结'的期待，于是这种期待便在阅读过程中根据这类本文的流派和风格的特殊规则被完整地保持下去，或被改变、重新定向，或讽刺性地获得实现。"② 文艺作品能够满足接受者的期待视野，这种现象就是顺向相应。文艺作品不能满足接受者的期待视野，令接受者失望，这种现象就是逆向受挫。在欣赏文艺作品时，顺向相应与逆向受挫常常夹杂在一起，只不过有比重大小之别。受众不仅可以自由选择文艺产品，而且可以根据自己的审美经验、文化水平，按照自己的意愿解读"文本"并建构新的"意义"。建构新"意义"的可能性来源于"文本的召唤结构"。伊瑟尔认为，"文本的召唤结构"是指"文本"中间存在着意义空白点和不确定内涵，受众可以根据自己的生活经验、审美经验、文化修养去填补空白点，充分发挥想象把不确定内涵进行明确化。这些都是受众主体性的具体表现。

  正因为受众具有主体性，所以，影视剧在观众面前将面临两种命运：要么被选择，要么被抛弃。在影视剧数量相对过剩的今天，中国的影视剧市场早已成为买方市场，观众的选择决定着影视剧的命运。这就警示了影视剧生产必须树立观众意识。观众不垂青的影视剧可能遭遇亏本的风险。大众传媒已经变成了分众传媒，影视剧生产还必须瞄准细分市场，以便为特殊的观众群体服务。为了精准摸透观众心理，影视剧生产可以利用大数据来进行调查研究。根据大数据来选题、设置情节、选择演员、选择外景

---

① 〔德〕姚斯、〔美〕霍拉勃：《接受美学与接受理论》，周宁，金元浦译，辽宁人民出版社，1987，第368页。
② 〔德〕姚斯、〔美〕霍拉勃：《接受美学与接受理论》，周宁，金元浦译，辽宁人民出版社，1987，第34页。

地等，都有益于适应观众。但是，大数据不是万能的，只能作为参考而不能作为唯一的依据。影片《黄金时代》依靠百度大数据分析潜在观众的心理来指导创作，结果在票房上一败涂地，投资7000万元换来的票房仅为5154.4万元。运用文艺片的思维方式拍摄是票房失利的重要原因。女作家萧红的故事缺乏传奇色彩，对观众缺乏吸引力，这样的选题注定难以引人瞩目。几乎没有冲突、没有高潮，片段化的叙事方式加上三个小时的放映时间，让许多观众中途离场。就这部电影而言，大数据败给了影片的内容及拍摄方式。网络传播促进了人际交流与互动。尤其是移动互联网技术勃兴，让新媒体神通广大。在移动互联网呼风唤雨的21世纪，智能手机成为时代骄子。人们须臾离不开"带着体温的情人"，产生了严重的手机依赖症。阅读手机占用了很多时间。一些热心的"潜在观众"利用移动互联网全程关注某些影视剧的制片、发行、播映，并且开展网络即时互动。影视剧的制片方、发行方、播映方高度关注这些"潜在观众"的意见，及时做出合理调整，也利用互联网积聚人气，制造"话题"，推动"粉丝"效应的形成，以便把"潜在观众"转化为现实观众，并且扩大传播影视剧的正能量，期盼影视剧"轰动效应"的来临。

影视剧适应观众与矫正观众的欣赏趣味、提高观众的欣赏水平是辩证统一关系。在大力发展文化产业的时代，要促进影视剧的大繁荣就必须适应观众。要研究观众心理，发现观众志趣，面向细分市场，面向特殊观众群体进行精准服务。影视剧的经济回报时间短，主要依靠首轮放映和播放来实现经济效益。如果首轮播放没有收到理想的经济效益，那么，今后也很难再有经济增值。因此，"轰动效应"对影视剧来说至关重要。"轰动效应"能否形成，取决于影视剧观众的接受状况。适应观众是形成"轰动效应"的必要条件。然而，适应观众不能跌入"三俗"的烂泥潭。庸俗、媚俗、低俗，有害于影视剧社会效益的提升。发展影视剧产业，要把社会效益放在首位，坚持社会效益与经济效益相统一。以"三俗"为手段刺激影视剧产业的发展，无异于饮鸩止渴，从长远的眼光看来是得不偿失的。适应观众，意味着雅俗共赏，让"通俗"大行其道。"通俗"不是"三俗"。影视界人士要坚决抵制"三俗"这股文化逆流，要矫正观众的欣赏趣味，并且要适当提高观众的欣赏水平。影视剧创作要以社会主义核心价值观为指导，追求终极价值，深掘思想意义。这是文化人必须承担的社会责任。

以受众理论为指导，笔者发现贵州题材影视剧普遍缺乏主动适应观众的理念。这将制约贵州题材影视剧产业的发展。

贵州题材影视剧，一是喜好自说自话，彰显编导的个人风格，表达个人志趣，沉醉于文艺片的思维方式拍摄，置观众心理于不顾；二是经常贯彻主流意识形态，按照政府意志拍摄：由政府"授意"，由政府出资，由政府组织影视企业进行拍摄，导致有些影视剧成为"政绩工程"的成果，有些影视剧成为政策的"图解"。这样导致了贵州题材影视剧重"生产"轻"消费"，重"创作"轻"接受"，主动适应受众的观念非常淡薄。不能主动适应观众，可能导致影视剧的市场回报率低下，势必影响贵州题材影视剧的生产和再生产，也将局限贵州形象的广泛传播。

贵州题材影视剧体现了强烈的"教化"观念，以致某些影视剧难以摆脱"伪艺术"的嫌疑。英国哲学家科林伍德说："形形色色的伪艺术，实际上是可以分派给艺术的形形色色的用途。为了使这些目的中的任何一个得以实现，首先就必须有艺术，然后才是艺术对某种功利目的的服从。"[1] 影视作品主要依靠故事与形象体系来含蓄地表达某些"功利"目的。寓教于乐才是善之善者。"诗人的目的在给人教益，或供人娱乐，或是把愉快的和有益的东西结合在一起。"[2] 寓教于乐，影视剧才能适应市场的需要，才能促进产业的繁荣。

第二节 建构贵州形象的影视剧提升传播力的策略

一 国外省外影视剧建构区域形象的启示

（一）好莱坞电影建构美国形象的启示

对于贵州题材影视剧建构与传播贵州形象而言，好莱坞电影产生的启

---

[1] 〔英〕科林伍德：《艺术原理》，王至元、陈华中译，中国社会科学出版社，1985，第33页。
[2] 朱光潜：《西方美学史》（上卷），人民文学出版社，1979，第100页。

示意义在于：只有提高影视剧本身的传播力，才能增进形象传播的效果。"皮之不存，毛将焉附？"形象传播的效果与影视剧本身的传播力成正比。

贵州题材影视剧的传播能力不强，严重制约了贵州形象传播的实际效果。提高贵州题材影视剧的传播力，才是提高贵州形象传播效果的关键。贵州题材影视剧的生产，需要学习、研究好莱坞电影产业发展的先进经验以做大做强贵州题材影视剧，借助贵州题材影视剧的传播优势以提高贵州形象的传播效果。

美国政府借助好莱坞电影来建构与传播美国形象，根本原因在于好莱坞电影的传播力非常强大。在美国文化产业各部门中，好莱坞电影成为无法撼动的全球霸主。好莱坞电影工业，在一战时期便超过了意大利、德国，取代了法国，登上了世界影坛的顶峰。从那时起一直到现在，好莱坞征服了全球电影业，好莱坞电影的强大传播力、影响力从未衰减。"据美国商务部统计，1939年，美国电影的产量约占全球的65%。二战时期，美国电影进一步巩固了无可置疑的统治地位。到20世纪90年代，美国电影除坚守北美票房成绩之外，海外势力稳步扩展：1990年，欧洲共同体国家电影票房90%的收入为美国电影占有；1993年，全世界100部畅销影片中，美国电影占88部；1994年，美国影视产品收入高达180亿美元，其中，有80亿美元（44.4%）来自出口，其中西欧贡献了55%。1995年，美国电影占全球票房的60%。"[1] 到了21世纪，好莱坞仍然屹立于世界影坛的顶峰，发展势头依然雄健坚挺。2016年，66部美国影片的国内外票房超过1亿美元；好莱坞六大电影公司的总票房占全球电影市场票房总收入的64%，在世界电影市场上所占的份额令人刮目相看。[2] 假设好莱坞电影没有如此强劲的传播力，那么，美国政府对好莱坞电影将不会产生依赖性。

好莱坞电影能够产生强劲的传播力，导源于商业电影的观念、机制与美学。商业电影观念催生了好莱坞商业电影机制的形成，商业电影观念与产业机制促成了好莱坞电影的商业美学。

---

[1] 卢燕：《聚焦好莱坞——文化与市场对接》，北京大学出版社，2006，第30页。
[2] 储双月：《2016年美国电影商业美学实践的观察与思考》，《艺术评论》2017年第3期。

好莱坞电影弘扬娱乐观念，带给观众以轻松的享受，依靠观众的喜爱来实现经济报酬，以利益最大化来刺激电影产业的兴盛。好莱坞的商业电影观念与欧洲的艺术电影观念相比较而存在、相对立而发展。因为所持电影观念不同，所以，好莱坞商业电影与欧洲艺术电影的发展路径截然不同，所产生的影响力也不同。商业电影"一直处于支配地位"。"电影既是艺术，又是商品，还是传媒工具。对电影艺术性、商品性和传媒工具性的不同侧重追求就产生了电影发展史上趋向性的三大潮流：艺术电影、商业电影和宣传电影。""在世界影坛一直处于支配地位的商业电影又称主流电影或共性电影，它以认同主流意识形态、娱乐观众、获取利润的保守型观念为根本特征，为观众精心构制一个浪漫温馨或紧张恐怖的银幕世界。"[①]好莱坞电影是商业电影的典范。好莱坞电影产业长盛不衰证实了商业电影观念的科学性。

好莱坞电影机制包括制片机制、发行机制、放映机制、策划营销机制和利益分配机制等。制片机制包括明星制、学徒制、流水线生产机制等。制片人是电影制作的总司令。制片人负责资金预算、监督资金的使用，争取以极少的成本获取最大的利润。制片人聘请导演开展拍摄工作。制片人的主要责任是管钱，导演的主要责任是进行艺术创作。一旦导演不听指令，制片人有权解聘导演。制片人比导演的权力更大，成为好莱坞追求利益最大化的坚定执行者。明星的号召力是票房的保证。好莱坞通过学徒制开展人才培养，以"工匠精神"塑造年轻的电影人才，强化敬业思想，让好莱坞后继有人、人才辈出。发行机制主要是低价销售机制。好莱坞电影，依靠国内市场回收资金，依靠海外市场赚取利润。低价销售可以减少发行的阻力。薄利多销深受观众欢迎。好莱坞电影借助薄利多销在世界影坛大行其道，获得了电影市场的比较优势。好莱坞电影的放映实行院线制。跨地区甚至跨国的几十家甚至更多的影院，组成一条院线。一条院线就是跨区域、跨国的电影院集团。院线之内的电影放映活动，统一时间，统一排片，统一票价，统一品牌，资源共享，连锁经营。Regal、AMC、Cinemark是美国最大的三家院线，控制的影院都在400家以上，拥有的银

[①] 游飞、蔡卫：《电影艺术观念》，北京大学出版社，2009，第6页。

幕都在5000块以上，雇员都超过15000人。好莱坞电影还采用多轮放映和双片放映机制。多轮放映机制就是一部影片首先进入首轮影院，然后进入二轮、三轮影院进行放映。关键在于首轮放映。影片的收入主要取决于首轮放映。首轮放映的票价高，二轮放映的票价低，三轮放映的票价更低。这样延长了放映链条，可以增加收入。毕竟，二轮、三轮放映也还能够获得一些收益。双片放映就是每一场放映两部影片，以正片为主，正片的放映时间长。附片的放映时间极短。但是，附片也能得到一些回报。附片的放映有利于艺术创新。好莱坞电影的营销策划方式越来越灵活多样。调动潜在观众的积极性，让潜在观众参与策划、制片、营销的全过程，虚心听取潜在观众的意见，把潜在观众变成现实观众。影片命名、情节设置、选择演员、选择外景、广告策划，都要听取潜在观众的意见。影片预映时，主创人员要邀请大量观众前来观看，随时记录观众的意见，作为影片修改的依据。在全媒体时代，影片的制片、发行、放映全过程都可以与潜在观众、现实观众开展互动，及时接收反馈意见，以指导全流程的工作。有些影片的制作还建立了专门的网站，更加方便了与观众的交流、互动。在利益分配方面，制片、发行、放映等各个环节保持了一定比例关系。这种比例关系处于经常调整的状态之中，增加制片环节的利益分成是其基本倾向。21世纪以来，好莱坞电影更加重视"高概念"大制作，运用高科技制造影像奇观，运用全媒体开展"地毯式轰炸"般营销宣传，把制片发行营销的全流程纳入了好莱坞的全球化策略。好莱坞电影并不是保守的代名词，在选题、取材、创意、拍摄方式的诸多方面，都不乏创新之举。尤其是电影技术的创新，堪称世界电影之最。[①] 总体来看，好莱坞在一百多年的发展历程中，形成了成熟的大制片厂制度。制片、发行、放映、策划营销、利益分配等形成了一条严谨高效的生产流程。正是这样的电影生产机制，增进了好莱坞电影的质量与效益，提高了好莱坞电影的传播效果。好莱坞电影征服了全球电影业，根源就在于严谨高效的产业机制。这样严谨高效的产业机制，正是贵州题材影视剧主创人员所需要学习的内容。

好莱坞电影的商业美学是商业电影观念、商业电影生产机制在电影美

---

① 何建平：《好莱坞电影机制研究》，上海三联书店，2006，第47~112页。

学上的结晶。电影的商业美学是指以观众需求和市场规律为基础的电影艺术创意和生产体系。电影的商业美学是艺术与商业的有机融合：艺术创意借助商业绩效而传之久远，商业程式依赖电影艺术而深入人心。电影的商业美学既要遵循市场规律，也要符合艺术创新的需要。"好莱坞电影的商业美学体系的核心是在电影的制作中尊重市场和观众的需求，有机配置电影的创意资源（类型、故事、视听语言、明星、预算成本等）和营销资源（档期、广告、评论等），以此寻找艺术与商业的结合点，确立自己的美学惯例，并根据市场和观众的变化不断推出新的惯例。"[1] 观众在好莱坞影片中能够直接体验的商业美学是影像奇观、电影类型、电影明星等内容。

促成好莱坞电影商业美学形成的原因在于电影行业的高风险性。导演约翰·福特说："一次艺术的失败算不了什么，一次商业的失败则是一个判决。"电影的投资与回报之间的比较关系，决定影片是否盈利。盈利与否，决定电影企业的生死存亡。纯粹的艺术电影往往意味着亏损。大部分艺术电影生存惨淡，即便盈利也是微乎其微。振兴电影产业还须依靠商业电影的发展壮大。在冷酷的经济算盘面前，好莱坞导演不得不依靠商业电影而生存发展；也只有盈利颇丰以后，导演才有资本从事艺术探索与个人化表达。

商业电影的观念、机制与美学，造就了好莱坞电影超强的传播力。正是看中了好莱坞电影的传播优势，美国政府才与好莱坞合谋，借助商业大片把美国形象、美国文化价值观传遍世界的每一个角落。建构美国形象体现了鲜明的意识形态意图。20世纪20年代，华盛顿把好莱坞变成了美国的"意识形态国家机器"。"我们已采取措施以确保这儿所拍的每部影片都能正确地反映美国的生活、机遇和抱负……我们准备用美国电影把美国出售给全世界。"[2] "电影可以成为以极小成本、甚至零成本进行国家宣传的最佳方式。""电影的层次已经达到传播大众思想的最高境界。""电影使用的是世界语言，更有助于表达美国的计划和目标。"[3] 基于这些理念，美国

---

[1] 朱敏：《中西方电影商业美学的回归与差距》，《现代传播》2011年第6期。
[2] 〔英〕大卫·普特南：《不宣而战——好莱坞 VS. 全世界》，李欣等译，中国电影出版社，2001，第122页。
[3] 〔加〕马修·弗雷泽：《软实力——美国电影、流行乐、电视和快餐的全球统治》，刘满贵等译，新华出版社，2006，第31~32页。

政府成立了对外电影中心，并且敦促国会建立了公共信息委员会，目的在于借助美国电影来推广美国的文化价值观。威尔逊政府规定美国出口的电影必须含有20%以上的"教育内容"，必须传播美国的正面形象。"9·11"事件以后，时任总统小布什为好莱坞电影圈定了"七大主题"，核心是"反恐"。小布什政府要求好莱坞电影宣传"反恐"意识时要避免"说教"，要提振美国国民对未来的信心和对社会的责任心；政府可以提供资金，军队可以提供帮助。为了鼓舞国民的"反恐"信心，好莱坞电影不厌其烦地塑造"超级英雄"形象，把美国打扮成拯救全人类的中坚力量。"从本质上说，超级英雄的形象代表的就是一种理想化的权力体系与国家形象。"[1] 这些倾向表明："美国电影是美国国家安全的重要载体之一。将国家公务员英雄人物化，把国家神圣化，把官员定义的、美国集体想象的威胁形象化……所有这一切都宣扬了这样一种观点：美国是神奇的、不可战胜的。"[2]

一旦美国形象受到损害，好莱坞电影则主动承担了修复国家形象的功能，而且表现出极强的修复能力。2007年，美国爆发次贷危机，引发了全球性的金融海啸。接连几年，全世界都陷入了金融危机的震荡之中。次贷危机的直接原因是作为政府行为的"两房"（房利美、房地美）信贷和美联储的不当操作造成，根本原因则是资本主义制度。次贷危机、金融危机就是经济危机。经济危机在以前主要发生在生产领域，现在主要表现在金融领域。经济危机是资本主义社会的不治之症。然而，好莱坞电影为资本主义制度辩护，为美国政府辩护，"顾左右而言他"，把金融危机的根源归咎于科技"异化"和人性的贪婪，实现了对现实的"遮蔽"和对国家形象的修复。影片《在云端》（2009）将金融危机爆发的原因归结为技术异化，把国民对于失业的恐惧转化为对于现代科技的焦虑，把资本主义腐朽制度"吃人"转换为现代科技"吃人"。影片《华尔街2：金钱永不眠》（2010）揭露了华尔街金融大亨为金钱而不择手段的行径，向世人宣告：人性贪婪是金融危机的原因，是一切丑恶的源头。所有的"遮蔽"都只是为了修复

---

[1] Iain Thompson, Deconstruction of Hero, Jeff Mc Laughlin, ed. Comics as Philosophy, University Press of Mississippi, p. 14.

[2] 〔法〕罗兰·巴尔特：《符号帝国》，孙乃修译，商务印书馆，1994，第150页。

美国岌岌可危的国家形象。因为，美国是全球性金融危机的罪魁祸首，国家形象早已处于风口浪尖。好莱坞电影借助强大的传播力，为修复、重构国家形象服务，成为美国政府的代言人。好莱坞电影塑造超级英雄以拯救全世界，制造"神话"以鼓舞国民对美国政府的信心。影片《蝙蝠侠前传3：黑暗骑士崛起》（2012），蝙蝠侠与警察联手拯救了整个世界。影片《华尔街2》中，父亲也实现了自我救赎。好莱坞电影通过编织美妙的"神话"来完成对现实的想象性弥补，在思想文化领域运用话语权力引导观众强化国家认同意识。编织"神话"是一种文化想象，对于修复国家形象具有重要作用。"在美国和西方世界面临严重的道德与社会问题的时候，美国却要继续承担全球性的道德使命。这个关于道德帝国的神话显然具有乌托邦色彩。如今西方世界在道德、思想和美学上已经贫乏和走入歧途，对乌托邦的抵抗力已经严重被破坏。人们需要一种总体上的文化想象，新神话的出现恰好弥补了他们的想象真空。"① 国家形象出现危机时，需要在文艺作品的虚拟世界进行想象性弥补。好莱坞电影通过"遮蔽"现实和编织"神话"达到了修复、美化国家形象的目的，在危机公关中积极作为，满足了美国政府的愿望。好莱坞成为美国政府的"宣传部"，在关键时刻总能传达美国政府的声音。

不仅如此，好莱坞电影还不惜歪曲历史，极尽贬损、诋毁他国形象之能事，以"美化"美国形象。20世纪，好莱坞电影塑造了傅满洲、陈查理等人的形象，侮辱了中国人。21世纪以来，好莱坞影片《127小时》《卢旺达饭店》《蝙蝠侠前传2：黑暗骑士》《战争之王》《政坛混战》《摔角王》等持续贬损中国工业品形象，为"中国制造"畅销全球设置了障碍，产生了极大的负面影响。好莱坞电影从未停止攻击中国，从来没有放弃恶毒诋毁中国形象的可耻行径。好莱坞影片《斯巴达300勇士》《摔跤手》攻击、丑化了伊朗的国家形象。2010年美伊对话时，伊朗代表团对好莱坞电影表达了强烈不满。影片《博物馆惊魂夜》中，白人对印第安人的掠夺、屠杀变成了美国上等人对下等人的保护；匈奴王阿提拉斯在历史上被

---

① Claes G. Ryn, America the Virtuous: The Crisis of Democracy and the Quest for Empire, Transaction Publishers, 2003, p.111.

尊称为"上帝之鞭",被影片改写为凶恶的野蛮人,变成美国人莱瑞拯救的对象;影片中的美国人成为世界秩序的塑造者和维护者。影片《U-571》中,美国军人夺取了德国"哑谜"密码机。这部影片遭到英国的强烈抗议。因为在二战时期,夺取德国密码机的是英国皇家海军,而这时美国却还没有参战。偷梁换柱是好莱坞电影惯用的伎俩,目的在于误导观众进而培育观众对美国的崇拜心理。"美化"美国形象,是建立在损毁他国形象的基础上的,这体现了美国文化的强盗逻辑。

好莱坞电影成为美国形象建构的"拟态环境"。好莱坞电影建构的美国形象,是鲍德里亚所谓的"拟像",以美国经济社会的现实为基础,却又不等于美国的真实状况。葛兰西在《狱中札记》中提出了文化霸权理论。葛兰西把意识形态场域视为社会结构的重要部分,认为意识形态领域的斗争比政治权力的斗争更加复杂。文化霸权的争夺旨在教化"市民社会"。处于领导地位的阶级,在确立政治霸权之后,还必须建立文化霸权,让国家机器与意识形态国家机器达成完美结合,才能真正巩固其统治。阿尔都塞在《意识形态和意识形态国家机器》中严格区分了"国家机器"和"意识形态国家机器"。"强制性国家机器'用暴力手段'发挥其功能,意识形态国家机器则'以意识形态方式'发挥其作用。"[①] 意识形态国家机器通过隐蔽的方式产生了巨大作用。阿尔都塞认为:"意识形态把个体询唤为主体。"接受了意识形态规训的主体,将会变成国家机器的"顺民",进而对主流意识形态产生归属感、荣誉感。1990年,哈佛大学教授约瑟夫·奈提出了"软实力"理论。他认为,综合国力可分为硬实力和软实力两个方面。经济、科技、军事、人口、资源等支配性实力,是一个国家的硬实力。民族凝聚力、政治导向力、思想吸引力、文化感染力、国际影响力等,构成一个国家的软实力。硬实力是物质力量,软实力是精神力量,二者对国家的长远发展都具有极其重要的作用。为了推行文化帝国主义,妄图建立全球性的文化霸权,美国政府积极利用好莱坞电影把美国的意识形态推销给全世界人民。各国人民,接受美国意识形态的人越多,美国的文

---

① 〔法〕路易·阿尔都塞:《意识形态和意识形态国家机器》,李迅译,李恒基,杨远婴:《外国电影理论文选》,三联书店,2006,第701页。

化影响力就越大,美国的软实力也就越强大,就越能控制更多人的思维。控制更多人的思维,美国才可能成为全世界的精神领袖。争夺文化霸权,是一场"没有硝烟的战争"。好莱坞成为美国政府的帮凶,在这场"没有硝烟的战争"中冲锋陷阵,拼命厮杀。

总之,考察好莱坞电影建构美国形象的举措,贵州题材影视剧建构贵州形象可以得到这些启示:一是必须牢固树立产业化观念,依靠影视剧产业化发展来提升影视剧的传播力。二是要大力解构贵州"旧"形象,建构贵州"新"形象。三是要弘扬文化多样性,不能贬损、诋毁异质文化的形象。

其中,具有决定性意义的是影视剧产业化发展的实绩。影视剧产业化的业绩决定着影视剧的传播力。影视剧的传播力是形象传播的重要支点。只有贵州题材影视剧的传播力提升了,贵州形象传播才会有突破性进展。

(二) 云南题材影视剧建构云南形象的启示

云南与贵州地处我国的云贵高原,同属西南官话方言区;少数民族众多,少数民族人口占全省总人口比例都在三成以上;同属我国的西部地区,资源丰富,能源充足,经济社会都欠开发、欠发达;气候宜人,生态宜居,山清水秀,适于旅游,都是怡情养生的好地方。云南、贵州在清朝顺治十六年(1659年)以来,同属云贵总督统辖,建立了亲密的地缘政治关系。

21世纪以来,云贵两省都积极运用影视剧来建构区域形象以推动区域经济社会的发展。云南题材影视剧建构云南形象与贵州题材影视剧建构贵州形象具有一些相似点。

一是形象建构都由"他塑"走向"自塑"。中国历史上,中原文化占据着统治地位。经济文化不发达的云南、贵州地处边陲,远离中原文化,向来被中原文化视为"蛮夷"之地。在中原文化里,云南、贵州曾经被塑造为"穷山恶水多刁民"、土匪成群、文化沙漠等负面形象。中原文化对边陲文化进行长久地"凝视",云贵高原成为中原文化"猎奇"的诱因。在历史书籍中,在文艺作品中,云南、贵州时常成为"被看"的对象,"看"的文化主动权为中原文化所掌握。云贵高原如同阿Q头上的"癞疮疤"，引人瞩目，也招人鄙视。中原文化对云南、贵州进行选择性描绘，对"异域文化"尽情地想象与窥视，展示了奇异、浪漫、诗意的文化空间。云南、贵州的历史被"书写"。云南、贵州的形象被"塑造"成为迥异于中原地区的"他者"形象。改革开放以来，尤其是21世纪以来，云南、贵州持续发展，实力逐渐增长。云南与贵州的人民逐渐树立了文化自信，逐步走向文化自觉，强烈要求依靠自我的力量建构开放、发展、进步、兴盛的新形象，根本改变旧形象。云南建构了"七彩云南"新形象，贵州建构了"多彩贵州"新形象。"形象即商品。"云南、贵州建构了新形象，必将大大提振精气神并促进经济社会的大发展大繁荣。

二是都具有现代性追求的品格。现代性的追求，是中国社会发展"未竟的事业"。改革开放以来，中国的现代化步伐逐渐加快。至21世纪中叶，中国力争基本实现现代化。云南、贵州在实现现代化的征途中大踏步前进，距离现代化的目标越来越近了。云南题材影视剧与贵州题材影视剧体现了现代性追求的文化品格：表现了经济日益发展、人民生活日益富足、城市化水平越来越高的社会现实；人们越来越信仰民主、科学、自由、平等，越来越远离专制、愚昧、等级观念，推动了思想观念的现代化；认同了各自的文化身份，吸收了现代文化因素；凸显了国家进步、社会和谐、民族团结的重要意义，体现了现代的国族想象；建构了开放、发展、进步的区域形象，焕发了现代精神面貌。早日实现现代化，是云南、贵州人民的美好愿望。云南题材影视剧、贵州题材影视剧为实现现代化提供了精神动力。

三是21世纪以来两省的党政部门都高度重视运用影视剧来建构区域新形象。云南、贵州都致力于建设民族文化大省，都要求把文化产业建设成为国民经济的支柱产业，都热情支持影视剧产业的发展。两个省的电视剧产业都兴旺发达，成果显著。云南题材电视剧《五朵金花的儿女》《滇西1944》《山间铃响马帮来》《湄澜传情》《金凤花开》《香格里拉》《木府风云》《劝和小组》《护国大将军》《翡翠凤凰》《茶马古道》《钱王》《商贾将军》《东寺街西寺巷》《一米阳光》等，贵州题材电视剧《茅台酒的传说》《黄齐生与王若飞》《雄关漫道》《夜郎王》《绝地逢生》《杀出绝地》《镇远镖局》《最高特赦》《风雨梵净山》《奢香夫人》《二十四道拐》等，都曾占据了高端播放平台，在屏幕上刮起了一阵阵金旋风，彰显了云南、贵州电视剧的创作实绩，有力地建构和传播了区域形象。但是，21世纪以来，云南、贵州的电影产业都不发达，市场竞争力强的影片并不多见。云南题材电影在"十七年"时期（1949~1966）成就辉煌，涌现了一批精品力作，例如《五朵金花》《阿诗玛》《山间铃响马帮来》《芦笙恋歌》《景颇姑娘》《锡城的故事》等。20世纪八九十年代，云南电影的影响力也很大，影片《青春祭》《孔雀公主》《洱海情波》《相约在凤尾竹下》《金沙水拍》《彝海结盟》《三七情缘》《姑娘寨》《红象》《叶赫娜》《彩月和她的情人》等，都有一定的观众群。21世纪以来，云南题材电影很难进入主流院线发行放映，一些影片在国内外电影节展上获得了奖项，却成为影院"一日游"或几日游，与观众见面的机会不多。例如，影片《花腰新娘》《诺玛的十七岁》《碧罗雪山》《阿佤山》《俄玛之子》《大东巴的女儿》《怒江魂》《别姬印象》《河内，河内》等，成为21世纪云南电影的代表作，口碑很好，评价很高。但是，这些影片的市场表现不佳，排片率很低，票房不高，在电影院来也匆匆去也匆匆，市场竞争力弱。云南题材电影比贵州题材电影成果要丰硕得多。在各个时期，云南题材电影都涌现了可资记忆的影片，有些影片甚至成为经典作品。而贵州题材电影中可资记忆的影片实属凤毛麟角。云南有电影制片厂。1958年昆明电影制片厂成立。1985年，昆明电影制片厂更名为云南民族电影制片厂。2010年，云南民族电影制片厂与北京和顺通泰投资有限公司共同出资筹建云南电影集团。存在于1958~1961年的贵州电影制片厂是中国电影史上的匆匆过客。总体看来，发展电影产业，运用电影塑造区域形象，是云南、贵州面临的难题。云贵两省的电视剧产业发展状况令人满意，在运用电视剧塑造区域形象方面发挥了积极作用，因而成就斐然。

四是都重视主旋律影视剧的创作。主旋律影视剧的创作具有一些优势：题材的知名度大多比较高，历史文献、新闻媒体为主旋律题材积累了人气；党政部门统筹规划，在资金、技术、人才、营销等方面往往能够提供强力支持，为影视剧生产免除了许多后顾之忧；主旋律影视剧弘扬了社会主义核心价值观，在思想文化方面能发挥引领作用，可能成为文化宣传品。在建构和传播区域形象方面，主旋律影视剧可以发挥短、平、快的优势,所以,云南、贵州的党政部门高度重视主旋律影视剧的创作。主旋律影视剧的宣传、教化观念很显著。由于急功近利宣扬某些主张,一些主旋律影视剧在适应观众的欣赏趣味方面大打折扣,娱乐性不强,因而,市场化程度普遍不高,产业业绩普遍不理想。主旋律影视剧如何适应观众以提高产业化业绩,是一个不可回避的问题。

五是人才都很匮乏。云贵两省吸引外来人才的举措不力,也难以留住人才。云南、贵州的影视创作与制作的人才都极端匮乏。影视剧创作与制作往往借助省外力量才能顺利开展工作。这就形成了"借船出海"的策略。一旦有影视剧创作与制作的任务,只能与省外影视生产团队临时性地合作。

纵览云南、贵州的影视剧发展史,笔者认为云南省的影视剧创作实绩明显优于贵州省。1996年10月,"中国少数民族电影学术研讨会"在云南昆明召开。这是我国关于少数民族电影的第一次研讨会。这次会议之后的1997年11月,第五届中国金鸡百花电影节学术研讨会文集《论中国少数民族电影》出版。2009年12月,"全国少数民族题材电影电视剧创作研讨会"在云南昆明召开。这些会议在云南昆明召开,凸显了云南少数民族题材影视剧创作的影响力。因此,云南被誉为"少数民族题材类影视的领头羊"。

关于云南题材影视剧建构云南形象,以下五点值得借鉴。

1. 云南的国有影视企业实力明显增强

云南省在1958年"大跃进"运动中创建了昆明电影制片厂,并且克服了重重困难坚持办厂,不像贵州电影制片厂一样半途而废。坚持就是胜利,坚持方能创造辉煌。昆明电影制片厂演变为1985年的云南民族电影制片厂。到了2010年,云南电影集团组建了,成为云南省的电影"重器"。云南电影集团下辖云南民族电影制片厂、云影博纳影视发行有限公司、云彩飞扬文化演艺公司、北京国际艺术文化交流分公司、北京电影宣传营销分公司。云南电影集团地跨云南、北京两地,因为它是云南民族电影制片厂与北京和顺通泰投资有限公司合资筹建而成;经营业务涵盖了制片、发行、宣传营销等环节。云南电影集团在云南题材电影的创作与营销、云南形象的建构与传播方面发挥了重要作用。

2009年12月，云南广电网络集团有限公司成立，在电视剧制作、营销和数字电视产业运营等方面，产生了重要作用。

贵州省在电视产业方面依托贵州广电传媒集团获得了长足发展，成果喜人。可是，贵州省在电影产业方面缺乏大型国有集团公司为依托，因而先天不足。

2. 云南的民营影视企业崛起了

21世纪以来，云南影视业引人瞩目的现象之一是民营影视企业的崛起。2011年9月4日，"云南省影视产业发展促进会"在昆明成立，第一批会员有76家影视企业。这说明了云南省民营影视企业数量众多。有些企业实力较强，在影视剧生产方面成果丰硕。笔者拟简介三家民营影视企业。

云南润视荣光影业制作有限公司成立于2003年11月11日，具备电视剧制作甲种许可资质。经营业务多元化，涵盖了策划、拍摄、制作、发行、广告等环节。著名演员于荣光出任公司总裁。"全国十佳制片人"蒋晓荣出任公司总经理。它出品的电视剧主要有：《狼毒花》（2006）、《侦探成旭之龙城岁月》（2007）、《翡翠凤凰》（2008）、《辛亥革命》（2011）、《护国军魂传奇》（2011）、《木府风云》（2012）、《劝和小组》（2013）等。它出品的影片主要有《走路上学》（2009）。这家公司的业绩主要表现在电视剧制作方面，曾经荣获飞天奖、金鹰奖、骏马奖、"五个一"工程奖等多个奖项，出品的电视剧赢得了较高的收视率。这家公司是"海润影视集团"在云南的分公司。"海润影视集团"是国家广播电影电视总局批准认证的第一批民营影视制作机构，是中国影视品牌企业之一。

云南高原影视文化中心成立于1998年，业绩主要表现在纪录片制作方面。出品的纪录片主要有：《天国之路》《雪山上的好门巴》《家住泸沽湖》《远山的呼唤》《百年对话》等。其中，《雪山上的好门巴》荣获金鹰奖，《百年对话》荣获中央电视台优秀纪录片奖，《远山的呼唤》荣获中国广播电视学会一等奖。出品的电视剧主要有《商贾将军》（2007）、《高原情话》等。这家企业在纪录片制作方面首屈一指，出品的纪录片产生了一定的影响力。

云南立速影视文化有限公司成立于2006年6月30日，仕芙柳出任公司总裁。公司业绩主要表现在文艺片创作方面。出品的影片主要有：《知子罗》（2007）、《背上歌声去远方》（2009）、《浪漫的心》（2009）、《球》（2010）、《五个关于青春的记忆》（2012）、《渴》（2013）等。其中，影片《浪漫的心》在第二届澳门国际电影节上荣获"金莲花优秀制片人奖"，影片《五个关于青春的记忆》在第四届英国万像国际华语电影节上荣获了最高奖项"万像优秀影片奖"。这家公司致力于创作独立电影，曾经债台高筑。由于仕芙柳的执着，公司终于大步发展。

21世纪以来，云南民营影视企业大量创建，壮大了云南影视的实力，提升了云南题材影视剧的影响力，有助于运用影视剧塑造云南形象。民营影视力量的壮大，意义非常重要。它富有活力，成为国有影视力量的重要补充。如果发展状况良好，民营影视企业的实力可能超过国有影视力量，可能成为影视市场的重要开拓者、生力军。

3. 树立了云南本土的影视剧品牌

云南题材电影在各个历史时期都涌现出精品力作。"十七年"时期，影片《山间铃响马帮来》《芦笙恋歌》《景颇姑娘》《五朵金花》《阿诗玛》等，让观众在浓郁的政治气氛之外体验了充满人性、饱含爱情的边疆少数民族朝气蓬勃的社会生活。这些影片至今成为观众的公共记忆。20世纪八九十年代，影片《洱海情波》《相约在凤尾竹下》《青春祭》等让观众倾倒在云南的旖旎风光中。21世纪以来，影片《诺玛的十七岁》《花腰新娘》《碧罗雪山》《河内，河内》《杨善洲》等，在国内外屡获大奖，彰显了其深厚的文化价值。

云南题材电视剧也是佳作迭出。《五朵金花的儿女》《山间铃响马帮来》《湄澜传情》《葫芦信》《金凤花开》《香格里拉》《木府风云》《翡翠凤凰》《钱王》《东寺街西寺巷》《劝和小组》等，都依托屏幕刮起了一阵又一阵金旋风，口碑极佳，收视率也很高，实现了社会效益与经济效益的统一，有效建构与传播了云南形象。

正是这些精品力作造就了云南本土的影视剧品牌。云南被选为少数民族题材影视研讨会召开的地点，就是因为云南影视产生了一定的影响力。

这就昭示我们：在任何时候，文艺创作都必须以作品为中心，打造精品力作是每一位文艺工作者的神圣职责。贵州题材影视剧创作尤其要注意这一点，必须要拿出一定数量的杰作，才无愧于新时代、无愧于辛勤的劳动。

4. 与东盟国家联合制作影视剧

云南省地处我国西南边陲，主动服务于"一带一路"国家战略，借助国际交流活动来推动云南经济社会发展。

云南省曾与东盟国家联合制作了电视节目和影视剧。"2013年至今，云南广播电视台先后与泰国、老挝和柬埔寨合办了3场大型春节联欢晚会，开创了中国省级电视台跨国举办大型春节晚会的先河。'跨国春晚'已成为云南对外文化交流的品牌。2014年，云南广播电视台旗下云视传媒集团与缅甸影视管理局签约合拍的电视连续剧《舞乐传奇》在央视八套黄金档播出，这也是缅甸与国外合作拍摄的第一部大型电视连续剧。2014年1月25日，云南广播电视台国际频道信号在老挝开通，频道自行组织译制的第一部老挝语配音电视剧《木府风云》在当地掀起了一阵中国风。"[①] 2006年，云南民族电影制片厂与越南合拍了影片《河内，河内》。这部影片荣获越南电影最佳故事片"金风筝"奖，甘婷婷获得最佳女主角奖。

云南省的这一举措具有开拓意义，值得贵州学习。贵州题材影视剧也可以与东盟国家或其他国家进行联合制作。

5. 影视基地建设要取慎重态度，切忌盲目跟风

云南的十多个影视基地的运营，大多处于亏损状态。因为基地建设以行政为主导，缺乏科学论证与规划；投资分散，影视资源分散；器材租赁、后期加工、群众演员聘请都存在重重问题。基地建设通常为某一部影视剧量身打造而成，场景单一，配套设施不健全，限制了影视基地的发展潜力；导致影视基地的产业链不完善，只能依靠旅游景点实现创收。影视基地常年闲置，接待的剧组非常少。总之，影视基地的自然优势难以转化为产业优势。

放眼全国，影视基地建设的成功范例屈指可数。许多影视基地由于经营不善变成了房地产"炒作"，变成了效益不佳的旅游景点，或是被挪作它用。因此，贵州的影视基地建设切不可盲目跟风，更不可被当作"政绩

---

① 王林、李晓霞：《"一带一路"战略与云南媒体国际传播力建设》，《思想战线》2015年第3期，第117页。

工程"来立项建设。笔者并非反对影视基地建设，而是非常强调科学规划、从长计议、综合开发、整体运营、务求实效。

二 建构贵州形象的影视剧提升传播力的策略

针对贵州题材影视剧的发展现状，笔者认为根本策略在于以市场经济规律指导贵州题材影视剧的生产，把贵州题材影视剧全面推向市场，走产业化发展道路，以卓异的市场业绩扩大贵州题材影视剧的影响力、传播力，实现贵州题材影视剧思想性、艺术性、观赏性的统一。

当前，贵州题材影视剧仍然沉溺于"主旋律"而不能自拔，还没有跳出"宣传贵州"的思维框架，还具有浓厚的"教化"色彩，束缚了贵州题材影视剧的进一步发展。因此，观念更新至关重要：务必要以产业化思想指导贵州题材影视剧的创作与制作。

第一，打造强势传媒集团和影视企业集团，加强"硬件"建设，为增强影视传播力提供基础性条件。

影视公司依托大型传媒集团运营，有利于实现资金、资源共享，能够在传播媒介方面占据优势。好莱坞电影六大公司中有五大公司依托大型传媒集团而顺利运营。贵州国有的传媒集团和影视企业集团有雄厚的实力，但是，民营力量非常薄弱。要促进贵州题材影视剧的大发展，民营力量不容忽视。因此，必须促进民营影视企业的发展壮大，条件具备时也可以组建民营的传媒集团，可以实行强强联合，把分散的影视资源整合起来。要按照市场经济规律来组织影视剧生产，吸收民间资本进入影视剧生产流程，努力提高资本回报率。要以市场化方式解决影视剧融资难问题。充分调动民间影视力量的积极性，方可夯实"硬件"基础，才能促进贵州题材影视剧的发展。

第二，加强影视剧创作与经营的复合型人才队伍建设，坚持培养本土人才与引进人才并举，提升影视剧生产的竞争力。

人才瓶颈是贵州题材影视剧发展面临的难题。人才匮乏限制了贵州题材影视剧的创作与传播。会创作懂经营的复合型人才最受欢迎，也最缺乏。影视剧本写作、影视制作拍摄、影视市场运作、影视产业链的完善，都需要影视人才学会现代技术、现代管理方法，并且具备现代的思想观念。

贵州题材影视剧的创作与传播，经常使用"借船出海"的办法，借助省外力量达成了短平快的效果。但是,"借船出海"的直接后果是忽视了本土影视人才的培养。笔者认为,培养本土影视人才至关重要、刻不容缓。要在长期实践中培养本土影视人才,方为治本之策。人才需要历练。好莱坞采用"学徒制"以培养自己需要的各种人才,效果非常好。贵州必须主动学习省外剧组的先进经验。贵州可以派遣一些制片人、导演、编剧、摄影等创作与营销人员跟随省外剧组学习,参与接待活动,参与全流程服务,在实践中加强锻炼。贵州可以派遣一些创作与营销人员去北京、上海等地的著名影视公司长期或短期跟班实习,培养影视创作与营销骨干。贵州影视企业需要发现人才,扶持人才,注重培养新秀,让影视剧新秀接受市场的考验,在市场浮沉中经受磨炼。培养影视人才并非一蹴而就,需要有耐心,需要立足长远做好科学规划。

贵州在引进影视人才方面需要下功夫,需要制定相关制度,兑现待遇,才能"引凤筑巢"。

第三,坚持内涵式发展,践行精品战略,挖掘创意,集中力量打造精品力作。

依托贵州题材影视剧建构与传播贵州形象,必要条件是贵州题材影视剧要增强传播能力。如果贵州题材影视剧的传播能力不强,那么贵州形象必定传之不远。

"内容"始终是影视产业的核心竞争力。影视产业是"内容产业"。要坚持"内容为王",要把富有创意的内容有效传达给观众。

故事创意是重中之重。讲述有吸引力的故事情节是影视观众的第一需求。故事情节要完整丰富,矛盾冲突要激烈紧张,叙事节奏要张弛有致,悬念设置要引人入胜。要选择观众喜闻乐见的题材,关注社会的"热点话题",把观众喜欢的故事拍成影视剧,走市场化道路,依靠市场实现影视剧的经济价值和社会价值。影视剧要想实现其价值,首先就要会讲故事。要依靠生动曲折的故事提升影视剧的吸引力。某些贵州题材影视剧,故事老套、观念陈旧成为显著问题。某些贵州题材影视剧,重视讲述好人好事、展示自然风光、民俗奇观,对观众的吸引力并不大。因此,要放开事实上的题材诱导、限制,要淡化主旋律思维模式。淡化主旋律思维模式有利于想象力的发挥。单纯依靠"真实性"和"理念灌输"的影视剧,已经很难打动观众了。

视觉创意也很重要。拍摄风光奇异的外景,强化商业元素的调配,运用特效技术制造视觉盛宴,可以收到摄人心魄的奇妙效果。渲染后现代空间美学,着意于影视空间的营造,以惊奇的画面造型来炫人眼球,这是近年来流行的吸引观众的办法。这样的视觉创意有助于提高影视剧的观赏性,也必定增加影视剧的成本、增加影视剧的市场风险。影视剧制作者需要慎重考虑。

剧本是"一剧之本"。剧本的创新是影视剧创作的重要环节。要提高影视编剧的薪酬,以鼓励编剧的创造性劳动。要切实保护著作权,严厉打击抄袭、剽窃等侵权行为。要加强编剧人才培养和编剧队伍建设。要完善剧本创作激励机制,认真解决"剧本荒"问题。

总之,精品力作至关重要。影视剧发展要以作品为中心,要用心打造一批贵州题材影视剧的精品力作以投放市场,才能振兴贵州影视剧。影片要争取进入主流院线并提高票房收入,电视剧要争取提高收视率以扩大影响力。

第四,促进影视剧类型化,以类型化推进产业化,完善影视产业链,开发衍生产品,努力提高影视剧产业化水平。

以类型化推进产业化,是影视剧生产的一条重要经验。好莱坞类型电影畅销全世界,已历时一百多年了。类型电影、类型电视剧有比较固定的叙事模式,符合观众的欣赏心理。这是类型电影、类型电视剧非常畅销的内在原因。影视剧的类型化早已进入了影视学者的视野,成为有价值的研究课题。影视剧类型化与创新并不矛盾。类型电影、类型电视剧是模式与创新的统一。影视剧类型化与经典化并不矛盾。许多类型电影、类型电视剧已经成为影视剧经典。

发展贵州题材影视剧,需要制作类型化的影视剧,需要推行影视"大片"战略。要集中资金、技术、人才等优势资源,着手打造一批电影大片、电视剧大片,以高投资提升影视剧品质,以高品质开拓市场,以卓异的市场业绩创立"品牌",以品牌引领贵州题材影视剧发展的转型升级。

类型化的影视剧是通俗的文艺作品,要雅俗共赏,通俗而不低俗。通俗文艺作品要体现普世价值,引起观众的"共鸣"。爱恨情仇、洒脱自由、公平正义、敬业奉献、自强求富、平等民主、与人为善、除暴安良、飞黄腾达、跻身上流社会等，是每一个人都能接受的价值观，具有普遍的适应性。高度"艺术化"的影视作品，可能导致曲高和寡的局面，社会效益非常好经济效益却不佳，对于影视产业的发展并非十分有利。主旋律影视剧要寻找最佳的表现形式，要依靠产业化拓宽发展道路。主旋律影视剧的通俗化、艺术化成为赢得观众的重要办法。主旋律影视剧思想性强、政治性强，但也需要"好看"。"远离观众"是主旋律影视剧发展的误区。这个误区需要避开。

贵州影视界对商业类型片的生产套路不很熟悉，妨碍了贵州题材影视剧的发展。贵州题材电影有许多文艺片，传播力很弱。贵州题材影视剧沉迷于主旋律基调，导致一些影视剧远离观众，影响力很小。贵州题材影视剧的产业链不完整。电影、电视剧的衍生品开发几乎空缺。这个问题需要引起高度重视。

第五，积极利用新媒体，促进贵州题材影视剧传播和贵州形象传播。

目前，人类社会已经进入移动新媒体时代。传媒技术的飞跃式发展为人类提供了种种便利。贵州题材影视剧的创作与传播，需要与移动新媒体联姻。贵州形象传播，也需要与移动新媒体联姻。贵州题材影视剧的发展，需要充分利用大数据、"互联网＋"等现代信息技术以开辟新境界。

要学习好莱坞的整合营销方法。好莱坞电影的宣传营销费用一般占总投资的一半，甚至达到三分之二；利用全媒体进行地毯式狂轰滥炸般营销宣传。

贵州题材影视剧传播和贵州形象传播，需要利用新媒体技术以拉开宣传攻势。要让网络成为营销宣传的主阵地，可以借助移动新媒体引发网络讨论，形成共同关注的话题。

第六，服务"一带一路"国家战略，面向东盟国家，积极参加影视剧国际交流活动，积极传播贵州新形象。

贵州地处祖国西南，虽不是边疆，但距离边疆很近。贵州与东盟国家颇有渊源，"中国—东盟教育交流周"活动落户贵阳，在人文领域互联互通协同发展。在影视剧创作与传播方面，贵州需要向云南学习，服务"一带一路"国家战略，积极与东盟国家合作拍摄影视剧，拓宽贵州题材影视剧的发展道路。贵州需要认真思考，拿出切实可行的制作项目，在国际合作中推进贵州影视剧的发展。

结　语

哈佛大学教授约瑟夫·奈提出了"软实力"概念，引领了国际竞争新潮流。非物质要素所构成的实力是"软实力"。国际竞争不仅要重视以经济、军事力量为核心的"硬实力"竞争，而且要高度重视文化、价值观念、制度体制等为重点的"软实力"竞争。

中国的发展需要增强文化软实力。增强文化软实力能促进中国的改革开放和现代化发展。讲述中国故事，传递中国声音，建构中国形象，弘扬中华文化精神，争取中华文化的话语权，加强中华文化国际传播能力建设，让中华文化"走出去"。这些成为当前的迫切任务。

国家软实力可以分解为地方软实力、企业软实力、个人软实力等。国家软实力由各个地方的软实力组合而成，每一个地方的软实力是国家软实力的重要组成部分。由此可知，贵州也需要增强文化软实力，要破除贵州旧形象，建构和传播贵州新形象。

戴维·哈维说："形象即商品。"对于一个地方而言，良好的区域形象能够促进区域经济社会的发展。一旦区域形象受到歪曲、贬损，区域经济社会的长远发展必受妨碍，区域经济社会的竞争力必遭削弱。

文艺作品建构的区域形象，是文艺作品通过叙事手法、人物形象系列对区域经济社会的一种想象。区域形象不等于客观"真实"，而是以真实状况为基础尽情描绘理想的蓝图，是现代传播媒介营造的"仿真"图景，是鲍德里亚所谓的"拟像"。这便是区域形象的本质。

贵州人民将不再容忍贵州形象的被损毁、被歪曲；要争取贵州形象建构的主动权，要运用自己的智慧施展自己的力量，按照自己的理想建构符合贵州长远发展需要的贵州形象；要激发文化主体性，坚持文化自信，走向文化自觉，形成与其他区域文化"美美与共"平等交流的和谐局面。

结 语

改革开放改写了贵州形象,贵州新形象彰显了改革开放的丰功伟绩。在改革开放新时代,由于贵州人民真抓实干,艰苦奋斗,贵州经济社会不断进步,旧貌变新颜。贵州逐步建构了开放、发展、进步的新形象。外部世界越来越认可贵州的新形象。贵州具备得天独厚的生态资源,生态形象良好。中国唯一以生态文明为主题的国际性高端峰会——"生态文明国际论坛"——落户贵阳。贵州风景秀丽,气候宜人,生态宜居,更兼民族民间文化千奇百态,是生物多样性与文化多样性双全齐美的地区。在雾霾、沙尘暴日益肆虐的今天,贵州成为休闲养生的好地方,对游客的吸引力越来越大。

贵州要大力推进现代化进程,也要保护和传承民族文化遗产。贵州要更加奋力推进现代化步伐,建设高度的物质文明,并且加速人们思想观念的现代化。经济社会的现代化是一项远未完成的艰巨任务。思想观念的现代化任务更艰巨、道路更曲折。贵州要注重民族民间文化的保护,注重文化遗产的传承。现代化的进程,损毁了文化遗产。保护和传承文化遗产是我们这一代人应尽的文化责任,决不能让文化遗产在我们这一代损毁太多。加快现代化进程与保护文化遗产,这两个方面都是大事,对于贵州来说都十分重要而迫切。这两个方面辩证地统一在经济社会发展的生动实践之中。

运用贵州题材影视剧建构贵州新形象,是明智之举。影视作品借娱乐功能建构区域形象,将收到"润物细无声"的效果。好莱坞电影被用来建构与传播美国形象,这是成功的范例。好莱坞电影征服了全球电影市场,产生了极强的影响力,因而高效地向全世界传播了美国形象。好莱坞电影建构与传播美国形象的先进经验,值得研究与借鉴。

贵州题材影视剧弘扬了社会主义核心价值观。核心价值观是人们的精神支柱,是人们行动的向导。在东西方文化交流交融交锋的当下,在思想文化多元多样多变的今天,弘扬社会主义核心价值观,有利于凝聚人心共筑中国梦。贵州题材影视剧,描绘了贵州人民的美好梦想,讴歌了贵州人民艰苦奋斗、敬业奉献的道德品质,赞扬了贵州人民自强不息、务实进取的坚实行动,能够淳化民风,能够提振精气神,产生了良好的社会效益。

国族认同是贵州题材影视剧的核心思想。贵州题材影视剧有助于促进人们的国族认同。中华文化是联系全国各族人民的精神纽带。认同中华文化是国族认同的精神本源。政治认同是建立在文化认同的基础之上的。"大一统"思想造就了国家统一、民族团结的稳定的政治局面。国家的统一、民族的平等互助共同繁荣、全国各族人民的大团结，是中华民族之福。

贵州题材影视剧建构与传播贵州形象，最严重的问题在于传播效果微弱。贵州题材影视剧建构与传播贵州形象，必须提高传播效果。传播效果的提高，必须依赖贵州题材影视剧提高影响力。贵州题材影视剧要提高影响力，必须加强影视创意研究，必须实现产业化。因此，依靠创意来大力发展影视产业，是贵州题材影视剧建构与传播贵州形象的根本策略。

要运用辩证法思想来指导贵州题材影视剧创作：要适应观众，融入市民社会，要世俗化、平民化、中产阶级化，但又不能跌入庸俗、媚俗、低俗；要刺激票房、收视率飙升，但又不能信奉"唯票房论""唯收视率论"；要表达主流意识形态，但又不能"说教""图解政治"；要创新求变，启人心智，追求思想意蕴的深刻性、艺术旨趣的高雅性，但又不能疏离观众；要运用高科技渲染视觉奇观，以求"惊艳"效果，但又不能"金玉其外，败絮其中"；要发挥明星的号召力，但又不能迷信明星，因为大腕不等于大师；要学习好莱坞，但又不能亦步亦趋，因为经验不等于经典。艺术创作要贯彻辩证法思想，不可走极端，不可急功近利。必须弘扬"工匠精神"，必须静下心来细致打磨，悉心体察中华文化，以民族灵魂铸造民族影像，要实现思想性、艺术性、观赏性的完美统一，要实现社会效益与经济效益的高度统一，才能提升贵州题材影视剧的审美品质与产业绩效。

砥砺创意思维，振兴影视产业，才能实现影视强国梦。2017年3月1日，《中华人民共和国电影产业促进法》正式施行，大力促进了中国电影产业的转型升级与跨越式发展。中国已经是电影大国、电视剧大国，在不久的将来必定跻身世界电影强国、电视剧强国。实干兴业，实干兴邦，中国影视艺术家需要脚踏实地艰苦奋斗方能实现影视强国梦。

参考文献

一 专著

1. 谢廷秋:《文化孤岛与文化千岛——贵州民族民间文化与社会发展研究》,齐鲁书社,2011。
2. 申茂平:《贵州非物质文化遗产研究》,知识产权出版社,2009。
3. 吴正光:《沃野耕耘:贵州民族文化遗产研究》,学苑出版社,2009。
4. 周帆:《贵州少数民族文艺审美意识研究》,民族出版社,2010。
5. 刘京伟:《西部大开发中的贵州发展问题研究》,中国农业出版社,2010。
6. 段丽娜:《当代传播下的贵州文化》,中国社会科学出版社,2012。
7. 刘玲玲:《贵州布依戏研究》,光明日报出版社,2013。
8. 郭鹏群:《中国电影中的云南形象研究》,中国社会科学出版社,2014。
9. 黄会林:《影视受众论》,北京师范大学出版社,2007。
10. 游飞、蔡卫:《电影艺术观念》,北京大学出版社,2009。
11. 何建平:《好莱坞电影机制研究》,上海三联书店,2006。
12. 孙英春:《跨文化传播学》,北京大学出版社,2015。
13. 陈林侠:《跨文化背景下中国电影的国家形象建构》,人民出版社,2014。
14. 潘源:《影视艺术传播学》,中国电影出版社,2009。
15. 徐蓉:《核心价值与国家形象建设》,复旦大学出版社,2013。
16. 胡晓明:《国家形象》,人民出版社,2011。
17. 李智:《中国国家形象:全球传播时代建构主义的解读》,新华出版社,2011。

18. 胡惠林：《中国国家文化安全论（第二版）》，上海人民出版社，2011。
19. 陈晓云：《电影理论基础（第2版）》，北京联合出版公司，2016。
20. 陈晓云：《电影城市：中国电影与城市文化（1990～2007）》，中国电影出版社，2008。
21. 汪民安：《身体、空间与后现代性》，江苏人民出版社，2006。
22. 蔡晓芳：《"镜"城：电影中的北京记忆与想象（1980～2010）》，北京师范大学出版社，2011。
23. 何春耕：《中国电影产业与政策发展研究》，新华出版社，2012。
24. 韩永进：《中国文化体制改革35年历史叙事与理论反思》，人民出版社，2014。
25. 赵玉明：《中国广播电视通史（第2版）》，中国传媒大学出版社，2006。
26. 饶曙光：《中国电影市场发展史》，中国电影出版社，2009。
27. 饶曙光：《中国类型电影：历史、现状与未来》，中国电影出版社，2013。
28. 周宪：《视觉文化的转向》，北京大学出版社，2008。
29. 周宪：《文化现代性与美学问题》，中国人民大学出版社，2005。
30. 赵昱：《中国当代电视低俗化问题研究》，河南人民出版社，2012。
31. 陈嘉明：《现代性与后现代性十五讲》，北京大学出版社，2006。
32. 杜书瀛：《新时期文艺学前沿扫描》，中国社会科学出版社，2012。
33. 罗艺军：《20世纪中国电影理论文选（上、下）》，中国电影出版社，2003。
34. 金丹元：《新中国电影美学史（1949～2009）》，上海三联书店，2013。
35. 史可扬：《新时期中国电影美学研究》，北京师范大学出版社，2014。
36. 杨远婴：《电影理论读本》，世界图书出版公司北京公司，2012。
37. 郝建：《类型电影教程》，复旦大学出版社，2013。
38. 陈焱：《好莱坞模式：美国电影产业研究》，北京联合出版公司，2014。
39. 〔法〕雷吉斯·迪布瓦：《好莱坞：电影与意识形态》，李丹丹、李昕晖译，商务印书馆，2014。
40. 〔法〕安德烈·巴赞：《电影是什么？》，崔君衍译，江苏教育出版社，2005。

41. 〔美〕尼尔·波兹曼：《娱乐至死》，章艳译，中信出版社，2015。

42. 〔加〕哈罗德·伊尼斯：《传播的偏向》，何道宽译，中国传媒大学出版社，2015。

43. 〔法〕弗雷德里克·马特尔：《主流：谁将打赢全球文化战争》，刘成富、房美、胡园园、王璐译，商务印书馆，2012。

44. 〔美〕戴维·哈维：《后现代的状况》，阎嘉译，商务印书馆，2003。

45. 〔法〕居伊·德波：《景观社会》，王昭凤译，南京大学出版社，2007。

46. 〔匈〕巴拉兹·贝拉：《可见的人：电影文化、电影精神》，安利译，中国电影出版社，2003。

47. 〔法〕马赛尔·马尔丹：《电影语言》，何振淦译，中国电影出版社，2006。

48. 〔以色列〕S. N. 艾森斯塔特：《反思现代性》，旷新年、王爱松译，三联书店，2006。

49. 〔法〕让·米特里：《电影美学与心理学》，崔君衍译，江苏文艺出版社，2012。

50. 〔美〕罗伯特·麦基：《故事——材质·结构·风格和银幕剧作的原理》，周铁东译，天津人民出版社，2014。

51. 〔美〕悉德·菲尔德：《电影剧本写作基础（修订版）》，钟大丰、鲍玉珩译，世界图书出版公司北京公司，2012。

52. 〔美〕悉德·菲尔德：《电影编剧创作指南（修订版）》，魏枫译，世界图书出版公司北京公司，2012。

53. 〔美〕路易斯·贾内梯：《认识电影》，胡尧之等译，中国电影出版社，1997。

54. 〔美〕沃尔特·李普曼：《公众舆论》，阎克文、江红译，上海人民出版社，2006。

55. 〔美〕德尼·古莱：《残酷的选择：发展理念与伦理价值》，高铦、高戈译，社会科学文献出版社，2008。

56. 〔印度〕阿马蒂亚·森：《以自由看待发展》，任赜、于真译，中国人民大学出版社，2013。

57. 〔荷兰〕丹尼斯·麦奎尔:《受众分析》,刘燕南、李颖、杨振荣译,中国人民大学出版社,2006。

58. 〔法〕古斯塔夫·勒庞:《乌合之众:大众心理研究》,冯克利译,中央编译出版社,2004。

59. 〔美〕托比·米勒:《全球好莱坞》,冯建三等译,台湾巨流图书公司,2003。

60. 〔美〕巴里·R.李特曼:《大电影产业》,尹鸿等译,清华大学出版社,2005。

61. 〔匈〕巴拉兹·贝拉:《电影美学》,何力译,中国电影出版社,2003。

62. Renee Harmon. *The Beginning Filmmaker's Business Guide:Finance, Legal, Marketing, and Distribution Basics of Making Movies.* New York:Walker and Company, 2004.

63. John Howkins. *The Creative Economy:How People Make Money from Ideas.* Penguin Global, 2013.

64. William M Kunz. *Culture Conglomerates:Consolidation in the Motion Picture and Television Industry.* Oxford:Rowman & Littlefield, 2007.

65. Poul Mcdonald, Jant Wasko. *The Contemporary Hollywood Film Industry.* MA:Wiley–Blackwell, 2008.

66. John Thornton Caldwell. *Production Culture:Industrial Reflexivity and Critical Practice in Film and Television.* North Carolina:Duke University Press Books, 2008.

67. Tom Kemper. *Hidden Talent:The Emergence of Hollywood Agents.* Berkeley University of California Press, 2009.

二　论文

1. 余永霞:《贵州影视旅游开发现状与发展思路》,《贵州民族研究》2014年第6期。

2. 杨经华:《书写与歧视——"夜郎自大"现象与少数民族历史的异化》,《贵州民族研究》2007年第4期。

3. 杨经华:《贵州民族形象的百年误读——从"黔之驴"文化现象的传播

异化谈起》,《原生态民族文化学刊》2014年第3期。

4. 王明贵:《影视剧作与彝汉史志中奢香夫人形象的比较研究》,《贵州社会主义学院学报》2012年第1期。

5. 安燕:《贵州少数民族的仪式象征与影视创意》,《中共贵州省委党校学报》2010年第3期。

6. 段卫东:《形象生成与贵州文化旅游产业的关系研究》,《广西经济管理干部学院学报》2015年第2期。

7. 何苗、胥宇虹:《贵州地区形象的选取与确认:来自省内外的调查与实验的报告》,《贵州民族大学学报》(哲学社会科学版)2012年第5期。

8. 李波:《〈多彩贵州风〉与"多彩贵州"文化品牌塑造》,《原生态民族文化学刊》2011年第2期。

9. 汪太伟:《电视剧〈绝地逢生〉的"盘江精神"与贵州开发》,《遵义师范学院学报》2011年第5期。

10. 王启宏:《拟态环境与多彩贵州旅游形象传播》,《贵州大学学报》(社会科学版)2012年第6期。

11. 李效文:《西部开发背景下贵州红色题材影视创作的现实思考》,《贵州师范大学学报》(社会科学版)2011年第5期。

12. 李俊:《荧屏上的"红流":长征电视剧》,《贵州师范大学学报》(社会科学版)2009年第6期。

13. 王林、李晓霞:《"一带一路"战略与云南媒体国际传播力建设》,《思想战线》2015年第3期。

14. 黄式宪:《少数民族电影的文化主体性及其现代审美维度》,《民族艺术研究》2012年第4期。

15. 沈桂萍:《民族问题的核心是国家认同问题》,《中央社会主义学院学报》2010年第2期。

16. 贾磊磊:《中国主流电影中的国家形象及其表述策略》,《解放军艺术学院学报》2007年第1期。

17. 饶曙光:《电影强国建设的历史进程与中国道路》,《民族艺术研究》2017年第1期。

18. 饶曙光:《电影与国家形象:产业、文化与美学》,《上海大学学报》

（社会科学版）2012年第9期。

19. 沈义贞：《塑造国家形象：影视艺术的新使命》，《南京师范大学文学院学报》2007年第1期。

20. 马志强：《论区域形象与区域发展》，《南昌航空工业学院学报》（社会科学版）2005年第3期。

21. 柯泽：《论李普曼舆论宣传研究及其心理学特点》，《湖北大学学报》（哲学社会科学版）2014年第5期。

22. 卢风：《发展主义与片面发展的代价》，《南京林业大学学报》（人文社会科学版）2014年第1期。

23. 王莉：《论城市形象的内涵及构成》，《长沙大学学报》2011年第6期。

24. 于洪平：《论城市形象的塑造与营销》，《东北财经大学学报》2007年第6期。

25. 徐海娜：《好莱坞与美国公共外交》，《中共中央党校学报》2012年第2期。

26. 徐海娜：《电影的力量——好莱坞与美国软权力》，《江苏行政学院学报》2009年第4期。

27. 路璐：《金融危机中美国电影对国家形象的呈现与建构》，《南京社会科学》2013年第8期。

28. 储双月：《2016年美国电影商业美学实践的观察与思考》，《艺术评论》2017年第3期。

29. 尹鸿、王晓丰：《"高概念"商业电影模式初探》，《当代电影》2006年第3期。

30. 陈旭光、肖怀德：《文化创意产业与活动经济链条——关于影院产业经营策略的思考》，《当代电影》2009年第2期。

31. 陈旭光：《当代中国电影：创意产业与创意主体研究》，《文艺争鸣》2008年第7期。

32. 陈旭光：《关于中国电影想象力缺失问题的思考》，《当代电影》2012年第11期。

33. 陈旭光：《试论中国电影的制片管理：观念转型与机制变革》，《当代电影》2014年第1期。

34. 陈旭光:《猜想与辨析——网络媒介文化背景下"中国电影新力量"》,《当代电影》2014年第11期。
35. 陈旭光:《当代中国电影生产:作为一种创意产业与"创意制胜"》,《创作与评论》2015年第3期。
36. 陈旭光:《"受众为王"时代的电影新变观察》,《当代电影》2015年第12期。
37. 车琳:《电影"明星"的创意研究:形象的创意转化和再生产》,《创作与评论》2015年第3期。
38. 刘进、孙宜君:《电视剧传播创新与本体新质论》,《现代传播》2010年第6期。
39. 沈正斌:《新媒体时代新闻舆论传播力、引导力、影响力和公信力的重构》,《现代传播》2016年第5期。
40. 周云龙:《中国崛起与文化本真性:当代华语电影的国家形象建构》,《东南学术》2016年第5期。
41. 胡智锋、刘俊:《主体·诉求·渠道·类型:四重维度论如何提高中国传媒的国际传播力》,《新闻与传播研究》2013年第4期。
42. 黄艳:《新媒体背景下的我国影视传播力提升对策》,《当代文坛》2015年第2期。
43. 于晓风:《我国电视剧产业的媒介生态与政策调整》,《南京社会科学》2014年第12期。
44. 周光毅:《中国文化创意产业的发展现状与问题研究》,《艺术百家》2015年第3期。
45. 李淼:《中国电影中的"云南想象"》,上海大学硕士学位论文,2006。
46. 喻健:《"多彩贵州"文化品牌的构建与传播研究》,华中师范大学,2014。
47. 〔美〕阿里夫·德里克:《发展主义:一种批判》,赵雷译,《马克思主义与现实》2014年第2期。

附录一 贵州题材电视剧参考剧目（1987~2017）

电视剧名称	导演	编剧	出品年代	出品单位	集数
《情留此山中》	贾土绒	唐佩琳	1987	贵州电视剧制作中心	6
《茅台酒的传说》	邓振华	唐佩琳	1989	贵州电视台	21
《普通一官》	曹柳生	唐佩琳	1989	贵州电视剧制作中心、贵州省纪委	4
《侗女贝仙》		腾树嵩	1990	贵州电视台、总政歌舞团电视剧制作中心	1
《蒙阿莎传奇》	张殿贵	王廷珍	1990	贵州统战部、总政歌舞团电视部	4
《三月天》		龙方	1991	贵州电视剧制作中心	4
《难念的经》	赵谦、井立民	唐佩琳	1992	贵州电视剧制作中心、遵义电视台	15
《黄齐生与王若飞》	赵焕章	王蔚桦	1994	贵州电视台、贵州省委宣传部	14
《那年那月》	井立民、关放	唐佩琳	1995	贵州省政协、贵州电视台	2
《原情》	李柯	雨煤	1996	贵州电视剧制作中心	4
《遵义会议》	赵谦	石永言、郭晨	1996	中央电视台、贵州电视剧制作中心	8

附录一 贵州题材电视剧参考剧目（1987～2017）

续表

电视剧名称	导演	编剧	出品年代	出品单位	集数
《误区》	刘元波、李柯	唐佩琳	1997	贵州电视剧制作中心	4
《民办老师》	都晓、杜明	林亚军	1997	中央电视台、贵阳电视台	4
《杨虎城的最后岁月》	贾盛云	李俊	1999	贵州电视剧制作中心、中央电视台	8
《周恩来在贵阳》	于立清	唐佩琳	2002	贵州电视剧制作中心、中央电视台影视部	2
《解放贵州》	贾盛云	蔡葵	2003	贵州省委宣传部、中央电视台影视部、省委宣传部	7
《剿杀令》	黎宫宁、郭连保	黎柳、周世雄	2004	贵州省委宣传部、中央电视台影视部、沈阳军区政治部电视艺术中心、中国三星影视交流中心	10
《水家山寨的铃声》	都晓	王蔚桦	2005	贵州日报业集团	2
《这方水土·这方人》	张玉中	李俊、郭连保	2005	贵州省委宣传部、贵州电视剧制作中心	6
《烽火不息》	潘明光	唐佩琳	2006	贵州电视剧制作中心、贵阳市委宣传部	8
《雄关漫道》	贾盛云	欧阳黔森	2006	八一电影制片厂、中央电视台、贵州省宣传部、黔森影视工作室	20
《夜郎王》	胡铮	李俊	2007	贵州巨日影视有限责任公司	24
《远山晴朗》	孙文学	王蔚桦	2008	贵州电视剧制作中心、贵州省委宣传部、台江县政府	10
《绝地逢生》	赖永清	欧阳黔森	2009	八一电影制片厂、中央电视台影视部、贵州省委宣传部、黔森影视工作室	20
《杀出绝地》		田雁宁	2009	北京世纪天缘国际文化传播有限公司、贵州电视剧制作中心	28
《镇远镖局》		肖培才	2009	海南影业公司、镇远县政府、北京天行九州公司	30

407

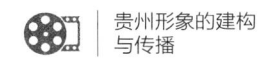

续表

电视剧名称	导演	编剧	出品年代	出品单位	集数
《大西南剿匪记之最高特赦》	李舒	海飞、王彪、曾凡华	2010	浙江长城影视有限公司	40
《和平村》	孙文学	尹正义	2010	贵州电视剧制作中心、杭州好消息文化传播公司、中央电视台、贵州电视台	30
《恩情无限》	彭昱凯	刘杰	2011	贵州电视剧制作中心、北京世纪天缘国际文化传播有限公司、上海新亭文化传播有限公司、上海国亭文化公司	27
《风雨梵净山》	陈晓雷、康景麟	欧阳黔森、秦叶	2011	黔森影视工作室、北京世纪华融文化传播有限公司	38
《青山绿水红日子》	孙亚舒	杨廷玉	2011	贵州省委宣传部、中央电视台、贵州电视剧制作中心、贵州胜黔文化投资公司	20
《香香夫人》	陈健	欧阳黔森	2011	八一电影制片厂、贵州省委宣传部、黔森影视、毕节地委行署、新疆喀什坤华投资公司	30
《红娘子》	郭靖宇	郭靖宇	2012	江苏广播电视总台、北京世纪伙伴、完美建信影视	49
《小城大爱》	李妮	唐宇	2012	北京嘉春秋文化传播有限公司	24
《二十四道拐》	张玉中	欧阳黔森、高巍、唐玉林	2015	贵州省委宣传部、黔森影视、八一电影制片厂、中央电视台、贵州黔北记忆旅游文化股份有限公司	32

附录一 贵州题材电视剧参考剧目（1987~2017）

续表

电视剧名称	导演	编剧	出品年代	出品单位	集数
《遥远的距离》	王义明	九年	2016	海宁原石传媒股份有限公司、贵州广播电视台	48
《十个连长一个班》	李舒	陈成东、张健、张寒冰	2016	中视星程（北京）文化传媒有限公司、贵州水田国际文化创意产业园股份有限公司、中国电视剧制作中心、笛女（上海）影视传媒有限公司、德丰天润国际影视传媒公司	30
《生死黎平》	赵镭、战波	王岩	2017	中视星程（北京）文化传媒有限公司、贵州电视剧制作中心、荣焕影视有限公司	36
《云上绣娘》	赵立军	欧阳黔森、陈心仪	2017	贵州省委宣传部、贵州王马影视传媒有限公司、向黔进影视公司	39

附录二 贵州题材电影参考影片（1960～2017）

影片名称	导演	编剧	出品年代	出品单位
《秦娘美》	孙瑜	梁少华	1960	上海海燕电影制片厂、贵州电影制片厂
《蔓萝花》	赵焕章、范莱	吴保安	1961	上海海燕电影制片厂、贵州电影制片厂
《突破乌江》	李舒田、李昂	朱欣	1961	八一电影制片厂
《苗岭风雷》	叶明	李云飞	1977	峨眉电影制片厂
《火娃》	谱飞、郑洞天	叶辛、谢飞	1978	北京电影制片厂
《山寨火种》	刘中明	蔡葵	1978	长春电影制片厂
《四渡赤水》	蔡继渭、谷德显	黎明、王愿坚	1983	八一电影制片厂
《良家妇女》	黄健中	李宽定	1985	北京电影制片厂
《奢香夫人》	陈献玉	朱云鹏	1985	浙江电影制片厂
《山雀儿》	华克	李宽定	1987	长春电影制片厂

410

附录二 贵州题材电影参考影片（1960~2017）

续表

影片名称	导演	编剧	出品年代	出品单位
《扬起你的笑脸》	朱一民	张之路、康丽华、犹学忠、卢东波	2001	天津电影制片厂
《哭泣的女人》	刘冰鉴	刘冰鉴、邓烨	2002	中影集团、华谊兄弟
《寻枪》	陆川	陆川	2002	中影集团、华谊兄弟
《青红》	王小帅	王小帅	2005	星美传媒
《与你同在的夏天》	谢东	刘慧东	2005	黔南州政府、黔南民族师院、江苏华威影视演艺有限公司
《阿娜依》	丑丑	丑丑	2006	央视影视频道、黔东南自治州
《阿欧桑》	李显刚	李显刚	2006	长春电影制片厂、北京紫金石文化艺术有限公司
《开水要烫，姑娘要壮》	胡庶	胡庶	2007	北京金奥尼影视文化中心、广州市和平影业有限公司
《美丽的黑蝴蝶》	袁军	田雁宁	2007	最高人民法院影视协会、贵州大爱文化发展有限公司
《地下的天空》	张弛	张弛	2008	中国电影家协会、北京和平影业有限公司
《高原阳光》	胡平	王莹、孙传林	2008	北京嘉星国际影视文化有限公司
《滚拉拉的枪》	宁敬武	宁敬武	2008	北京一声雷影业有限公司
《鸟巢》	宁敬武	宁敬武	2008	北京紫城影业科技有限公司、北京一声雷影视文化有限公司
《旭日》	陶明喜	邱彦文	2009	北京中视远图科技有限公司、贵州黔东南州政府
《飞翔的爱》	陶明喜	海林、陶明喜	2009	北京中视远图科技有限公司
《好花红》	鲁冬青	余妍洁	2009	贵州巨日影视有限责任公司

411

续表

影片名称	导演	编剧	出品年代	出品单位
《水凤凰》	宋海明	彭restart泉	2009	贵州日报报业集团·虎子传媒、北京艾美思特影视文化有限公司
《天堂有泪》	高朔俊	邹德斌	2009	中视影视制作有限公司、北京上邦天际影视文化有限公司
《铁血警魂之卧槽马》	陶明喜	陶明喜、林德轩	2009	北京中视远图科技有限公司、山西安通昌盛煤业有限公司
《飞歌的夏天》	崔喆	陈秋平	2010	北京天美地雅文化传媒有限公司
《马红军》	陶明喜	潘洪波	2010	广州天盛世华映文化传播有限公司、贵州阿幼朵文化传播有限公司
《酥李花盛开的地方》	赵泽仁	李发德	2010	北京中视远图影视传媒有限公司、贵定县旅游局
《云上太阳》	丑丑	丑丑	2010	北京云上太阳影视文化（北京）有限公司、四川省晟茂建设有限公司、丹寨县委宣传部
《姊妹花开》	张琦刚	萧维	2010	四维创意影视文化（北京）有限公司
《杜鹃花开》	杜伯航	陈咏	2011	北京中媒同赢广告有限公司
《烽火电波》	张琦刚	萧维	2011	八一电影制片厂、四维创意影视文化发展有限公司
《苗乡情》	陶明喜	潘洪波	2011	北京艺海星光国际文化发展有限公司
《旷继勋蓬遂起义》	赵浚凯、毛卫宁	赵浚凯	2011	黔森影视、八一电影制片厂
《女兵还乡》	陶明喜	顾建中	2011	上海迎博文化传播有限公司、贵州黔东南电视台
《山村风云》	贝贝	胡桂浦、颜军、王岩	2011	贵州大爱文化发展有限公司
《少年邓恩铭》	江平	蔡姿	2011	中影公司、贵州盛缘演艺经纪文化有限公司、中国儿童电影制片厂

412

附录二 贵州题材电影参考影片（1960~2017）

续表

影片名称	导演	编剧	出品年代	出品单位
《幸存日》	闫然	闫然、欧阳黔森	2011	黔森影视、长春美思辰影业
《炫舞天鹏》	余治林	李晶	2011	贵州日报影业集团·虎子传媒、北京艾美思特影业有限公司
《云下的日子》	闫然	欧阳黔森	2011	黔森影视文化工作室、长春美思辰影业有限责任公司、北京东方天鼎文化传播有限责任公司
《飞扬的青春》	陶明喜	曾羽	2012	贵州团省委、贵州盛世华映公司、北京艺海星光国际文化发展有限公司
《情柔喀斯特》	杜云萍	刘峻杰	2012	农工党中央社会服务部、毕节市委市政府
《人山人海》	蔡尚君	顾小白	2012	北京万基文化传播有限公司
《神马都是浮云》	陶明喜	陶明喜、丁翔	2012	北京艺海星光国际文化发展有限公司
《行歌坐月》	吴娜	吴娜	2012	广州谣迩文化创博有限公司
《嗨起、打他个鬼子》	陶明喜	杜奇泉	2013	贵阳艾美华星文化传播有限公司
《落经山》	冯小宁	冯小宁	2013	北京紫太阳影视策划有限公司
《小等》	朱一民	朱勤	2013	贵州省电影家协会、湄潭县委宣传部
《天佑我心》	陶明喜	张宸瑞	2014	贵州盛世华映文化传播有限公司、广州盛世华映文化传播有限公司
《剑河》	陶明喜	潘洪波、陶明喜、戚七奇	2014	广州盛世华映文化传媒有限公司、贵州盛世华映文化传媒有限公司、剑河县委县政府
《诺苏之鹰》	何志强	黄远丽	2014	贵州西骏辉煌文化产业有限公司

413

续表

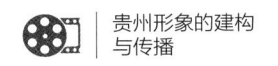

影片名称	导演	编剧	出品年代	出品单位
《黔山打拐》	郑锋	张承志	2014	公安部金盾影视
《凤凰台》	同然	同然	2014	欣欣然（北京）文化传媒有限公司
《侗族大歌》	丑丑	江秀佳、丑丑	2014	北京云上太阳影视文化传媒有限公司、贵州电视台文化传媒有限公司、黔东南州凯宏资产运营有限责任公司、贵州云上中贝文化投资有限公司
《致永不消逝的青春》	陶明喜	陶明喜	2015	广州盛世华映公司、贵州盛世华映公司、贵州大学、西江千户苗寨文化旅游公司、广西真龙泉食品饮料有限公司
《姑鲁之恋》	张艺飞	杨胜勇	2015	贵州翰韵文化传媒有限公司
《匐人者》	王小帅	王小帅	2015	冬春文化、银润传媒、合润传媒、安乐电影、引力影视投资、重庆电影集团
《最美的时候遇见你》	吴娜	吴娜	2015	广州遐迩文化传播有限公司
《丹寨往事》	王安庆	俞才斌	2016	贵州和禾和民族文化产业有限公司
《喋血神兵》	王晓民	乔萨、张治昭、张贤春	2016	中国电影股份有限公司北京电影制片分公司、贵州省党史学会、德江县委县政府
《烽火苗山花》	高伟宁	杨胜勇、广向阳	2016	贵州翰韵文化有限公司、北京高伟宁文化工作室
《国酒》	宋江波	王青伟	2016	贵州茅台酒厂、潇湘电影集团
《村支书向殿伦》	方军	杨顺其	2016	贵州省文联、湄潭县委县政府、贵州小康文化发展有限公司
《勃沙特的长征》	孟奇	王一飞	2016	潇湘电影集团、贵州省文联电影家协会、黄平县委县政府

附录二 贵州题材电影参考影片（1960~2017）

续表

影片名称	导演	编剧	出品年代	出品单位
《不朽的时光》	同然	同然	2016	黔森影视文化工作室、欣欣然（北京）文化传媒有限公司、浙江王马影视传媒有限公司、珠江电影集团、贵州人尹文化传媒有限公司
《路边野餐》	毕赣	毕赣	2016	天画画天文化传媒有限公司、黔鲭文化传媒、黔程锦绣文化传媒、中影集团
《山那边有匹马》	白海滨	山峰、白海滨	2016	北京十月天传媒、黔南报业文化传媒
《先锋之那时青春》	王海涛	张林军、杨洋、葛晨松	2016	中国广播影视出版社、贵州省委宣传部、贵州广播电视台、北京经纬星影视文化传媒有限公司、北京凯创影视传媒有限公司、上海盛星文化传播有限公司
《三变》	张弛	江蓠、雷瑞德、杨宓	2017	六盘水市委宣传部、贵州娘娘山生态农业旅游公司、贵州大爱文化发展有限公司

415

后　记

2011年我来贵州工作，看到的是青山碧水，听到的是苗语飞歌，闻到的是百花芬芳，感悟到的是物华天宝、人杰地灵。雾霾成灾以来，大量游客蜂拥来到贵州以呼吸新鲜空气。炎炎夏日，大量游客来贵州避暑。贵阳成为高速铁路枢纽之一，贵州县县通高速公路；交通便利，物流快捷。大国重器"天眼"坐落于贵州平塘，贵安新区成为国家大数据中心的南方基地……这些事实荡涤了我对贵州的成见。曾几何时，"黔驴技穷""夜郎自大"之类的成语，让我从小就对贵州产生了灰暗的记忆。然而，来自现实的感受与脑海中灰暗的贵州印象形成了剧烈的矛盾冲突。来自现实的感受终于战胜了那些灰暗的贵州印象。尊重现实是唯物主义的基本要求。来自现实的感受强烈催促我为贵州"鼓与呼"，为贵州"正名"，为贵州写下一些文字。这便成为这一项研究的缘起。

归根结底，是改革开放彻底改写了贵州形象，是现代化的时代潮流彻底改写了贵州形象，是贵州人民的智慧和汗水彻底改写了贵州形象。贵州新形象已经成为活生生的现实，必将让那些对贵州尚抱有偏见的人士惴惴不安。贵州新形象成为"中国梦"的生动写照，必将让中国公民对中国的传统文化、发展方向、发展道路更加信心百倍。

贵州的民族民间文化绚丽多彩，巧妙诠释了文化多样性。贵州题材影视剧感染力强，为塑造贵州新形象立下了汗马功劳。我从贵州题材影视剧这一角度来研究贵州新形象的建构与传播，发现了一些新问题，得出了一些新体会。我把这些想法运用于贵州省社科规划课题申报，很快获得了立项。这个课题研究至今已历四年。从搜集材料到审阅资料，从观看影视剧到提炼观点，从安排结构到铺采成书，可谓呕心沥血，我不敢有丝毫苟且。这个课题的研究延期了两次，比合同期多花了两年时间。我觉得做科研最好不要比速度。慢工出细活，细致打磨好处多多。书稿全部写完之后，顺利结项了，受到了评审专家的嘉许。结项等级为"良好"。杀青付梓之际，这本书受到了"贵州省区域内一流学科——社会学学科"建设经费资助。

回忆这四年熬灯守夜的艰难历程，我体验了孤独与冷峻，更享受了清净与极乐。因为思维"短路"而懊恼，也因顿悟而亢奋；有时绞尽脑汁却语塞，有时下笔千言而不能自已。身体劳累，脑力透支。"既自以心为形役，奚惆怅而独悲？"总之，喜怒哀乐惊恐思，酸甜苦辣腥臊咸，林林总总，不一而足。"都云作者痴，谁解其中味？"任务完成之后，心情终归舒畅，非"极乐之乐"不能比拟。孔子称赞颜回："一箪食，一瓢饮，在陋巷。人不堪其忧，回也不改其乐。"我不敢自比颜回。我只是敬仰"安贫乐道"这种民族文化精神。儒释道都提倡"精神至上"。西方思想家也提倡以"彼岸"超越"此岸"，以实现"诗意的栖居"。筑牢精神支柱才能以苦为乐，树立理想信念方可走向"崇高"。潜心研究、每天码字便是我们这种人的"极乐之乐"。

专著出版了，我感谢恩师陆炜先生，感谢南京大学文学院的导师们。他们让我接受了非常严格的学术训练，让我养成了勤奋拼搏、开拓进取的工作习惯，养成了严谨求实、刨根究底的思维习惯，养成了独立自由的主体精神、唯物辩证的批判精神。感谢肖远平先生、王国勇先生提供的出版资助。这两位先生把这本书纳入了"贵州省区域内一流学科——社会学学科"建设经费资助计划。感谢邓泳红女士、陈颖女士安排的出版事宜。感谢贵州省社科规划办提供的课题指导。感谢贵州民族大学科研处提供的各种服务，尤其感谢柳斌先生无微不至的关爱。感谢贵州民族大学传媒学院。传媒学院营造了浓厚的研究氛围。感谢我的家人提供的各种支持。

2018 年 8 月 1 日于贵阳花溪御林铭园

图书在版编目(CIP)数据

贵州形象的建构与传播：影视剧视角 / 张权生著. -- 北京：社会科学文献出版社，2018.11
ISBN 978 - 7 - 5201 - 3535 - 1

Ⅰ.①贵… Ⅱ.①张… Ⅲ.①影视艺术 - 关系 - 地区经济 - 形象 - 建设 - 贵州 Ⅳ.①F127.73

中国版本图书馆CIP数据核字（2018）第220881号

贵州形象的建构与传播
—— 影视剧视角

著　　者 / 张权生

出 版 人 / 谢寿光
项目统筹 / 邓泳红　陈　颖
责任编辑 / 薛铭洁　周爱民

出　　版 / 社会科学文献出版社·皮书出版分社(010)59367127
　　　　　 地址：北京市北三环中路甲29号院华龙大厦　邮编：100029
　　　　　 网址：www.ssap.com.cn
发　　行 / 市场营销中心（010）59367081　59367083
印　　装 / 天津千鹤文化传播有限公司
规　　格 / 开　本：787mm×1092mm　1/16
　　　　　 印　张：26.5　字　数：420千字
版　　次 / 2018年11月第1版　2018年11月第1次印刷
书　　号 / ISBN 978 - 7 - 5201 - 3535 - 1
定　　价 / 128.00元

本书如有印装质量问题，请与读者服务中心（010-59367028）联系

▲ 版权所有 翻印必究